物流大数据分析与挖掘

主　编　钱　宇　刘淑萍　顾宇杰
副主编　郝瑞成　泮海燕　叶　龙

清华大学出版社
北京

内 容 简 介

本书依据高等职业院校现代物流管理、智能物流技术专业标准与人才方案中的职业岗位能力分析和课程体系设置，确定本书的课程知识和技能结构。本书包括 10 个项目，内容包括 Excel 数据获取与处理、Excel 数据分析与可视化、供应链商品经营数据分析、Python 编程基础、Python 数据分析、智能数据分析和可视化、新零售智能销售数据分析、物流运输路线规划、价格预测、购物篮分析。

本书贴近高等职业教育物流大数据分析与挖掘最新专业标准，是为高等职业教育物流大数据分析与挖掘应用打造的课程教材。本书可作为现代物流管理专业、智能物流技术专业的教学用书，也可作为高等职业学校、高等职业本科的信息技术相关专业的教材。

图书在版编目（CIP）数据

物流大数据分析与挖掘 / 钱宇，刘淑萍，顾宇杰主编.

北京：清华大学出版社，2025.9

ISBN 978-7-302-68333-9

Ⅰ. F252

中国国家版本馆 CIP 数据核字第 2025H2T153 号

责任编辑：邓　艳
封面设计：秦　丽
版式设计：楠竹文化
责任校对：范文芳
责任印制：丛怀宇

出版发行：清华大学出版社
　　　　　网　　　址：https://www.tup.com.cn，https://www.wqxuetang.com
　　　　　地　　　址：北京清华大学学研大厦 A 座　　　　　邮　　编：100084
　　　　　社 总 机：010-83470000　　　　　　　　　　　邮　　购：010-62786544
　　　　　投稿与读者服务：010-62776969，c-service@tup.tsinghua.edu.cn
　　　　　质量反馈：010-62772015，zhiliang@tup.tsinghua.edu.cn
印 装 者：三河市天利华印刷装订有限公司
经　　销：全国新华书店
开　　本：185 mm×260 mm　　　印　　张：27.25　　　字　　数：624 千字
版　　次：2025 年 9 月第 1 版　　　　　　　　　　　印　　次：2025 年 9 月第 1 次印刷
定　　价：89.80 元

产品编号：103556-01

前　　言

我国物流业正处在由高速发展向高质量发展的转型关键时期，具有巨大的发展空间。随着我国物流行业不断向着绿色化、智能化、专业化、国际化发展，对物流行业整体服务质量的要求也逐步提高，大数据、云计算、物联网、人工智能、区块链、5G 等现代信息技术不断融入物流行业，为物流行业健康、高速发展保驾护航。

物流在仓储、运输、配送等环节中都涉及大量的数据信息，利用大数据技术对物流各环节中的有效信息进行挖掘处理，能够为各环节提供有效的数据信息服务，从而优化作业流程，提高作业效率、降低作业成本。通过物流大数据分析与挖掘，可为运输司机提供最优配送路线；可针对新产品进行客户分类与精准营销，可根据历史销售数据进行建模与分析，提前预判销售商品的安全库存并给出预警，降低库存量，提高资金使用效率等。

考虑到专业特点，为了适应当下智慧物流的发展和数据分析的学习，本书具有以下特点。

（1）结合 Excel、Python 编程在物流上的应用。本书除了介绍常规的 Excel 工具的使用和 Python 语言基础，还结合物流中的实际需求，充分发挥专业特长，提高学生运用专业工具解决物流数据分析的能力。

（2）引入实例，促进数据分析理解与应用。本书引入了最小二乘法、K-均值、决策树、Apriori、路径规划等算法中的典型案例，使学生初步了解数据分析与挖掘在物流中的应用，更深刻地理解算法的概念和原理，并提高运用数据分析算法解决问题的能力。

（3）结合专业，融入课程思政。本书深挖专业内容和应用案例中的思政元素，培养学生精益求精的大国工匠精神，激发学生科技报国的家国情怀和使命担当。

本书由上海交通职业技术学院的钱宇、刘淑萍、顾宇杰担任主编，上海砺城信息科技有限公司的郝瑞成、上海久湛信息科技有限公司联合创始人泮海燕、上海商学院的叶龙担任副主编，项目一、项目二、项目四、项目五由钱宇编写，项目六、项目七、项目九由顾宇杰编写，项目三、项目八由刘淑萍编写，项目十由叶龙、郝瑞成、泮海燕编写。

本书的编写团队虽尽心尽力编写本书，力求通俗易懂、内容全面，但由于物流大数据分析与挖掘发展迅速，且涉及多学科的内容，书中难免存在疏漏和不妥之处，敬请读者指正。

编者
2025 年 3 月

目　　录

项目一　Excel 数据获取与处理

【拓展阅读】

物流大数据行业的未来发展与应用

随着物流大数据时代的到来，物流大数据技术可以通过构建数据中心，挖掘出隐藏在数据背后的信息价值，从而为企业提供有益的帮助，为企业带来利润。面对海量数据，物流企业在不断增加大数据方面投入的同时，不该仅仅把物流大数据看作一种数据挖掘、数据分析的信息技术，而应该把大数据看作一项战略资源，充分发挥物流大数据给物流企业带来的发展优势，在战略规划、商业模式和人力资本等方面做出全方位的部署。

所谓物流大数据，即运输、仓储、搬运装卸、包装及流通加工等物流环节中涉及的数据、信息等。通过大数据分析可以提高运输与配送效率、减少物流成本、更有效地满足客户服务需求。将所有货物流通的数据、物流快递公司、供求双方有效结合，形成一个巨大的即时信息平台，可以实现快速、高效、经济的物流。信息平台不是简单地为企业客户的物流活动提供管理服务，而是通过对企业客户所处供应链的整个系统或行业物流的整个系统进行详细分析后，提出具有中观指导意义的解决方案。许多专业从事物流数据信息平台的企业形成了物流大数据行业。

物流是贯穿经济发展和社会生活全局的重要活动。2013 年被称为大数据元年，2014年则为移动互联元年。在这个背景下，有必要分析和研究大数据技术在物流领域的应用。

物流大数据研究和应用刚刚起步，尚属新兴的研究领域，发展比较缓慢。从细分市场来看，医药物流、冷链物流、电商物流等都在尝试赶乘大数据这列高速列车，但从实际应用情况来看，目前，电商物流凭借互联网平台具有一定的先发优势，菜鸟网络的横空出世更是给电商物流大数据行业带来了新希望，指明了新方向。

物流大数据在物流企业中的应用贯穿了整个物流企业的各个环节，主要表现在物流决策、物流企业行政管理、物流客户管理及物流智能预警等过程中。

物流大数据作为一种新兴技术，给物流企业带来了机遇，合理地运用大数据技术，将对物流企业的管理与决策、客户关系维护、资源配置等方面起到积极的作用。

"十四五"大数据产业发展规划

工信部于 2021 年 11 月 30 日发布《"十四五"大数据产业发展规划》（以下简称《规划》），《规划》提出，到 2025 年，我国大数据产业测算规模将突破 3 万亿元，年均复合增长率保持在 25%左右，创新力强、附加值高、自主可控的现代化大数据产业体系基本形成。《规划》有什么亮点？如何补齐大数据产业发展短板？

呈现高成长、高融合

"十三五"时期，我国大数据产业快速起步。据测算，大数据产业规模年均复合增长率超过 30%，2020 年超过 1 万亿元，产业发展取得显著成效。

我国大数据产业发展表现为高成长性和高融合性。中国电子信息产业发展研究院信软所数字化转型研究室主任高婴劢介绍，"十三五"期间，大数据产业年均复合增长率远超同期国民经济增长水平，覆盖数据全生命周期的大数据产品和服务体系基本形成，成长十分迅速。大数据产业发展与经济社会数字化转型深度融合，大数据产业提供了丰富的数字化技术、平台和解决方案，又通过数字化转型市场的牵引，进一步增强了产业供给能力。

我国发展大数据产业的客观条件不断优化。众诚智库高级副总裁柳絮分析，当前，大数据产业发展的市场驱动方即大数据应用意识快速提升，需求日益迫切，具体表现为政府、企业乃至个人在做决策中越来越倾向于以大数据分析结论作为重要依据，越来越认同大数据的价值。同时，基于我国人口数量和市场规模优势，各行业大数据积累速度较快，为大数据产业加速发展提供了优势条件。

此外，各地都把培育大数据产业作为发展数字经济的重要抓手。"十三五"以来，京津冀、上海、贵州等 8 个国家大数据综合试验区先行先试，布局建设了 11 个大数据领域国家新型工业化产业示范基地，有力推动了大数据产业集聚，行业集聚示范效应显著增强。

补短板释放数据价值

我国大数据产业在快速发展的同时，也存在一些瓶颈问题。

高婴劢坦言，我国大数据产业的发展瓶颈包括关键核心技术缺失，开源架构、核心算法等关键技术能力不足，创新成果转化效率不高；产业供给能力有待增强，面向系统化、集成化、数字化转型需求，高端产品和深层次应用解决方案不足；大数据思维和应用能力仍有待提升，各类主体获取数据、运用数据、管理数据的意识和能力仍然不足，不同领域大数据应用程度和水平参差不齐。

"目前，全社会对大数据认识参差不齐，相当比例的企业、部门、人员缺乏用数据说话、用数据决策、用数据管理、用数据创新的大数据思维，导致数据价值难以充分释放。同时，大数据产业发展也面临着突出的人才短板，既掌握大数据技术又对行业业务深入把握的复合型人才更稀缺。"工信部信息技术发展司长谢少锋说。

《规划》围绕加快培育数据要素市场、发挥大数据特性优势、夯实产业发展基础、构建稳定高效产业链、打造繁荣有序产业生态、筑牢数据安全保障防线 6 个方面提出了重点任务，设置了数据治理能力提升、重点标准研制及应用推广、工业大数据价值提升、行业大数据开发利用、企业主体发展能级跃升、数据安全铸盾 6 个专项行动。

柳絮认为，在加快构建全国一体化大数据中心体系、推进国家工业互联网大数据中心建设的同时，应注重数据标准规范建设与贯彻应用；应鼓励数据治理企业尤其是具有深度行业属性的数据治理企业发展，强化数据治理价值认同；应鼓励企业培养信息技术与业务复合型人才，将业务发展与大数据挖掘应用有机融合，提升大数据价值。

明确新方向、新路径

此次出台的《规划》针对大数据产业发展现状，明确了新方向、新路径。谢少锋表示，发展数字经济，大数据产业是主体、是根本、是关键。"十四五"时期是我国加快建设制造强国、网络强国、数字中国的关键时期，对大数据产业发展提出了新的更高的要求，产业也将步入集成创新、快速发展、深度应用、结构优化的新阶段。

高婴劢认为，《规划》的亮点突出表现在"一创新两统筹"，即创新性地提出"发挥大数据特性优势"，强调大数据的动态更新快、应用价值高等独特优势，通过技术应用和制度优化双向引导，加速推动大数据优势价值转化，增强产业供给能力。统筹推进产业基础高级化和产业链现代化，增强数字基础设施等产业基础优势，以价值链引领产业链、创新链，推动产业高质量发展；统筹发展和安全，注重数据要素市场规范发展，提升数据安全保障能力，确保产业健康发展。

《规划》的主要亮点可以归纳为顺应新形势，明确新方向，提出新路径。"谢少锋说。为推动大数据产业高质量发展，《规划》提出了以释放数据要素价值为导向，以做大做强产业本身为核心，以强化产业支撑为保障的路径设计，增加了培育数据要素市场、发挥大数据特性优势等新内容，将"新基建"、技术创新和标准引领作为产业基础能力提升的着力点，将产品链、服务链、价值链作为产业链构建的主要构成，实现数字产业化和产业数字化的有机统一，并进一步明确和强化了数据安全保障。

物流大数据分析与挖掘	项目一　Excel 数据获取与处理 任务一　数据获取 任务工单页	学生： 班级： 日期：

任务一　　数据获取

一、任务描述

随着更多的社会资源进行网络化和数据化改造，大数据所能承载的价值也必将不断提高，大数据的应用边界也会不断得到拓展，所以在未来的网络化时代，大数据自身不仅能够代表价值，更能够创造价值，它的特点在于"有用"，价值含金量高，对大量的消费者提供产品或服务的行业可以使用大数据进行准确定位。

现有一家快递公司，为了更好地扩大业务，提高服务质量，需要对 2007—2011 年共 5 年的订单数据做多维度的数据探索和分析，但是这些数据分别以不同的形式存储，有 TXT 格式、CSV 格式的，也有存在 MySQL 数据库中的，要求员工把所有的数据都用 Excel 保存，为后续的数据分析做准备。同时，为了发掘潜在优质客户，需要员工收集全国各地区连锁零售业企业商品非自有配送中心的配送数据。

（一）任务要求

在 Excel 2021 中完成以下任务。
- 导入"物流订单数据.txt"文件。
- 导入"物流订单数据.csv"文件。
- 导入各地区连锁零售企业情况。
- 在计算机中新建一个 MySQL 数据源，并通过 Excel 2021 进行连接。
- 导入 MySQL 数据库的"delivery_order"数据。

（二）学习目标

知识目标	能理解 TXT、CSV 和 TSV 格式文件的基本含义 能理解 MySQL 数据库 能描述 ODBC（Open Database Connectivity）
技能目标	能导入文本数据 能导入网站数据 能新建和连接 MySQL 数据源 能导入 MySQL 数据库中的数据
思政目标	培养实事求是的工作态度 树立勇于探索的创新精神 培养知行合一的哲学思想 树立大局意识，培养以国家需求为己任的家国情怀

（三）实施路径

数据获取实施路径如图 1-1 所示。

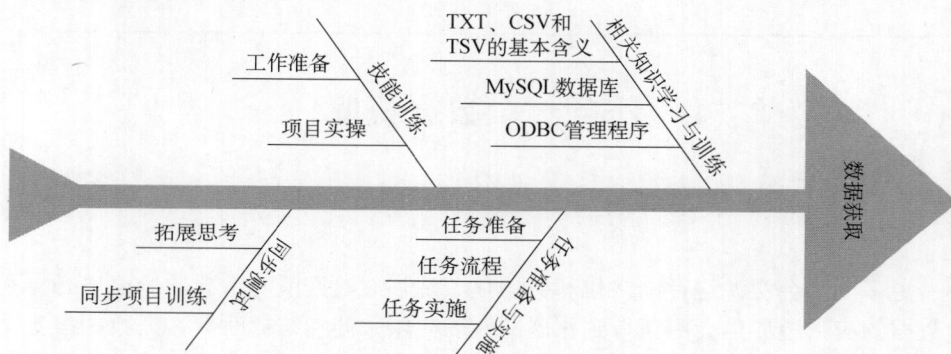

图 1-1　数据获取实施路径

二、相关知识学习与训练

（一）TXT、CSV 和 TSV 的基本含义

1. TXT 文件

TXT 即文本文件，在桌面或文件上夹右击即可建立。TXT 格式是一种文本文档，.txt 即扩展名。创建方法如下。

在计算机桌面空白处右击，选择"新建"→"文本文档"命令，即可创建 TXT 文件，如图 1-2 所示。

2. CSV 文件

CSV（Comma-Separated Values）是逗号分隔值文件格式，用来存储数据的纯文本文件，通常都是用于存放电子表格或数据的一种文件格式。记录通常以半角逗号（","）分隔。CSV 文件可以使用 WordPad 或者记事本打开，也可以用 Excel 打开，CSV 数据示例如图 1-3 所示。

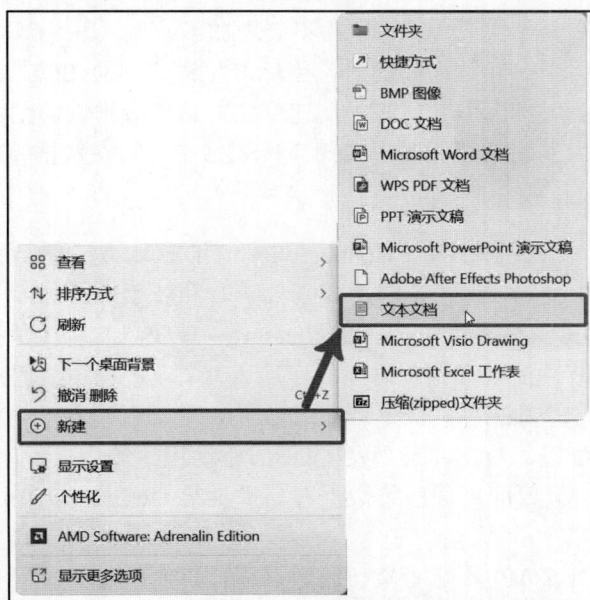

图 1-2　新建文本文档操作示意

```
name,age
张三,20
李四,30
```

图 1-3　CSV 数据示例

3. TSV 文件

TSV 是 Tab-Separated Values 的缩写，即“制表符分隔值”，是一种存储表格数据的简单文本格式。从名称上即可知道，TSV 是用制表符（Tab,'\t'）作为字段值的分隔符。TSV 数据示例如图 1-4 所示。

```
name	age
张三	20
李四	30
```

图 1-4　TSV 数据示例

注意：CSV 和 TSV 两种文件均是以纯文本形式存储的表格数据，可由表格软件导出或读入，编码方式是可以自行定义的。二者从本质而言没有太大区别。

互动练习 1

查看“物流订单数据.txt”文档和“物流订单数据.csv”文档。

（二）MySQL 数据库

MySQL 是一个关系型数据库管理系统。关系数据库是将数据保存在不同的表格中，而不是将所有数据放在一个大仓库内，这样不仅增加了速度，还提高了灵活性。MySQL 所使用的 SQL 语言是用于访问数据库的最常用标准化语言。MySQL 软件采用了双授权政策，分为社区版和商业版，由于其体积小、速度快、总体成本低，尤其是开放源代码这一特点，一般中小型和大型网站的开发都选择 MySQL 作为网站数据库。

（三）ODBC 管理程序

开放数据库互连（Open Database Connectivity，ODBC）是一种数据库的连接方式，包含数据库连接信息、机器名、用户名、密码及要查看和使用的数据库。ODBC 是微软公司开发服务结构（Windows Open Services Architecture，WOSA）有关数据的一个组成部分，ODBC 建立了一组规范并提供数据库访问的标准 API（应用程序编程接口）。

应用程序要访问一个数据库，首先必须用 ODBC 管理器注册一个数据源，管理器根据数据源提供的数据库位置、数据库类型及 ODBC 驱动程序等信息，建立起 ODBC 与具体数据库的联系。这样，只要应用程序将数据源名提供给 ODBC，ODBC 就能建立起与相应数据库的连接。

在 ODBC 中，ODBC API 不能直接访问数据库，必须通过驱动程序管理器与数据库交换信息。驱动程序管理器负责将应用程序对 ODBC API 的调用传递给正确的驱动程序，而驱动程序在执行完相应的操作后，将结果通过驱动程序管理器返回给应用程序。

互动练习 2

到官网 https://dev.mysql.com/downloads/connector/odbc/上下载与自己计算机版本相配套的 MySQL ODBC Connector，并在计算机上完成安装。

三、任务准备与实施

（一）任务准备

任务过程中的数据准备如下。
（1）物流订单数据.txt。
（2）物流订单数据.csv。
（3）打开"各地区连锁零售企业情况"网站
http://www.stats.gov.cn/ztjc/ztsj/lsysj/ls2008/201001/t20100129_69323.html。
（4）MySQL 数据源的数据：delivery_order。

（二）任务流程

本任务操作流程的构建由数据整理、获取文本数据、获取网站数据、新建 MySQL 数据源和获取 MySQL 数据库中的数据 5 个部分组成，如图 1-5 所示。

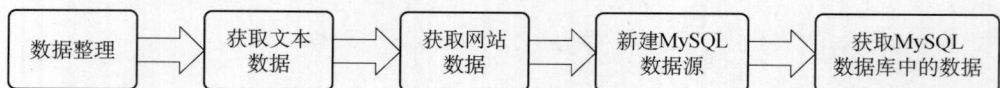

数据整理 → 获取文本数据 → 获取网站数据 → 新建MySQL数据源 → 获取MySQL数据库中的数据

图 1-5　数据获取的操作流程

（三）任务实施

步骤 1：获取文本数据

1. 在 Excel 2021 中导入"物流订单数据.txt"文件

具体操作步骤如下。

（1）打开"从文本/CSV"对话框。

新建一个空白工作簿，在"数据"选项卡的"获取和转换数据"命令组中，单击"从文本/CSV"按钮，如图 1-6 所示，弹出"导入数据"对话框，如图 1-7 所示。

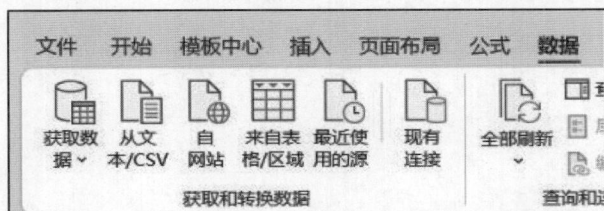

图 1-6　"自文本/CSV"命令

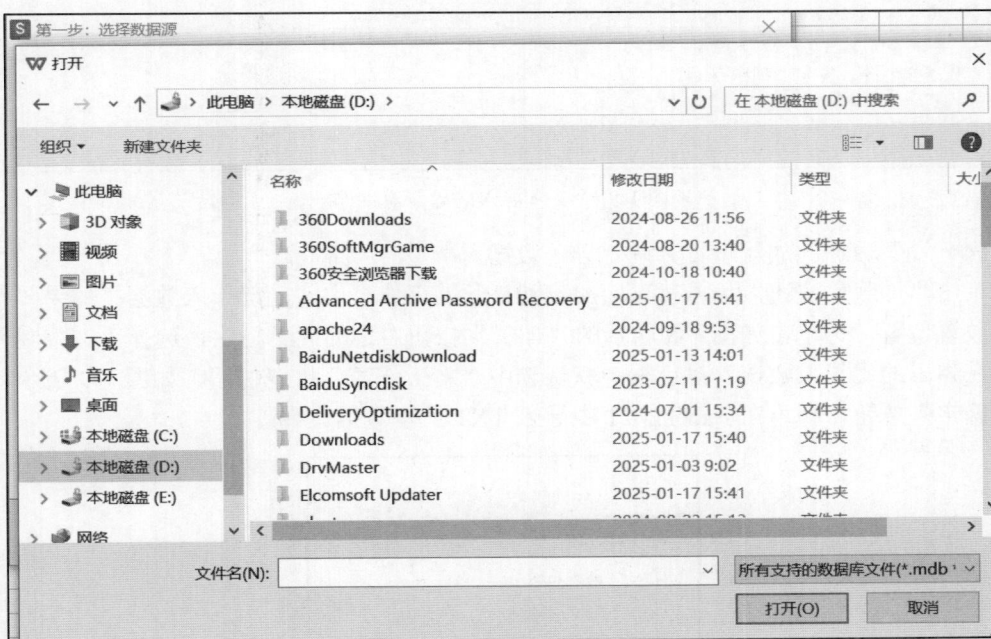

图 1-7　"导入数据"对话框

（2）选择要导入的 TXT 文件。

在"导入数据"对话框中，选择"物流订单数据.txt"文件，单击"打开"按钮，弹出"文本导入向导"对话框，如图 1-8 所示。

（3）选择最合适的数据类型和分隔符号。

在"文本导入向导"对话框中"文件原始格式"默认选择显示项，"分隔符"选择"制表符"。

顾客姓名	订单日期	订单号	订单等级	产品类别	区域	运送日期	运输方式	运输费用
柳小山	2007/7/2	54019	Low	办公用品	东北	2007/7/9	Delivery Truck	26.3
柳小山	2007/7/8	20513	High	办公用品	东北	2007/7/9	Express Air	0.93
柳小山	2008/7/27	36262	Not Specified	家具产品	东北	2008/7/28	Express Air	6.15
柳小山	2008/7/27	36262	Not Specified	家具产品	东北	2008/7/28	Regular Air	3.6
柳小山	2008/7/27	36262	Not Specified	技术产品	东北	2008/7/27	Express Air	2.5
柳小山	2008/11/9	39682	Medium	技术产品	东北	2008/11/11	Express Air	14.3
柳小山	2009/5/28	4132	Not Specified	办公用品	西部	2009/5/30	Regular Air	0.5
巴朗	2007/8/16	26949	Critical	技术产品	西部	2007/8/18	Express Air	7.29
巴朗	2007/12/14	16102	Not Specified	技术产品	华北	2007/12/16	Delivery Truck	26
巴朗	2008/5/26	48294	High	技术产品	华北	2008/5/26	Regular Air	0.99
巴朗	2008/10/4	30150	Critical	办公用品	西部	2008/10/5	Regular Air	1.39
巴朗	2009/2/24	37863	High	家具产品	东北	2009/2/26	Regular Air	3.37
巴朗	2009/5/12	10662	Low	办公用品	东北	2009/5/21	Regular Air	6.81
巴朗	2009/10/30	27559	High	办公用品	华北	2009/10/31	Regular Air	4.86
巴朗	2009/12/25	20737	Medium	技术产品	华北	2009/12/26	Delivery Truck	36.09
巴朗	2009/12/25	20737	Medium	技术产品	西部	2009/12/27	Delivery Truck	61.76
巴朗	2009/12/29	46662	Critical	办公用品	西部	2009/12/31	Regular Air	7.31
巴朗	2009/12/29	46662	Critical	办公用品	西部	2009/12/31	Regular Air	0.99
展大鹏	2007/1/22	37638	Low	技术产品	东部	2007/1/24	Regular Air	6.89
展大鹏	2007/2/13	59104	High	办公用品	东部	2007/2/16	Express Air	7.27

图 1-8　"文本导入向导"对话框

（4）设置数据的放置位置并确定导入数据。

单击"加载"按钮，数据就直接加载到打开的工作表中，一键导入数据。如果要设置其他放置位置，可单击如图 1-8 所示的"加载"按钮右边的向下箭头，选择"加载到"命令，在弹出的"导入数据"对话框中默认选中"新工作表"单选按钮，如图 1-9 所示，单击"确定"按钮，即可在 Excel 2021 中导入 TXT 文本数据。

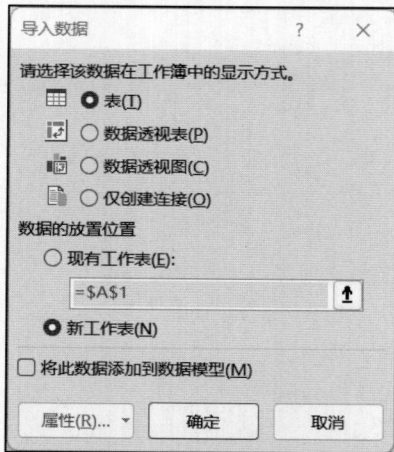

图 1-9　"导入数据"对话框

导入数据后，Excel 会将导入的数据作为外部数据区域，当原始数据有改动时，可以单击"数据"选项卡下"查询和连接"命令组中的"全部刷新"按钮刷新数据，此时 Excel 中的数据会变成改动后的原始数据。

2. 在 Excel 2021 中导入"物流订单数据.csv"文件

具体的操作步骤如下。

（1）打开"从文本/CSV"对话框。

新建一个空白工作簿，在"数据"选项卡的"获取和转换数据"命令组中，单击"从文本/CSV"按钮，弹出"导入数据"对话框，如图 1-10 所示。

图 1-10　"导入数据"对话框

（2）选择需要导入的 CSV 文件。

在"导入数据"对话框中，选择"物流订单数据.csv"文件，单击"打开"按钮，弹出"文本导入向导"对话框，如图 1-8 所示。

（3）选择最合适的数据类型和分隔符号。

在"文本导入向导"对话框中，"文件原始格式"默认选择显示项，"分隔符"选择"逗号"。

（4）设置数据的放置位置并确定导入数据。

单击"加载"按钮，数据就直接加载到打开的工作表中，一键导入数据。如果要设置其他放置位置，可单击图 1-8 所示的"加载"按钮右边的向下箭头，选择"加载到"命令，在弹出的"导入数据"对话框中默认选中"新工作表"单选按钮，如图 1-9 所示，单击"确定"按钮，即可在 Excel 2021 中导入 CSV 文本数据。

步骤 2：获取网站数据

在 Excel 2021 中，导入各地区连锁零售企业情况，具体步骤如下。

1. 打开"自网站"对话框

新建一个空白工作簿，在"数据"选项卡的"获取和转换数据"命令组中，单击"自网站"按钮，如图 1-11 所示，弹出"从 Web"对话框。

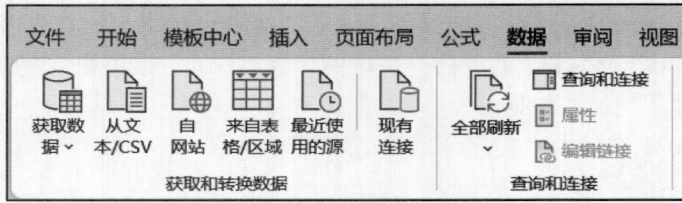

图 1-11　单击"自网站"按钮

2. 打开国家统计局网站

在"从 Web"对话框的 URL 文本框中复制粘贴网址 http://www.stats.gov.cn/ztjc/ztsj/lsysj/ls2008/201001/t20100129_69323.html，单击"确定"按钮，如图 1-12 所示。

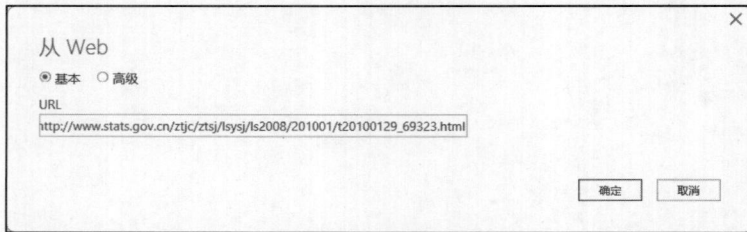

图 1-12　"从 Web"对话框

此时可能会弹出"无法连接"对话框，如图 1-13 所示，这与插件运行有关，单击"重试"按钮或"编辑"按钮。

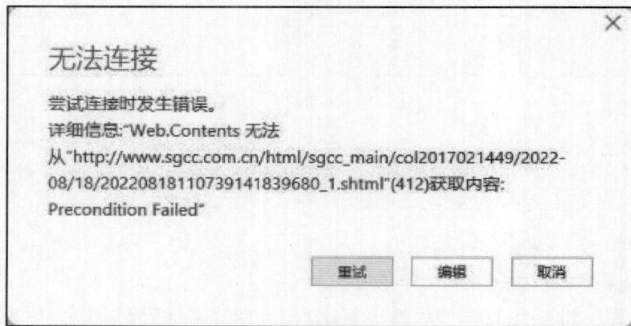

图 1-13　"无法连接"对话框

3. 选择网站数据

建立连接后，出现"导航器"对话框，单击左侧导航目录下的 Document 或 Table 0 选项，右侧是内容预览框。单击 Table 0 选项后，右侧预览框显示网页上的表格格式和内容，如图 1-14 所示。

4. 设置数据的放置位置并导入数据

单击"加载"按钮，数据就直接加载到打开的工作表中，一键导入数据。如果要设置其他放置位置，单击如图 1-14 所示的"加载"按钮右边的向下箭头，选择"加载到"命令，在弹出的"导入数据"对话框中默认选中"新工作表"单选按钮，如图 1-9 所示，单击"确定"按钮，即可在 Excel 2021 中导入网站数据，如图 1-15 所示。

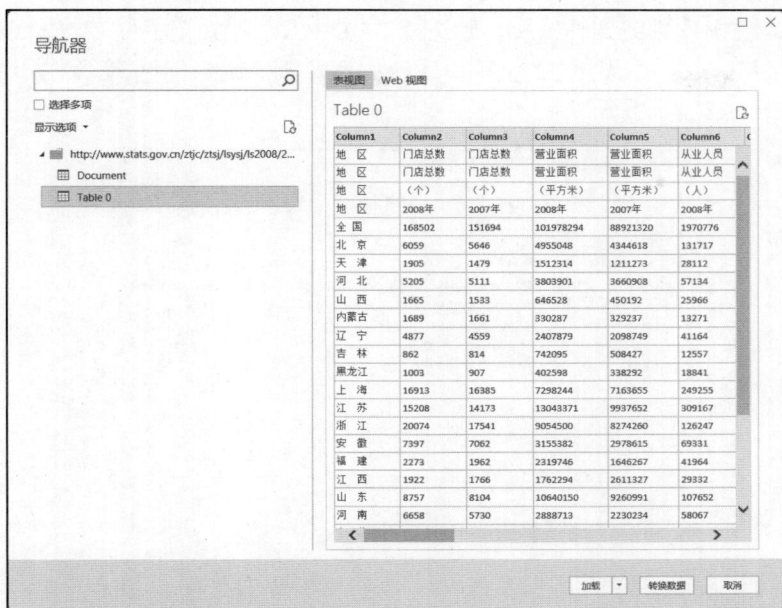

图 1-14　选取所需数据的表格

图 1-15　导入各地区连锁零售企业情况数据后的效果

步骤 3：新建 MySQL 数据源

具体步骤如下。

1. 打开"ODBC 数据源（64）"对话框

在计算机的"开始"菜单中搜索并打开"控制面板"窗口，依次选择"系统和安全"→"Windows 工具"命令。弹出"Windows 工具"窗口，如图 1-16 所示，双击"ODBC 数据源（64 位）"程序，弹出"ODBC 数据源管理程序（64 位）"对话框，如图 1-17 所示。

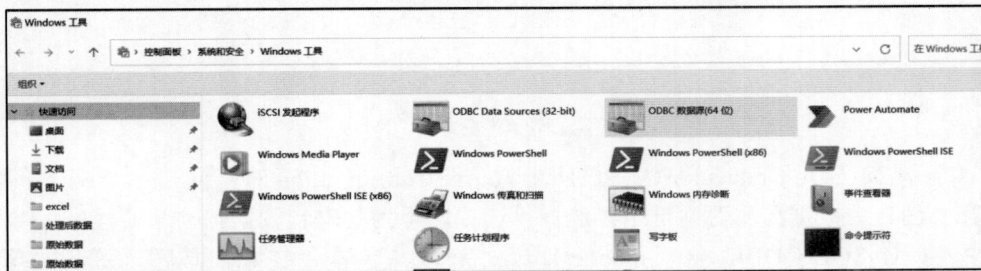

图 1-16　"Windows 工具"窗口

如果是 64 位操作系统的计算机，则选择"ODBC 数据源（32 位）"或"ODBC 数据源
（64 位）"程序都可以；如果是 32 位操作系统的计算机，则只能选择"ODBC 数据源（32
位）"程序。

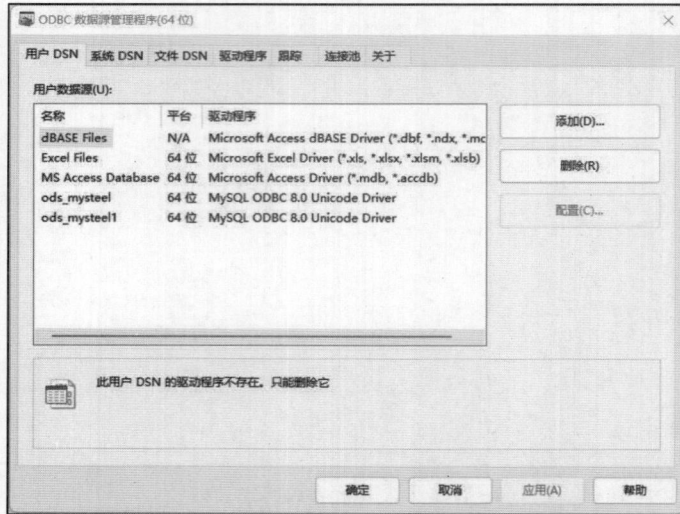

图 1-17　　"ODBC 数据源管理程序（64 位）"对话框

2. 打开"创建新数据源"对话框

在"ODBC 数据源管理程序（64 位）"对话框中单击"添加"按钮，弹出"创建新数
据源"对话框，如图 1-18 所示。

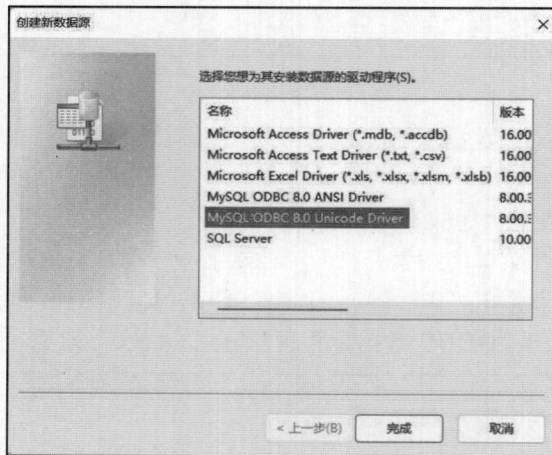

图 1-18　　"创建新数据源"对话框

3. 打开 MySQL Connector/ODBC Data Source Configuration 对话框

在"创建新数据源"对话框中，选择"选择您想为其安装数据源的驱动程序（S）"列
表框中的 MySQL ODBC 8.0 Unicode Driver 选项，单击"完成"按钮，弹出 MySQL
Connector/ODBC Data Source Configuration 对话框，如图 1-19 所示。

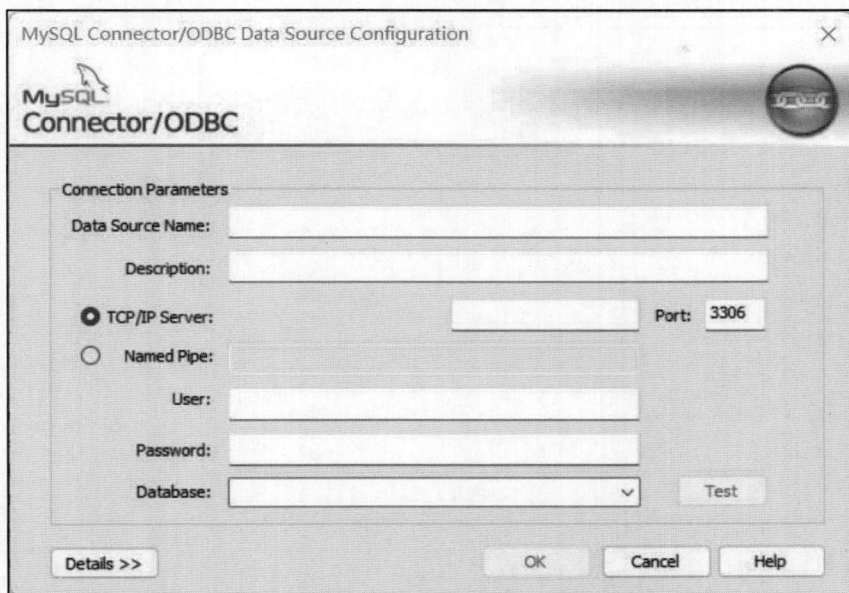

图 1-19　MySQL Connector/ODBC Data Source Configuration 对话框

图中英文名词对应的中文解释如下。

（1）Data Source Name 表示数据源名称，在 Data Source Name 文本框中输入的是自定义名称。

（2）Description 表示描述，在 Description 文本框中输入的是对数据源的描述。

（3）TCP/IP Server 表示 TCP/IP 服务器，在 TCP/IP Server 单选项的第一个文本框中，如果数据库在本机上，则输入"localhost"（本机）；如果数据库不在本机上，则需要输入数据库所在的 IP 地址。Port 是指 TCP/IP 协议中的端口号。

（4）User 和 Password 分别表示用户名和密码，这是下载 MySQL 时自定义设置的。

（5）Database 表示数据库，在 Database 下拉列表框中可选择所需连接的数据库。

4. 设置参数

在 MySQL Connector/ODBC Data Source Configuration 对话框的 Data Source Name 文本框中输入"Analysis example"，在 TCP/IP Server 单选项的第一个文本框中输入"58.246.132.30"，在 Port 文本框中输入端口号"6033"。在 User 文本框中输入用户名，在 Password 文本框中输入密码，如图 1-20 所示。

5. 连接测试

单击如图 1-20 所示的 Test 按钮，弹出 Test Result 对话框，若显示"Connection successful"，则说明连接成功，如图 1-21 所示，单击"确定"按钮返回到 MySQL Connector/ODBC Data Source Configuration 对话框。

6. 确定连接

单击如图 1-20 所示的 OK 按钮，返回到"ODBC 数据源管理程序（64 位）"对话框，如图 1-22 所示，单击"确定"按钮即可成功添加数据源。

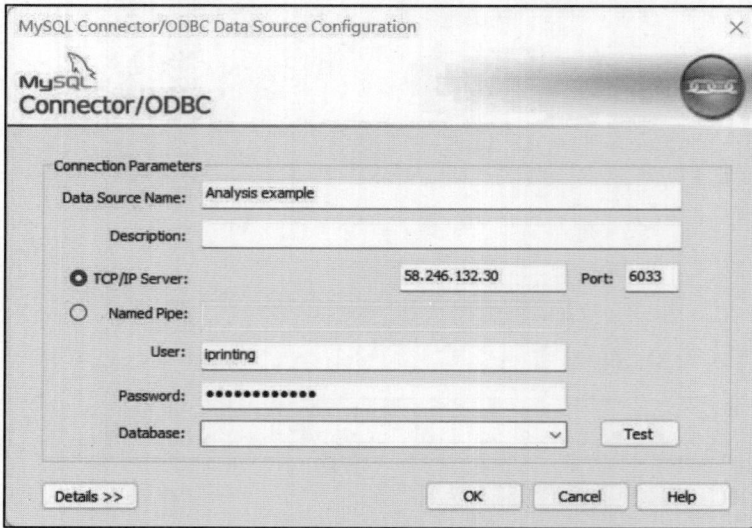

图 1-20　设置参数

图 1-21　Test Result
对话框

步骤 4：获取 MySQL 数据源的数据

具体步骤如下。

1. 打开"自其他源"命令

创建一个空白工作簿，在"数据"选项卡的"获取和转换数据"命令组中，执行"获取数据"→"自其他源"→"从 ODBC"命令，如图 1-23 所示，弹出"从 ODBC"对话框，如图 1-24 所示。

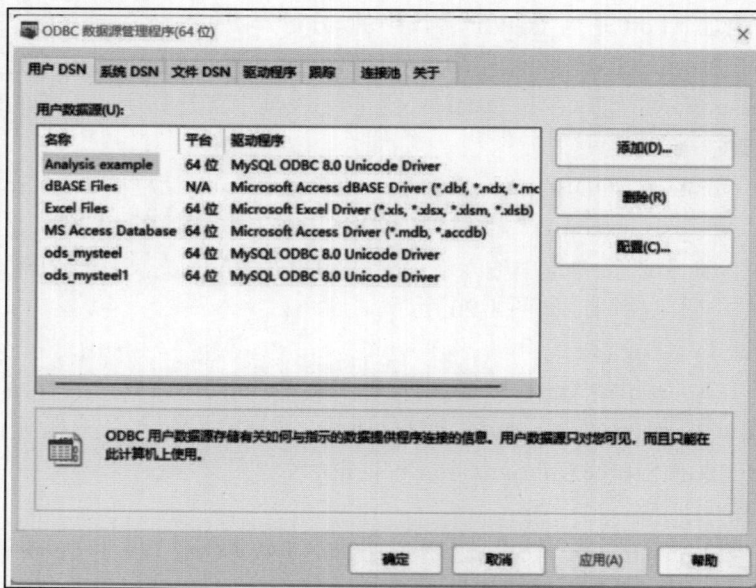

图 1-22　返回到"ODBC 数据源管理程序（64 位）"对话框

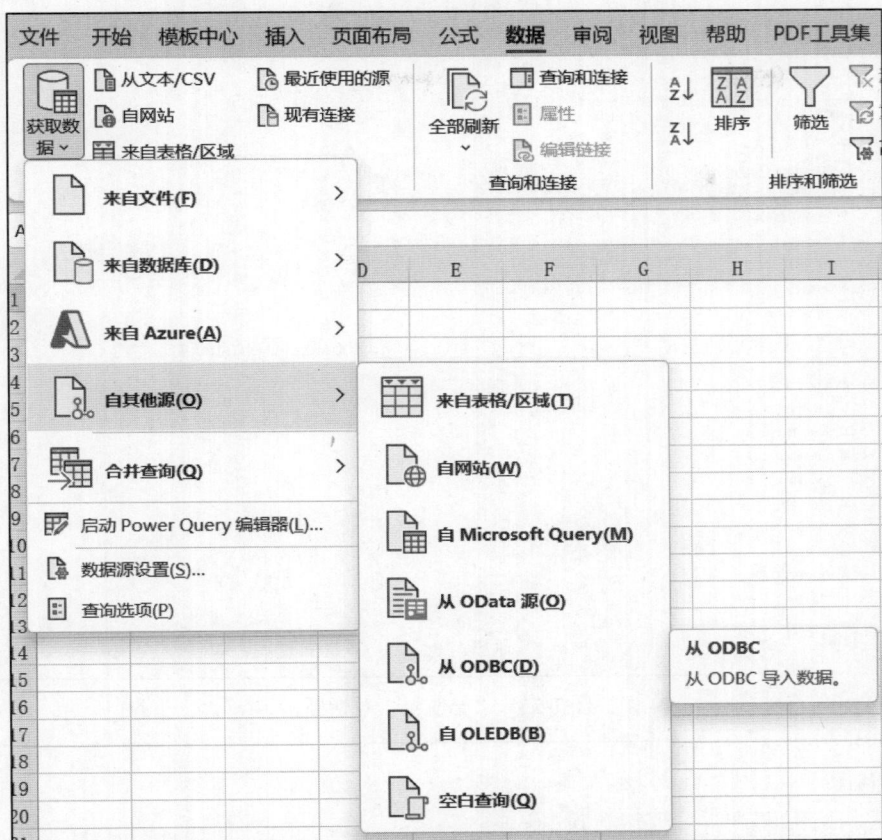

图 1-23 执行"从 ODBC"命令

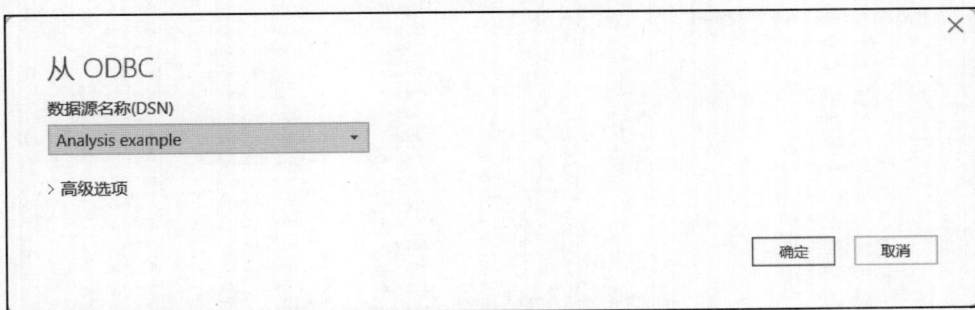

图 1-24 "从 ODBC"对话框

2. 选择要连接的 ODBC 数据源

在"从 ODBC"对话框的"数据源名称（DSN）"列表框中选择"Analysis example"选项，如图 1-24 所示，单击"确定"按钮，弹出"导航器"对话框，如图 1-25 所示。

3. 选择包含所需数据的数据库和表

在"导航器"对话框左侧导航区选择 analysis_examples 数据库，继续选择 delivery_order 数据表，右侧空白区域显示数据预览效果，如图 1-26 所示。

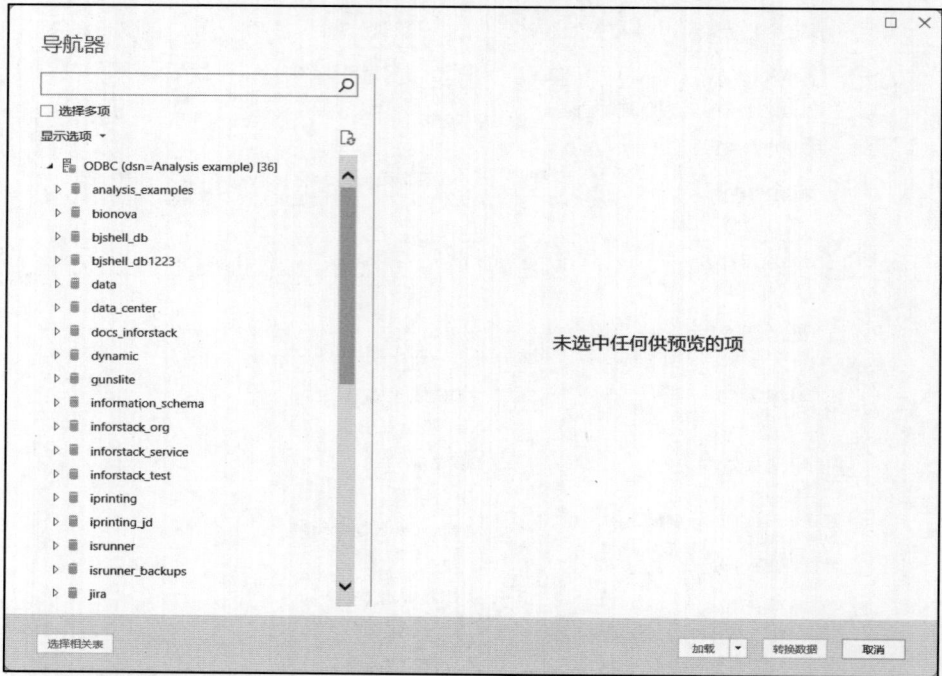

图 1-25　"导航器"对话框

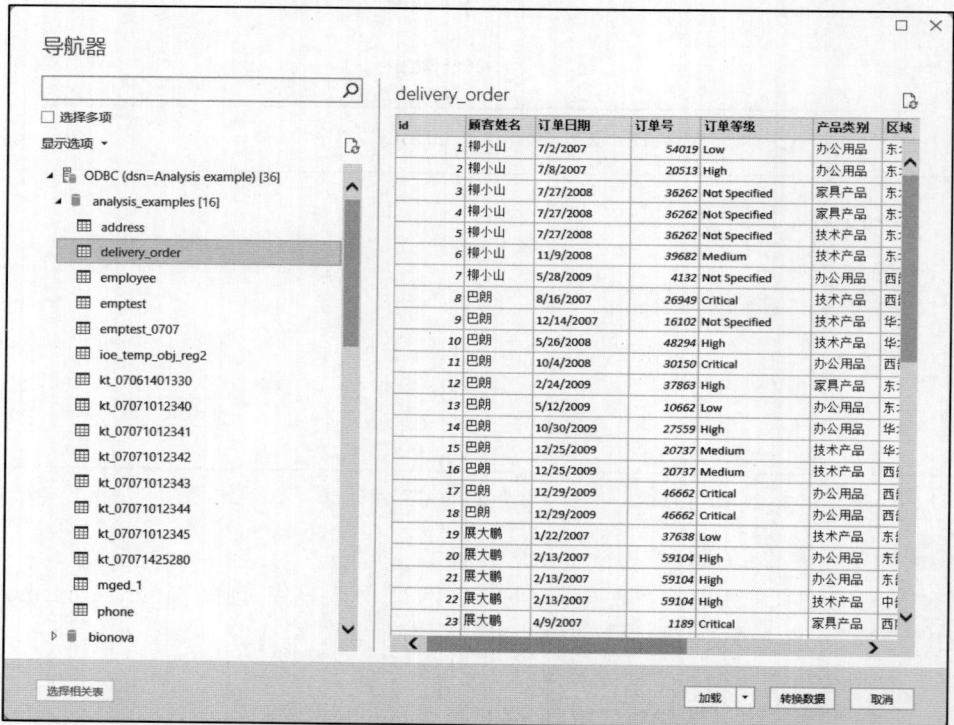

图 1-26　选择 delivery_order 数据表后右侧数据预览效果

4. 保存数据连接文件

单击"加载"按钮，数据就直接加载到打开的工作表中，一键导入数据。如果要设置其他放置位置，单击如图 1-26 所示的"加载"按钮右边的向下箭头，选择"加载到"命令，在弹出的"导入数据"对话框中默认选中"新工作表"单选按钮，如图 1-27 所示，单击"确定"按钮，即可在 Excel 2021 中导入 MySQL 数据源的数据，如图 1-28 所示。

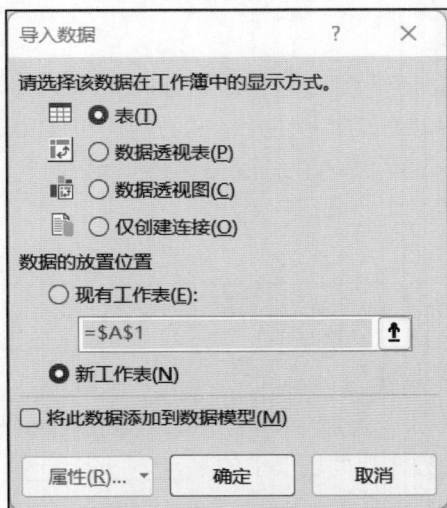

图 1-27　"导入数据"对话框

图 1-28　导入 MySQL 数据源的数据后的效果

四、技能训练

（一）工作准备

- 阅读项目目标任务和要求。
- 了解相关选项卡所在位置及使用方法。
- 打开 Excel 2021。

（二）项目实操

- 实操引导 1：为了把格式为 TXT 的"物流订单数据.txt"转换为 Excel 文件，首先打开 Excel 2021，新建一个空白工作簿，使用快捷键＿＿＿＿＿＿，选择"＿＿＿＿"选项卡，执行"_____"命令，具体导入 TXT 文档的步骤：

_____

● 实操引导 2：为了把格式为 CSV 的"物流订单数据.csv"转换为 Excel 文件，首先打开 Excel 2021，新建一个空白工作簿，选择"_____"选项卡，执行"_____"命令，具体导入 CSV 文档的步骤为：

_____

● 实操引导 3：如果在浏览网站过程中遇到有价值的数据，如国家统计局网站上有很多公开的免费数据，以各地区连锁零售企业情况为例，通过 Excel 该如何实现一键保存？

首先打开 Excel 2021，新建一个空白工作簿，选择"_____"选项卡，执行"_____"命令，具体操作步骤为：

_____

● 实操引导 4：如何新建 MySQL 数据源，并进行连接？

需要使用到的数据源管理程序是 _____，具体路径：在"开始"菜单中打开"_____"窗口，依次选择"_____"和"_____"命令，双击"_____"程序，单击"添加"按钮，弹出"创建新数据源"对话框，选择"选择您想为其安装数据源的驱动程序"列表框中的"_____"选项，单击"完成"按钮。

注意：如果列表中没有相应的驱动程序，需要去微软官方网站下载并安装 MySQL Connector Driver 驱动程序。

参数设置：Data Source Name 文本框中输入"Analysis example"；TCP/IP Server 文本框中输入"58.246.132.30"Port 文本框中输入"6033"；User 文本框中输入"_____"；Password 文本框中输入"_____"。

如何确认连接成功？单击 Text 按钮，如果显示"Connection successful"，则说明连接成功。单击"确定"按钮返回到 MySQL Connector/ODBC Data Source Configuration 对话框。单击 OK 按钮，返回到"ODBC 数据源管理程序（64 位）"对话框，单击"确定"按钮即可成功添加数据源。

● 实操引导 5：如何导入 MySQL 数据源的数据"delivery_order"数据表？

首先打开 Excel 2021，新建一个空白工作簿，选择"_____"选项卡，执行"_____"命令，具体操作步骤为：

_____

五、同步测验

（一）拓展思考题

通过 Excel 无法获取网站上的数据时，该怎么操作？

（二）同步项目训练

（1）某自助便利店为了提高销售业绩，需要在 Excel 2021 中对销售业绩进行分析，尝试将"自助便利店销售业绩.txt"数据导入 Excel 2021 中。

（2）为了统计分析广州市第六次人口普查的结果，需要在 Excel 2021 中导入广州市统计局网站中的数据。

提示：通过"数据"选项卡的"获取和转换数据"命令组中的"自网站"命令，获取广州市各地区户数、人口数和性别比的数据。

广州市第六次人口普查网址：http://tjj.gz.gov.cn/gzstats/rkpc6/t1-01.htm。

（3）为了直观地查看某自助便利店的销售业绩，需要将数据制作成图表，目前数据保存在 MySQL 数据库的"sales"数据表中，需要将数据导入 Excel 2021 中。

① 新建 MySQL 数据库链接。

② 导入 MySQL 数据库中的"sales"表到 Excel 中。

物流大数据分析与挖掘	项目一　Excel 数据获取与处理 任务二　数据表编辑与美化 任务工单页	学生： 班级： 日期：

任务二　数据表编辑与美化

一、任务描述

一个高质量的 Excel 文档，除了应具备数据准确、易读等特性，还应该有合理的布局结构、清新的色彩搭配以及整洁清晰的版面。这样才能提高数据的展现能力，提升 Excel 文档的品质感。

为了更好地展示数据，以便员工了解各个订单的运输费用情况，需要对"物流订单数据"工作表及单元格数据进行不同的格式设置，包括数字格式设置、合并单元格、设置边框、调整行高和列宽、设置单元格底纹、突出显示单元格，从而达到布局合理、结构清晰和美观大方的目的。

（一）任务要求

在任务目标"物流订单数据"工作表中完成如下设置。

● 将"订单日期"和"运送日期"列的格式自定义为 yyyy-mm-dd。

● 合并单元格区域 A1:I1。

● 设置边框：添加所有框线。

● 设置单元格底纹：用双色填充字段名。

● 调整首行行高为 28 磅，且调整 B～I 列列宽为 12.75。

● 突出显示数值介于 5～100 的单元格。

（二）学习目标

知识目标	能熟悉单元格格式的设置内容 能理解条件格式的规则 能理解行高和列宽的含义
技能目标	掌握单元格格式的设置方法 掌握行高与列宽的调整方法 掌握条件格式的设置方法
思政目标	培养精益求精的工匠精神 培养知行合一的哲学思想

（三）实施路径

数据表编辑与美化实施路径如图 1-29 所示。

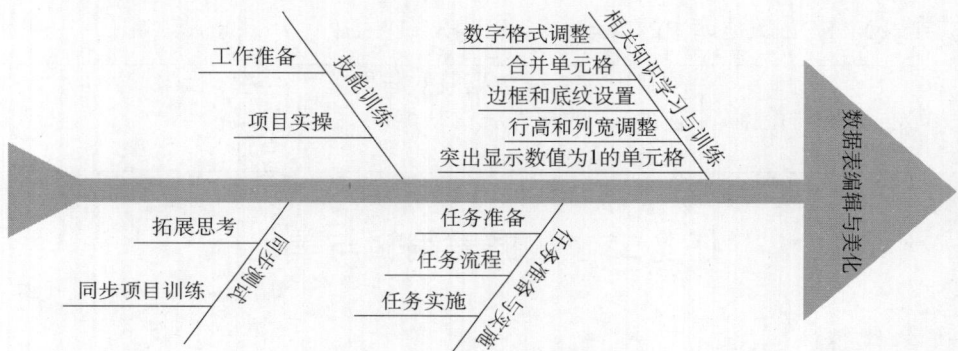

图 1-29　数据表编辑与美化实施路径

二、相关知识学习与训练

（一）数字格式调整

实际上，Excel 中只有两种数据，即文本和数字，而日期和时间都是特殊的数字。为什么在单元格中输入表示 2022 年 10 月 27 日的信息后会变成数字 44861 呢？如图 1-30 所示。这是因为系统的起始日期是 1900 年 1 月 1 日，从这个日期开始算起，以天为单位，24 小时即 1 天，累计数字 1，从而得到代表 2022 年 10 月 27 日的日期序数为 44861。同理，时间则以 24 小时为 1 折算成小数。

数字格式是可以随意更改的。在"开始"选项卡中可以修改单元格和区域的数字格式，从而改变数字的最终显示效果。但是以文本形式存储的数字却不同，无论换成哪一种格式，显示效果都不会改变，如图 1-31 和图 1-32 所示。

	A	B
1	日期和时间格式	常规格式
2	2022/10/27	44861
3	17:45	0.739583333
4		

图 1-30　日期和时间改成常规格式后变成数字

数字格式类型	显示效果		数字格式类型	显示效果
短日期格式	2022/10/27		短日期格式	44861
长日期格式	2022年10月27日		长日期格式	44861
常规格式	44861		常规格式	44861
数值格式	44861.00		数值格式	44861
货币格式	¥44,861.00		货币格式	44861
会计格式	¥ 44,861.00		会计格式	44861
百分比	4486100.00%		百分比	44861
文本格式	44861		文本格式	44861

图 1-31   真数字和假数字的显示效果比较

图 1-32   "数字"下拉列表框

鉴于数字有"易容"的特性，在输入数字时就不用考虑太多显示效果，通过数字格式来批量改变它们的外观，从而兼顾输入效率和显示效果。

单击"开始"选项卡"数字"命令组右下角的 按钮，即可进入"设置单元格格式"对话框，默认显示的就是数字格式配置栏，如图 1-33 所示。

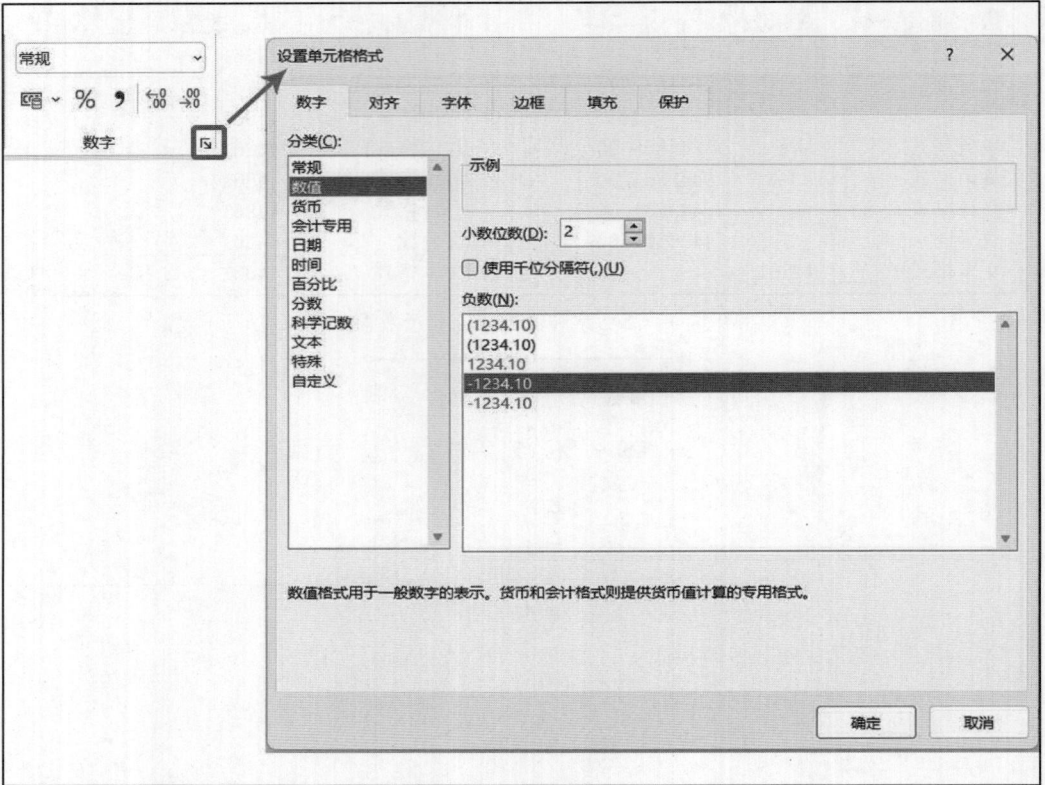

图 1-33 "设置单元格格式"对话框

在左侧的"分类"列表中，有一系列内置的数字格式，比"开始"选项卡中提供的常用格式更加丰富。只要选中某个分类，然后在右侧配置更多选项，单击"确定"按钮就能将当前选中的区域更改为新的数字格式。在配置选项时，还能在示例栏中实时看到相应的显示效果。

直接输入日期，当月和日是个位数时，只显示一位数字。如此一来，日期就显得参差不齐。如何让日期变得整齐呢？只需将数字格式统一修改为 yyyy-mm-dd 格式，这样，无论月、日是一位数还是两位数，都会自动补齐成两位数显示，如图 1-34 所示。

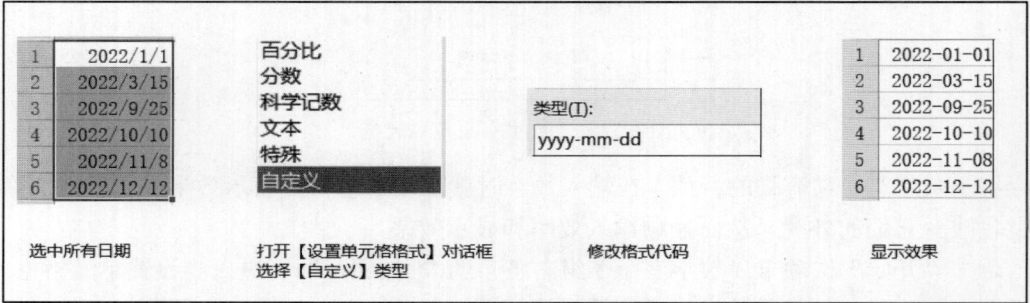

图 1-34 修改日期格式的步骤及效果

互动练习 1

打开"数字格式类型"工作表，以当前系统日期为准，按 A 列要求修改成对应的数字格式，然后观察数字的显示效果，并保存工作表。

（二）合并单元格

默认情况下，在 Excel 2021 工作表中输入的文本都是以左对齐方式显示，而数字则是以右对齐形式显示。如果希望将输入的文本和数字的对齐方式统一，就需要设置单元格数据的对齐方式，需要调用"开始"选项卡下"对齐方式"命令组中的命令，如图 1-35 所示。

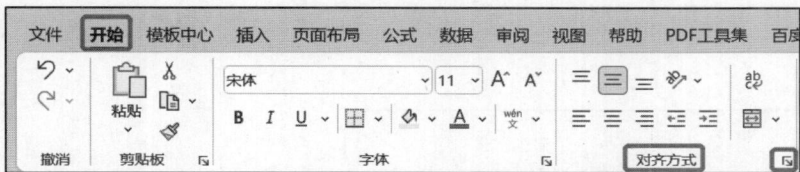

图 1-35 "对齐方式"命令组

在"对齐方式"命令组中，≡ 按钮表示将文本居中对齐，类似地，其他按钮也分别表示不同的对齐方式。按钮表示将文本合并后居中，即 Excel 中常用到的功能——合并单元格。如果要取消合并单元格，可以单击按钮旁边的倒三角符号 ˅，选择下拉列表中的"取消单元格合并"命令即可，如图 1-36 所示。

单击"开始"选项卡"对齐方式"命令组右下角的 ⤵ 按钮，弹出"设置单元格格式"对话框，更多功能设置如图 1-37 所示。

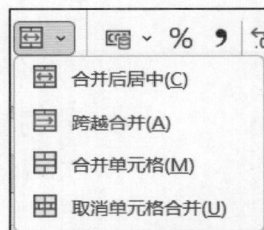

图 1-36 "合并后居中"命令组

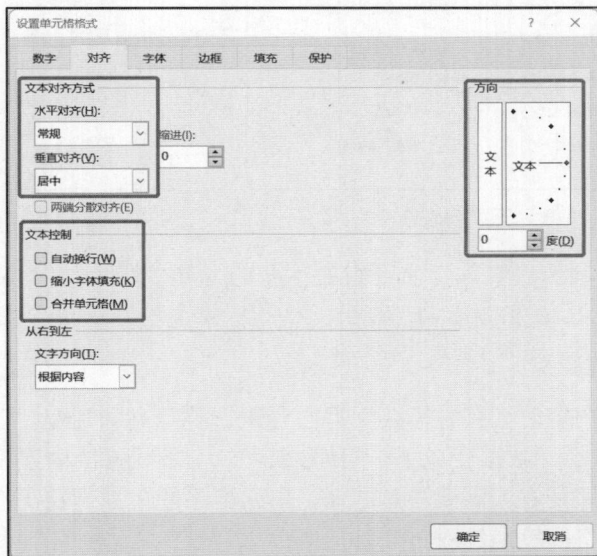

图 1-37 "设置单元格格式"对话框

（三）边框和底纹设置

为了增强 Excel 表格的视觉效果和数据的可读性，可以为工作表中输入的数据设置边框和底纹。

1. 边框设置

在"开始"选项卡的"字体"命令组中，单击 ⊞ ∨ 按钮右侧倒三角符号，在下拉列表中选择需要的边框样式，如图 1-38 所示。也可选择"绘制边框"命令自行绘制，选择"线条颜色"命令可以为边框线条选择合适的颜色。

2. 底纹设置

在"开始"选项卡的"字体"命令组中，单击"填充颜色"按钮 ⬥ ∨ 右侧倒三角符号，在下拉列表中选择需要的底纹颜色，设置单元格的背景颜色以使其更加醒目，如图 1-39 所示。

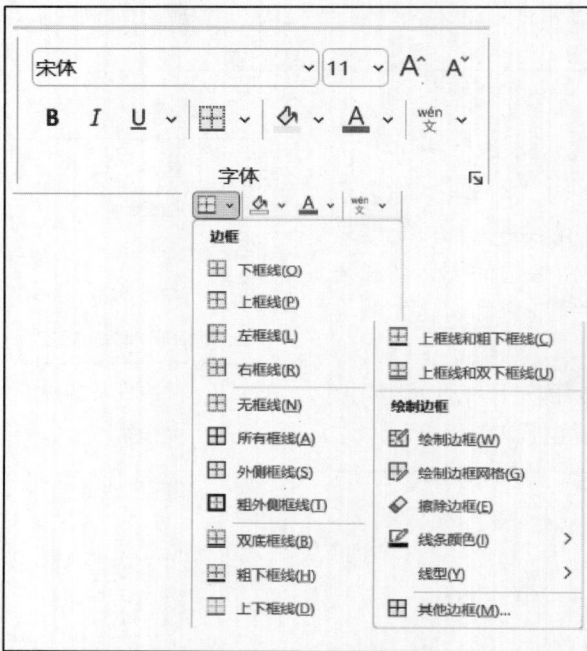

图 1-38　"边框"下拉列表命令　　　　　　图 1-39　"填充颜色"命令

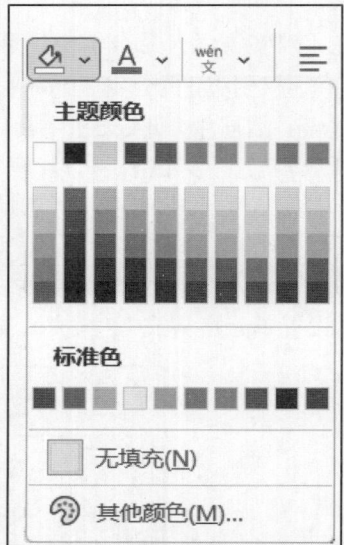

单击"开始"选项卡"字体"命令组右下角的 ⤢ 按钮，弹出"设置单元格格式"对话框，更多设置如图 1-40 和图 1-41 所示。

（四）行高和列宽调整

在单元格中输入内容时，有时需要根据内容来调整行高和列宽，以便更好地显示所有的内容。如图 1-42 所示，数据变成了一组#号或者一个单元格的内容不能显示完全时，就需要调整表格的行高和列宽。需要注意的是，单元格不能单独调整高度。针对整个表格只能进行宽度调整。表格高度是针对每一行的高度来调整的。

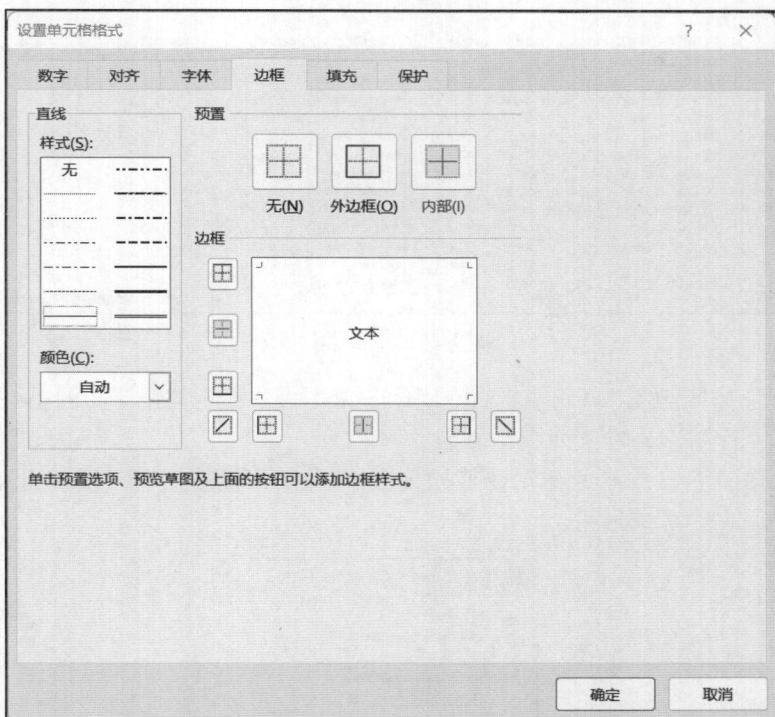

图 1-40 "设置单元格格式"对话框"边框"选项卡

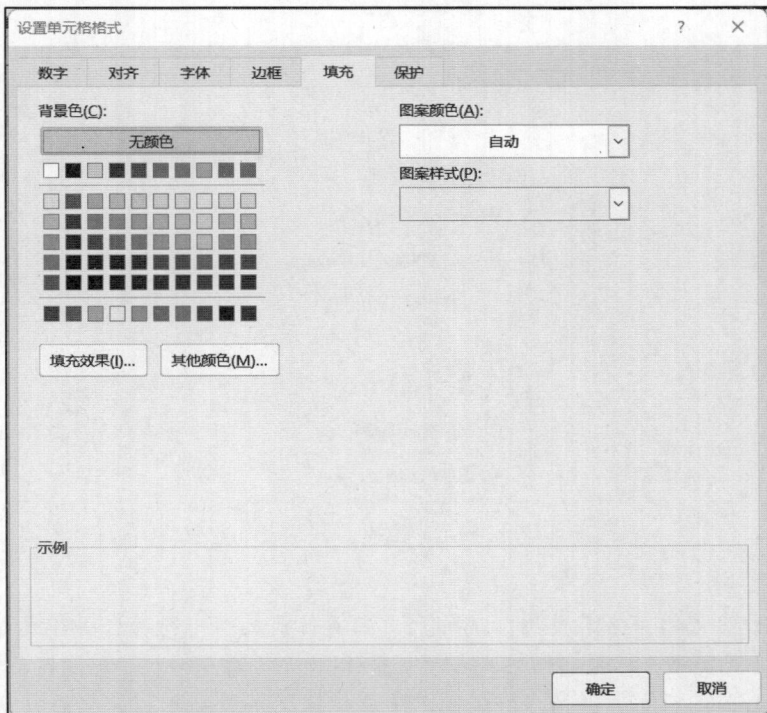

图 1-41 "设置单元格格式"对话框"填充"选项卡

图 1-42　示例数据

在"开始"选项卡的"单元格"命令组中，单击"格式"按钮，如图 1-43 所示，在下拉列表中选择"行高"或者"列宽"命令。

也可以选择图 1-43 中的"自动调整行高"和"自动调整列宽"命令，让 Excel 根据内容自动调整合适的行高和列宽。

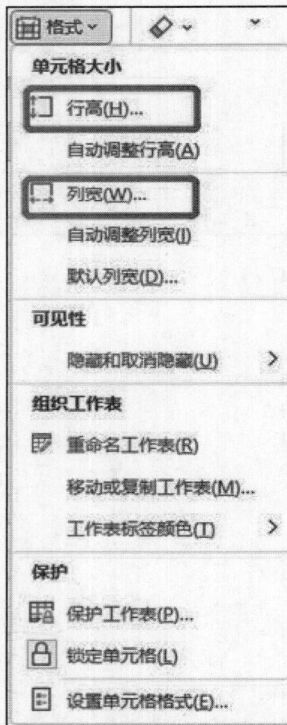

图 1-43　"行高"和"列宽"命令

互动练习 2

打开保存后的"数字格式类型"工作表，在首行前插入一行，合并单元格 A1:B1，输入标题：数字格式类型，标题字体格式设置：楷体 加粗，字号：15。标题行设置填充效果：双色填充，默认颜色填充，并为 A1:B11 单元格区域添加外边框，应用默认线型和颜色。整个表格行高设置为 25，列宽设置为 25。

（五）突出显示数值为 1 的单元格

为了方便查找特定的数值，常对单元格进行突出显示特定数值设置，突出显示特定数值设置一般采用比较运算符来进行，比较运算符有大于、小于、介于和等于。在 Excel 中，利用条件格式可以轻松实现可视化。

条件格式在"开始"选项卡中的位置如图 1-44 所示。规则中提供了丰富的内置选项，直接选用，跟随系统提示就能配置出目标效果。若要突出显示数值为 1 的单元格，则需要打开"等于"对话框，在"等于"对话框左侧的文本框中输入"1"，单击"设置为"按钮右侧向下箭头，在下拉列表中选择需要的颜色，如图 1-45 所示。

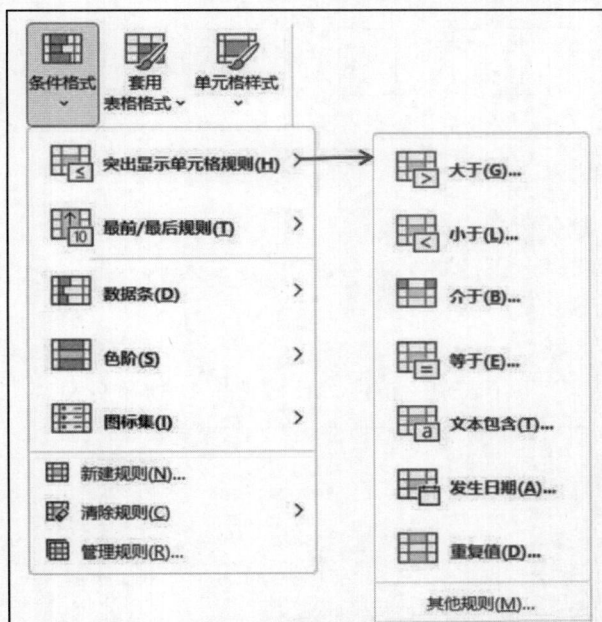

图 1-44　"条件格式"下拉列表命令

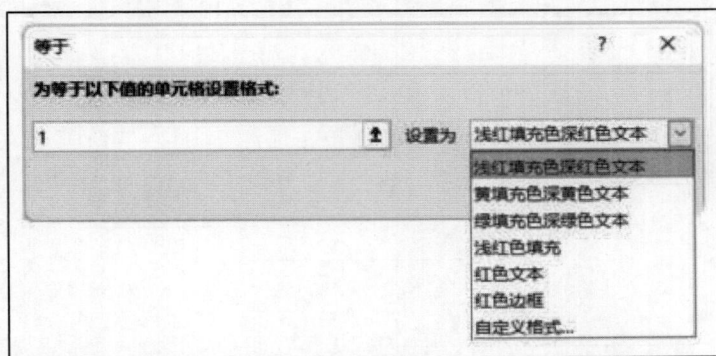

图 1-45　"等于"对话框

互动练习 3

打开"物流订单数据"工作表，在工作表中突出显示运输费用小于 5 的单元格。

三、任务准备与实施

（一）任务准备

数据理解："物流订单数据"工作表中数据共计 24 条，包含了顾客姓名、订单日期、订单号、订单等级、产品类别、区域、运送日期、运输方式、运输费用等共 9 个标题列。

（二）任务流程

本任务操作流程的构建由数据整理、数字格式调整、合并单元格、设置边框、设置底纹、行高和列宽调整和突出显示数值介于 5～100 的单元格 7 部分组成，如图 1-46 所示。

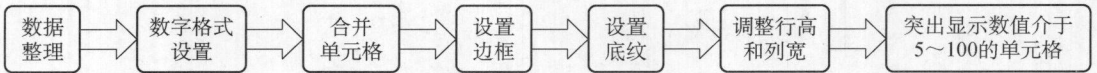

| 数据整理 | → | 数字格式设置 | → | 合并单元格 | → | 设置边框 | → | 设置底纹 | → | 调整行高和列宽 | → | 突出显示数值介于5～100的单元格 |

图 1-46　数据表编辑与美化的分析流程

（三）任务实施

步骤 1：数字格式设置

将"订单日期"和"运送日期"列的格式自定义为 yyyy-mm-dd

具体操作步骤如下。

（1）选择单元格区域。

在"物流订单数据"工作表中，按住 Ctrl 键选中 B 列和 G 列，如图 1-47 所示。

	A	B	C	D	E	F	G	H	I
1	物流订单数据								
2	顾客姓名	订单日期	订单号	订单等级	产品类别	区域	运送日期	运输方式	运输费用
3	巴朗	2009年2月24日	037863	High	家具产品	东北	2009年2月26日	Regular Air	3.37
4	巴朗	2008年10月4日	030150	Critical	办公用品	西部	2008年10月5日	Regular Air	1.39
5	巴朗	2008年10月4日	030150	Critical	办公用品	西部	2008年10月5日	Regular Air	1.39
6	巴朗	2008年5月26日	048294	High	技术产品	华北	2008年5月26日	Regular Air	0.99
7	巴朗	2008年5月26日	048294	High	技术产品	华北	2008年5月26日	Regular Air	0.99
8	胡百川	2009年4月11日	023522	Critical	技术产品	中部	2009年4月12日	Regular Air	11.17
9	胡百川	2009年4月11日	023522	Critical	办公用品	东部	2009年4月13日	Regular Air	8.73
10	胡婕	2010年3月22日	004705	Not Specified	办公用品	中部	2010年3月24日	Regular Air	6.5
11	胡明亮	2009年11月5日	031399	Not Specified	办公用品	西部	2009年11月6日	Regular Air	4.99

图 1-47　选择单元格区域 B 列和 G 列

（2）打开"设置单元格格式"对话框。

在"开始"选项卡的"数字"命令组中，单击如图 1-48 右下角所示的 🖻 按钮，弹出"设置单元格格式"对话框，在"数字"选项卡"分类"列表中选择"自定义"类型，如图 1-49 所示。

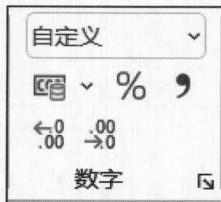

图 1-48　"开始"选项卡下的"数字"命令组

图 1-49 "设置单元格格式"对话框

（3）修改格式代码：yyyy-mm-dd。

在如图 1-49 所示类型下的文本框中输入"yyyy-mm-dd"，如图 1-50 所示。单击如图 1-49 所示的"确定"按钮，设置完成后的效果如图 1-51 所示。

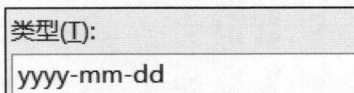

类型(I):

yyyy-mm-dd

图 1-50 修改格式代码

	A	B	C	D	E	F	G	H	I
1	物流订单数据								
2	顾客姓名	订单日期	订单号	订单等级	产品类别	区域	运送日期	运输方式	运输费用
3	巴朗	2009-02-24	037863	High	家具产品	东北	2009-02-26	Regular Air	3.37
4	巴朗	2008-10-04	030150	Critical	办公用品	西部	2008-10-05	Regular Air	1.39
5	巴朗	2008-10-04	030150	Critical	办公用品	西部	2008-10-05	Regular Air	1.39
6	巴朗	2008-05-26	048294	High	技术产品	华北	2008-05-26	Regular Air	0.99
7	巴朗	2008-05-26	048294	High	技术产品	华北	2008-05-26	Regular Air	0.99
8	胡百川	2009-04-11	023522	Critical	技术产品	中部	2009-04-12	Regular Air	11.17
9	胡百川	2009-04-11	023522	Critical	办公用品	东部	2009-04-13	Regular Air	8.73
10	胡婕	2010-03-22	004705	Not Specified	办公用品	中部	2010-03-24	Regular Air	6.5
11	胡明亮	2009-11-05	031399	Not Specified	办公用品	西部	2009-11-06	Regular Air	4.99

图 1-51 自定义格式后的效果

步骤 2：合并单元格

在"物流订单数据"工作表中合并单元格区域 A1:I1，具体的操作步骤如下。

1. 选择单元格区域

在"物流订单数据"工作表中，选中单元格区域 A1:I1，如图 1-52 所示。

	A	B	C	D	E	F	G	H	I
1	物流订单数据								
2	顾客姓名	订单日期	订单号	订单等级	产品类别	区域	运送日期	运输方式	运输费用
3	巴朗	2009-02-24	037863	High	家具产品	东北	2009-02-26	Regular Air	3.37
4	巴朗	2008-10-04	030150	Critical	办公用品	西部	2008-10-05	Regular Air	1.39
5	巴朗	2008-10-04	030150	Critical	办公用品	西部	2008-10-05	Regular Air	1.39
6	巴朗	2008-05-26	048294	High	技术产品	华北	2008-05-26	Regular Air	0.99
7	巴朗	2008-05-26	048294	High	技术产品	华北	2008-05-26	Regular Air	0.99
8	胡百川	2009-04-11	023522	Critical	技术产品	中部	2009-04-12	Regular Air	11.17
9	胡百川	2009-04-11	023522	Critical	办公用品	东部	2009-04-13	Regular Air	8.73
10	胡婕	2010-03-22	004705	Not Specified	中部		2010-03-24	Regular Air	6.5
11	胡明亮	2009-11-05	031399	Not Specified	办公用品	西部	2009-11-06	Regular Air	4.99

图 1-52　选中单元格区域 A1:I1

2. 合并后居中单元格

在"开始"选项卡的"对齐方式"命令组中，单击 按钮右侧倒三角符号，如图 1-53 所示，在下拉列表中选择"合并后居中"命令，即可合并单元格，效果如图 1-54 所示。

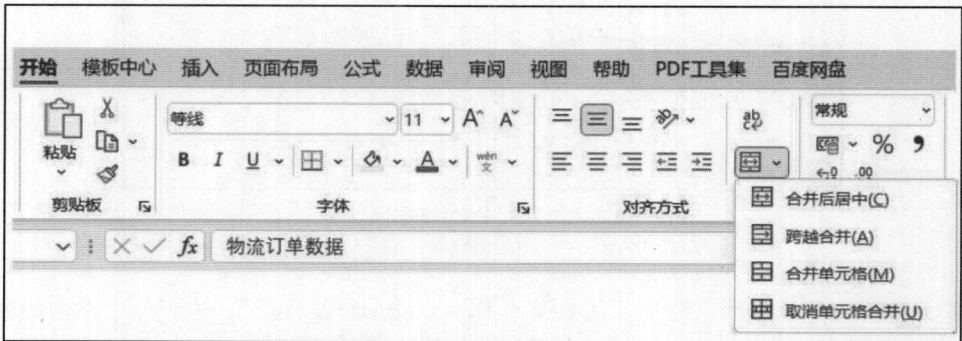

图 1-53　"合并单元格"命令

	A	B	C	D	E	F	G	H	I
1	物流订单数据								
2	顾客姓名	订单日期	订单号	订单等级	产品类别	区域	运送日期	运输方式	运输费用
3	巴朗	2009-02-24	037863	High	家具产品	东北	2009-02-26	Regular Air	3.37
4	巴朗	2008-10-04	030150	Critical	办公用品	西部	2008-10-05	Regular Air	1.39
5	巴朗	2008-10-04	030150	Critical	办公用品	西部	2008-10-05	Regular Air	1.39
6	巴朗	2008-05-26	048294	High	技术产品	华北	2008-05-26	Regular Air	0.99
7	巴朗	2008-05-26	048294	High	技术产品	华北	2008-05-26	Regular Air	0.99
8	胡百川	2009-04-11	023522	Critical	技术产品	中部	2009-04-12	Regular Air	11.17
9	胡百川	2009-04-11	023522	Critical	办公用品	东部	2009-04-13	Regular Air	8.73
10	胡婕	2010-03-22	004705	Not Specified	中部		2010-03-24	Regular Air	6.5
11	胡明亮	2009-11-05	031399	Not Specified	办公用品	西部	2009-11-06	Regular Air	4.99

图 1-54　合并单元格后的效果

若要取消单元格的合并，则选中要取消合并的单元格区域，在如图 1-53 所示的下拉列表中选择"取消单元格合并"命令即可。

步骤 3：设置边框

为"物流订单数据"工作表添加框线，具体步骤如下。

1. 设置边框的线条颜色

在"开始"选项卡的"字体"命令组中，单击 按钮右侧倒三角符号，在下拉列表的"绘制边框"选项组中选择"线条颜色"命令，选择黑色，如图 1-55 所示。注意：该操作视情况所需进行设置，如不设置则选择默认颜色。

图 1-55　设置线条颜色

2. 设置边框线型

在"开始"选项卡的"字体"命令组中，单击 ⊞ˇ 按钮右侧倒三角符号，在下拉列表的"绘制边框"选项组中选择"线型"命令，如图 1-56 所示，选择第 1 种线型。注意：该操作视情况所需进行设置，如不设置则选择默认线型。

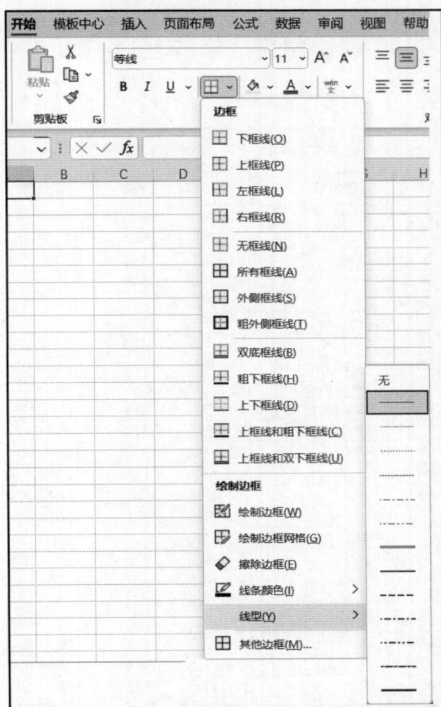

图 1-56　设置边框线型

3. 选择单元格区域

在"物流订单数据"工作表中选中单元格区域 A1:I26，如图 1-57 所示。

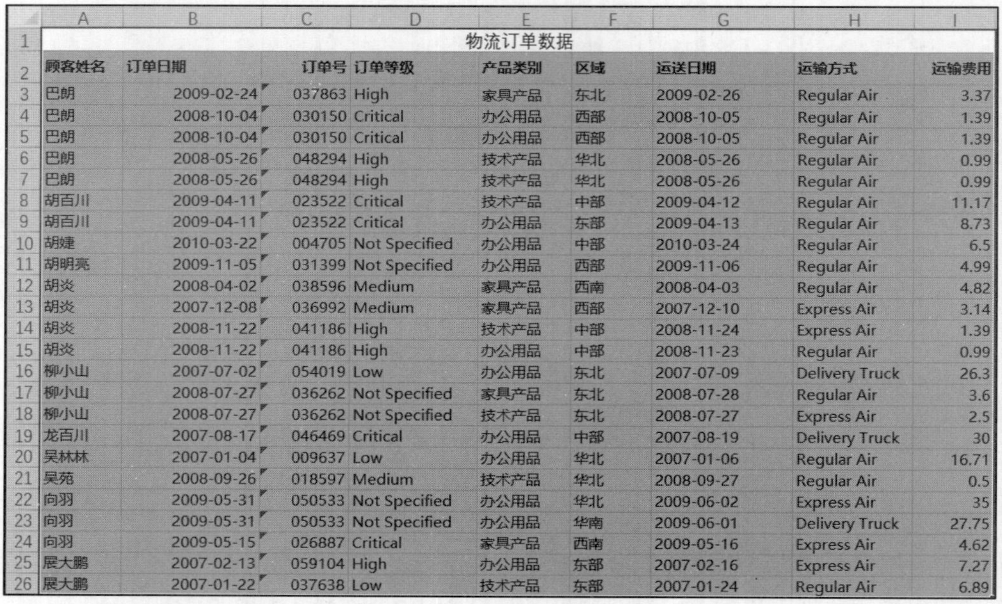

	A	B	C	D	E	F	G	H	I
1					物流订单数据				
2	顾客姓名	订单日期	订单号	订单等级	产品类别	区域	运送日期	运输方式	运输费用
3	巴朗	2009-02-24	037863	High	家公产品	东北	2009-02-26	Regular Air	3.37
4	巴朗	2008-10-04	030150	Critical	办公用品	西部	2008-10-05	Regular Air	1.39
5	巴朗	2008-10-04	030150	Critical	办公用品	西部	2008-10-05	Regular Air	1.39
6	巴朗	2008-05-26	048294	High	技术产品	华北	2008-05-26	Regular Air	0.99
7	巴朗	2008-05-26	048294	High	技术产品	华北	2008-05-26	Regular Air	0.99
8	胡百川	2009-04-11	023522	Critical	技术产品	中部	2009-04-12	Regular Air	11.17
9	胡百川	2009-04-11	023522	Critical	办公用品	东部	2009-04-13	Regular Air	8.73
10	胡建	2010-03-22	004705	Not Specified	办公用品	中部	2010-03-24	Regular Air	6.5
11	胡明亮	2009-11-05	031399	Not Specified	办公用品	西部	2009-11-06	Regular Air	4.99
12	胡炎	2008-04-02	038596	Medium	家具产品	西南	2008-04-03	Regular Air	4.82
13	胡炎	2007-12-08	036992	Medium	家具产品	西部	2007-12-10	Express Air	3.14
14	胡炎	2008-11-22	041186	High	技术产品	中部	2008-11-24	Express Air	1.39
15	胡炎	2008-11-22	041186	High	办公用品	中部	2008-11-23	Regular Air	0.99
16	柳小山	2007-07-02	054019	Low	办公用品	东北	2007-07-09	Delivery Truck	26.3
17	柳小山	2008-07-27	036262	Not Specified	家具产品	东北	2008-07-28	Regular Air	3.6
18	柳小山	2008-07-27	036262	Not Specified	技术产品	东北	2008-07-27	Express Air	2.5
19	龙百川	2007-08-17	046469	Critical	办公用品	中部	2007-08-19	Delivery Truck	30
20	吴林林	2007-01-04	009637	Low	办公用品	华北	2007-01-06	Regular Air	16.71
21	吴苑	2008-09-26	018597	Medium	技术产品	华北	2008-09-27	Regular Air	0.5
22	向羽	2009-05-31	050533	Not Specified	办公用品	华北	2009-06-02	Express Air	35
23	向羽	2009-05-31	050533	Not Specified	办公用品	华南	2009-06-01	Delivery Truck	27.75
24	向羽	2009-05-15	026887	Critical	家具产品	西南	2009-05-16	Express Air	4.62
25	展大鹏	2007-02-13	059104	High	办公用品	东部	2007-02-16	Express Air	7.27
26	展大鹏	2007-01-22	037638	Low	技术产品	东部	2007-01-24	Regular Air	6.89

图 1-57　选中单元格区域 A1:I26

4. 添加边框

在"开始"选项卡的"字体"命令组中，单击 ⊞ ∨ 按钮右侧倒三角符号，如图 1-56 所示，选择"所有框线"命令，即可添加所有框线，效果如图 1-58 所示。

	A	B	C	D	E	F	G	H	I
1					物流订单数据				
2	顾客姓名	订单日期	订单号	订单等级	产品类别	区域	运送日期	运输方式	运输费用
3	巴朗	2009-02-24	037863	High	家具产品	东北	2009-02-26	Regular Air	3.37
4	巴朗	2008-10-04	030150	Critical	办公用品	西部	2008-10-05	Regular Air	1.39
5	巴朗	2008-10-04	030150	Critical	办公用品	西部	2008-10-05	Regular Air	1.39
6	巴朗	2008-05-26	048294	High	技术产品	华北	2008-05-26	Regular Air	0.99
7	巴朗	2008-05-26	048294	High	技术产品	华北	2008-05-26	Regular Air	0.99
8	胡百川	2009-04-11	023522	Critical	技术产品	中部	2009-04-12	Regular Air	11.17
9	胡百川	2009-04-11	023522	Critical	办公用品	东部	2009-04-13	Regular Air	8.73
10	胡建	2010-03-22	004705	Not Specified	办公用品	中部	2010-03-24	Regular Air	6.5
11	胡明亮	2009-11-05	031399	Not Specified	办公用品	西部	2009-11-06	Regular Air	4.99
12	胡炎	2008-04-02	038596	Medium	家具产品	西南	2008-04-03	Regular Air	4.82
13	胡炎	2007-12-08	036992	Medium	家具产品	西部	2007-12-10	Express Air	3.14
14	胡炎	2008-11-22	041186	High	技术产品	中部	2008-11-24	Express Air	1.39
15	胡炎	2008-11-22	041186	High	办公用品	中部	2008-11-23	Regular Air	0.99
16	柳小山	2007-07-02	054019	Low	办公用品	东北	2007-07-09	Delivery Truck	26.3
17	柳小山	2008-07-27	036262	Not Specified	家具产品	东北	2008-07-28	Regular Air	3.6
18	柳小山	2008-07-27	036262	Not Specified	技术产品	东北	2008-07-27	Express Air	2.5
19	龙百川	2007-08-17	046469	Critical	办公用品	中部	2007-08-19	Delivery Truck	30
20	吴林林	2007-01-04	009637	Low	办公用品	华北	2007-01-06	Regular Air	16.71
21	吴苑	2008-09-26	018597	Medium	技术产品	华北	2008-09-27	Regular Air	0.5
22	向羽	2009-05-31	050533	Not Specified	办公用品	华北	2009-06-02	Express Air	35
23	向羽	2009-05-31	050533	Not Specified	办公用品	华南	2009-06-01	Delivery Truck	27.75
24	向羽	2009-05-15	026887	Critical	家具产品	西南	2009-05-16	Express Air	4.62
25	展大鹏	2007-02-13	059104	High	办公用品	东部	2007-02-16	Express Air	7.27
26	展大鹏	2007-01-22	037638	Low	技术产品	东部	2007-01-24	Regular Air	6.89

图 1-58　添加所有框线后的效果

步骤 4：设置单元格底纹

在"物流订单数据"工作表中用白色和蓝色填充单元格区域 A2:I2，具体步骤如下。

1. 选中单元格区域

在"物流订单数据"工作表中选中单元格区域 A2:I2，如图 1-59 所示。

	A	B	C	D	E	F	G	H	I
1					物流订单数据				
2	顾客姓名	订单日期	订单号	订单等级	产品类别	区域	运送日期	运输方式	运输费用
3	巴朗	2009-02-24	037863	High	家具产品	东北	2009-02-26	Regular Air	3.37
4	巴朗	2008-10-04	030150	Critical	办公用品	西部	2008-10-05	Regular Air	1.39
5	巴朗	2008-10-04	030150	Critical	办公用品	西部	2008-10-05	Regular Air	1.39
6	巴朗	2008-05-26	048294	High	技术产品	华北	2008-05-26	Regular Air	0.99
7	巴朗	2008-05-26	048294	High	技术产品	华北	2008-05-26	Regular Air	0.99
8	胡百川	2009-04-11	023522	Critical	技术产品	中部	2009-04-12	Regular Air	11.17
9	胡百川	2009-04-11	023522	Critical	办公用品	东部	2009-04-13	Regular Air	8.73
10	胡婕	2010-03-22	004705	Not Specified	办公用品	中部	2010-03-24	Regular Air	6.5

物流订单数据　Sheet1　Sheet2　＋

图 1-59　选中单元格区域 A2:I2

2. 打开"填充效果"对话框

单击"开始"选项卡"字体"命令组右下角的 ⌐ 按钮，弹出"设置单元格格式"对话框，打开"填充"选项卡，单击"填充效果"按钮，弹出"填充效果"对话框，如图 1-60 所示。

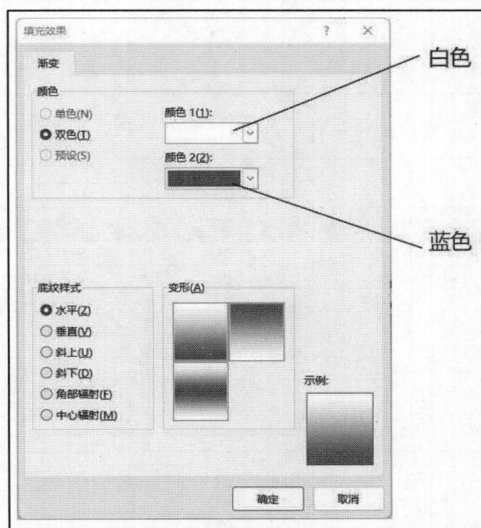

图 1-60　"填充效果"对话框

3. 选择要填充的两种颜色

在"填充效果"对话框中单击"颜色 1"下拉框的 ∨ 按钮，在下拉列表中选择"白色"。单击"颜色 2"下拉框的 ∨ 按钮，在下拉列表中选择"蓝色"。

4. 确定用双色填充单元格区域

单击"确定"按钮，返回"设置单元格格式"对话框，如图 1-61 所示，单击"确定"

按钮即可用双色填充单元格，效果如图 1-62 所示。

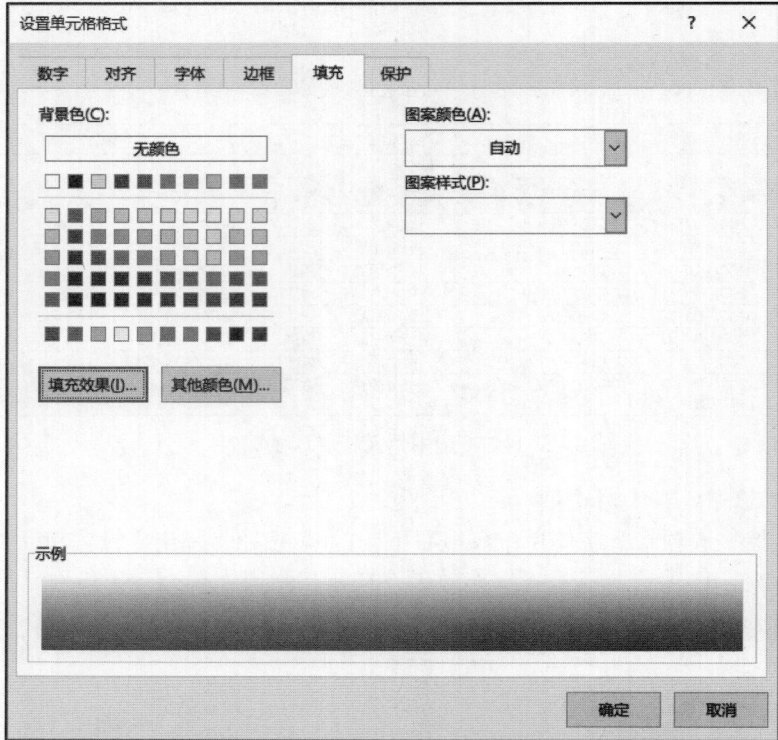

图 1-61　返回到"设置单元格格式"对话框

	A	B	C	D	E	F	G	H	I
1					物流订单数据				
2	顾客姓名	订单日期	订单号	订单等级	产品类别	区域	运送日期	运输方式	运输费用
3	巴朗	2009-02-24	037863	High	家具产品	东北	2009-02-26	Regular Air	3.37
4	巴朗	2008-10-04	030150	Critical	办公用品	西部	2008-10-05	Regular Air	1.39
5	巴朗	2008-10-04	030150	Critical	办公用品	西部	2008-10-05	Regular Air	1.39
6	巴朗	2008-05-26	048294	High	技术产品	华北	2008-05-26	Regular Air	0.99
7	巴朗	2008-05-26	048294	High	技术产品	华北	2008-05-26	Regular Air	0.99
8	胡百川	2009-04-11	023522	Critical	技术产品	中部	2009-04-12	Regular Air	11.17
9	胡百川	2009-04-11	023522	Critical	办公用品	东部	2009-04-13	Regular Air	8.73
10	胡婕	2010-03-22	004705	Not Specified	办公用品	中部	2010-03-24	Regular Air	6.5

物流订单数据　Sheet1　Sheet2　⊕

图 1-62　用白色和蓝色填充单元格后的效果

步骤 5：调整行高和列宽

1. 调整首行行高为 28 磅

在"物流订单数据"工作表中调整首行的行高为 28 磅，具体步骤如下。

（1）选中首行。

在"物流订单数据"工作表中选中首行的单元格区域 A1:I1，如图 1-63 所示。

（2）打开"行高"对话框。

在"开始"选项卡的"单元格"命令组中，单击"格式"按钮，如图 1-64 所示，在下拉列表中选择"行高"命令，弹出"行高"对话框，如图 1-65 所示。

	A	B	C	D	E	F	G	H	I
1					物流订单数据				
2	顾客姓名	订单日期	订单号	订单等级	产品类别	区域	运送日期	运输方式	运输费用
3	巴朗	2009-02-24	037863	High	家具产品	东北	2009-02-26	Regular Air	3.37
4	巴朗	2008-10-04	030150	Critical	办公用品	西部	2008-10-05	Regular Air	1.39
5	巴朗	2008-10-04	030150	Critical	办公用品	西部	2008-10-05	Regular Air	1.39
6	巴朗	2008-05-26	048294	High	技术产品	华北	2008-05-26	Regular Air	0.99
7	巴朗	2008-05-26	048294	High	技术产品	华北	2008-05-26	Regular Air	0.99
8	胡百川	2009-04-11	023522	Critical	技术产品	中部	2009-04-12	Regular Air	11.17
9	胡百川	2009-04-11	023522	Critical	办公用品	东部	2009-04-13	Regular Air	8.73
10	胡婕	2010-03-22	004705	Not Specified	办公用品	中部	2010-03-24	Regular Air	6.5
11	胡明亮	2009-11-05	031399	Not Specified	办公用品	西部	2009-11-06	Regular Air	4.99
12	胡炎	2008-04-02	038596	Medium	家具产品	西南	2008-04-03	Regular Air	4.82
13	胡炎	2007-12-08	036992	Medium	家具产品	中部	2007-12-10	Express Air	3.14
14	胡炎	2008-11-22	041186	High	技术产品	中部	2008-11-24	Express Air	1.39
15	胡炎	2008-11-22	041186	High	办公用品	中部	2008-11-23	Regular Air	0.99

物流订单数据 Sheet1 Sheet2 (+)

就绪   辅助功能: 调查

图 1-63   选中首行的单元格区域 A1:I1

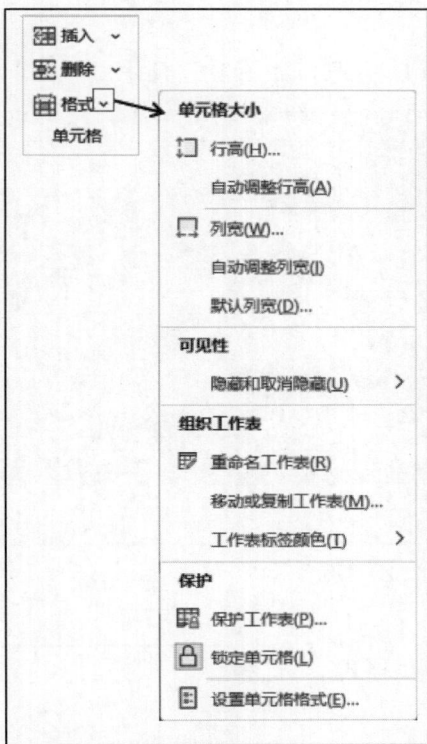

图 1-64   "格式"命令

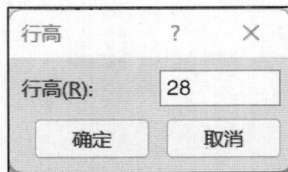

图 1-65   "行高"对话框

（3）设置行高。

在"行高"对话框的文本框中输入"28"，单击"确定"按钮，即可调整第 1 行的行高为 28 磅，效果如图 1-66 所示。

图 1-66　调整行高后的效果

2. 调整 B～I 列列宽为 12.75

在"物流订单数据"工作表中调整单元格区域 B～I 列的列宽为 12.75，具体操作步骤如下。

（1）选中单元格区域。

在"物流订单数据"工作表中选中单元格区域 B～I 列，如图 1-67 所示。

图 1-67　选中单元格区域 B～I 列

（2）打开"列宽"对话框。

在"开始"选项卡的"单元格"命令组中，单击"格式"按钮，在下拉列表中选择"列宽"命令，如图 1-64 所示，弹出"列宽"对话框，如图 1-68 所示。

（3）设置列宽。

在"列宽"对话框的文本框中输入"12.75"，单击"确定"按钮，即可调整单元格区域 B～I 列的列宽为 12.75，效果如图 1-69 所示。

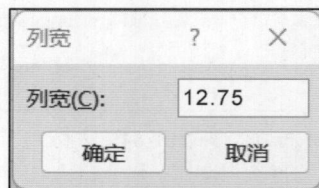

图 1-68　"列宽"对话框

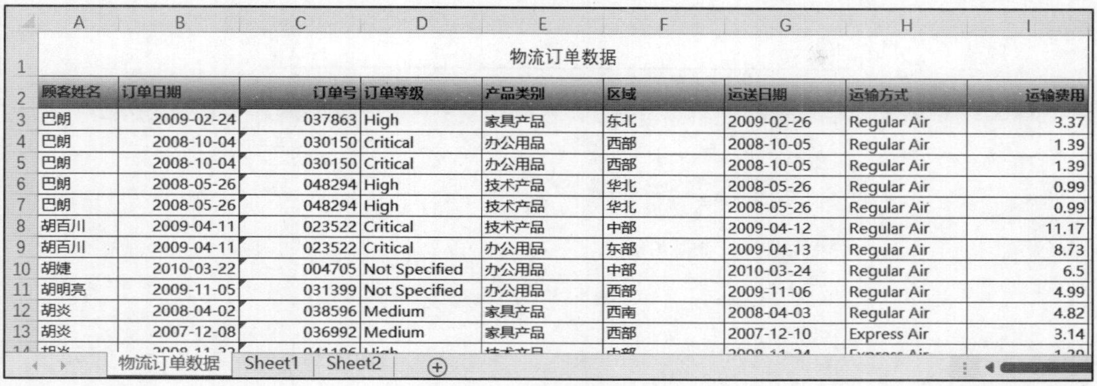

物流订单数据

顾客姓名	订单日期	订单号	订单等级	产品类别	区域	运送日期	运输方式	运输费用
巴朗	2009-02-24	037863	High	家具产品	东北	2009-02-26	Regular Air	3.37
巴朗	2008-10-04	030150	Critical	办公用品	西部	2008-10-05	Regular Air	1.39
巴朗	2008-10-04	030150	Critical	办公用品	西部	2008-10-05	Regular Air	1.39
巴朗	2008-05-26	048294	High	技术产品	华北	2008-05-26	Regular Air	0.99
巴朗	2008-05-26	048294	High	技术产品	华北	2008-05-26	Regular Air	0.99
胡百川	2009-04-11	023522	Critical	技术产品	中部	2009-04-12	Regular Air	11.17
胡百川	2009-04-11	023522	Critical	办公用品	东部	2009-04-13	Regular Air	8.73
胡婕	2010-03-22	004705	Not Specified	办公用品	中部	2010-03-24	Regular Air	6.5
胡明亮	2009-11-05	031399	Not Specified	办公用品	西部	2009-11-06	Regular Air	4.99
胡炎	2008-04-02	038596	Medium	家具产品	西南	2008-04-03	Regular Air	4.82
胡炎	2007-12-08	036992	Medium	家具产品	西部	2007-12-10	Express Air	3.14

图 1-69 调整列宽后的效果

也可以选择图 1-64 所示的“自动调整列宽”命令，让 Excel 根据内容自动调整合适的列宽。

步骤 6：突出显示数值介于 5～100 的单元格

在“物流订单数据”工作表中突出显示数值介于 5～100 的单元格，具体操作步骤如下。

1. 选中单元格区域

在“物流订单数据”工作表中选中单元格区域 I3:I26，如图 1-70 所示。

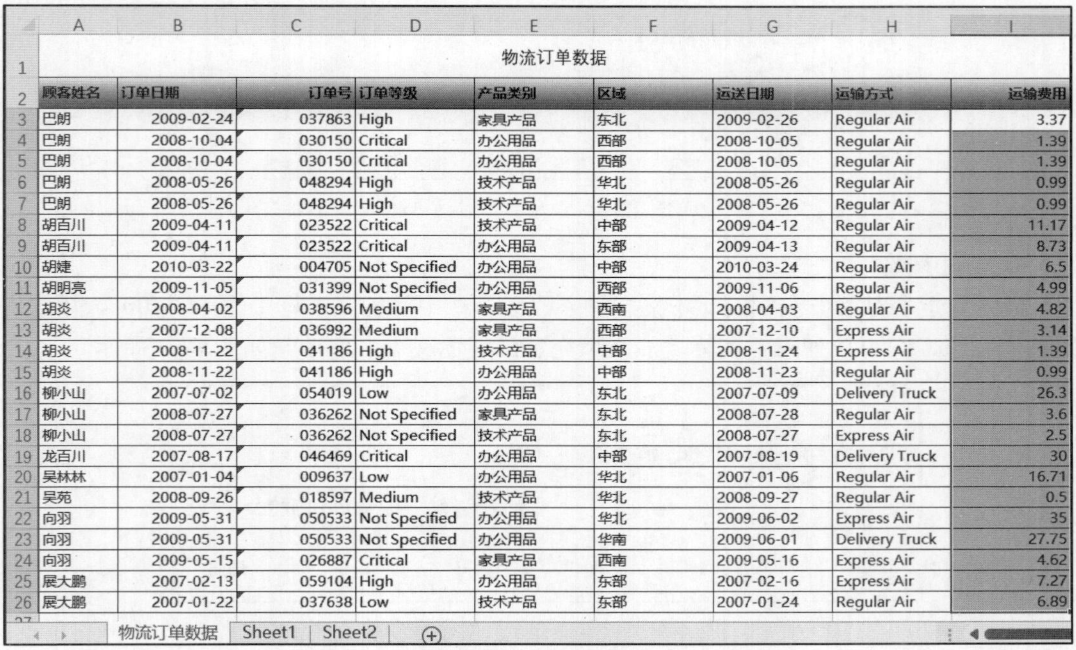

物流订单数据

顾客姓名	订单日期	订单号	订单等级	产品类别	区域	运送日期	运输方式	运输费用
巴朗	2009-02-24	037863	High	家具产品	东北	2009-02-26	Regular Air	3.37
巴朗	2008-10-04	030150	Critical	办公用品	西部	2008-10-05	Regular Air	1.39
巴朗	2008-10-04	030150	Critical	办公用品	西部	2008-10-05	Regular Air	1.39
巴朗	2008-05-26	048294	High	技术产品	华北	2008-05-26	Regular Air	0.99
巴朗	2008-05-26	048294	High	技术产品	华北	2008-05-26	Regular Air	0.99
胡百川	2009-04-11	023522	Critical	技术产品	中部	2009-04-12	Regular Air	11.17
胡百川	2009-04-11	023522	Critical	办公用品	东部	2009-04-13	Regular Air	8.73
胡婕	2010-03-22	004705	Not Specified	办公用品	中部	2010-03-24	Regular Air	6.5
胡明亮	2009-11-05	031399	Not Specified	办公用品	西部	2009-11-06	Regular Air	4.99
胡炎	2008-04-02	038596	Medium	家具产品	西南	2008-04-03	Regular Air	4.82
胡炎	2007-12-08	036992	Medium	家具产品	西部	2007-12-10	Express Air	3.14
胡炎	2008-11-22	041186	High	技术产品	中部	2008-11-24	Express Air	1.39
胡炎	2008-11-22	041186	High	办公用品	中部	2008-11-23	Regular Air	0.99
柳小山	2007-07-02	054019	Low	办公用品	东北	2007-07-09	Delivery Truck	26.3
柳小山	2008-07-27	036262	Not Specified	家具产品	东北	2008-07-28	Regular Air	3.6
柳小山	2008-07-27	036262	Not Specified	技术产品	东北	2008-07-27	Express Air	2.5
龙百川	2007-08-17	046469	Critical	办公用品	中部	2007-08-19	Delivery Truck	30
吴林林	2007-01-04	009637	Low	办公用品	华北	2007-01-06	Regular Air	16.71
吴苑	2008-09-26	018597	Medium	技术产品	华北	2008-09-27	Regular Air	0.5
向羽	2009-05-31	050533	Not Specified	办公用品	华北	2009-06-02	Express Air	35
向羽	2009-05-31	050533	Not Specified	办公用品	华南	2009-06-01	Delivery Truck	27.75
向羽	2009-05-15	026887	Critical	家具产品	西南	2009-05-16	Express Air	4.62
展大鹏	2007-02-13	059104	High	办公用品	东部	2007-02-16	Express Air	7.27
展大鹏	2007-01-22	037638	Low	技术产品	东部	2007-01-24	Regular Air	6.89

图 1-70 选中单元格区域 I3:I26

2. 打开“介于”对话框

在“开始”选项卡的“样式”命令组中，单击“条件格式”按钮，在下拉列表中依次选择“突出显示单元格规则”→“介于”命令，如图 1-71 所示，弹出“介于”对话框，如

图 1-72 所示。

图 1-71　突出显示单元格规则

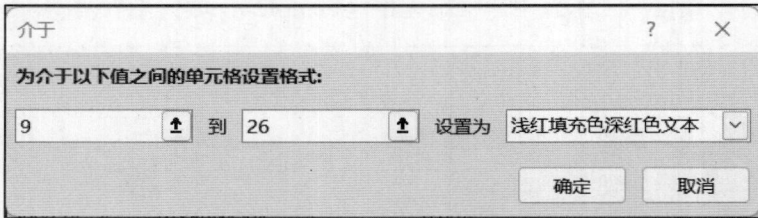

图 1-72　"介于"对话框

3. 设置参数

在"介于"对话框左侧的文本框中输入"5"，在中间的文本框中输入"100"，单击右侧的☑按钮，在下拉列表中选择"浅红填充色深红色文本"选项，如图 1-73 所示。

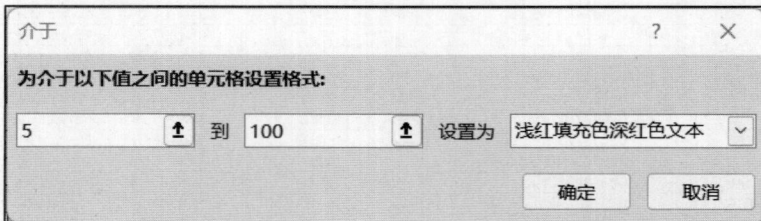

图 1-73　设置"介于"对话框参数

4. 确定设置

单击"确定"按钮，即可用浅红色填充数值介于 5～100 的单元格，效果如图 1-74 所示。

	订单日期	订单号	订单等级	产品类别	区域	运送日期	运输方式	运输费用
1				物流订单数据				
2	订单日期	订单号	订单等级	产品类别	区域	运送日期	运输方式	运输费用
3	2009-02-24	037863	High	家具产品	东北	2009-02-26	Regular Air	3.37
4	2008-10-04	030150	Critical	办公用品	西部	2008-10-05	Regular Air	1.39
5	2008-10-04	030150	Critical	办公用品	西部	2008-10-05	Regular Air	1.39
6	2008-05-26	048294	High	技术产品	华北	2008-05-26	Regular Air	0.99
7	2008-05-26	048294	High	技术产品	华北	2008-05-26	Regular Air	0.99
8	2009-04-11	023522	Critical	技术产品	中部	2009-04-12	Regular Air	11.17
9	2009-04-11	023522	Critical	办公用品	东部	2009-04-13	Regular Air	8.73
10	2010-03-22	004705	Not Specified	办公用品	中部	2010-03-24	Regular Air	6.5
11	2009-11-05	031399	Not Specified	办公用品	西部	2009-11-06	Regular Air	4.99
12	2008-04-02	038596	Medium	家具产品	西南	2008-04-03	Regular Air	4.82
13	2007-12-08	036992	Medium	家具产品	西部	2007-12-10	Express Air	3.14
14	2008-11-22	041186	High	技术产品	中部	2008-11-24	Express Air	1.39
15	2008-11-22	041186	High	办公用品	中部	2008-11-23	Regular Air	0.99
16	2007-07-02	054019	Low	办公用品	东北	2007-07-09	Delivery Truck	26.3
17	2008-07-27	036262	Not Specified	家具产品	东北	2008-07-28	Regular Air	3.6
18	2008-07-27	036262	Not Specified	技术产品	东北	2008-07-27	Express Air	2.5
19	2007-08-17	046469	Critical	办公用品	中部	2007-08-19	Delivery Truck	30
20	2007-01-04	009637	Low	办公用品	华北	2007-01-06	Regular Air	16.71
21	2008-09-26	018597	Medium	技术产品	华北	2008-09-27	Regular Air	0.5
22	2009-05-31	050533	Not Specified	办公用品	华北	2009-06-02	Express Air	35
23	2009-05-31	050533	Not Specified	办公用品	华南	2009-06-01	Delivery Truck	27.75
24	2009-05-15	026887	Critical	家具产品	西南	2009-05-16	Express Air	4.62
25	2007-02-13	059104	High	办公用品	东部	2007-02-16	Express Air	7.27
26	2007-01-22	037638	Low	技术产品	东部	2007-01-24	Regular Air	6.89

物流订单数据　Sheet1　Sheet2　＋

图 1-74　突出显示数值介于 5～100 的单元格后的效果

四、技能训练

（一）工作准备

- 阅读项目目标任务和要求。
- 理解相关选项卡的位置及使用方法。
- 在 Excel 2021 中打开"物流订单数据"工作表。

（二）项目实操

- 实操引导 1：如何将数字格式自定义为 yyyy-mm-dd？

首先打开"物流订单数据"工作表，选定 ＿＿＿＿＿＿＿＿区域，打开"开始"选项卡下的"＿＿＿＿＿＿＿"命令组，单击 按钮，弹出"＿＿＿＿＿＿＿＿＿"对话框，设置步骤：

＿＿＿＿＿＿＿＿＿＿＿＿＿＿＿＿＿＿＿＿＿＿＿＿＿＿＿＿＿＿＿＿＿＿＿＿＿

- 实操引导 2：如何合并单元格区域 A1:I1？

＿＿＿＿＿＿＿＿＿＿＿＿＿＿＿＿＿＿＿＿＿＿＿＿＿＿＿＿＿＿＿＿＿＿＿＿＿

- 实操引导 3：如何为单元格 A1:I26 添加所有框线？

＿＿＿＿＿＿＿＿＿＿＿＿＿＿＿＿＿＿＿＿＿＿＿＿＿＿＿＿＿＿＿＿＿＿＿＿＿

- 实操引导 4：如何为 A2:B2 单元格区域设置"填充效果"为"双色"，颜色 1 为"白色"，颜色 2 为"蓝色"？

＿＿＿＿＿＿＿＿＿＿＿＿＿＿＿＿＿＿＿＿＿＿＿＿＿＿＿＿＿＿＿＿＿＿＿＿＿

● 实操引导 5：为了更完整地显示单元格内容，将调整首行的行高为 28 磅，调整单元格区域 B～I 列的列宽为 12.75，具体操作步骤：

_____

● 实操引导 6：为了突出显示运输费用数值介于 5～100 的单元格，该如何操作？
具体使用"_____"选项卡下的"_____"命令组中的"_____"命令，具体操作步骤：

_____

五、同步测验

（一）拓展思考题

在工作表中，如何冻结选定的行或列，使选定的行或列锁定在工作表上，在滑动滚动条时仍然可以看见这些行或列，以便更好地显示所有的内容？

（二）同步项目训练

现有一个"自助便利店库存"工作表，如图 1-75 所示。为了美化"自助便利店库存"工作表，现对其进行格式设置，包括调整日期格式、合并单元格、设置边框、调整行高和列宽、设置单元格底纹和突出显示库存数小于 10 的单元格。

	A	B	C	D	E	F	G	H
1	自助便利店库存							
2		统一阿萨姆奶茶	可口可乐	雀巢咖啡	雪碧	盼盼手撕面包	双汇玉米热狗肠	截止日期
3	天河区自助便利店	6	5	36	72	55	60	44487.00
4	白云区自助便利店	42	90	87	61	26	19	44487.00
5	黄埔区自助便利店	73	92	4	16	76	58	44487.00
6	越秀区自助便利店	69	26	92	13	47	5	44487.00
7	荔湾区自助便利单	39	35	45	94	72	86	44487.00
8	南沙区自助便利店	10	59	51	29	7	56	44487.00
9	番禺区自助便利店	69	71	43	29	84	79	44487.00
10	花都区自助便利店	2	90	93	11	72	42	44487.00
11	海珠区自助便利店	88	4	49	89	65	83	44487.00
12								
13	注：表中的数字代表库存数							
14								

图 1-75 "自助便利店库存"工作表

（1）在"自助便利店库存"工作表中，调整"截止日期"列数字格式为 yyyy-mm-dd。

（2）在"自助便利店库存"工作表中，合并单元格区域 A1:H1。

（3）在"自助便利店库存"工作表中，为单元格区域 A1:H11 添加所有框线。

（4）在"自助便利店库存"工作表中，调整数据区域的行高为合适的大小，以便更好地观察所有的数据。

（5）在"自助便利店库存"工作表中，用黄色填充单元格区域 A1:H1。

（6）在"自助便利店库存"工作表中，突出显示库存数小于 10 的单元格。

物流大数据分析与挖掘	项目一　Excel 数据获取与处理 任务三　数据排序和筛选 任务工单页	学生： 班级： 日期：

任务三　数据排序和筛选

一、任务描述

　　大数据在物流企业中的应用贯穿了整个物流企业的各个环节。主要表现在物流决策、物流企业行政管理、物流客户管理及物流智能预警等过程中。在物流决策中，大数据技术的应用涉及竞争环境的分析与决策、物流供给与需求匹配、物流资源优化与配置等。

　　现有一份快递公司的"物流订单数据"工作表，公司管理人员想要查看不同区域的订单数量及客户的订单信息，以及筛选出高质量订单的客户信息。

（一）任务要求

● 在"物流订单数据"工作表中，根据区域进行升序排列。

● 在"物流订单数据"工作表中，根据区域自定义序列进行排序。

● 在"物流订单数据"工作表中，筛选出东部区域的订单信息以及顾客姓名为"赵子武"和"胡百川"的行。

● 在"物流订单数据"工作表中，使用高级筛选功能筛选出满足运输方式是 Regular Air 且运输费用>50 的数据。

● 在"物流订单数据"工作表中，使用高级筛选功能筛选出满足运输方式是 Regular Air 或运输费用>50 的其中一个条件的数据。

（二）学习目标

知识目标	能理解排序的类型和基本内容 掌握各类型排序的基本操作 能理解筛选的方式和类型 掌握各类型筛选的基本操作
技能目标	能根据单个/多个关键字对数据进行排序 能根据自定义序列进行排序 能根据不同的条件筛选出数据中的关键信息
思政目标	培养严谨扎实的工作态度 树立勇于探索的创新精神 培养优胜劣汰的竞争意识

（三）实施路径

　　数据排序和筛选实施路径如图 1-76 所示。

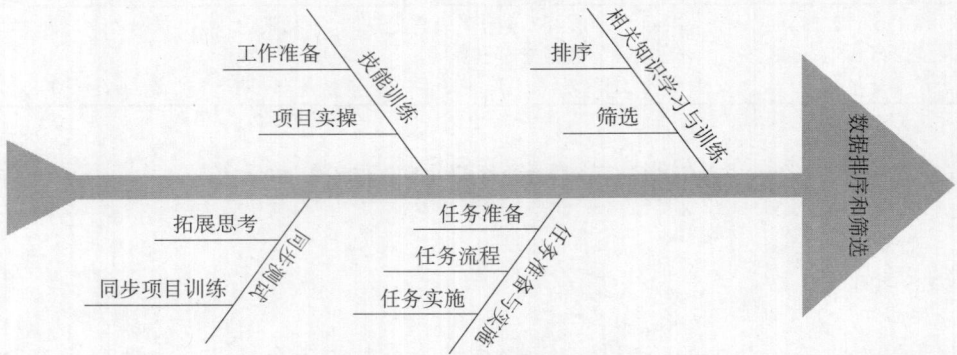

图 1-76　数据排序和筛选实施路径

二、相关知识学习与训练

（一）排序

对数据进行排序是数据分析不可缺少的组成部分。排序的本质就是比较和归位。排序可以将相同类型的数据汇集到一起。对数据进行排序有助于快速直观地显示数据并更好地理解数据，有助于组织并查找所需数据，有助于最终做出更有效的决策。"排序"命令所在的位置如图 1-77 所示。

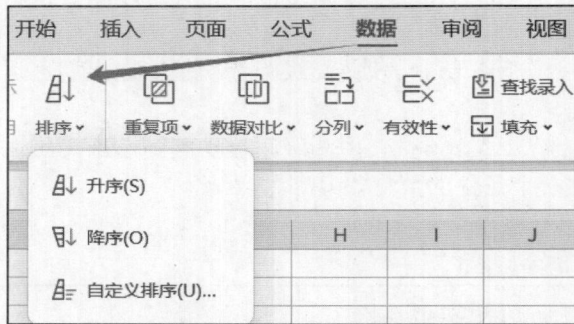

图 1-77　"排序"命令所在位置

1. 排序的原理和基本操作方法

数字的顺次关系（包括常规数值和日期时间）是按数值的整体大小进行比较。例如，下面 3 组数据均是按升序排序后的结果，如图 1-78 所示。

图 1-78　按"升序"排列的各种数值

文本的顺次关系则是按英文字母、中文拼音字母的前后顺序进行比较。如果有多个字符，则从第一个字符开始比较和排序，第一个字符相同时，再按第二个字符继续比较和排序，以此类推。同样是升序，文本排序后的效果如图 1-79 所示。

图 1-79　按"升序"排列的各种文本

正因为文本的顺序关系是按照逐字符比较而不是整体比较的，当数字和日期是文本型的假数字、假日期时，就无法按照正常的数值大小进行排序了，如图 1-80 所示。区别文本和数值两类数据，最直观的就是看对齐方式，文本数据一般是左对齐，数值型数据则是右对齐。

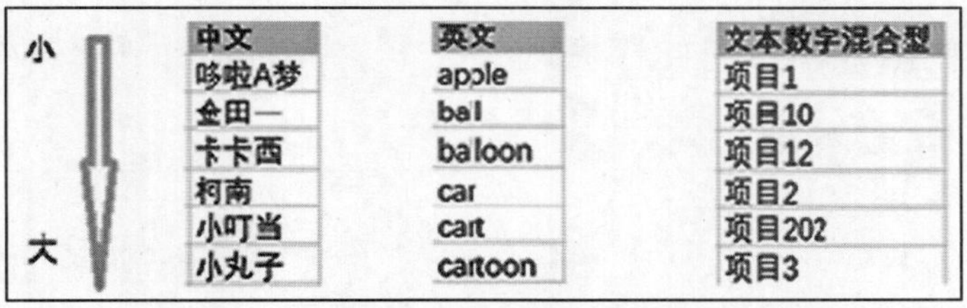

图 1-80　按"升序"排列的文本型数字和日期

所以，在发现统计计算结果不对时，通常首先要检查数据源"干不干净、正不正确"。这就是为什么反复强调源数据的规范性。

2. 多条件排序

在选中排序区域后，单击"排序"按钮，打开"排序"对话框，就能实现更复杂的排序需求，如图 1-81 所示。

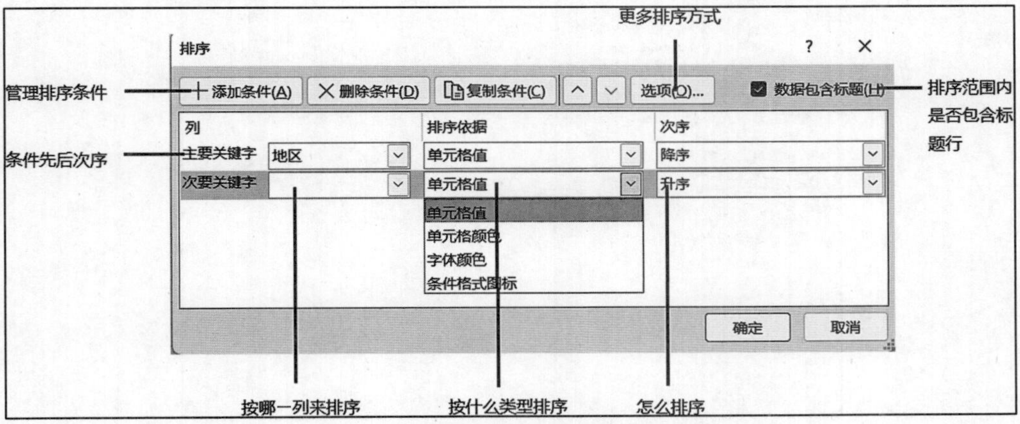

图 1-81　"排序"对话框各选项功能

3. 自定义排序

对某些有固定顺序的文本进行排序时，Excel 内置的排序方式根本无能为力。如中文序号、部门次序，这些属于自带逻辑关系的数据，需要用自定义序列排序的方法，如图 1-82 所示。

图 1-82　默认排序与期望排序的区别

排序功能除了默认的数据类型排序方式外，还内置了自定义序列功能，如图 1-83 所示，并且支持添加自定义序列，以满足定制化的排序需求，如图 1-84 所示。

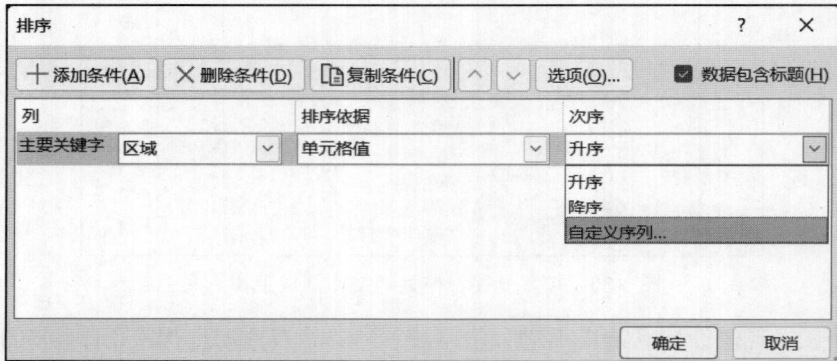

图 1-83　"排序"对话框

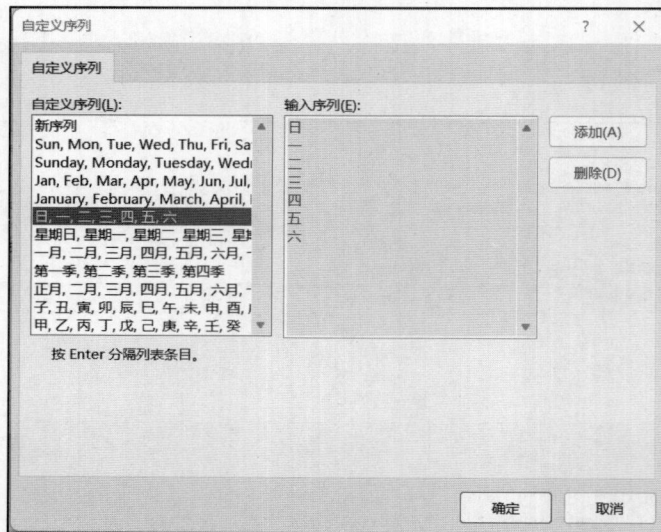

图 1-84　按内置的自定义序列排序

那么，该如何创建自定义序列呢？方法如下。

（1）在单元格区域中，按照需要的顺序从上到下输入要排序的值，如图 1-85 所示。

（2）选中刚刚输入的区域。以上例为例，选择单元格 A1:A3。

（3）执行"文件"→"选项"→"高级"→"常规"→"编辑自定义序列"命令，然后在"自定义序列"对话框中单击"导入"按钮，单击"确定"按钮两次。

图 1-85　示例

互动练习 1

1. 在"物流订单数据"工作表中根据区域进行升序排列，根据运费费用进行降序排列。

2. 在"物流订单数据"工作表中创建自定义序列"东部、中部、华北、东北、西部、西南、华南"。

（二）筛选

为了从数据表中按某个条件挑选出一部分数据，以便进一步分析和处理，需要把暂时不关心的数据过滤掉，这就是筛选。所以，筛选功能的图标是一个过滤器 （漏斗）。

筛选功能的应用有如下 5 类。

（1）按时间区间：例如，把第三季度的数据挑出来。

（2）按颜色种类：例如，把所有标黄色的行挑出来。

（3）按文本字符：例如，把含有"A 级"字样的数据挑出来。

（4）按数值区间：例如，把 6 年级 9 班所有 90 分以上的同学挑出来。

（5）按数值极值：例如，把排名前 10 的项挑出来。

筛选作为 Excel 表格中最为高频的操作之一，有必要详细了解其原理和具体用法。

1. 开启和关闭筛选器

在"数据"选项卡、"开始"选项卡都可以找到"筛选"按钮，如图 1-86 所示。当活动单元格在数据区域内的任意位置时，单击"筛选"按钮就能切换筛选的开、关状态。

在默认情况下，开启筛选后，会在数据区域的首行，即列标题行中的每一个单元格中显示筛选器按钮。

如何只为部分列开启筛选器呢？

以图 1-87 为例，可以先选中 E1 和 F1 单元格，然后单击"筛选"按钮，如此便能开启"产品类别"和"区域"的筛选器。

图 1-86　筛选器功能所在位置

2. 筛选的类型与基本操作

打开筛选器只是开启筛选模式，并未真正过滤任何数据。只有单击筛选器按钮，并在筛选面板中设置筛选条件之后，才会筛选出符合条件的数据。具体如图 1-88 所示。

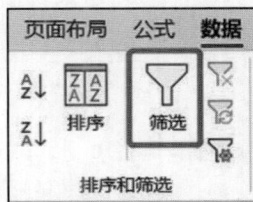

	A	B	C	D	E	F
1	顾客姓名	订单日期	订单号	订单等级	产品类别 ▼	区域 ▼
2	柳小山	7/2/2007	54019	Low	办公用品	东北
3	柳小山	7/8/2007	20513	High	办公用品	东北
4	柳小山	7/27/2008	36262	Not Specified	家具产品	东北
5	柳小山	7/27/2008	36262	Not Specified	家具产品	东北
6	柳小山	7/27/2008	36262	Not Specified	技术产品	东北
7	柳小山	11/9/2008	39682	Medium	技术产品	东北
8	柳小山	5/28/2009	4132	Not Specified	办公用品	西部

图 1-87　局部开启筛选器

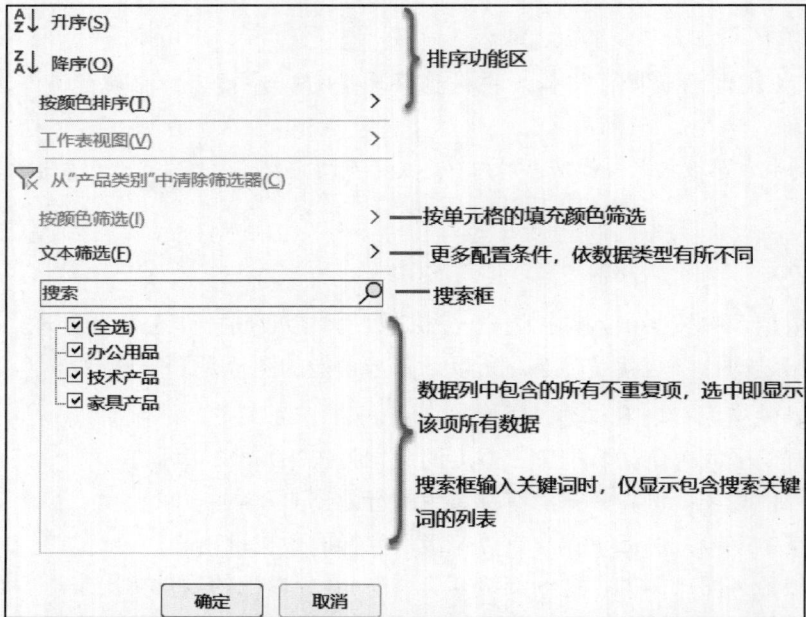

图 1-88　筛选面板基本构成

不同的数据类型所支持的筛选条件有所不同，如图 1-89 所示。

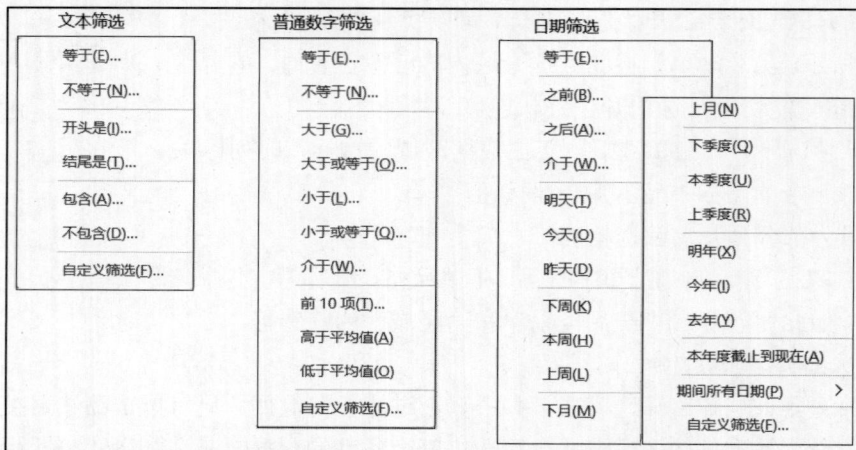

图 1-89　不同数据类型的筛选条件配置选项

3．自定义筛选

（1）选中区域内的任意单元格。

（2）单击"数据"→"筛选"按钮。

（3）单击列标题筛选器按钮 。

（4）选择"文本筛选"→"自定义筛选"选项，如图 1-90 所示。

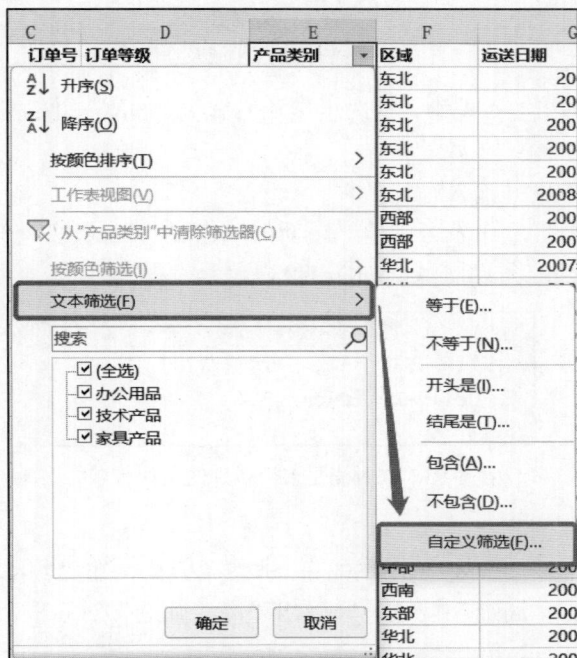

图 1-90　单列数据的双重条件匹配

（5）输入筛选条件，然后单击"确定"按钮，如图 1-91 所示。

图 1-91　"自定义自动筛选"对话框

4．同时满足多个条件的筛选

高级筛选功能提供了更加灵活多样的筛选方式。可以实现两个以上条件的复杂筛选，还能在筛选的同时，设置是否保留重复项，如图 1-92 所示。

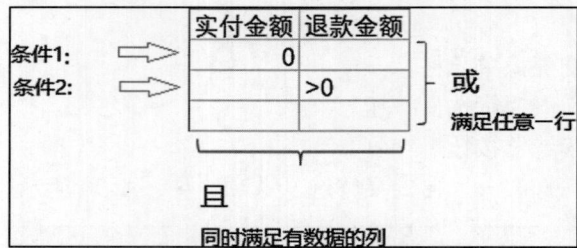

图 1-92　条件参数区域及含义

在"物流订单数据"工作表中，筛选出运输方式为 Delivery Truck 且运输费用>20 的信息，具体操作步骤如下。

（1）新建一个工作表并输入筛选条件。

在"物流订单数据"工作表旁创建一个新的工作表"Sheet1"，在"Sheet1"工作表的单元格区域 A1:B2 中建立条件区域，如图 1-93 所示。

图 1-93　同时满足多个条件的条件区域

（2）打开"高级筛选"对话框。

在"物流订单数据"工作表中，单击任一非空单元格，在"数据"选项卡的"排序和筛选"命令组中，单击"高级"按钮，弹出"高级筛选"对话框，如图 1-94 所示。

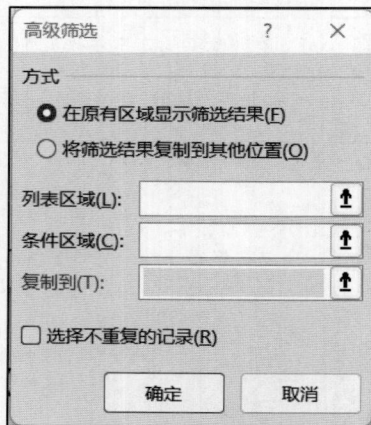

图 1-94　"高级筛选"对话框

（3）选择列表区域。

单击如图 1-94 所示的"列表区域"文本框右侧的按钮，弹出"高级筛选-列表区域"对话框，选择"物流订单数据"工作表的单元格区域 A~I 列，如图 1-95 所示，单击按钮返回"高级筛选"对话框。

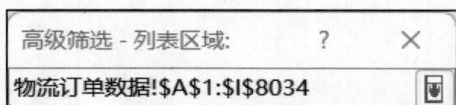

图 1-95　“高级筛选-列表区域”对话框

（4）选择条件区域。

单击如图 1-94 所示的“条件区域”文本框右侧的按钮，弹出“高级筛选-条件区域”对话框，选择“Sheet1”工作表的单元格区域 A1:B2，如图 1-96 所示，单击按钮返回“高级筛选”对话框。

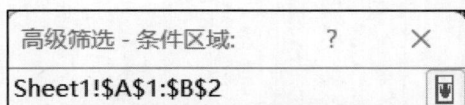

图 1-96　“高级筛选-条件区域”对话框

（5）确定筛选设置。

单击如图 1-94 所示的“确定”按钮，即可在“物流订单数据”工作表中筛选出运输方式为 Delivery Truck 且运输费用>20 的行。

5. 满足其中一个条件的筛选

在“物流订单数据”工作表中筛选出运输方式为 Delivery Truck 或运输费用>20 的行，具体操作步骤如下。

（1）输入筛选条件。

在“物流订单数据”工作表旁创建一个新的工作表“Sheet2”，在“Sheet2”工作表的单元格区域 A1:B3 建立条件区域，如图 1-97 所示。

	A	B	C
1	运输方式	运输费用	
2	Delivery Truck		
3		>20	
4			

图 1-97　满足其中一个条件的条件区域设置

（2）打开“高级筛选”对话框。

在“物流订单数据”工作表中，单击任一非空单元格，在“数据”选项卡的“排序和筛选”命令组中，单击“高级”按钮，弹出“高级筛选”对话框，如图 1-94 所示。

（3）选择列表区域。

单击如图 1-94 所示的“列表区域”文本框右侧的按钮，弹出“高级筛选-列表区域”对话框，选择“物流订单数据”工作表的单元格区域 A～I 列，如图 1-95 所示，单击按钮返回“高级筛选”对话框。

（4）选择条件区域。

单击如图 1-94 所示的“条件区域”文本框右侧的按钮，弹出“高级筛选-条件区域”对话框，选择“Sheet2”工作表的单元格区域 A1:B3，如图 1-98 所示，单击按钮返回“高级筛选"对话框。

图 1-98　"高级筛选-条件区域"对话框

（5）确定筛选设置。

单击如图 1-94 所示的"确定"按钮，即可在"物流订单数据"工作表中筛选出运输方式为 Delivery Truck 或运输费用>20 的行。

使用高级筛选的注意事项如下。

● 比较规则中，大于用>，大于或等于用>=，不等于用<>，以此类推。

● 条件区域中的内容如果是文本，则只要包含该文本即符合条件，如"华"，可筛选出华南、华北、华东等。

● 选中如图 1-95 所示的"选择不重复的记录"复选框即不显示重复项。

互动练习 2

1. 以"物流订单数据"工作表为例，完成两项筛选任务，借此了解筛选面板的基本操作。

（1）筛选产品类别为办公用品的记录。

（2）筛选运输费用最大的 4 条记录。

2. 在"物流订单数据"工作表中筛选出订单等级是 Critical 且运输费用大于 5 的行。

3. 在"物流订单数据"工作表中筛选出订单等级为 Critical 或运输费用大于 5 的行。

三、任务准备与实施

（一）任务准备

数据理解："物流订单数据"工作表中的数据共计 8037 条，包含了顾客姓名、订单日期、订单号、订单等级、产品类别、区域、运送日期、运输方式、运输费用等 9 个标题列。

（二）任务流程

本任务的操作流程的构建由数据整理、排序和筛选 3 部分组成，如图 1-99 所示。

图 1-99　数据排序和筛选的分析流程

（三）任务实施

步骤 1：排序

1. 在"物流订单数据"工作表中，根据"区域"进行升序排列

具体操作步骤如下。

（1）在"物流订单数据"工作表中，选中单元格区域 F 列，如图 1-100 所示。

	A	B	C	D	E	F	G	H	I	J
1	顾客姓名	订单日期	订单号	订单等级	产品类别	区域	运送日期	运输方式	运输费用	
2	柳小山	2007年7月2日	54019	Low	办公用品	东北	2007年7月9日	Delivery Truck	26.3	
3	柳小山	2007年7月8日	20513	High	办公用品	东北	2007年7月9日	Express Air	0.93	
4	柳小山	2008年7月27日	36262	Not Specified	家具产品	东北	2008年7月28日	Express Air	6.15	
5	柳小山	2008年7月27日	36262	Not Specified	家具产品	东北	2008年7月28日	Regular Air	3.6	
6	柳小山	2008年7月27日	36262	Not Specified	技术产品	东北	2008年7月27日	Express Air	2.5	
7	柳小山	2008年11月9日	39682	Medium	技术产品	东北	2008年11月11日	Express Air	14.3	
8	柳小山	2009年5月28日	4132	Not Specified	办公用品	西部	2009年5月30日	Regular Air	0.5	
9	巴朗	2007年8月16日	26949	Critical	技术产品	西部	2007年8月18日	Regular Air	7.29	
10	巴朗	2007年12月14日	16102	Not Specified	技术产品	华北	2007年12月16日	Delivery Truck	26	
11	巴朗	2008年5月26日	48294	High	技术产品	华北	2008年5月26日	Regular Air	0.99	
12	巴朗	2008年10月4日	30150	Critical	办公用品	西部	2008年10月5日	Regular Air	1.39	
13	巴朗	2009年2月24日	37863	High	家具产品	西部	2009年2月26日	Regular Air	3.37	

图 1-100　选中单元格区域 F 列

（2）在"数据"选项卡的"排序和筛选"命令组中，单击 ²↓ 按钮即可根据区域进行升序排列。

2．在"物流订单数据"工作表中根据"区域"自定义序列进行排序

具体操作步骤如下。

（1）在"物流订单数据"工作表中，选择任一非空单元格；在"数据"选项卡的"排序和筛选"命令组中，单击"排序"按钮，弹出"排序"对话框。

（2）在"排序"对话框中设置主要关键字及其次序，具体操作如下。

① 在"排序"对话框的"主要关键字"栏的第一个下拉框中单击 ∨ 按钮，在下拉列表中选择"区域"选项。

② 在"次序"下拉框中单击 ∨ 按钮，在下拉列表中选择"自定义序列"选项，弹出"自定义序列"对话框。

（3）在"自定义序列"对话框的"自定义序列"列表框中选择自定义序列"东部、中部、华北、东北、西部、西南、华南"，如图 1-101 所示，单击"确定"按钮，返回"排序"对话框，如图 1-102 所示。

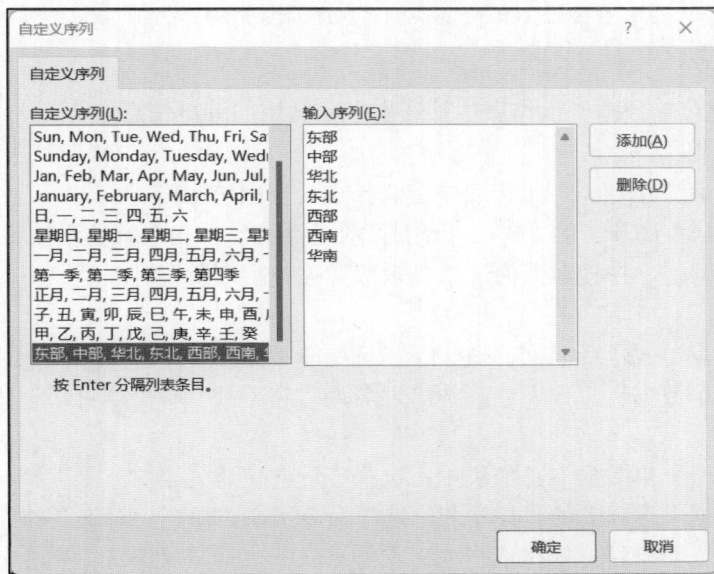

图 1-101　"自定义序列"对话框

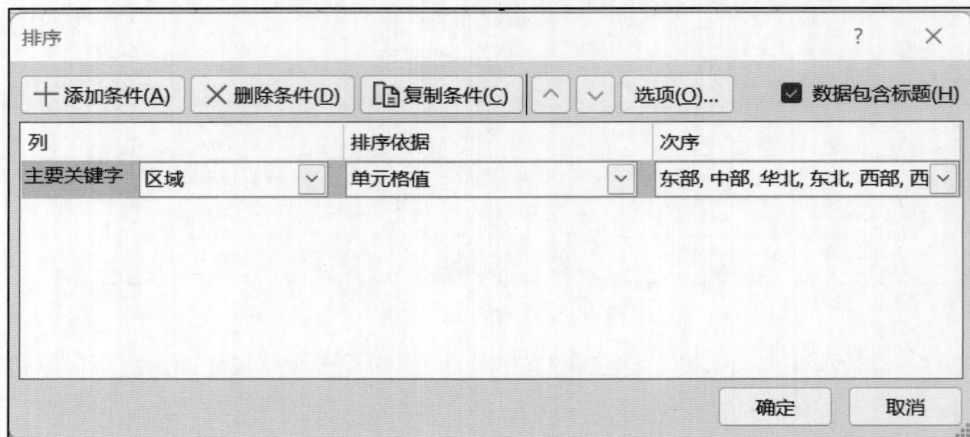

图 1-102　根据自定义排序设置主要关键字

（4）单击如图 1-102 所示的"确定"按钮即可根据区域进行自定义排序，效果如图 1-103 所示。

图 1-103　根据自定义序列排序的结果

步骤 2：筛选

1. 在"物流订单数据"工作表中筛选出东部区域的订单信息

具体操作步骤如下。

（1）在"物流订单数据"工作表中，选择任一非空单元格。

（2）在"数据"选项卡的"排序和筛选"命令组中，单击"筛选"按钮，单击"区域"列旁的筛选器符号□，在搜索框内选中"东部"关键字，所有区域是"东部"的数据就都被筛选出来了。

2. 在"物流订单数据"工作表中自定义筛选某些顾客的消费数据

在"物流订单数据"工作表中筛选出姓名为"赵子武"和"胡百川"的行，具体操作步骤如下。

（1）在"物流订单数据"工作表中，选择任一非空单元格。

（2）在"数据"选项卡的"排序和筛选"命令组中，单击"筛选"按钮，单击"顾客姓名"列旁的筛选器符号，依次选择"文本筛选"→"自定义筛选"命令，如图 1-104 所示，弹出"自定义自动筛选"对话框。

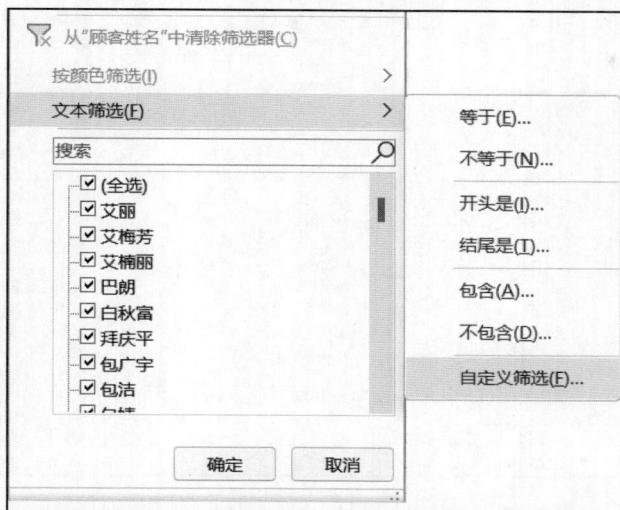

图 1-104　"自定义筛选"命令

（3）设置自定义筛选条件，筛选条件的设置如图 1-105 所示，具体操作如下。

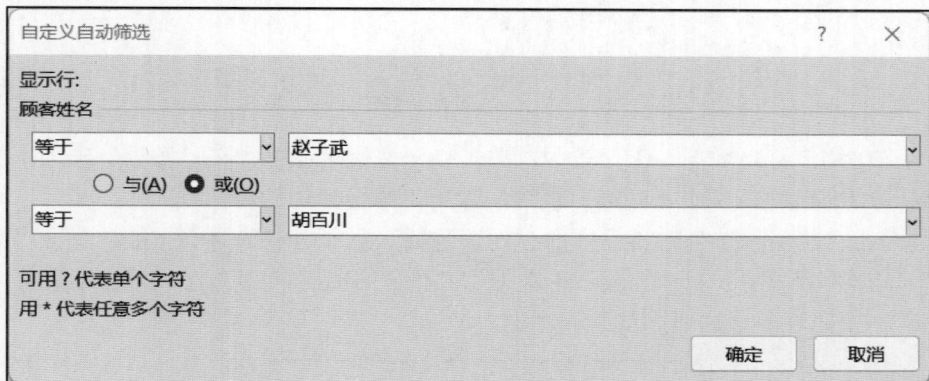

图 1-105　"自定义自动筛选"对话框

①　在第一个条件设置中，单击第一个 ∨ 按钮，在下拉列表中选择"等于"选项，在旁边的文本框中输入"赵子武"。

②　选中"或"单选按钮。

③　在第二个条件设置中，单击第一个 ∨ 按钮，在下拉列表中选择"等于"选项，在旁边的文本框中输入"胡百川"。

（4）单击"确定"按钮，即可在"物流订单数据"工作表中筛选出姓名为"赵子武"和"胡百川"的行，效果如图 1-106 所示。

3. 在"物流订单数据"工作表中筛选出运输方式为 Regular Air 且运输费用>50 的行

具体操作步骤如下。

（1）在"物流订单数据"工作表旁创建一个新的工作表"Sheet1"，在"Sheet1"工作表的单元格区域 A1:B2 中建立条件区域，如图 1-107 所示。

	A	B	C	D	E	F	G	H	I
1	顾客姓 ⃗	订单日期 ▾	订单 ▾	订单等级 ▾	产品类别 ▾	区域 ▾	运送日期 ▾	运输方式 ▾	运输费 ▾
61	赵子武	12/7/2009	43875	Critical	办公用品	东部	12/9/2009	Delivery Truck	143.71
62	赵子武	12/7/2009	43875	Critical	技术产品	华北	12/10/2009	Express Air	6.75
63	赵子武	12/7/2009	43875	Critical	家具产品	东部	12/8/2009	Regular Air	8.99
64	赵子武	12/7/2009	43875	Critical	技术产品	东部	12/9/2009	Regular Air	16.2
65	赵子武	12/19/2009	19040	High	家具产品	东部	12/20/2009	Regular Air	8.99
66	赵子武	1/13/2010	22914	Critical	家具产品	华北	1/14/2010	Regular Air	6.96
67	赵子武	4/15/2010	43043	Critical	办公用品	中部	4/17/2010	Regular Air	11.79
68	赵子武	7/3/2010	23297	Critical	办公用品	中部	7/5/2010	Regular Air	12.44
69	赵子武	9/3/2010	33702	Not Specified	办公用品	西部	9/4/2010	Express Air	0.5
70	赵子武	11/19/2010	3328	Low	技术产品	中部	11/26/2010	Delivery Truck	80.2
71	赵子武	12/12/2010	23555	High	技术产品	东部	12/13/2010	Regular Air	0.5
72	赵子武	12/12/2010	23555	High	办公用品	东部	12/13/2010	Regular Air	8.99
169	胡百川	4/11/2009	23522	Critical	技术产品	中部	4/12/2009	Regular Air	11.17
170	胡百川	4/11/2009	23522	Critical	办公用品	东部	4/13/2009	Regular Air	8.73
171	胡百川	4/11/2009	23522	Critical	办公用品	东部	4/12/2009	Regular Air	5.5
172	胡百川	4/11/2009	23522	Critical	办公用品	华北	4/13/2009	Express Air	8.99
173	胡百川	8/12/2009	6465	Low	技术产品	中部	8/19/2009	Express Air	2
174	胡百川	12/10/2009	6912	Not Specified	办公用品	西部	12/12/2009	Regular Air	5.94
175	胡百川	10/29/2010	23428	High	家具产品	中部	10/31/2010	Regular Air	8.18

图 1-106　自定义筛选后的效果

	A	B
1	运输方式	运输费用
2	Regular Air	>50
3		

图 1-107　同时满足多个条件的条件区域

（2）在"物流订单数据"工作表中，单击任一非空单元格，在"数据"选项卡的"排序和筛选"命令组中，单击"高级"按钮，弹出"高级筛选"对话框。

（3）单击"高级筛选"对话框中的"列表区域"文本框右侧的 ⬆ 按钮，弹出"高级筛选-列表区域"对话框，选择"物流订单数据"工作表的单元格区域 A～I 列，如图 1-108 所示，单击 ⬇ 按钮返回"高级筛选"对话框。

图 1-108　"高级筛选-列表区域"对话框

（4）单击"条件区域"文本框右侧的 ⬆ 按钮，弹出"高级筛选-条件区域"对话框，选择"Sheet1"工作表的单元格区域 A1:B2，如图 1-109 所示，单击 ⬇ 按钮返回"高级筛选"对话框。

图 1-109　"高级筛选-条件区域"对话框

（5）单击"确定"按钮，即可在"物流订单数据"工作表中筛选出运输方式为 Regular

Air 且运输费用＞50 的行，效果如图 1-110 所示。

	A	B	C	D	E	F	G	H	I
1	顾客姓名	订单日期	订单号	订单等级	产品类别	区域	运送日期	运输方式	运输费用
2	任东霖	2010年9月6日	30660	Critical	技术产品	东部	2010年9月9日	Regular Air	69
3	李天柱	2009年4月10日	18182	Medium	家具产品	东北	2009年4月11日	Regular Air	52.2
4	吕莉丽	2007年2月3日	19493	Critical	技术产品	西部	2007年2月4日	Regular Air	69
5	夏青	2009年4月2日	28805	Medium	技术产品	东部	2009年4月4日	Regular Air	55.17
6	吕果	2009年9月24日	31233	Low	家具产品	东部	2009年10月3日	Regular Air	69
7	孙游	2010年10月31日	26306	Low	家具产品	华北	2010年11月5日	Regular Air	69
8	姚羽	2007年7月8日	53894	Critical	办公用品	西南	2007年7月9日	Regular Air	74.3
9	邱车明	2009年1月3日	9221	Low	办公用品	东部	2009年1月7日	Regular Air	68.99
10	邱晓文	2008年7月9日	21539	Medium	办公用品	中部	2008年7月9日	Regular Air	69
11	邱立强	2009年8月21日	46531	Low	办公用品	西南	2009年8月28日	Regular Air	69
12	邱文龙	2007年5月14日	28097	Medium	家具产品	东北	2007年5月17日	Regular Air	52.2
13	胡磊华	2010年3月7日	13991	High	办公用品	东部	2010年3月8日	Regular Air	69
14	高瑞光	2010年2月5日	16548	Not Specified	办公用品	华北	2010年2月7日	Regular Air	69
15	高捷	2007年7月5日	56002	Low	家具产品	东北	2007年7月7日	Regular Air	69
16	唐凤琴	2008年11月25日	30754	Low	办公用品	东北	2008年11月29日	Regular Air	69

图 1-110　同时满足多个条件的筛选后的效果

4. 在"物流订单数据"工作表中筛选出运输方式为 Regular Air 或运输费用＞50 的行

具体操作步骤如下。

（1）在"物流订单数据"工作表旁创建一个新的工作表"Sheet2"，在"Sheet2"工作表的单元格区域 A1:B3 建立条件区域，如图 1-111 所示。

	A	B
1	运输方式	运输费用
2	Regular Air	
3		>50
4		

图 1-111　满足其中一个条件的条件区域设置

（2）在"物流订单数据"工作表中，单击任一非空单元格，在"数据"选项卡的"排序和筛选"命令组中，单击"高级"按钮，弹出"高级筛选"对话框。

（3）单击"高级筛选"对话框中的"列表区域"文本框右侧的 ⬆ 按钮，弹出"高级筛选-列表区域"对话框，选择"物流订单数据"工作表的单元格区域 A～I 列，单击 按钮返回"高级筛选"对话框。

（4）单击"高级筛选"对话框中的"条件区域"文本框右侧的 ⬆ 按钮，弹出"高级筛选-条件区域"对话框，选择"Sheet2"工作表的单元格区域 A1:B3，如图 1-112 所示，单击 按钮返回"高级筛选"对话框。

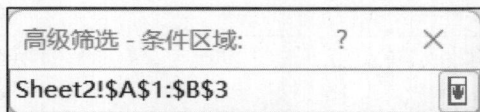

高级筛选 - 条件区域:　　　?　　×

Sheet2!$A$1:$B$3

图 1-112　"高级筛选-条件区域"对话框

（5）单击"确定"按钮，即可在"物流订单数据"工作表中筛选出运输方式为 Regular

Air 或运输费用＞50 的行，效果如图 1-113 所示。

	A	B	C	D	E	F	G	H	I	J	K
1	顾客姓名	订单日期	订单号	订单等级	产品类别	区域	运送日期	运输方式	运输费用		
2	柳小山	7/2/2007	54019	Low	办公用品	东北	7/9/2007	Delivery Truck	26.3		
4	柳小山	7/27/2008	36262	Not Specified	家具产品	东北	7/28/2008	Express Air	6.15		
5	柳小山	7/27/2008	36262	Not Specified	家具产品	东北	7/28/2008	Regular Air	3.6		
7	柳小山	11/9/2008	39682	Medium	技术产品	东北	11/11/2008	Express Air	14.3		
8	柳小山	5/28/2009	4132	Not Specified	办公用品	西部	5/30/2009	Regular Air	0.5		
9	巴朗	8/16/2007	26949	Critical	技术产品	西部	8/18/2007	Regular Air	7.29		
10	巴朗	12/14/2007	16102	Not Specified	技术产品	华北	12/16/2007	Delivery Truck	26		
11	巴朗	5/26/2008	48294	High	技术产品	华北	5/26/2008	Regular Air	0.99		
12	巴朗	10/4/2008	30150	Critical	办公用品	西部	10/5/2008	Regular Air	1.39		
13	巴朗	2/24/2009	37863	High	家具产品	东北	2/26/2009	Regular Air	3.37		
14	巴朗	5/12/2009	10662	Low	办公用品	东北	5/21/2009	Regular Air	6.81		
15	巴朗	10/30/2009	27559	High	办公用品	华北	10/31/2009	Regular Air	4.86		
16	巴朗	12/25/2009	20737	Medium	技术产品	华北	12/26/2009	Delivery Truck	36.09		
17	巴朗	12/25/2009	20737	Medium	技术产品	西部	12/27/2009	Delivery Truck	61.76		
18	巴朗	12/29/2009	46662	Critical	办公用品	西部	12/31/2009	Regular Air	7.31		
19	巴朗	12/29/2009	46662	Critical	办公用品	西部	12/31/2009	Regular Air	0.99		
20	展大鹏	1/22/2007	37638	Low	技术产品	东部	1/24/2007	Regular Air	6.89		

图 1-113　满足其中一个条件的筛选效果

四、技能训练

（一）工作准备

- 阅读项目目标任务和要求。
- 理解相关选项卡的位置及使用方法。
- 用 Excel 2021 打开"物流订单数据"工作表。

（二）项目实操

- 实操引导 1：　打开 Excel 2021，单击"文件"选项卡，将"物流订单数据"工作表打开，观察数据的列数和行数，数据有什么特点？

_____

- 实操引导 2：如果要查看区域之间的订单情况，如何实现表格数据按照"区域"关键字进行升序排列？

_____

- 实操引导 3：如何让数据按照"东部、中部、华北、东北、西部、西南、华南"的顺序排列？这个顺序是升序还是降序？

_____

如何增加自定义序列？

_____

按照"东部、中部、华北、东北、西部、西南、华南"的次序排列的步骤：

_____

- 实操引导 4：如何对顾客姓名进行升序和对运输费用进行降序排列？

_____

● 实操引导 5：如何查看"东部"区域的订单信息？

使用_____选项卡的_____功能，具体步骤：

_____

● 实操引导 6：如何查看"赵子武"和"胡百川"的订单信息？

使用_____选项卡的_____功能，具体步骤：

_____

● 实操引导 7：如何查看运输方式是 Regular Air 且运输费用>50 的数据？

使用_____选项卡的_____功能，具体步骤：

_____

● 实操引导 8：如何查看运输方式是 Regular Air 或运输费用>50 的数据？

使用_____选项卡的_____功能，具体步骤：

● 实操引导 9：筛选后的结果与本步骤筛选后的结果的差别：

_____

五、同步测验

（一）拓展思考

如何只为部分列开启筛选？

（二）同步项目训练

1. 现有一个"9 月自助便利店销售业绩"工作表，分别需要按商品名称和"天河区便利店，越秀区便利店，白云区便利店"自定义序列显示和理解数据，所以要在"9 月自助便利店销售业绩"工作表中，分别根据商品名称和自定义序列进行排序。

（1）根据商品名称进行升序排列。

（2）创建自定义序列"天河区便利店，越秀区便利店，白云区便利店"，并根据自定义序列进行排序。

2. 现有一个设有颜色的"9 月自助便利店销售业绩"工作表，为了查看带有红色标记单元格的行和查找全部二级类目为乳制品和碳酸饮料的行，分别用多种筛选方法对"9 月自助便利店销售业绩"工作表的数据进行筛选。

（1）在"二级类目"列中筛选出单元格颜色为红色的行。

（2）在"二级类目"列中筛选出"乳制品"或"碳酸饮料"的行。

（3）在工作表中筛选出同时满足"天河区便利店"和"乳制品"两个条件的数据。

物流大数据分析与挖掘	项目一 Excel 数据获取与处理 任务四 数据分类汇总和透视表 任务工单页	学生： 班级： 日期：

任务四　数据分类汇总和透视表

一、任务描述

在数据化的当今社会，生活中的方方面面都充斥着大量数据信息：快递订单、支付宝账单、销售明细、财务流水等，几乎无处不在。

然而，对于大量杂乱无章的数据，如果没有经过整理、归纳和提炼，能够从数据记录中获取的信息非常有限，也无法在认知、管理和决策上产生更大价值。源数据就如"山石泥沙"，是一份包含各种属性的翔实数据记录，蕴含着大量隐藏信息等待挖掘。所以，掌握一套高效汇总统计、归纳提炼的工具和方法，能够让我们真正发挥数据的价值。

现有一家快递公司，某员工为了查看各顾客快递订单的运输费用的总额和平均值，并将各顾客运输费用的总额打印出来给上级汇报，需要对"物流订单数据"工作表进行分类汇总。

为了快速汇总大量的订单信息数据，并深入分析物流订单信息，以便管理人员多维度了解订单信息并提高业绩，需要该员工在"物流订单数据"工作表中创建并编辑数据透视表。

（一）任务要求

在任务目标工作表"物流订单数据"中，完成如下任务要求。

- 分类汇总每位顾客的运输费用的总额。
- 分类汇总每位顾客的运输费用的平均值。
- 分页显示汇总结果。
- 创建数据透视表。
- 数据透视表的布局设置为表格形式。
- 数据透视表的样式设置为"数据透视表样式浅色 20"。
- 数据透视表的汇总方式设置为平均值。

（二）学习目标

知识目标	了解分类汇总的汇总方式 了解数据透视表的基本内容
技能目标	掌握分类汇总的基本操作 掌握数据透视表的创建方法 掌握数据透视表的编辑方法
思政目标	树立整体观，系统地看待问题 培养大局意识和辩证思维

（三）实施路径

数据分类汇总和透视表实施路径如图 1-114 所示。

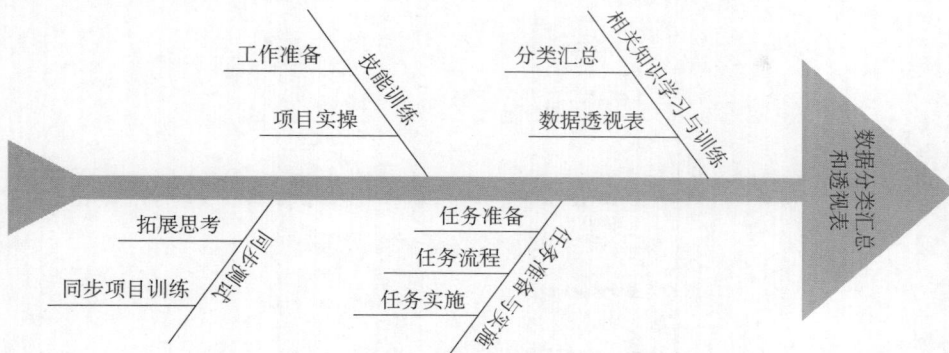

图 1-114　数据分类汇总和透视表实施路径

二、相关知识学习与训练

（一）分类汇总

分类汇总是指根据某个要求对数据进行归类后，再对归类后的数据进行汇总操作。这种汇总操作包括对分类后的数据求平均值、求和、求最大值等。"分类汇总"命令还会分级显示列表，以便显示和隐藏每个分类汇总的明细行。

使用"分类汇总"命令前，首先确保数据区域中要对其进行分类汇总计算的每一列的第一行都具有一个标签，每一列中都包含类似的数据，并且该区域不包含任何空白行或空白列。

若要对包含用作分组依据的数据的列进行排序，先选择该列，然后在"数据"选项卡的"排序和筛选"命令组中单击"升序"或"降序"按钮。

"分类汇总"命令在 Excel 2021 中的路径：在"数据"选项卡的"分级显示"命令组中，单击"分类汇总"按钮，如图 1-115 所示，即可弹出"分类汇总"对话框，如图 1-116 所示。

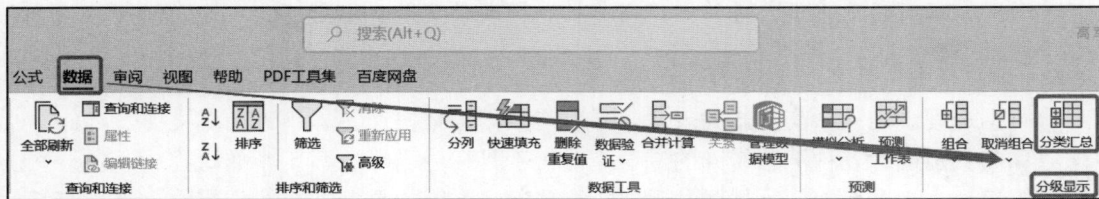

图 1-115　"分类汇总"命令

● "汇总方式"：计算分类汇总的汇总函数。单击如图 1-116 所示的"汇总方式"文本框右边的 ⌄ 按钮，即显示函数列表，如求和、计数、平均值、最大值、最小值等。

● "选定汇总项"列表框中，对于包含要计算分类汇总的值的每一列，选中其复选框即可。

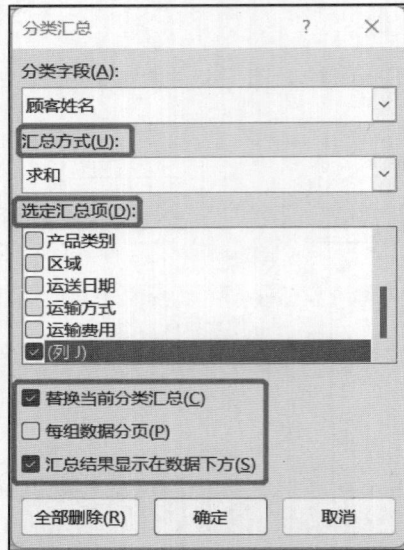

图 1-116　　"分类汇总"对话框

● "每组数据分页"复选框是将汇总结果分页显示的功能选项。分页显示汇总结果功能可以将汇总的每一类数据单独列在一页中，以方便清晰地显示打印出来的数据。

● 若要指定汇总行位于明细行的上面，请取消选中"汇总结果显示在数据下方"复选框。若要指定汇总行位于明细行的下面，请选中"汇总结果显示在数据下方"复选框。

1. "分类汇总"级别显示

若只需要显示分类汇总和总计的汇总，单击行编号旁边的分级显示符号"1""2""3"。使用"+"和"−"符号可以显示或隐藏各个分类汇总的明细数据行。

2. 清除分类汇总结果

若要删除分类汇总，则选择包含分类汇总的单元格区域，然后在图 1-116 所示的"分类汇总"对话框中单击"全部删除"按钮即可。

互动练习 1

在对数据进行分类汇总操作时，必要的步骤是什么？

（二）数据透视表

数据透视表是一种交互式的表格，可以对数据进行快速汇总和建立交叉列表，是一种按条件、类别进行各种汇总统计的综合型分析工具，分类汇总、计算平均数、百分比、分段分组统计、排序筛选……样样拿手。它能够对多维度的数据进行汇总分析，就像搭积木一样简单轻松。数据透视表可以动态地改变版面布置，以便按照不同方式分析数据，每一次改变版面布置时，数据透视表都会立即按照新的布置重新计算数据。如果来源的数据发生更改，那么可以更新数据透视表。

1. 创建数据透视表

Excel 中除单元格和数据内容外，所有要生成的对象都可以在"插入"选项卡中找到，数据透视表也不例外。单击目标工作表的任意数据，比如 A1 单元格，然后插入数据透视表，如图 1-117 所示。Excel 就会自动弹出"来自表格或区域的数据透视表"对话框，如图 1-118 所示，直接单击"确定"按钮，就可以创建一个数据透视表。

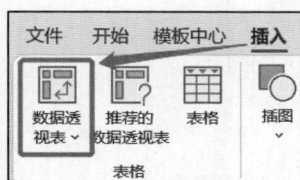

图 1-117 "数据透视表"命令

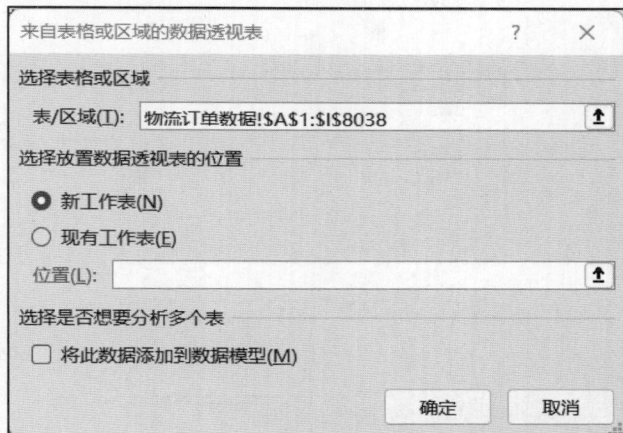

图 1-118 "来自表格或区域的数据透视表"对话框

其中，选择的数据为整个数据区域，放置数据透视表的位置默认为新工作表，也可以指定将其放置在现有工作表中。

Excel 会自动识别目标工作表的整个数据区域并将之作为数据源，在新建的工作表中生成数据透视区域，如图 1-119 所示。

图 1-119 在新工作表中生成透视区域

生成数据透视表区域后，只要单击透视表区域的任意位置，就会显现"数据透视表字段"窗口，如图 1-120 所示。数据透视表的本质是分类汇总统计。所以认准 3 块功能区域很重要。

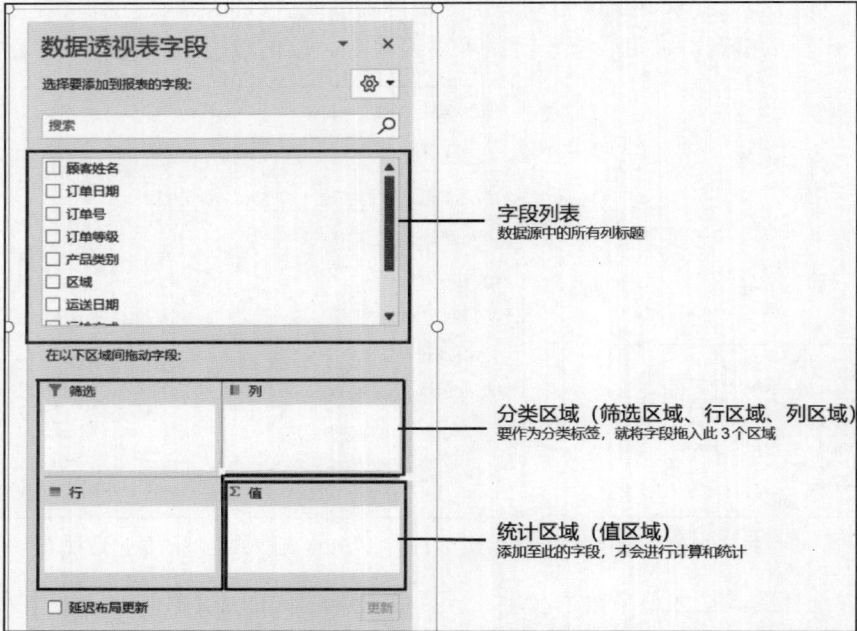

图 1-120　"数据透视表字段"窗口参数说明

　　字段列表区域是数据源中所有的列标题。分类区域包含筛选区域、列区域、行区域，把要作为分类标签的字段拖入此 3 个区域。统计区域是指值区域，只有添加至此的字段，才会进行计算和统计。

　　2. 调整数据透视表的布局和美化

　　使用数据透视表进行汇总统计的最大好处在于灵活性。不仅调整统计方法灵活，而且调整布局结构和报表样式美化也非常灵活。

　　所有数据透视表相关的功能和工具都在数据透视表工具上下文选项卡中，它只有在单击数据透视表区域后才会显现，如图 1-121 和图 1-122 所示。

图 1-121　数据透视表工具"数据透视表分析"选项卡

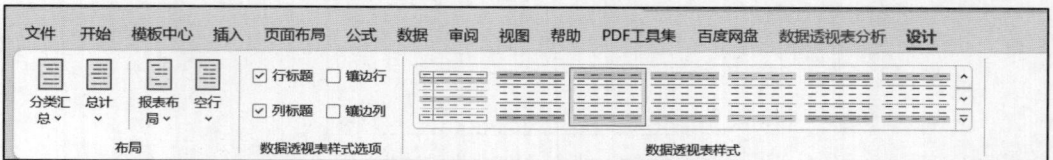

图 1-122　数据透视表工具"设计"选项卡

　　调整汇总选项和数据的功能大多在"数据透视表分析"选项卡中，调整布局和外观相

关的功能大多在"设计"选项卡中。如图 1-123 所示，在报表布局调整中常用到的命令是
"分类汇总"命令中的"在组的底部显示所有分类汇总"选项和"报表布局"命令中的"以
表格形式显示"选项。具体效果如图 1-124 和图 1-125 所示。

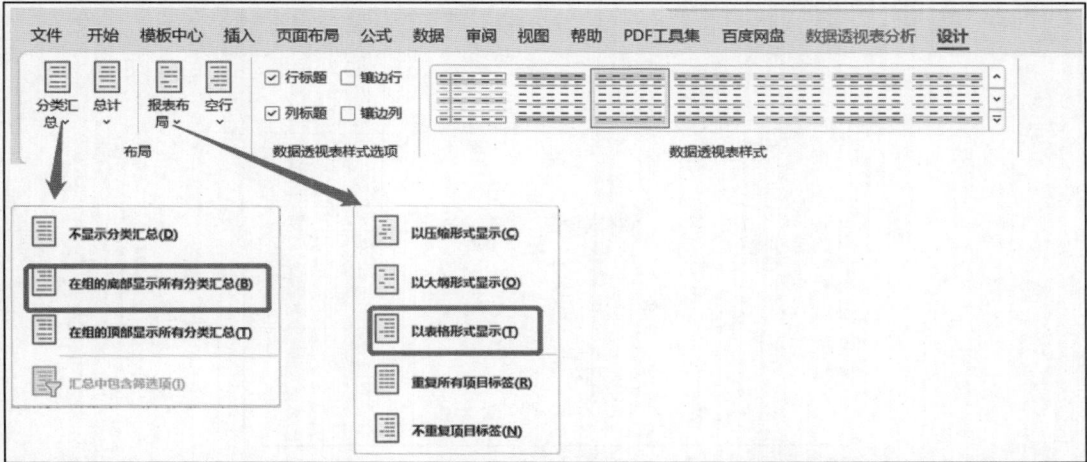

图 1-123 "在组的底部显示所有分类汇总"命令和"以表格形式显示"命令

图 1-124 底部显示汇总行的效果

数据透视表可以利用系统自带的样式来设置数据透视表的格式，以使数据透视表更加

美观。在"设计"选项卡的"数据透视表样式"命令组中，单击▽按钮，弹出的下拉列表如图 1-126 所示，选择合适的样式，就可以实现数据透视表一键换装。如果要取消对数据透视表的样式套用，可以单击如图 1-126 所示的"清除"按钮，数据透视表就恢复成普通样式了。

图 1-125　以表格形式显示的效果

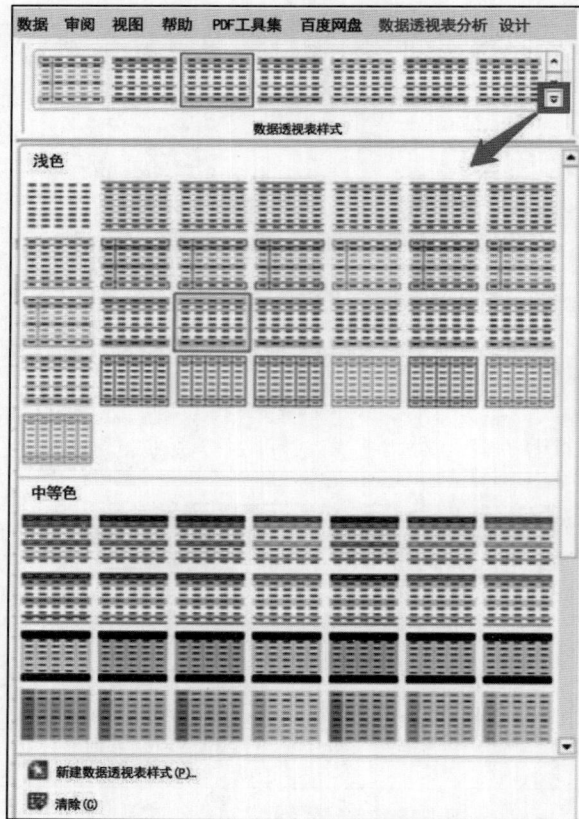

图 1-126　"数据透视表样式"命令组

3. 改变数据透视表的汇总方式

在数据透视表中，数据的汇总方式默认为求和，但还有计数、平均值、最大值、最小值等。但是透视表中的值标签无法双击进入编辑状态。因为双击标签名称后，会直接打开"值字段设置"窗口，如图 1-127 所示，在此可以切换计算类型，从而改变汇总的方式。

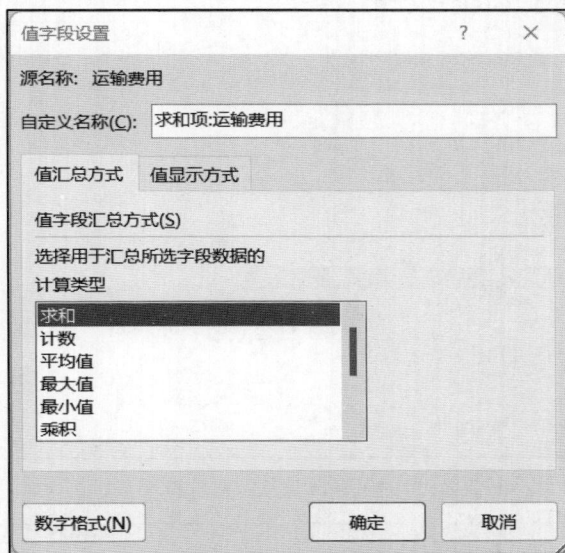

图 1-127　"值字段设置"对话框

在这里要注意的是，同一个字段可以多次拖入"值"区域，双击字段名可以快速切换汇总方式。例如，在"物流订单数据"工作表中，如何在一个数据透视表中分别统计出运输费用的最大值、平均值、总值呢？最便捷的操作是，首先把"运输费用"字段拖进"值"区域 3 次，如图 1-128 所示。

▲	A	B	C	D	E
1	运输方式	(全部) ▼			
2					
3	区域 ▼	订单等级 ▼	求和项:运输费用	求和项:运输费用2	求和项:运输费用3
4	⊟东部	Critical	6583.56	6583.56	6583.56
5		High	6647.72	6647.72	6647.72
6		Low	6976.1	6976.1	6976.1
7		Medium	5687.81	5687.81	5687.81
8		Not Specified	6645.18	6645.18	6645.18
9	东部 汇总		32540.37	32540.37	32540.37
10	⊟中部	Critical	3802.89	3802.89	3802.89
11		High	5268.88	5268.88	5268.88
12		Low	5034.49	5034.49	5034.49
13		Medium	3912.68	3912.68	3912.68
14		Not Specified	3351.97	3351.97	3351.97

图 1-128　"运输费用"拖进值区域 3 次后的显示效果

然后双击各个值字段标签，分别将计算类型改成最大值、平均值、求和。因为修改计算类型并不会改变字段标签，所以还需要继续将各个值标签修改过来。以最大值为例，如图 1-129 所示,效果如图 1-130 所示。

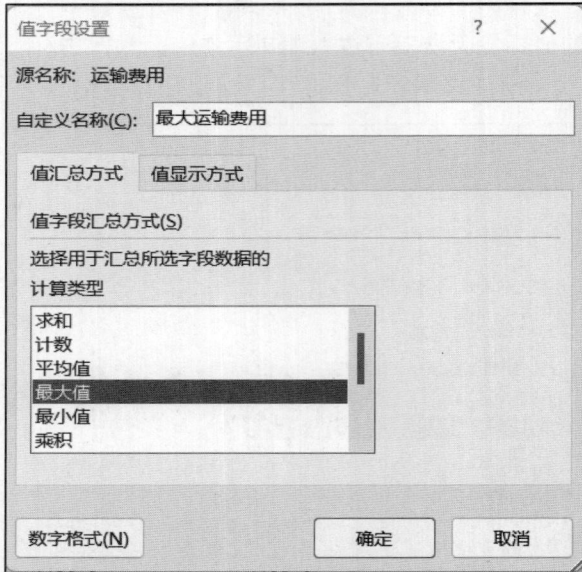

图 1-129　"值字段设置"对话框设置示例

图 1-130　修改计算类型和标签名称后的效果

互动练习 2

如何修改数据透视表中的字段标签?

三、任务准备与实施

(一)任务准备

数据理解:"物流订单数据"工作表中数据共计 8037 条,包含了顾客姓名、订单日期、订单号、订单等级、产品类别、区域、运送日期、运输方式、运输费用等 9 个标题列。

（二）任务流程

本任务操作流程的构建由数据整理、分类汇总、创建数据透视表和数据透视表设置 4 部分组成，如图 1-131 所示。

图 1-131　数据分类汇总和透视表

（三）任务实施

步骤 1：分类汇总

1. 分类汇总每位顾客运输费用的总额

在"物流订单数据"工作表中，使用简单分类汇总功能统计各顾客运输费用的总额，具体操作步骤如下。

（1）根据顾客姓名升序排列。

在"物流订单数据"工作表中，选中 A 列任一非空单元格，如 A3 单元格，在"数据"选项卡的"排序和筛选"命令组中，单击 ↓ 按钮，将该列数据按顾客姓名升序排列，效果如图 1-132 所示。

	A	B	C	D	E	F	G	H	I
1	顾客姓名	订单日期	订单号	订单等级	产品类别	区域	运送日期	运输方式	运输费用
2	陈迟	2007年1月18日	46884	Medium	家具产品	华南	2007年1月19日	Regular Air	2.36
3	陈迟	2007年1月18日	46884	Medium	办公用品	华南	2007年1月20日	Regular Air	1.39
4	陈迟	2007年1月18日	46884	Medium	办公用品	华南	2007年1月20日	Regular Air	2.5
5	陈迟	2007年3月24日	34017	High	办公用品	华南	2007年3月24日	Express Air	0.71
6	陈迟	2007年3月24日	34017	High	家具产品	东部	2007年3月26日	Regular Air	7.69
7	陈迟	2007年8月10日	3136	Not Specified	办公用品	东北	2007年8月12日	Regular Air	8.99
8	陈迟	2007年9月20日	59238	High	办公用品	东北	2007年9月21日	Express Air	8.99
9	陈迟	2007年9月24日	53153	Critical	办公用品	东北	2007年9月25日	Regular Air	3.99
10	陈迟	2008年3月25日	42597	Medium	办公用品	华北	2008年3月27日	Regular Air	4.32
11	陈迟	2008年10月19日	24903	Low	办公用品	华北	2008年10月26日	Regular Air	5.81
12	陈迟	2009年3月23日	57095	Medium	办公用品	华北	2009年3月26日	Regular Air	5.48
13	陈迟	2010年8月1日	11808	Not Specified	办公用品	华北	2010年8月2日	Delivery Truck	39.25

物流订单数据　Sheet1　Sheet2　Sheet3　Sheet4

图 1-132　根据会员名进行升序排列后的效果

（2）打开"分类汇总"对话框。

在"数据"选项卡的"分级显示"命令组中，单击"分类汇总"按钮，弹出"分类汇总"对话框。

（3）设置参数。

在"分类汇总"对话框中进行以下设置，如图 1-133 所示。

① 单击"分类字段"下拉框的 ∨ 按钮，在下拉列表中选择"顾客姓名"选项。

② 单击"汇总方式"下拉框的 ∨ 按钮，在下拉列表中选择"求和"选项。

③ 在"选定汇总项"列表框中选中"运输费用"复选框，取消其他复选框的选中状态。

④ 默认选中"替换当前分类汇总"和"汇总结果显示在数据下方"复选框。

（4）确定设置。

单击"确定"按钮，即可在"物流订单数据"工作表中统计各顾客运输费用的总额，效果如图 1-134 所示。

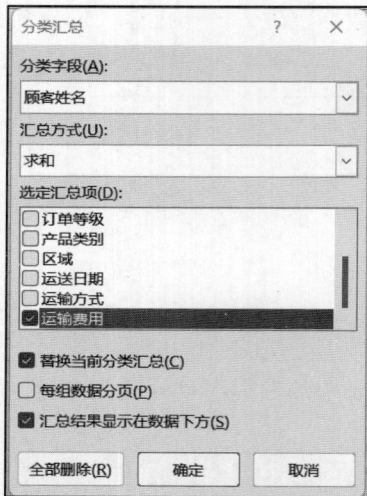

图 1-133　"分类汇总"对话框设置

	顾客姓名	订单日期	订单号	订单等级	产品类别	区域	运送日期	运输方式	运输费用
2	陈迟	2007年1月18日	46884	Medium	家具产品	华南	2007年1月19日	Regular Air	2.36
3	陈迟	2007年1月18日	46884	Medium	办公用品	华南	2007年1月20日	Regular Air	1.39
4	陈迟	2007年1月18日	46884	Medium	办公用品	华南	2007年1月20日	Regular Air	2.5
5	陈迟	2007年3月24日	34017	High	办公用品	华南	2007年3月24日	Express Air	0.71
6	陈迟	2007年3月24日	34017	High	家具产品	东部	2007年3月26日	Express Air	7.69
7	陈迟	2007年8月10日	3136	Not Specified	办公用品	东北	2007年8月12日	Regular Air	8.99
8	陈迟	2007年9月20日	59238	High	办公用品	东北	2007年9月21日	Express Air	8.99
9	陈迟	2007年9月24日	53153	Critical	办公用品	东北	2007年9月25日	Regular Air	3.99
10	陈迟	2008年3月25日	42597	Medium	办公用品	华北	2008年3月27日	Regular Air	4.32
11	陈迟	2008年10月19日	24903	Low	办公用品	华北	2008年10月26日	Regular Air	5.81
12	陈迟	2009年3月23日	57095	Medium	办公用品	华北	2009年3月26日	Regular Air	5.48
13	陈迟	2010年8月1日	11808	Not Specified	办公用品	华北	2010年8月2日	Delivery Truck	39.25
14	陈迟 汇总								91.48
15	刁琳	2007年3月14日	23398	Medium	技术产品	华北	2007年3月15日	Regular Air	7.37
16	刁琳	2008年6月28日	2307	Low	办公用品	西部	2008年6月28日	Regular Air	1.49
17	刁琳	2008年8月15日	54659	High	办公用品	华北	2009年8月15日	Regular Air	5.2
18	刁琳	2010年4月9日	54370	Not Specified	家具产品	华北	2010年4月9日	Regular Air	19.99
19	刁琳 汇总								34.05
20	陆路	2007年8月29日	21479	Medium	办公用品	华北	2007年8月30日	Express Air	6.57
21	陆路	2007年12月27日	20262	Not Specified	办公用品	西部	2007年12月27日	Regular Air	8.99
22	陆路	2008年2月10日	20577	Critical	办公用品	华北	2008年2月12日	Regular Air	10.55
23	陆路	2009年1月29日	24640	Medium	技术产品	华北	2009年1月30日	Delivery Truck	30
24	陆路	2009年12月20日	52327	Medium	办公用品	中部	2009年12月22日	Regular Air	4.7
25	陆路	2009年12月20日	52327	Medium	办公用品	东北	2009年12月21日	Regular Air	6.5
26	陆路	2010年4月10日	46566	Medium	办公用品	华北	2010年4月11日	Regular Air	3.6
27	陆路	2010年9月22日	36229	Not Specified	家具产品	中部	2010年9月24日	Delivery Truck	43.75
28	陆路	2010年9月22日	36229	Not Specified	办公用品	中部	2010年9月25日	Regular Air	7.11
29	陆路	2010年12月7日	58210	Medium	办公用品	西南	2010年12月8日	Regular Air	5.47
30	陆路 汇总								127.24

物流订单数据　Sheet1　Sheet2　Sheet3　Sheet4

图 1-134　简单分类汇总后的效果

在分类汇总后,工作表行号左侧出现的 + 和 − 按钮是层次按钮,能分别显示和隐藏组中的明细数据。在层次按钮上方出现的 1 2 3 按钮是分级显示按钮,单击所需级别的数字就会隐藏较低级别的明细数据,显示其他级别的明细数据。

2. 分类汇总每位顾客运输费用的平均值

在"物流订单数据"工作表中使用高级分类汇总功能,统计各顾客运输费用的平均值,具体操作步骤如下。

（1）打开"分类汇总"对话框。

在简单分类汇总结果的基础上，在"数据"选项卡的"分级显示"命令组中，单击"分类汇总"按钮，弹出"分类汇总"对话框。

（2）设置参数。

在"分类汇总"对话框中进行以下设置，如图1-135所示。

① 单击"分类字段"下拉框的 按钮，在下拉列表中选择"顾客姓名"选项。

② 单击"汇总方式"下拉框的 按钮，在下拉列表中选择"平均值"选项。

③ 在"选定汇总项"列表框中选中"运输费用"复选框，取消其他复选框的选中状态。

④ 取消选中"替换当前分类汇总"复选框。

（3）确定设置。

单击"确定"按钮，即可统计各顾客运输费用的平均值，效果如图1-136所示。

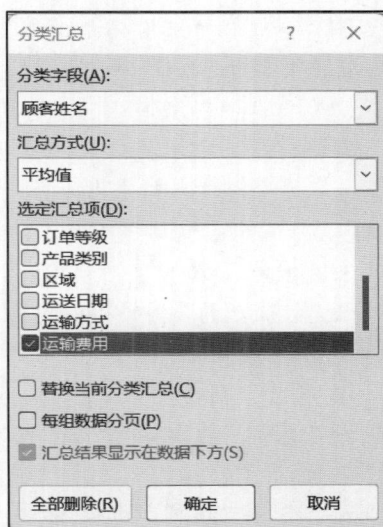

图1-135 "分类汇总"对话框设置

	A	B	C	D	E	F	G	H	I
1	顾客姓名	订单日期	订单号	订单等级	产品类别	区域	运送日期	运输方式	运输费用
14	陈迟 平均值								7.6233333
15	陈迟 汇总								91.48
16	刁琳	2007年3月14日	23398	Medium	技术产品	华北	2007年3月15日	Regular Air	7.37
17	刁琳	2008年6月28日	2307	Low	办公用品	西部	2008年6月28日	Regular Air	1.49
18	刁琳	2009年8月15日	54659	High	办公用品	华北	2009年8月15日	Regular Air	5.2
19	刁琳	2010年4月9日	54370	Not Specified	家具产品	华北	2010年4月9日	Regular Air	19.99
20	刁琳 平均值								8.5125
21	刁琳 汇总								34.05
22	陆路	2007年8月29日	21479	Medium	办公用品	华北	2007年8月30日	Express Air	6.57
23	陆路	2007年12月27日	20262	Not Specified	办公用品	西部	2007年12月27日	Regular Air	8.99
24	陆路	2008年2月10日	20577	Critical	办公用品	华北	2008年2月12日	Regular Air	10.55
25	陆路	2009年1月29日	24640	Medium	技术产品	中部	2009年1月30日	Delivery Truck	30
26	陆路	2009年12月20日	52327	Medium	办公用品	中部	2009年12月22日	Regular Air	4.7
27	陆路	2009年12月20日	52327	Medium	办公用品	东北	2009年12月21日	Regular Air	6.5
28	陆路	2010年4月10日	46566	Medium	办公用品	华北	2010年4月11日	Regular Air	3.6
29	陆路	2010年9月22日	36229	Not Specified	家具产品	中部	2010年9月24日	Delivery Truck	43.75
30	陆路	2010年9月22日	36229	Not Specified	办公用品	中部	2010年9月25日	Regular Air	7.11
31	陆路	2010年12月7日	58210	Medium	办公用品	西南	2010年12月8日	Regular Air	5.47
32	陆路 平均值								12.724
33	陆路 汇总								127.24
34	闫杰	2007年4月3日	48518	Medium	家具产品	东部	2007年4月5日	Express Air	5.08
35	闫杰	2007年9月24日	55265	Low	办公用品	华北	2007年9月29日	Regular Air	0.99
36	闫杰	2009年10月23日	11040	Not Specified	家具产品	华南	2009年10月23日	Regular Air	6.71
37	闫杰	2010年1月5日	52516	High	技术产品	东北	2010年1月8日	Express Air	4.68
38	闫杰	2010年1月5日	52516	High	办公用品	东北	2010年1月5日	Delivery Truck	56.14
39	闫杰	2010年4月10日	53574	Medium	技术产品	东北	2010年4月11日	Regular Air	35
40	闫杰	2010年7月26日	27201	High	办公用品	东部	2010年7月26日	Delivery Truck	115.3
41	闫杰 平均值								31.985714
42	闫杰 汇总								223.9

图1-136 高级分类汇总的效果

3. 分页显示汇总结果

在"物流订单数据"工作表中统计各顾客运输费用的总额，并将汇总结果分页显示，具体的操作步骤如下。

（1）根据顾客姓名升序排列。

选中 A 列的任一非空单元格，在"数据"选项卡的"排序和筛选"命令组中，单击 ↓↑ 按钮，将该列数据按顾客姓名升序排列。

（2）打开"分类汇总"对话框。

选择任一非空单元格，在"数据"选项卡的"分级显示"命令组中，单击"分类汇总"按钮，弹出"分类汇总"对话框。

（3）设置参数。

在"分类汇总"对话框中进行以下设置，如图1-137所示。

① 单击"分类字段"下拉框的 按钮，在下拉列表中选择"顾客姓名"选项。

② 单击"汇总方式"下拉框的 按钮，在下拉列表中选择"求和"选项。

③ 在"选定汇总项"列表框中选中"运输费用"复选框，取消其他复选框的选中状态。

④ 选中"替换当前分类汇总""每组数据分页"和"汇总结果显示在数据下方"复选框。

（4）确定设置。

图 1-137　"分类汇总"对话框

单击"确定"按钮，即可在"物流订单数据"工作表中统计各顾客运输费用的总额，并将汇总结果分页显示，效果如图 1-138 所示。

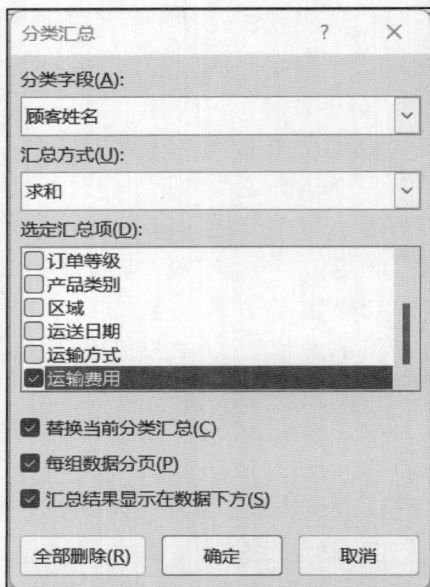

	A	B	C	D	E	F	G	H	I
1	顾客姓名	订单日期	订单号	订单等级	产品类别	区域	运送日期	运输方式	运输费用
2	柳小山	2007年7月2日	54019	Low	办公用品	东北	2007年7月9日	Delivery Truck	26.3
3	柳小山	2007年7月8日	20513	High	办公用品	东北	2007年7月9日	Express Air	0.93
4	柳小山	2008年7月27日	36262	Not Specified	家具产品	东北	2008年7月28日	Express Air	6.15
5	柳小山	2008年7月27日	36262	Not Specified	家具产品	东北	2008年7月28日	Regular Air	3.6
6	柳小山	2008年7月27日	36262	Not Specified	技术产品	东北	2008年7月27日	Express Air	2.5
7	柳小山	2008年11月9日	39682	Medium	技术产品	东北	2008年11月11日	Express Air	14.3
8	柳小山	2009年5月28日	4132	Not Specified	办公用品	西部	2009年5月30日	Regular Air	0.5
9	柳小山 汇总								54.28
10	巴朗	2007年8月16日	26949	Critical	技术产品	西部	2007年8月18日	Regular Air	7.29
11	巴朗	2007年12月14日	16102	Not Specified	办公用品	华北	2007年12月16日	Delivery Truck	26
12	巴朗	2008年5月26日	48294	High	技术产品	华北	2008年5月26日	Regular Air	0.99
13	巴朗	2008年10月4日	30150	Critical	办公用品	东北	2008年10月5日	Regular Air	1.39
14	巴朗	2009年2月24日	37863	High	家具产品	东北	2009年2月26日	Regular Air	3.37
15	巴朗	2009年5月12日	10662	Low	办公用品	东北	2009年5月21日	Regular Air	6.81
16	巴朗	2009年10月30日	27559	High	办公用品	华北	2009年10月31日	Regular Air	4.86
17	巴朗	2009年12月25日	20737	Medium	技术产品	华北	2009年12月26日	Delivery Truck	36.09
18	巴朗	2009年12月25日	20737	Medium	技术产品	西部	2009年12月27日	Delivery Truck	61.76
19	巴朗	2009年12月29日	46662	Critical	办公用品	西部	2009年12月31日	Regular Air	7.31
20	巴朗	2009年12月29日	46662	Critical	办公用品	西部	2009年12月31日	Regular Air	0.99
21	巴朗 汇总								156.86
22	展大鹏	2007年1月22日	37638	Low	技术产品	东部	2007年1月24日	Regular Air	6.89
23	展大鹏	2007年2月13日	59104	High	办公用品	东部	2007年2月16日	Express Air	7.27

物流订单数据

图 1-138　分页显示数据列表的效果

步骤 2：创建数据透视表

为"物流订单数据"工作表创建数据透视表，具体操作步骤如下。

1. 打开"创建数据透视表"对话框。

打开"物流订单数据"工作表，单击数据区域内任一单元格，在"插入"选项卡的"表格"命令组中，单击"数据透视表"按钮，再选择"表格和区域"命令，弹出"来自表格或区域的数据透视表"对话框。

2. 确定创建空白数据透视表。

单击"确定"按钮，Excel 将创建一个空白数据透视表，并显示"数据透视表字段"窗口，如图 1-139 所示。

图 1-139　空白数据透视表

3. 添加字段

将"运输方式"字段拖曳至"筛选"区域，将"区域"和"订单等级"字段拖曳至"行"区域，将"运输费用"字段拖曳至"值"区域，如图 1-140 所示，创建的数据透视表如图 1-141 所示。

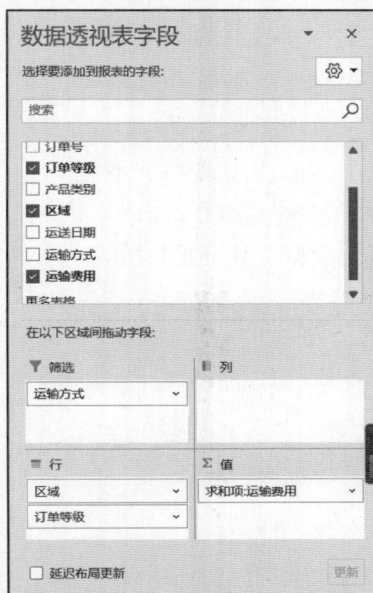

图 1-140　数据透视表字段

图 1-141　手动创建的数据透视表

步骤 3：数据透视表设置

1. 将数据透视表的布局设置为表格形式

单击数据透视表区域内任一单元格，在"设计"选项卡的"布局"命令组中，单击"报表布局"按钮，选择"以表格形式显示"选项，该数据透视表即以表格形式显示，如图 1-142 所示。

	A	B	C
1	运输方式	(全部)	
2			
3	区域	订单等级	求和项:运输费用
4	⊟东部	Critical	6583.56
5		High	6647.72
6		Low	6976.1
7		Medium	5687.81
8		Not Specified	6645.18
9	东部 汇总		32540.37
10	⊟中部	Critical	3802.89
11		High	5268.88
12		Low	5034.49
13		Medium	3912.68
14		Not Specified	3351.97
15	中部 汇总		21370.91
16	⊟华北	Critical	4468.5
17		High	4129.99
18		Low	3980.82
19		Medium	4391.08
20		Not Specified	4428.2
21	华北 汇总		21398.59
22	⊟东北	Critical	2256.03
23		High	2680.76
24		Low	2905.71
25		Medium	2567.95

图 1-142　将数据透视表布局改为表格形式

2. 将数据透视表样式设置为"数据透视表样式浅色 20"

可以使用系统自带的样式来设置数据透视表的格式，具体操作步骤如下。

（1）打开"数据透视表样式"下拉列表。

在"设计"选项卡的"数据透视表样式"命令组中，单击 ⌄ 按钮。

（2）选择样式。

在弹出的下拉列表中选择其中一种样式，即可更改数据透视表的样式，此处选择"数据透视表样式浅色 20"选项，效果如图 1-143 所示。

3. 将数据透视表的汇总方式设置为平均值

将数据透视表的汇总方式设置为平均值，具体操作步骤如下。

（1）打开"值字段设置"对话框。

基于前文创建好的数据透视表，双击"求和项：运输费用"字段名，弹出"值字段设置"对话框，如图 1-129 所示。

（2）选择计算类型并确定设置。

在"值字段汇总方式"列表框中选择"平均值"选项，单击"确定"按钮，效果如图 1-144 所示。

	A	B	C
1	运输方式	(全部)	
2			
3	**区域**	**订单等级**	**求和项:运输费用**
4	⊟东部	Critical	6583.56
5		High	6647.72
6		Low	6976.1
7		Medium	5687.81
8		Not Specified	6645.18
9	**东部 汇总**		**32540.37**
10	⊟中部	Critical	3802.89
11		High	5268.88
12		Low	5034.49
13		Medium	3912.68
14		Not Specified	3351.97
15	**中部 汇总**		**21370.91**
16	⊟华北	Critical	4468.5
17		High	4129.99
18		Low	3980.82
19		Medium	4391.08
20		Not Specified	4428.2
21	**华北 汇总**		**21398.59**
22	⊟东北	Critical	2256.03
23		High	2680.76
24		Low	2905.71
25		Medium	2567.95

图 1-143　自动套用样式后的效果

	A	B	C
1	运输方式	(全部)	
2			
3	**区域**	**订单等级**	**平均值项:运输费用**
4	⊟东部	Critical	14.03744136
5		High	13.48421907
6		Low	13.33862333
7		Medium	12.41879913
8		Not Specified	13.58932515
9	**东部 汇总**		**13.38008635**
10	⊟中部	Critical	13.02359589
11		High	14.88384181
12		Low	15.44322086
13		Medium	13.53868512
14		Not Specified	10.70916933
15	**中部 汇总**		**13.57745235**
16	⊟华北	Critical	14.94481605
17		High	13.11107937
18		Low	12.96684039
19		Medium	14.21061489
20		Not Specified	14.33074434
21	**华北 汇总**		**13.90421702**
22	⊟东北	Critical	12.39576923
23		High	13.47115578
24		Low	15.79190217
25		Medium	14.42668539

图 1-144　改变数据透视表汇总方式后的效果

四、技能训练

（一）工作准备

● 阅读项目目标任务和要求。

● 理解相关选项卡的位置及使用方法。

● 在 Excel 2021 中打开"物流订单数据"工作表。

（二）项目实操

● 实操引导 1：如何统计每位顾客运输费用的总额？

使用＿＿＿＿＿选项卡中的＿＿＿＿＿命令，弹出＿＿＿＿＿对话框，具体操作步骤：

＿＿＿＿＿＿＿＿＿＿＿＿＿＿＿＿＿＿＿＿＿＿＿＿＿＿＿＿＿＿＿＿＿＿＿＿＿

● 实操引导 2：如何统计每位顾客运输费用的平均值？

使用＿＿＿＿＿选项卡中的＿＿＿＿＿命令，弹出＿＿＿＿＿对话框，具体操作步骤：

＿＿＿＿＿＿＿＿＿＿＿＿＿＿＿＿＿＿＿＿＿＿＿＿＿＿＿＿＿＿＿＿＿＿＿＿＿

● 实操引导 3：如何将每位顾客运输费用的总额汇总结果分页显示？

使用＿＿＿＿＿选项卡中的＿＿＿＿＿命令，弹出＿＿＿＿＿对话框，具体操作步骤：

＿＿＿＿＿＿＿＿＿＿＿＿＿＿＿＿＿＿＿＿＿＿＿＿＿＿＿＿＿＿＿＿＿＿＿＿＿

● 实操引导 4：如何为"物流订单数据"工作表创建数据透视表？

使用＿＿＿＿＿选项卡中的＿＿＿＿＿命令，弹出＿＿＿＿＿对话框，具体操作步骤：

＿＿＿＿＿＿＿＿＿＿＿＿＿＿＿＿＿＿＿＿＿＿＿＿＿＿＿＿＿＿＿＿＿＿＿＿＿

● 实操引导 5：如何将数据透视表的布局改为表格形式？

在＿＿＿＿＿选项卡中的＿＿＿＿＿命令组中，单击＿＿＿＿＿按钮，选择＿＿＿＿＿选项，具体操作步骤：

＿＿＿＿＿＿＿＿＿＿＿＿＿＿＿＿＿＿＿＿＿＿＿＿＿＿＿＿＿＿＿＿＿＿＿＿＿

● 实操引导 6：如何将数据透视表的样式更改为"数据透视表样式中等深浅 9"？

在＿＿＿＿＿选项卡中的＿＿＿＿＿命令组中更改样式，具体操作步骤：

＿＿＿＿＿＿＿＿＿＿＿＿＿＿＿＿＿＿＿＿＿＿＿＿＿＿＿＿＿＿＿＿＿＿＿＿＿

● 实操引导 7：如何将数据透视表的汇总方式更改为"最小值"？

双击数据透视表字段＿＿＿＿＿，弹出＿＿＿＿＿对话框，具体操作步骤：

＿＿＿＿＿＿＿＿＿＿＿＿＿＿＿＿＿＿＿＿＿＿＿＿＿＿＿＿＿＿＿＿＿＿＿＿＿

五、同步测验

（一）拓展思考

在数据透视表中，如何刷新数据透视表？

（二）同步项目训练

1. 某企业的自助便利店销售数据存储在"9 月自助便利店销售业绩"工作表中，为了统计每个店铺的营业总额和订单个数,并将各店铺的营业总额打印出来,需要分别用多种分类汇总方法对"9 月自助便利店销售业绩"工作表进行分类汇总。

要求:

(1)使用简单分类汇总方法统计各店铺的营业总额。

(2)使用高级分类汇总方法统计各店铺的订单个数。

(3)使用分页汇总方法统计各店铺的营业总额,并将汇总结果分页显示。

2. 为了快速汇总某餐饮店各套餐及各地区的销售情况,从而对其数据进行分析,以便提高该餐饮店的业绩,需要对该餐饮企业的订单数据创建数据透视表。已知餐饮店的订单数据如图 1-145 所示,基于此数据创建并编辑后得到的数据透视表如图 1-146 所示。

	A	B	C	D	E	F	G	H	I
1	订单号	菜品号	菜品名称	数量	价格	销售额	店铺名称	店铺所在地	订单时间
2	152	610047	套餐一	2	29	58	味乐多(蛇口分店)	深圳	2017/8/20
3	138	610048	套餐二	1	33	33	味乐多(蛇口分店)	深圳	2017/8/20
4	125	610047	套餐一	2	29	58	味乐多(蛇口分店)	深圳	2017/8/20
5	178	610049	套餐三	1	38	38	味乐多(蛇口分店)	深圳	2017/8/20
6	131	610049	套餐三	4	38	152	味乐多(蛇口分店)	深圳	2017/8/21
7	135	610050	套餐四	1	46	46	味乐多(蛇口分店)	深圳	2017/8/21
8	124	610048	套餐二	1	33	33	味乐多(海珠分店)	广州	2017/8/20
9	128	610048	套餐二	1	33	33	味乐多(海珠分店)	广州	2017/8/20
10	130	610049	套餐三	2	38	76	味乐多(海珠分店)	广州	2017/8/20
11	115	610047	套餐一	1	29	29	味乐多(海珠分店)	广州	2017/8/20
12	130	610050	套餐四	1	46	46	味乐多(海珠分店)	广州	2017/8/21
13	180	610048	套餐二	3	33	99	味乐多(海珠分店)	广州	2017/8/21
14	142	610049	套餐三	1	38	38	味乐多(香洲分店)	珠海	2017/8/20
15	134	610050	套餐四	1	46	46	味乐多(香洲分店)	珠海	2017/8/20
16	182	610047	套餐一	1	29	29	味乐多(香洲分店)	珠海	2017/8/20
17	186	610047	套餐一	1	29	29	味乐多(香洲分店)	珠海	2017/8/20
18	116	610047	套餐一	1	29	29	味乐多(香洲分店)	珠海	2017/8/20
19	152	610048	套餐二	2	33	66	味乐多(番禺分店)	广州	2017/8/20
20	167	610050	套餐四	2	46	92	味乐多(番禺分店)	广州	2017/8/20
21	164	610049	套餐三	1	38	38	味乐多(番禺分店)	广州	2017/8/20
22	138	610050	套餐四	1	46	46	味乐多(番禺分店)	广州	2017/8/21

图 1-145 某餐饮店的订单数据表

	A	B	C	D	E	F	G
4	店铺所在地	店铺名称	套餐二	套餐三	套餐四	套餐一	总计
5	⊟珠海	味乐多(香洲分店)		38	46	87	171
6	珠海 汇总			38	46	87	171
7	⊟深圳	味乐多(蛇口分店)	33	190	46	116	385
8	深圳 汇总		33	190	46	116	385
9	⊟广州	味乐多(番禺分店)	66	38	138		242
10		味乐多(海珠分店)	165	76	46	29	316
11	广州 汇总		231	114	184	29	558
12	总计		264	342	276	232	1114

图 1-146 创建并编辑后得到的数据透视表/*

要求:

(1)打开"订单表.xlsx"工作簿,在新工作表中创建数据透视表,将新工作表命名为"订单透视表"。

(2)改变数据透视表的布局设置。

(3)改变数据透视表的样式设置。

项目二　Excel 数据分析与可视化

【拓展阅读】

数据可视化：打破信息孤岛，释放数据动能

物流是国民经济的基础产业，在促进生产与投资、拉动消费、提高经济运行效率、降低经济成本等方面发挥着重要作用。随着"互联网+"趋势的蓬勃发展，物流业迎来了网络新时代。如物流总费用的 GDP 占比、物流市场规模与需求及物流所面对的问题等，更多物流数据可通过数据可视化来呈现。

近年来，"宅"经济、"懒人"经济随着互联网企业兴起、物流体系的持续完善而发展，受短期疫情刺激逐步走向成熟。数据显示，在 2016 年至 2018 年，本地生活 O2O（线上到线下）市场规模不断保持平稳增长，生鲜电商、外卖行业市场规模在 2020 年分别达到 2638 亿元及 6646 亿元。

从近 5 年的物流需求规模看，主要为进口货物、实物商品网上零售额、单位与居民物品、本地生活服务、在线外卖、生鲜电商。进口货物物流需求的总额最大，一直位居近五年的物流需求总额排行榜第一；其次是实物商品网上零售额和单位与居民物品，自 2018 年起，需求总额一直相差不大，位居物流需求总额排行榜的第二和第三（见图 2-1 和图 2-2）。

以疫情为例，2020 年年初的疫情发生后，大数据互联网、电信、工业、金融、健康医疗等行业均为疫情防控提供了强有力的支撑。其中，应急指挥平台、疫情防控大数据平台等成为疫情下政府大数据建设的重点（见图 2-3）；电信大数据支撑服务疫情态势研判、疫情防控部署以及对流动人员的疫情监测（见图 2-4），助力相关部门精准施策；工业大数据解决疫情下物资流通、企业复工复产等问题。大数据的有效运用，为我国打赢"疫情战"、维护社会和经济稳定、维护国家各领域安全做出了重要贡献。

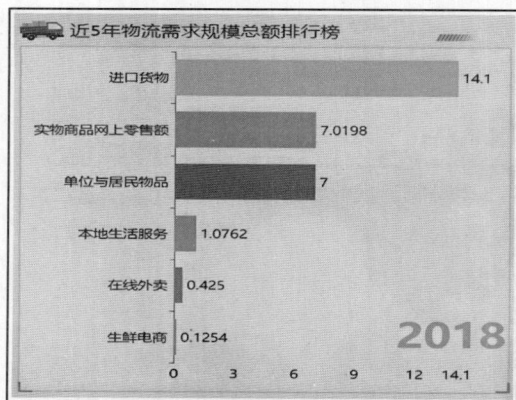

图 2-1　2018 年物流需求总额排行榜

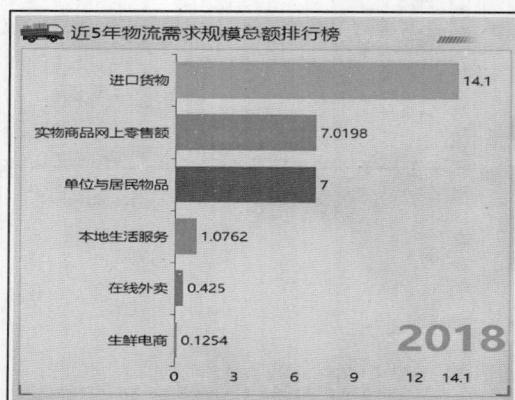

图 2-2　2021 年物流需求总额排行榜

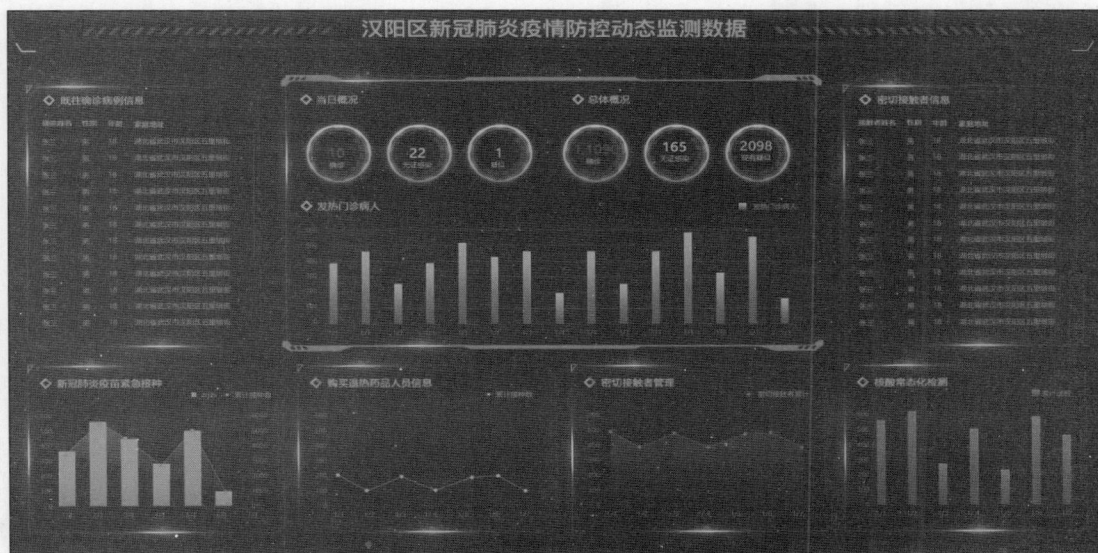

图 2-3　大数据动态监测数据

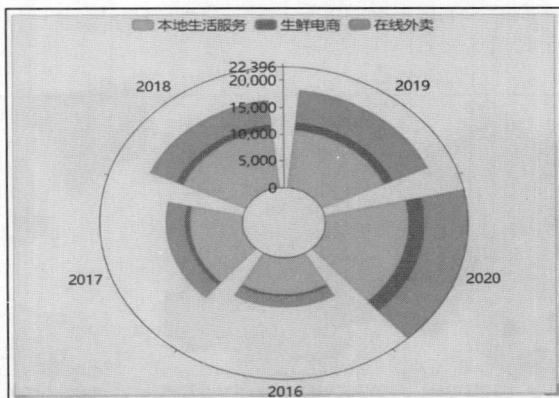

图 2-4　电信大数据

物流大数据分析与挖掘	项目二　Excel 数据分析与可视化 任务一　商品整体销售分析 任务工单页	学生： 班级： 日期：

任务一　商品整体销售分析

一、任务描述

　　某餐饮企业是一家具有一定知名度、美誉度，多品牌、立体化的大型餐饮连锁企业。在激烈的市场竞争环境下，餐饮行业出现了成本上升、利润下降等诸多问题。该企业推出了菜品创新活动，经理想要了解本周的日消费金额情况和盈利情况，以及用户喜欢哪些菜品。

（一）任务要求

根据某餐饮企业提供的餐饮数据进行分析挖掘，具体任务包括如下几方面。

- 能运用数据透视表计算日销售环比、各类菜品销售数量和销售毛利率。
- 能运用数据绘制组合图，并分析菜品的销售额。
- 能运用数据绘制折线图，并分析菜品的销售毛利率。
- 能运用数据绘制柱形图，并分析菜品的销售量排行。

（二）学习目标

知识目标	能了解环比和毛利率的含义 能了解透视表、组合图、柱形图和折线图等的使用 能对分析结果进行解读
技能目标	能创建数据透视表 能使用数据透视表进行计算和构建图表 能运用数据绘制柱形图、组合图、折线图等，并进行数据分析
思政目标	培养实事求是的工作态度 树立勇于探索的创新精神 培养知行合一的哲学思想

（三）实施路径

商品整体销售分析实施路径如图 2-5 所示。

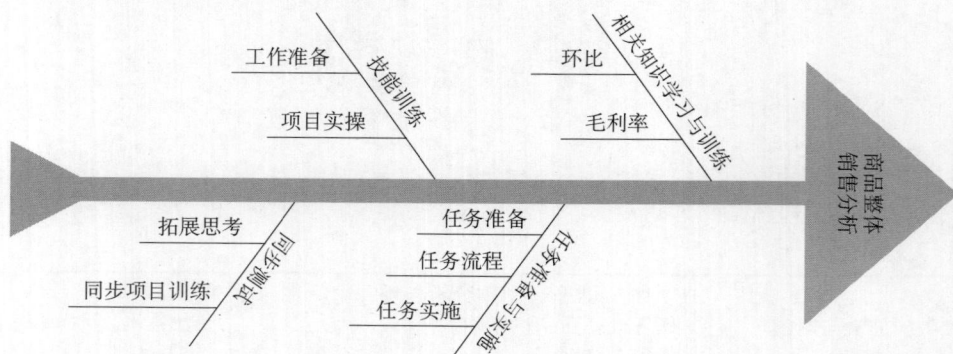

图 2-5　商品整体销售分析实施路径

二、相关知识学习与训练

（一）环比

环比是以某一期的数据和基期数据进行比较计算所得的趋势百分比，可以观察数据的增减变化情况，反映本期数据对基期数据的增长情况。环比一般可以分为日环比、周环比、月环比和年环比。对于成长性较强或业务受季节影响较小的公司，其收入或销售费用的数据常常使用环比指标进行分析。其计算公式如下所示。

$$环比增长率 = \frac{本期数据 - 基期数据}{基期数据} \times 100\% \qquad (2\text{-}1)$$

其中，基期数据一般表示上期数据，是本期数据的相邻期间数据。

与环比不同，同比是本期数据与去年同期数据进行比较计算所得的趋势百分比。例如，分析本年第四季度销售额与去年第四季度销售额变化情况是同比；分析本年第四季度销售额与本年第三季度销售额的变化情况是环比。

（二）毛利率

毛利率是毛利润与销售金额（或营业收入）的比值。在实际工作中，毛利率一般用来衡量一个企业在实际生产或经营过程中的获利能力。毛利率的变化趋势也能够体现一家企业营业的盈利空间和变化趋势，是核算企业经营成果和判断价格制定是否合理的重要依据。其计算公式如下所示。

$$毛利率 = \frac{毛利润}{销售金额（营业收入）} = \frac{销售金额 - 销售（营业）成本}{销售金额（营业收入）} \times 100\% \qquad (2\text{-}2)$$

互动练习

1.【多选】下列选项表述中正确的有（　　　）。

A. 计算企业 2018 年 1 月与 2017 年 1 月的产品销售额的同比增长率

B. 计算企业 2018 年 1 月与 2017 年 12 月的产品销售额的环比增长率

C. 已知 2019 年第一季度国内生产总值和环比增长率，计算 2018 年第一季度的国内生产总值

D. 已知 2019 年第一季度国内生产总值和同比增长率，计算 2018 年第四季度的国内生产总值

2.【单选】伊拉克 2013 年 5 月的原油出口量为 249 万桶/天，2013 年 6 月的原油出口量为 232.8 万桶/天，计算环比增长率为（　　　）。

A. 6.5%　　　　　　B. 6.96%　　　　　　C. −6.5%　　　　　　D. −6.96%

3.【单选】2021 年 1—11 月，我国规模以上工业企业实现营业收入 114.31 万亿元，同比增长 20.3%；产生营业成本 95.7 万亿元，增长 19.7%；实现利润总额 79 750.1 亿元，则毛利率为（　　　）。

A. 16.28%　　　　　B. 6.98%　　　　　　C. 42.85%　　　　　D. 14.33%

4. 2018 年 3 月全国肉及肉制品出口额为 139 641 万元，环比增长 22.8%，同比增长 21.5%。

（1）2018 年 2 月全国肉及肉制品出口额为多少万元？

（2）2017 年 3 月全国肉及肉制品出口额为多少万元？

三、任务准备与实施

（一）任务准备

从某餐饮企业的数据库中，我们拿到了本周的销售数据，共计 2519 条，包含了店铺所

在地、店铺名、日期、会员号、会员星级、菜品号、菜品类别、菜品名称、数量、价格、成本和消费金额，共 12 个属性，数据集中变量的详细描述如表 2-1 所示。

表 2-1　餐饮企业销售数据集字段说明表

变量名	详细说明
店铺所在地	销售区域，包括广州、深圳、佛山和珠海 4 个城市
店铺名	
日期	销售日期，从 2018/8/22 至 2018/8/28
会员号	
会员星级	包括二星级、三星级、四星级和五星级
菜品号	
菜品类别	包括酒类、面食类、肉类、蔬菜类、饮料类等
菜品名称	
数量	销售数量
价格	销售单价
成本	
消费金额	价格×数量

利用企业给定的 2018 年 8 月 22 日至 8 月 28 日一周的所有菜品销售数据，分析商品整体销售情况。我们的目的是根据这些数据分析所有菜品的销售额、销售环比、销售毛利率和菜品销售量排行等情况。

（二）任务流程

本任务分析流程的构建由商品销售环比分析、商品毛利率分析和商品销售量排行分析 3 部分组成，如图 2-6 所示。

图 2-6　商品整体销售分析的分析流程

（1）商品销售环比分析：计算日销售额和销售环比，并绘制组合图对比分析。

（2）商品毛利率分析：计算所有商品的销售毛利率，并绘制折线图分析商品的盈利经营状况。

（3）商品销售量排行分析：通过数据透视表计算各类菜品的销售数量，并绘制柱形图分析各类菜品的销售量排行情况。

（三）任务实施

打开"餐饮数据"工作表，使用 Excel 2021 分析商品的销售环比、销售毛利率和各类菜品销售量排行等情况。数据表内容如图 2-7 所示。

	A	B	C	D	E	F	G	H	I	J	K	L	M	N
1	店铺所在地	店铺名	日期	会员号	会员星级	菜品号	菜品类别	菜品名称	数量	价格	成本	消费金额		
2	广州	越秀分店	2018/8/22	1190	三星级	610011	粥饭类	白饭/大碗	1	10	5	10		
3	广州	越秀分店	2018/8/22	1190	三星级	609960	肉类	白胡椒胡	1	35	18	35		
4	广州	越秀分店	2018/8/22	1190	三星级	609950	蔬菜类	大蒜苋菜	1	30	18	30		
5	广州	越秀分店	2018/8/22	1190	三星级	609962	肉类	倒立蒸梭	1	169	119	169		
6	广州	越秀分店	2018/8/22	1190	三星级	610009	粥饭类	黑米恋上	1	33	15	33		
7	广州	越秀分店	2018/8/22	1190	三星级	609953	蔬菜类	凉拌菠菜	1	27	9	27		
8	广州	越秀分店	2018/8/22	1190	三星级	610044	蔬菜类	木须豌豆	1	32	19	32		
9	广州	越秀分店	2018/8/22	1190	三星级	609941	肉类	清蒸海鱼	1	78	55	78		
10	广州	越秀分店	2018/8/22	1190	三星级	609959	肉类	小炒羊腰	1	36	20	36		
11	广州	越秀分店	2018/8/22	1199	三星级	610048	蔬菜类	拌土豆丝	1	25	9	25		
12	广州	越秀分店	2018/8/22	1199	三星级	609962	肉类	倒立蒸梭	1	169	119	169		
13	广州	越秀分店	2018/8/22	1199	三星级	609957	肉类	蒙古烤羊	1	48	25	48		
14	广州	越秀分店	2018/8/22	1199	三星级	610008	粥饭类	五色糯米	1	35	17	35		
15	广州	越秀分店	2018/8/22	1199	三星级	610047	蔬菜类	西瓜胡萝	1	26	8	26		
16	广州	越秀分店	2018/8/22	1199	三星级	609991	肉类	香烤牛排	1	55	30	55		
17	广州	越秀分店	2018/8/22	1199	三星级	609968	肉类	油焖麻辣	1	65	43	65		
18	广州	越秀分店	2018/8/22	1199	三星级	609956	肉类	孜然羊排	1	88	49	88		
19	广州	越秀分店	2018/8/22	1237	三星级	610011	粥饭类	白饭/大碗	2	10	5	20		
20	广州	越秀分店	2018/8/22	1237	三星级	609993	肉类	百里香奶	2	178	70	356		
21	广州	越秀分店	2018/8/22	1237	三星级	610058	面食类	超人气广	1	18	10	18		
22	广州	越秀分店	2018/8/22	1237	三星级	610053	甜点类	蛋挞	1	8	4	8		
23	广州	越秀分店	2018/8/22	1237	三星级	609943	肉类	剁椒鱼头	1	55	28	55		
24	广州	越秀分店	2018/8/22	1237	三星级	610050	蔬菜类	番茄甘蓝	1	33	10	33		
25	广州	越秀分店	2018/8/22	1237	三星级	610036	酒类	路易拉菲	1	158	100	158		
26	广州	越秀分店	2018/8/22	1237	三星级	609948	饮料类	露露无糖	1	7	3	7		
27	广州	越秀分店	2018/8/22	1237	三星级	609970	肉类	麻辣小龙	2	99	78	198		

餐饮数据 ⊕

图 2-7　"餐饮数据"工作表

步骤 1：商品销售环比分析

1. 计算日销售额

使用数据透视表统计日销售额，然后计算日环比。

打开"餐饮数据"工作表，单击数据区域内任一单元格，在"插入"选项卡的"表格"命令组中单击"数据透视表"按钮，弹出"来自表格或区域的数据透视表"对话框。如图 2-8 所示。

图 2-8　创建数据透视表

设置相关参数，单击"确定"按钮，创建一个空白数据透视表。在透视表的"数据透视表字段"窗口中，选中"日期"和"消费金额"复选框，字段会自动在下方的"行"和"值"区域显示。也可以直接拖曳相关字段，放到下方相应的"筛选""行""列"和"值"区域，如图 2-9 所示。

得到的结果如图 2-10 所示。

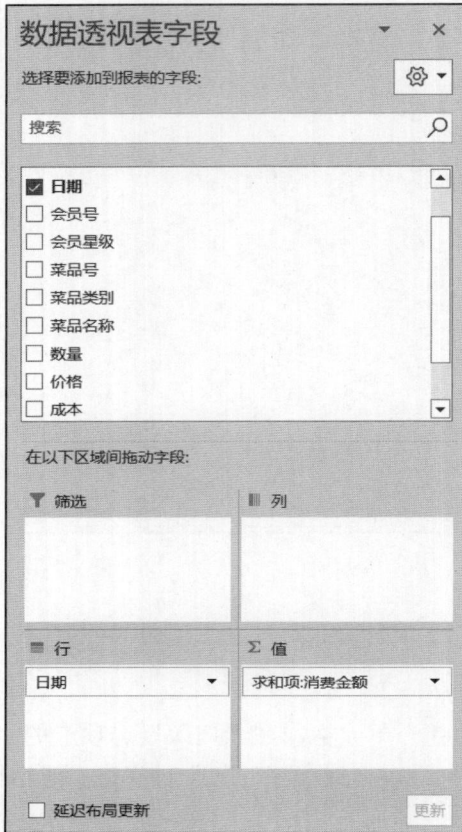

图 2-9 "数据透视表字段"窗口

	A	B
1	行标签 ▼	求和项:消费金额
2	2018/8/22	17437
3	2018/8/23	12096
4	2018/8/24	19941
5	2018/8/25	17599
6	2018/8/26	10183
7	2018/8/27	18178
8	2018/8/28	18688
9	总计	114122

图 2-10　数据透视表结果

2. 计算日销售环比

创建新的工作表并重命名为"销售额环比",将图 2-10 所示的单元格区域 A1:B8 的数据复制到"销售额环比"工作表单元格 A1 的位置,并修改列名为"日期"和"销售额"。如图 2-11 所示。

	A	B
1	日期	销售额
2	2018/8/22	17437
3	2018/8/23	12096
4	2018/8/24	19941
5	2018/8/25	17599
6	2018/8/26	10183
7	2018/8/27	18178
8	2018/8/28	18688

图 2-11　创建"销售额环比"工作表

在"销售额环比"工作表中，添加新列"销售额环比"，并计算日销售额环比。因为数据表中没有 2018/8/21 的数据，所以无法计算 2018/8/22 的销售环比。因此 C2 单元格不进行计算，从 C3 单元格开始计算。

在 C3 单元格中，输入计算公式"=(B3-B2)/B2"，按 Enter 键得到 C3 的数据。将鼠标指针移到 C3 单元格的右下角，当指针变为黑色加粗的"+"形状时，双击左键，即可取得 C4:C8 单元格的数据。选中 C3:C8，单击"开始"选项卡的"数字"命令组中的"数字格式"按钮，弹出"设置单元格格式"对话框，选择"数字"选项卡"分类"列表框中的"百分比"选项，将小数位数设置为 2，然后单击"确定"按钮。具体结果如图 2-12 所示。

	A	B	C
1	日期	销售额	销售额环比
2	2018/8/22	17437	
3	2018/8/23	12096	-30.63%
4	2018/8/24	19941	64.86%
5	2018/8/25	17599	-11.74%
6	2018/8/26	10183	-42.14%
7	2018/8/27	18178	78.51%
8	2018/8/28	18688	2.81%

图 2-12　销售额环比表

3. 绘制组合图分析本周日销售情况

（1）选择数据。

选中"销售额环比"工作表中的 A1:C8 区域。具体操作如图 2-13 所示。

	A	B	C
1	日期	销售额	销售额环比
2	2018/8/22	17437	
3	2018/8/23	12096	-30.63%
4	2018/8/24	19941	64.86%
5	2018/8/25	17599	-11.74%
6	2018/8/26	10183	-42.14%
7	2018/8/27	18178	78.51%
8	2018/8/28	18688	2.81%

图 2-13　选择数据区域

（2）插入图表。

在"插入"选项卡的"图表"命令组中，选择"推荐的图表"命令，弹出"插入图表"对话框，如图 2-14 所示。

（3）绘制组合图。

切换至"所有图表"选项卡，选择"组合图"选项，在"为您的数据系列选择图表类型和轴"选项组中，选中"销售额环比"系列名称的"次坐标轴"复选框，然后单击"确定"按钮，即可得到组合图，如图 2-15 所示。

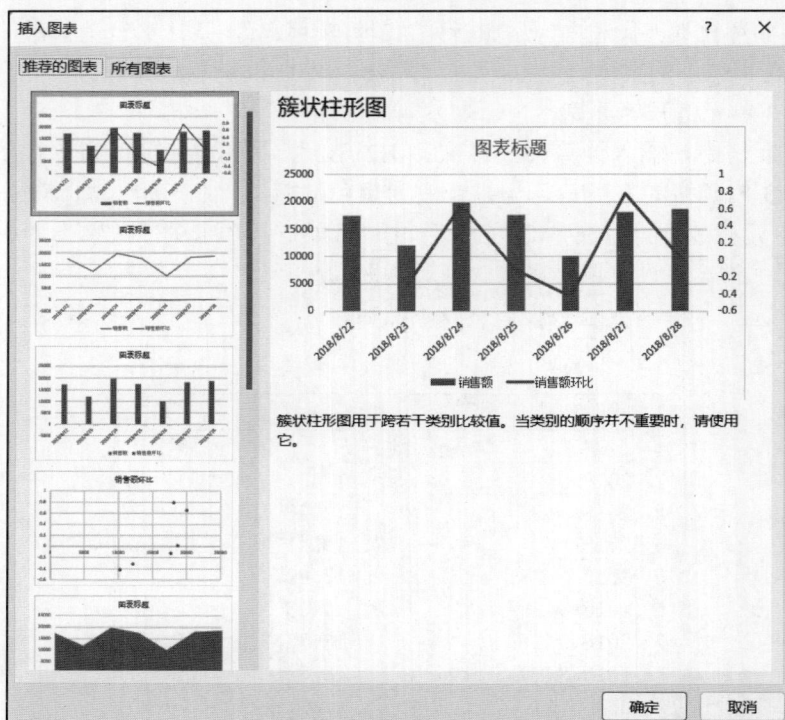

图 2-14　"插入图表"对话框

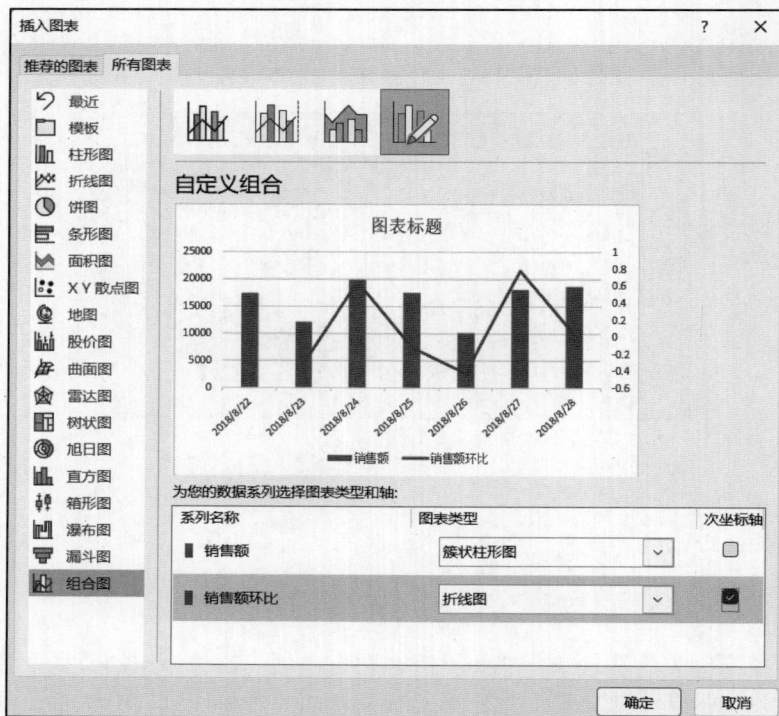

图 2-15　组合图

然后，直接单击图片中的"图表标题"，将其更改为"销售额环比分析"，单击图表右侧的"+"符号，选中"数据标签"复选框，最终得到的图表效果如图 2-16 所示。

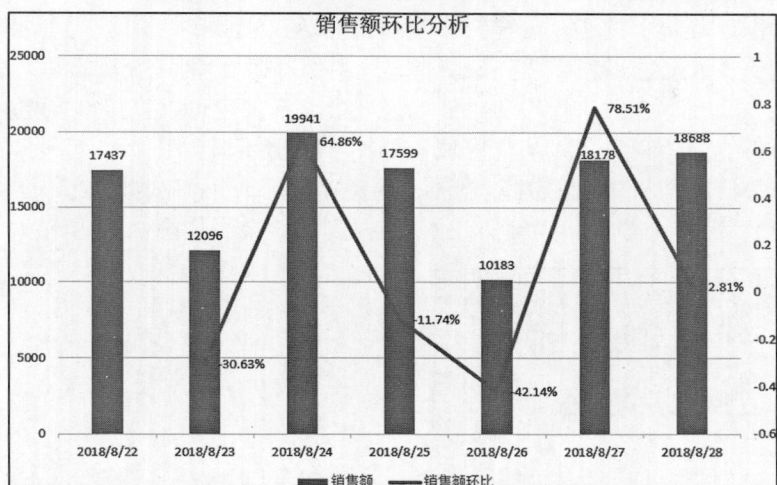

图 2-16 销售额环比分析组合

由图 2-16 可知，2018/8/24 的销售额最高，为 19 941 元；其次是 2018/8/28。但是环比值最高的是 2018/8/27，为 78.51%；其次是 2018/8/24，环比值为 64.86%。

步骤 2：商品毛利率分析

1. 计算日销售额和日销售成本

使用数据透视表统计日销售额和日销售成本。

因为表格中的成本是单个商品的成本，所以需要求出成本总额。打开"餐饮数据"工作表，添加新列"消费成本"，公式为成本和数量的乘积，如图 2-17 所示。

	A	B	C	D	E	F	G	H	I	J	K	L	M
1	店铺所在地	店铺名	日期	会员号	会员星级	菜品号	菜品类别	菜品名称	数量	价格	成本	消费金额	消费成本
2	广州	越秀分店	2018/8/22	1190	三星级	610011	粥饭类	白饭/大碗	1	10	5	10	5
3	广州	越秀分店	2018/8/22	1190	三星级	609960	肉类	白胡椒胡萝卜羊肉汤	1	35	18	35	18
4	广州	越秀分店	2018/8/22	1190	三星级	609950	蔬菜类	大蒜菜菜	1	30	18	30	18
5	广州	越秀分店	2018/8/22	1190	三星级	609962	肉类	倒立蒸梭子蟹	1	169	119	169	119
6	广州	越秀分店	2018/8/22	1190	三星级	610009	粥饭类	黑米恋上葡萄	1	33	15	33	15
7	广州	越秀分店	2018/8/22	1190	三星级	609953	蔬菜类	凉拌蔬菜	1	27	9	27	9
8	广州	越秀分店	2018/8/22	1190	三星级	610044	蔬菜类	木须豌豆	1	32	19	32	19
9	广州	越秀分店	2018/8/22	1190	三星级	609941	肉类	清蒸海鱼	1	78	55	78	55
10	广州	越秀分店	2018/8/22	1190	三星级	609959	肉类	小炒羊腰	1	36	20	36	20
11	广州	越秀分店	2018/8/22	1199	三星级	610048	蔬菜类	拌土豆丝	1	25	9	25	9
12	广州	越秀分店	2018/8/22	1199	三星级	609962	肉类	倒立蒸梭子蟹	1	169	119	169	119
13	广州	越秀分店	2018/8/22	1199	三星级	609957	肉类	蒙古烤羊腿	1	48	25	48	25
14	广州	越秀分店	2018/8/22	1199	三星级	610008	粥饭类	五色糯米饭(七色)	1	35	17	35	17
15	广州	越秀分店	2018/8/22	1199	三星级	610047	蔬菜类	西瓜胡萝卜沙拉	1	26	8	26	8
16	广州	越秀分店	2018/8/22	1199	三星级	609991	肉类	香烤牛排	1	55	30	55	30
17	广州	越秀分店	2018/8/22	1199	三星级	609968	肉类	油焖麻辣虾	1	65	43	65	43
18	广州	越秀分店	2018/8/22	1199	三星级	609956	肉类	孜然羊排	1	88	49	88	49
19	广州	越秀分店	2018/8/22	1237	三星级	610011	粥饭类	白饭/大碗	2	10	5	20	10
20	广州	越秀分店	2018/8/22	1237	三星级	609993	肉类	百里香奶油烤红酒牛肉	2	178	70	356	140
21	广州	越秀分店	2018/8/22	1237	三星级	610058	面食类	超人气广式肠粉	1	18	10	18	10
22	广州	越秀分店	2018/8/22	1237	三星级	610053	甜点类	蛋挞	1	8	4	8	4
23	广州	越秀分店	2018/8/22	1237	三星级	609943	肉类	剁椒鱼头	1	55	28	55	28
24	广州	越秀分店	2018/8/22	1237	三星级	610050	蔬菜类	番茄甘蓝	1	33	10	33	10
25	广州	越秀分店	2018/8/22	1237	三星级	610036	酒类	路易拉菲红酒干红	1	158	100	158	100
26	广州	越秀分店	2018/8/22	1237	三星级	609948	饮料类	露露无糖杏仁露	1	7	3	7	3
27	广州	越秀分店	2018/8/22	1237	三星级	609970	肉类	麻辣小龙虾	2	99	78	198	156
28	广州	越秀分店	2018/8/22	1237	三星级	609931	肉类	焖猪手	1	58	34	58	34
29	广州	越秀分店	2018/8/22	1237	三星级	609934	肉类	芹菜炒腰花	1	18	9	18	9
30	广州	越秀分店	2018/8/22	1237	三星级	609998	面食类	清爽拌凉面	1	15	10	15	10
31	广州	越秀分店	2018/8/22	1237	三星级	609940	肉类	清蒸蟾鱼	1	56	30	56	30

图 2-17 消费成本

打开"餐饮数据"工作表，单击数据区域内任一单元格，在"插入"选项卡的"表格"命令组中单击"数据透视表"按钮，弹出"来自表格或区域的数据透视表"对话框。设置相关参数，单击"确定"按钮，创建一个空白数据透视表。

在透视表的"数据透视表字段"窗口中，选中"日期""消费金额"和"消费成本"复选框，字段会自动在下方的"行"和"值"区域中显示。也可以直接拖曳相关字段到下方相应的"筛选""行""列"和"值"区域，如图 2-18 所示。

即可得到每日的销售成本和销售金额。更改列名，即更改 A1、A2 和 A3 单元格内容分别为"日期""销售金额"和"销售成本"，得到的结果表如图 2-19 所示。

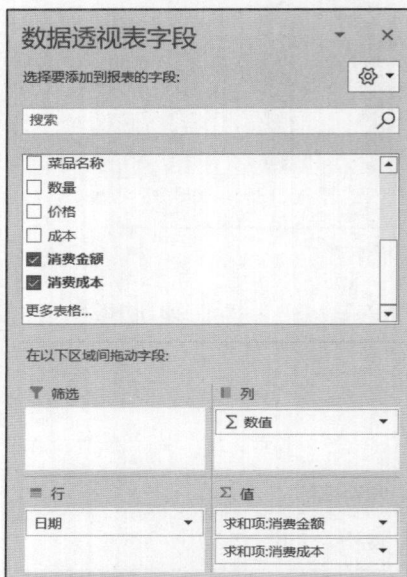

图 2-18　数据透视表字段

	A	B	C
1	日期 ▼	销售金额	销售成本
2	2018/8/22	17437	10024.5
3	2018/8/23	12096	6613
4	2018/8/24	19941	11272.5
5	2018/8/25	17599	10082
6	2018/8/26	10183	5633.5
7	2018/8/27	18178	9971.5
8	2018/8/28	18688	10253
9	总计	114122	63850

图 2-19　数据透视表结果

2. 计算毛利率

选中透视表，在"数据透视表工具"中的"数据透视表分析"选项卡的"计算"命令组中，单击"字段、项目和集"按钮，选择"计算字段"选项，弹出"插入计算字段"对话框，如图 2-20 所示。

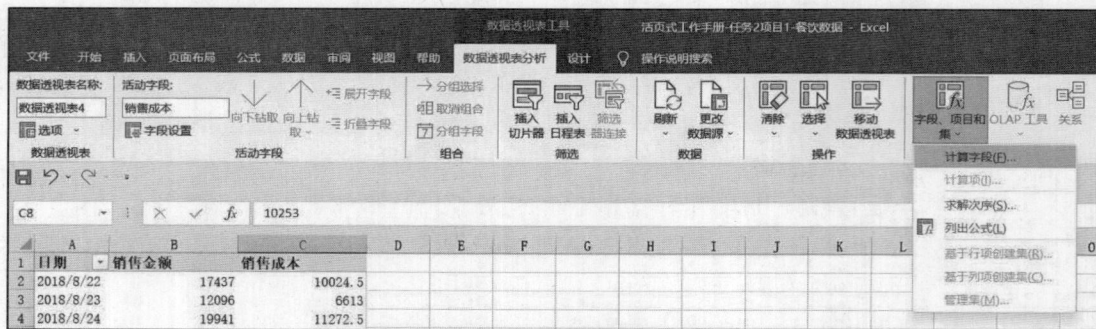

图 2-20　"计算字段"参数

在"插入计算字段"对话框中的"名称"文本框中输入"毛利润";双击下方"字段"
列表框中的"消费金额"和"销售成本",字段移动到"公式"栏中,编辑计算公式,如图
2-21 所示。

单击"确定"按钮,得到毛利润,如图 2-22 所示。

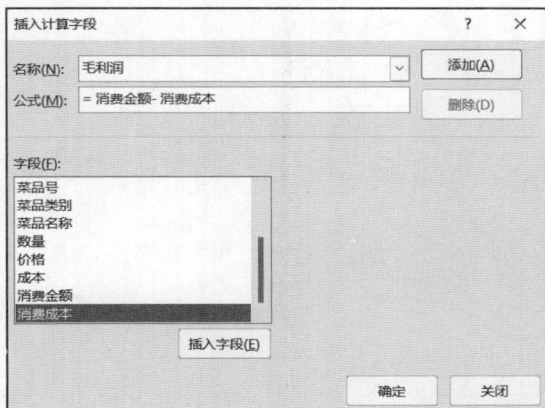

图 2-21　计算毛利润

	A	B	C	D
1	日期　▼	销售金额	销售成本	求和项:毛利润
2	2018/8/22	17437	10024.5	7412.5
3	2018/8/23	12096	6613	5483
4	2018/8/24	19941	11272.5	8668.5
5	2018/8/25	17599	10082	7517
6	2018/8/26	10183	5633.5	4549.5
7	2018/8/27	18178	9971.5	8206.5
8	2018/8/28	18688	10253	8435
9	总计	114122	63850	50272

图 2-22　毛利润透视表

同理,计算毛利率,设置毛利率单元格格式,并更改列名为"商品毛利润"和"商品
毛利率"。如图 2-23 和图 2-24 所示。

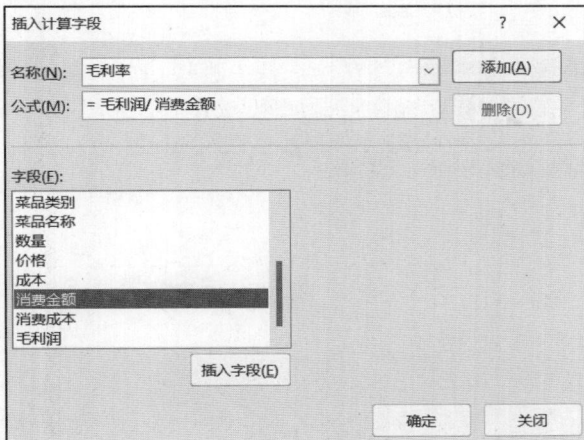

图 2-23　计算毛利率

	A	B	C	D	E
1	日期　▼	销售金额	销售成本	商品毛利润	商品毛利率
2	2018/8/22	17437	10024.5	7412.5	42.51%
3	2018/8/23	12096	6613	5483	45.33%
4	2018/8/24	19941	11272.5	8668.5	43.47%
5	2018/8/25	17599	10082	7517	42.71%
6	2018/8/26	10183	5633.5	4549.5	44.68%
7	2018/8/27	18178	9971.5	8206.5	45.15%
8	2018/8/28	18688	10253	8435	45.14%
9	总计	114122	63850	50272	44.05%

图 2-24　商品毛利率透视表

3. 绘制折线图分析商品毛利率

（1）绘制折线图。

选择表中数据，在"插入"选项卡的"图表"命令组中，选择"推荐的图表"命令，弹出"插入图表"对话框，选择"折线图"选项，然后单击"确定"按钮，即可得到折线图，如图 2-25 所示。

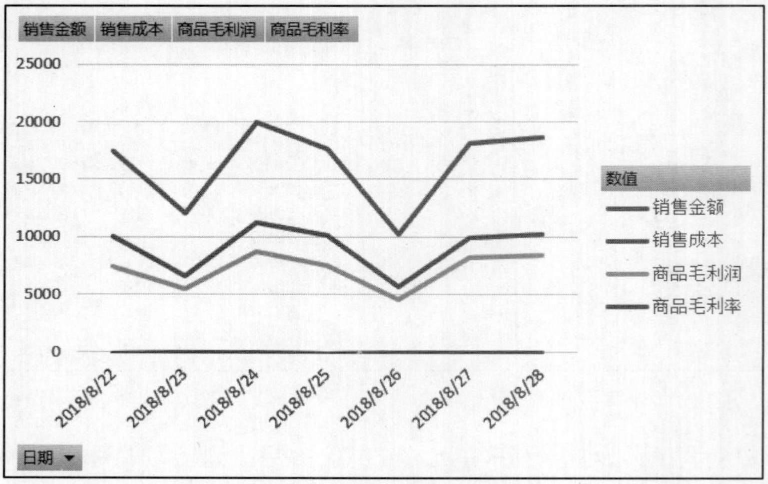

图 2-25　折线图

（2）完善折线图。

右击图表中的"销售金额"字段按钮，选择"删除字段"选项，即可删除图表中关于销售金额的所有内容，包括折线图和图例，如图 2-26 所示。

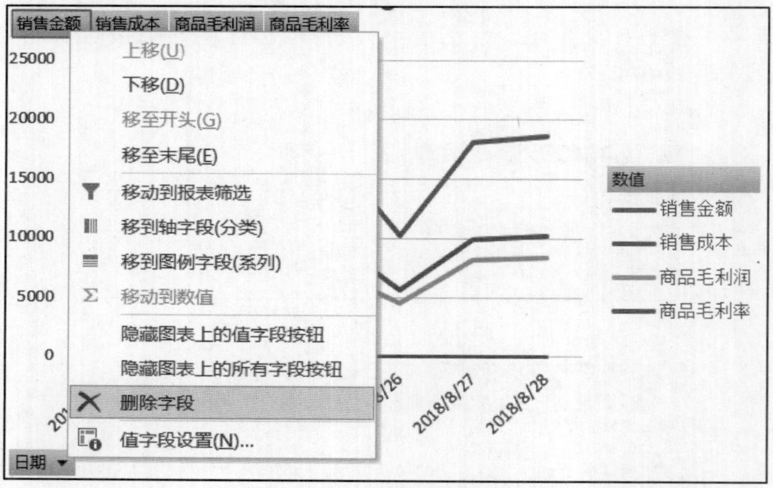

图 2-26　删除字段按钮

同理，删除"销售成本"和"商品毛利润"字段按钮。结果如图 2-27 所示。

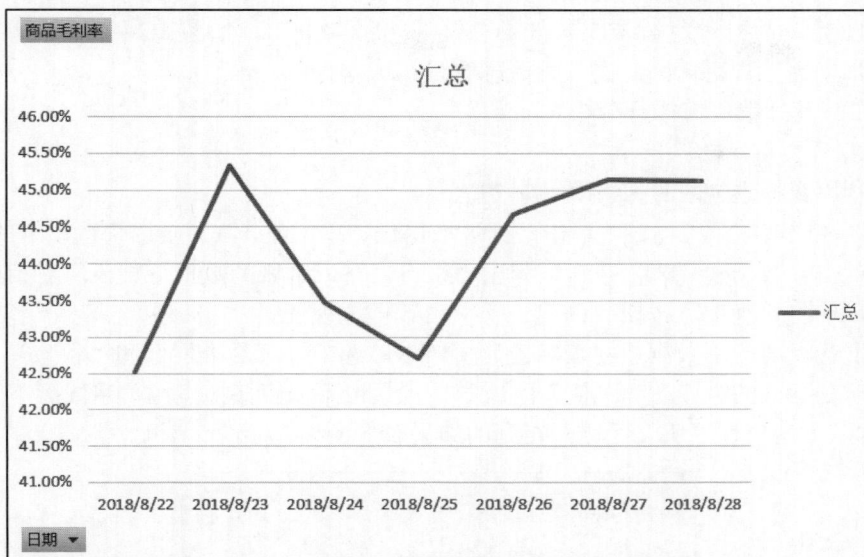

图 2-27　删除字段按钮的结果

右击图表中的"商品毛利润"字段按钮，选择"隐藏图表上的所有字段按钮"选项，即可隐藏"商品毛利率"和"日期"字段按钮。

单击图表右侧的"+"符号，选中"数据标签"复选框，取消选中"图例"复选框。

然后，将图表标题更改为"商品销售毛利率"，结果如图 2-28 所示。

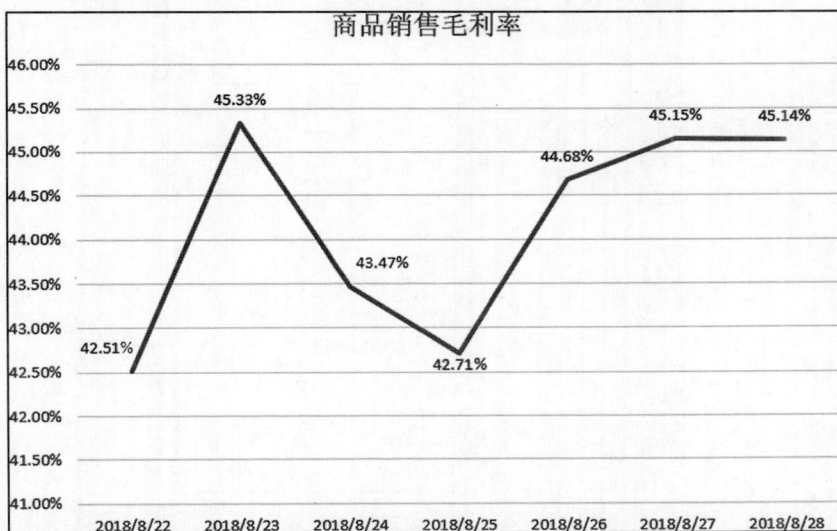

图 2-28　商品销售毛利率

由图 2-28 可知，商品的日销售毛利率值在 42.5%和 45.5%之间变化，呈现出先上升、再下降、再上升最后又下降的趋势。其中可以看到 2018/8/23 的毛利率为 45.33%，达到最大值。但是通过前面的分析可知，销售额在 2018/8/23 为 12 096 元；2018/8/24 的销售额最高为 19 941 元，毛利率为 43.47%，低于总体毛利率 44.05%，如图 2-24 所示。所以高销售额不一定带来高毛利率，因此要做好流程管理和成本控制。

步骤 3：商品销售量排行分析

1. 计算各类菜品的销售量

（1）利用数据透视表计算各类菜品销售量。

打开"餐饮数据"工作表，单击数据区域内任一单元格，在"插入"选项卡的"表格"命令组中单击"数据透视表"按钮，弹出"来自表格或区域的数据透视表"对话框。设置相关参数，单击"确定"按钮，创建一个空白数据透视表。

在数据透视表的"数据透视表字段"窗口中，选中"菜品类别"和"数量"复选框，字段会自动在下方的"行"和"值"区域中显示。也可以直接拖曳相关字段到下方相应的"筛选""行""列"和"值"区域，得到的结果表如图 2-29 所示

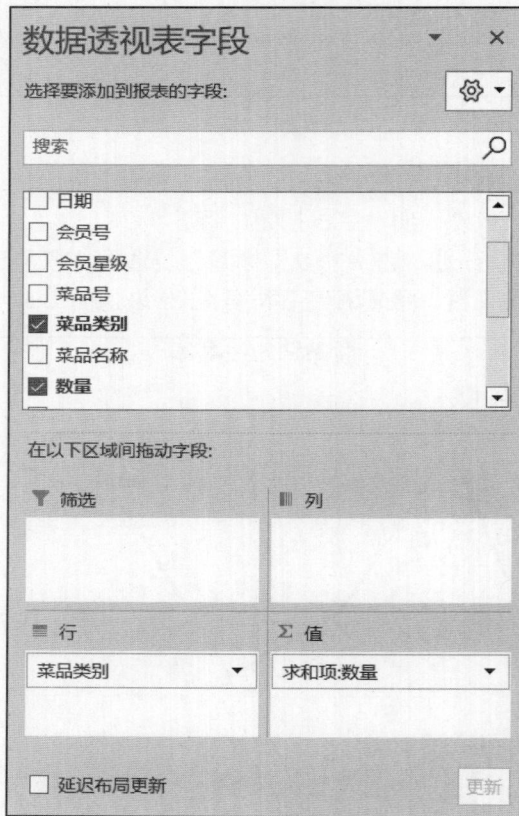

图 2-29 商品销售量数据透视表字段

（2）按菜品销售量降序排序。

单击数据透视表的"行标签"字段旁边的倒三角按钮，在下拉列表中选择"其他排序选项"选项，弹出"排序（菜品类别）"对话框，选择降序排序，选择排序依据为"求和项：数量"，如图 2-30 所示，单击"确定"按钮，设置效果如图 2-31 所示。

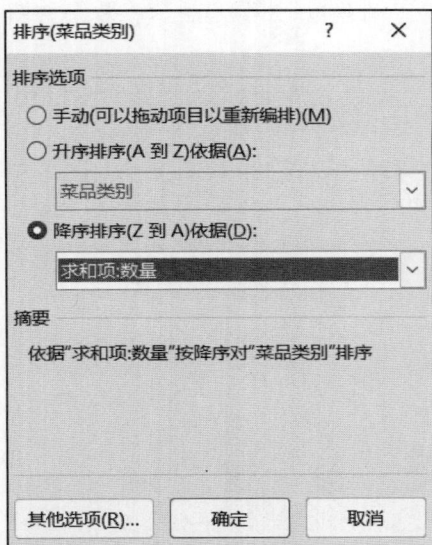

图 2-30 按降序排序

	A	B
1	行标签	求和项:数量
2	肉类	1086
3	蔬菜类	616
4	粥饭类	451
5	甜点类	223
6	酒类	185
7	饮料类	141
8	面食类	124
9	其他	53
10	总计	2879

图 2-31 菜品销售数量排名

2. 绘制柱形图分析各类菜品的销售量

单击数据透视表数据区域里的任一单元格，在"插入"选项卡的"图表"命令组中，选择"数据透视图"命令，弹出"插入图表"对话框，选择"柱形图"选项，然后单击"确定"按钮，即可得到各类菜品销售数量排名柱形图，如图 2-32 所示。

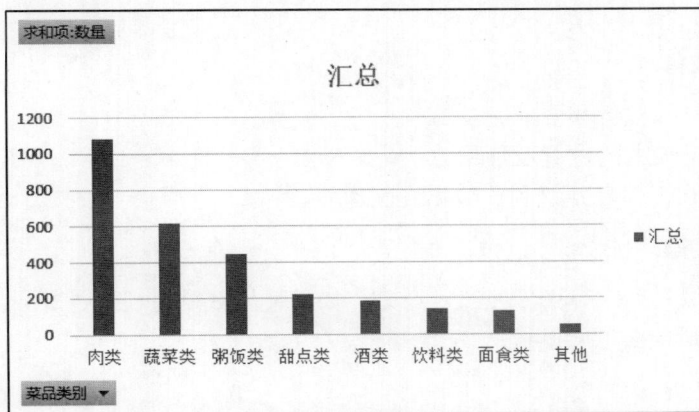

图 2-32 各类菜品销售数量排名柱形图

右击图例"汇总"，在弹出的快捷菜单中选择"删除"命令，即可删除图例。

右击柱形，在弹出的快捷菜单中选择"添加数据标签"命令，即可为每个柱形添加数据标签。

单击标题"汇总"文本激活图表标题文本框，更改图表标题为"各类菜品销售量排行"。

右击"求和项：数量"字段按钮，在弹出的快捷菜单中选择"值字段设置"命令，弹出"值字段设置"对话框，将"自定义名称"改为"销售量"。得到的图表效果如图 2-33 所示。

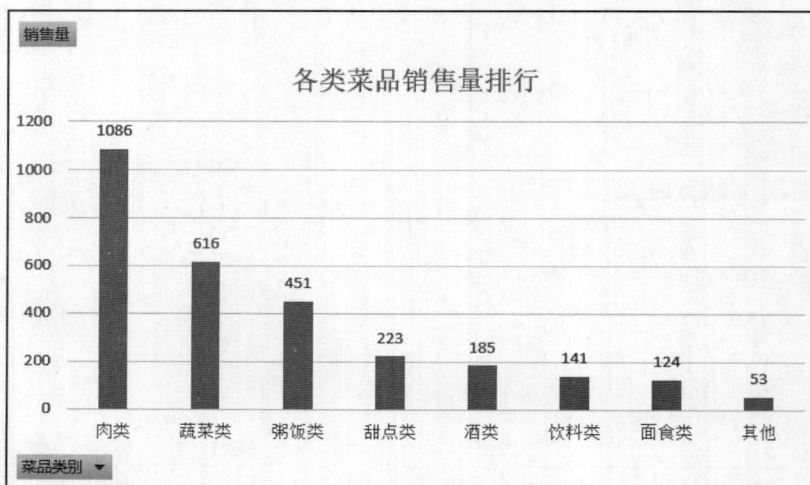

图 2-33　各类菜品销售数量排行

由图 2-33 可知，本周肉类菜品销售数量最高，其余依次为蔬菜类、粥饭类、甜点类、酒类、饮料类、面食类和其他。

四、技能训练

（一）工作准备

- 阅读项目目标任务和要求。
- 理解相关选项卡的位置及使用方法。
- 在 Excel 2021 中打开"餐饮数据"工作表。

（二）项目实操

- 实操引导 1：打开"餐饮数据"工作表，如何使用数据透视表计算日销售额和销售环比值？计算公式是什么？

_____

- 实操引导 2：如何根据取得的销售额和销售环比值绘制组合图？分析的结论是什么？

_____

- 实操引导 3：如何使用数据透视表计算商品毛利率？计算过程是什么？

_____

- 实操引导 4：如何根据取得的商品毛利率绘制折线图？分析结论是什么？

_____

● 实操引导 5：如何使用透视表计算各类菜品的销售量并绘制树状图？分析结论是什么？

五、同步测验

（一）拓展思考

简述环比和同比的含义。

（二）同步项目训练

某零售企业在 3 个地区投放不同数量的售货机进行商品销售，该企业的区域经理想要了解这 3 个地区本周的日消费金额情况和盈利情况，以及用户喜欢哪些商品、用户更容易接受什么样的商品。

（1）目标 1：运用数据透视表计算商品销售额和销售环比值，并绘制组合图分析商品销售额及变化情况。

（2）目标 2：运用数据绘制折线图，并分析商品毛利率。

（3）目标 3：运用数据绘制柱形图，并分析商品销量排行。

物流大数据分析与挖掘	项目二　Excel 数据分析与可视化 任务二　区域销售情况分析 任务工单页	学生： 班级： 日期：

任务二　区域销售情况分析

一、任务描述

某餐饮企业主要设立在广州、深圳、佛山和珠海等地。在激烈的市场竞争环境下，餐饮行业出现了成本上升、利润下降等诸多困难与问题。因此，在过去的一周时间里，该餐饮企业在各个区域进行了创新菜品的活动，并设置了目标销售额，希望以此来提高各区域门店的销售率。

现企业的区域经理想要了解各个区域本周的销售额、销售目标的完成情况和不同区域各类菜品的销量，并进行对比分析。

（一）任务要求

根据某餐饮企业提供的餐饮数据进行分析挖掘，具体任务包括以下方面。

● 能运用 SUMIF 函数计算各区域的销售额。

● 能运用数据绘制条形图，并分析各区域销售额。

● 能运用数据绘制簇状柱形图和折线图，并分析各区域的销售目标达成率。

● 能创建数据透视表。

● 能运用数据绘制树状图，并分析各区域各类菜品的销售量。

（二）学习目标

知识目标	能了解区域销售额、目标达成率和各区域各类商品销售量的含义 能了解 SUMIF 等函数的使用规则 能了解透视表、条形图、柱形图和折线图等的使用方法 能对分析结果进行解读
技能目标	能使用 SUMIF 等函数进行数据计算 能创建数据透视表 能运用数据绘制条形图、组合图、树状图等，并进行数据分析
思政目标	树立严谨的工作态度 培养归纳总结的探索精神

（三）实施路径

区域销售情况分析实施路径如图 2-34 所示。

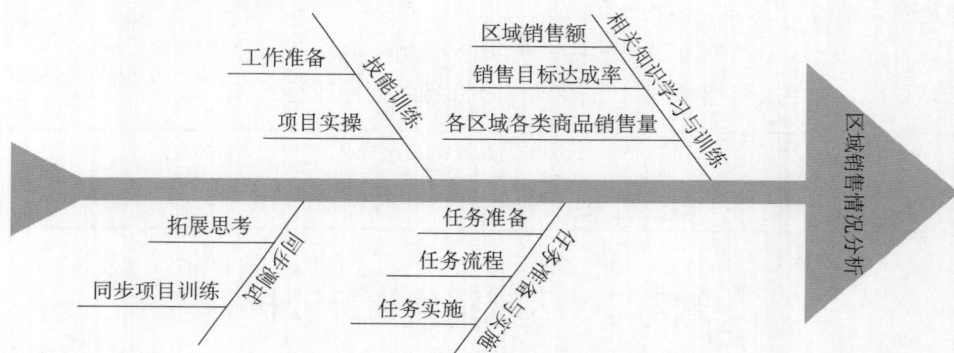

图 2-34　区域销售情况分析实施路径

二、相关知识学习与训练

（一）区域销售额

区域销售额用来反映各个区域所有消费金额的总和，是衡量各区域销售状况的重要指标之一。其计算公式如下所示。

$$S = \sum_{i=1}^{n} A_i \tag{2-3}$$

其中，S 表示某区域的销售金额；i 表示某区域销售订单总数中的第 i 笔销售订单；A_i 表示某区域第 i 笔销售订单的销售金额；n 表示该区域销售订单的总数。

在进行计算时，会使用一些函数公式，如 SUMIF。

SUMIF 函数是条件性计算公式，即按照给定条件计算数据总和。其参数语法表示为：SUMIF（range,criteria,[sum_range]）。其中，range 表示匹配条件的数据区域，criteria 表示逻辑条件，[sum_range]表示求和的区域。

使用该函数一般要注意如下事项。

● 匹配区域和求和区域的行数必须相等，才能一一对应。

● 当匹配条件区域和求和区域重叠时，可以省略求和区域参数。

（二）销售目标达成率

销售目标达成率是实际销售额与制订的目标销售额之间的比值。销售目标达成率越高，表示经营绩效越高；反之，经营绩效越低。销售目标达成率的计算公式如下所示。

$$销售目标达成率 = \frac{实际销售额}{目标销售额} \times 100\% \tag{2-4}$$

（三）各区域各类商品销售量

各区域各类商品销售量是指各个区域不同类别的商品的销售数量，是衡量各类商品销售情况的重要指标之一。这里用 T_{ij} 表示 i 区域的 j 类商品的销售量，Q_{ij} 表示 i 区域 j 类商品每笔订单的销售量，m 代表某区域商品类别的个数，则各区域销售量的计算公式如下所示。

$$T_{ij} = \sum_{j=1}^{m} Q_{ij} \tag{2-5}$$

互动练习

根据图 2-35，回答下列问题。

	A	B	C	D	E	F	G	H
1	日期	产品	销售金额				商品	销售总额
2	2021/4/6	可口可乐	78				美年达	
3	2021/4/6	百事可乐	63				可口可乐	
4	2021/4/8	可口可乐	45				百事可乐	
5	2021/4/9	可口可乐	33					
6	2021/4/10	美年达	123					
7	2021/4/10	百事可乐	654					
8	2021/4/12	百事可乐	177					
9	2021/4/12	美年达	69					

图 2-35　销售情况表

1.【多选】计算"美年达"销售总额的公式为（　　　）。

A. =SUMIF(B2:B9,G2,C2:C9)　　　　　　B. =SUMIF($B$2:$B$9,G2,$C2:$C9)

C. =SUMIF($B$2:$B$9,G2,$C$2:$C$9)　　D. =SUMIF(B2:B9,G3,C2:C9)

2.【单选】将鼠标指针移到美年达产品销售总额数据单元格（H1 单元格）的右下角，当指针变为黑色加粗的"+"形状时，双击左键，即可取得"可口可乐"和"百事可乐"的销售总额，则"美年达"的计算公式应该设置为（　　　）。

A. =SUMIF(B2:B9,G2,C2:C9)　　　　　　B. =SUMIF($B$2:$B$9,G2,$C2:$C9)

C. =SUMIF($B$2:$B$9,G2,$C$2:$C$9)　　D. =SUMIF(B2:B9,G3,C2:C9)

3.【单选】"美年达""可口可乐""百事可乐"的销售总额分别为（　　　　）。

A. 192，156，894　　　　　　　　　　　　B. 192，78，831

C. 192，219，102　　　　　　　　　　　　D. 192，108，156

三、任务准备与实施

（一）任务准备

从某餐饮企业的数据库中，我们拿到了本周的销售数据，共计 2519 条，包含了店铺所在地、店铺名、日期、会员号、会员星级、菜品号、菜品类别、菜品名称、数量、价格、成本和消费金额共 12 个属性，数据集中变量的详细描述如表 2-1 所示。

假设该企业给各区域制订了本周的销售目标，其中广州、深圳销售额目标为 40 000 元，佛山、珠海销售额目标为 4000 元。我们的目的是根据这些数据分析各区域的销售额和销售目标完成情况，以及各类菜品在不同区域的销售情况。

（二）任务流程

本任务分析流程的构建由各区域销售额分析、销售目标达成率分析和各区域各类菜品销售量分析 3 部分组成，如图 2-36 所示。

图 2-36　区域销售情况分析流程

（1）各区域销售额分析：计算各区域的销售额，并绘制条形图对比分析各区域销售额。

（2）销售目标达成率分析：计算各区域的销售达成率，并绘制簇状柱形图和折线图分析各区域的销售目标达成率情况。

（3）各区域各类菜品销售量分析：通过数据透视表计算各区域各类菜品的销售数量，并绘制树状图分析各区域各类菜品的销售量情况。

（三）任务实施

打开"餐饮数据"工作表，使用 Excel 2021 分析各区域的销售额和销售目标完成情况，以及各类菜品在不同区域的销售情况。数据表内容如图 2-37 所示。

步骤 1：各区域销售金额分析

1. 计算各区域销售金额

在"餐饮数据"工作表中，在单元格 N1 和 O1 的位置分别添加"区域"和"销售额"列名，在"区域"列中填入"广州""深圳""佛山"和"珠海"4 个城市名称。

在"销售额"列输入计算公式，计算各区域消费金额的总和。如在 O2 单元格中输入计算公式"=SUMIF(\$A\$2:\$A\$2520,N2,\$L\$2:\$L\$2520)"，按 Enter 键得到 O2 的数据。

图 2-37 "餐饮数据"工作表

将鼠标指针移到单元格 O2 的右下角，当指针变为黑色加粗的"+"形状时，双击左键，即可取得 O3、O4 和 O5 单元格的数据。具体结果如图 2-38 所示。

2. 绘制条形图展示各区域销售金额

（1）插入图表。

选中"餐饮数据"工作表中的 N2:O5 区域。在"插入"选项卡的"图表"命令组中，选择"推荐的图表"命令，弹

N	O
区域	销售额
广州	56193
深圳	49576
佛山	5331
珠海	3022

图 2-38 计算各区域销售额
结果表

出"插入图表"对话框，切换至"所有图表"选项卡，选择"条形图"选项，然后单击"确定"按钮，即可得到条形图，如图 2-39 所示。

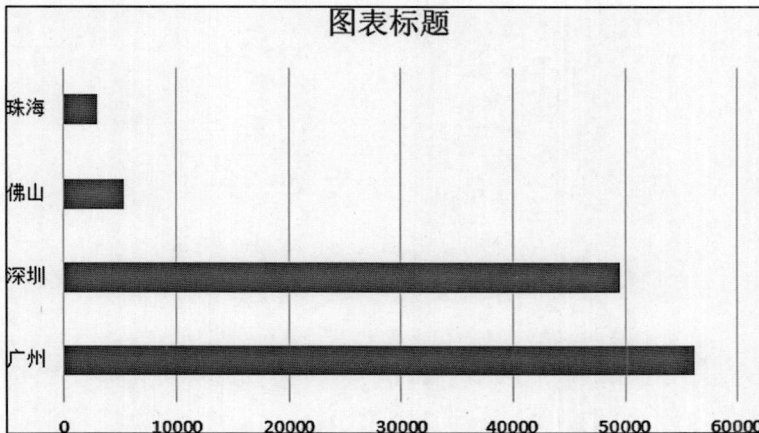

图 2-39 条形图展示

（2）排序。

选定数据区域，在"数据"选项卡的"排序和筛选"命令组中，选择"筛选"命令，如图 2-40 所示，数据进入可筛选状态。

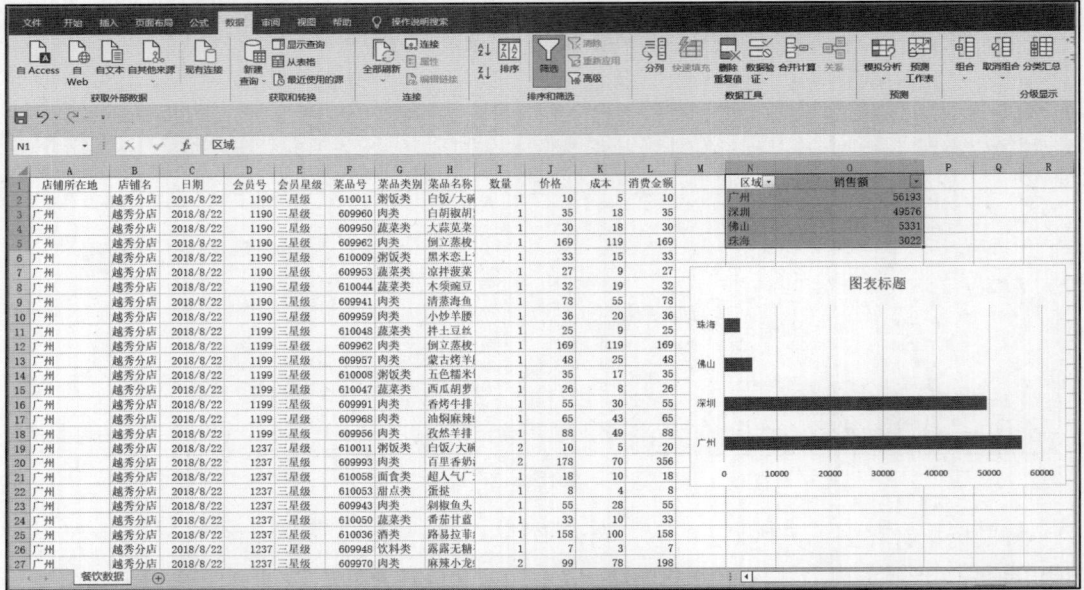

图 2-40　数据筛选

单击"销售额"字段旁边的倒三角按钮，选择"升序"选项，如图 2-41 所示，然后得到排序结果表。

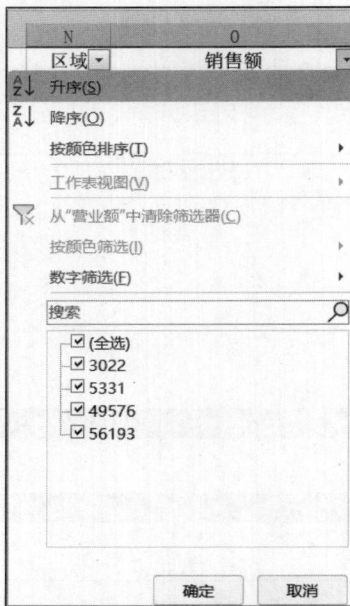

图 2-41　选择"升序"选项

单击图片中的"图表标题"字段,更改为"各区域销售额"。单击图表右侧的"+"符号,选中"数据标签"和"坐标轴标题"复选框,并进行设置,最终得到的图表效果如图 2-42 所示。

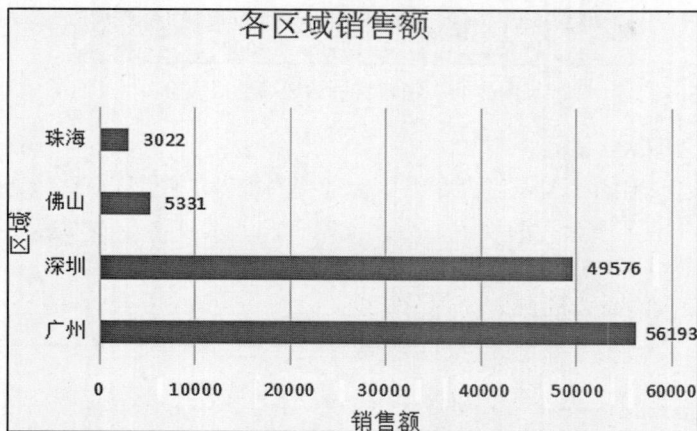

图 2-42　各区域销售额

由图 2-42 可知,4 个区域中,广州的销售额最高,为 56193 元,其次为深圳,珠海的销售额最低,为 3022 元。

步骤 2:销售目标达成率分析

1. 计算区域销售目标达成率

在"餐饮数据"工作表中,在单元格 P1 和 Q1 的位置分别添加"销售目标"和"达成率"列名,在"销售目标"列中输入目标销售额数据。

在"达成率"列输入计算公式。如在 Q2 单元格中输入计算公式"=O2/P2",按 Enter键得到 Q2 的数据。将鼠标指针移到单元格 Q2 的右下角,当指针变为黑色加粗的"+"形状时,双击左键,即可取得 Q3、Q4 和 Q5 单元格的数据;或长按黑色加粗"+"符号,拖曳到 Q5 单元格,也可以得到 Q3、Q4 和 Q5 单元格的数据。

选中 Q2:Q5,单击"开始"选项卡的"数字"命令组中的"数字格式"按钮,弹出"设置单元格格式"对话框,选择"数字"选项卡"分类"列表框中的"百分比"选项,将小数位数设置为 2,然后单击"确定"按钮。具体结果如图 2-43 所示。

N 区域	O 销售额	P 销售目标	Q 达成率
珠海	3022	4000	75.55%
佛山	5331	4000	133.28%
深圳	49576	40000	123.94%
广州	56193	40000	140.48%

图 2-43　销售目标达成率结果表

2. 绘制簇状柱形图和折线图分析各区域销售目标达成率

(1)选择数据。

在"餐饮数据"工作表中选择单元格区域 N1:O5 和 Q1:Q5,如图 2-44 所示。

区域	销售额	销售目标	达成率
珠海	3022	4000	75.55%
佛山	5331	4000	133.28%
深圳	49576	40000	123.94%
广州	56193	40000	140.48%

图 2-44 销售目标达成率结果表

（2）选择组合图。

在"插入"选项卡的"图表"命令组中，选择"推荐的图表"命令，弹出"插入图表"对话框，切换至"所有图表"选项卡，选择"组合图"选项，在"为您的数据系列选择图表类型和轴"选项组中，选中达成率的"次坐标轴"复选框，然后单击"确定"按钮，即可得到组合图，如图 2-45 所以。

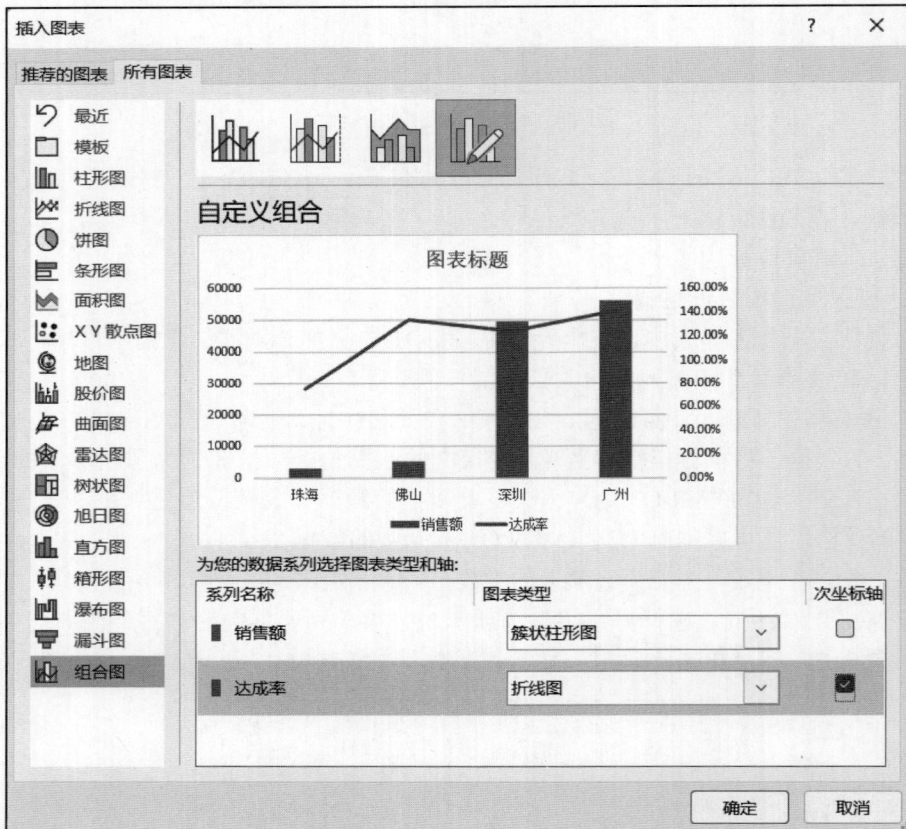

图 2-45 组合图

然后，直接单击图片中的"图表标题"字段，更改为"各区域销售目标达成率"，单击图表右侧的"+"符号，选中"数据标签"复选框，最终得到的图表效果如图 2-46 所示。

图 2-46　各区域销售目标达成率组合

由图 2-46 可知，4 个区域中，除了珠海，其余 3 个区域都完成了销售目标。其中广州的销售绩效最高，达成率为 140.48%，其次是佛山，虽然销售额只有 5331 元，但目标达成率为 133.28%，高于深圳的 123.94%。珠海的销售绩效最低，为 75.55%。

步骤 3：各区域各类菜品销售量分析

1. 计算各区域各类菜品的销售量

在"餐饮数据"工作表中，可以通过透视表的方式计算各区域各菜品的销售量。

打开"餐饮数据"工作表，单击数据区域内任一单元格，在"插入"选项卡的"表格"命令组中单击"数据透视表"按钮，弹出"来自表格或区域的数据透视表"对话框。如图 2-47 所示

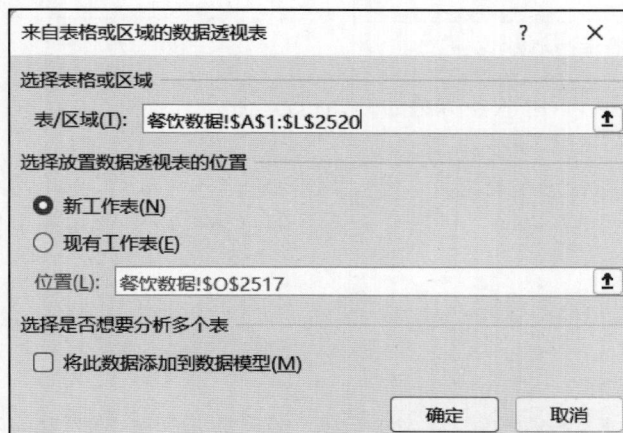

图 2-47　创建数据透视表

设置相关参数，单击"确定"按钮，创建一个空白数据透视表。在透视表的"数据透

视表字段"窗口中，选中"店铺所在地""菜品类别"和"数量"复选框，字段会自动在下方区域的"行"和"值"区域中显示，也可以直接拖曳相关字段，放到下方相应的"筛选""行""列"和"值"区域，如图 2-48 所示。

得到的结果表如图 2-49 所示。

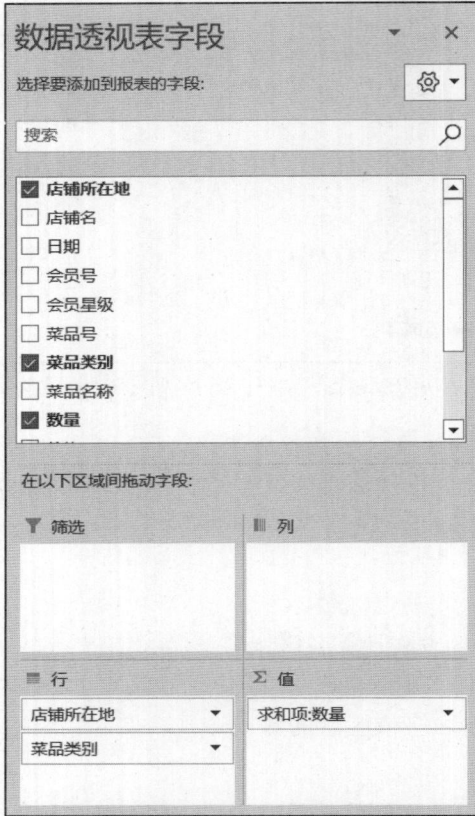

数据透视表字段

选择要添加到报表的字段：

搜索

- ☑ 店铺所在地
- ☐ 店铺名
- ☐ 日期
- ☐ 会员号
- ☐ 会员星级
- ☐ 菜品号
- ☑ 菜品类别
- ☐ 菜品名称
- ☑ 数量

在以下区域间拖动字段：

▽ 筛选

▥ 列

▤ 行
店铺所在地
菜品类别

Σ 值
求和项:数量

图 2-48　数据透视表字段

行标签	求和项:数量
⊟ 佛山	148
酒类	17
面食类	12
肉类	45
蔬菜类	32
甜点类	15
饮料类	7
粥饭类	20
⊟ 广州	1387
酒类	67
面食类	65
其他	26
肉类	537
蔬菜类	280
甜点类	104
饮料类	83
粥饭类	225
⊟ 深圳	1267
酒类	95
面食类	39
其他	26
肉类	475
蔬菜类	289
甜点类	103
饮料类	50
粥饭类	190
⊟ 珠海	77
酒类	6
面食类	8
其他	1
肉类	29
蔬菜类	15
甜点类	1
饮料类	1
粥饭类	16
总计	2879

图 2-49　数据透视表结果

2. 绘制树状图分析各区域各类菜品的销售量

（1）将数据转换为表格形式。

在透视表中，在数据透视表工具"设计"选项卡内的"布局"命令组中单击"报表布局"按钮，选择其中的"以表格形式显示"命令，即可将透视表转换为表格形式，如图 2-50 所示。

然后单击"报表布局"按钮，选择"重复所有项目标签"命令；再单击"分类汇总"按钮，选择其中的"不显示分类汇总"命令，得到的结果表如图 2-51 所示。

（2）创建"各区域各类菜品的销售量"工作表。

因为无法直接在数据透视表中插入树状图，所以需要创建一张新表进行分析，如图 2-52 所示。

店铺所在地	菜品类别	求和项:数量
⊟佛山	酒类	17
	面食类	12
	肉类	45
	蔬菜类	32
	甜点类	15
	饮料类	7
	粥饭类	20
佛山 汇总		148
⊟广州	酒类	67
	面食类	65
	其他	26
	肉类	537
	蔬菜类	280
	甜点类	104
	饮料类	83
	粥饭类	225
广州 汇总		1387
⊟深圳	酒类	95
	面食类	39
	其他	26
	肉类	475
	蔬菜类	289
	甜点类	103
	饮料类	50
	粥饭类	190
深圳 汇总		1267
⊟珠海	酒类	6
	面食类	8
	其他	1
	肉类	29
	蔬菜类	15
	甜点类	1
	饮料类	1
	粥饭类	16

图 2-50 以表格形式展示各区域各类菜品销售量

店铺所在地	菜品类别	求和项:数量
⊟佛山	酒类	17
佛山	面食类	12
佛山	肉类	45
佛山	蔬菜类	32
佛山	甜点类	15
佛山	饮料类	7
佛山	粥饭类	20
⊟广州	酒类	67
广州	面食类	65
广州	其他	26
广州	肉类	537
广州	蔬菜类	280
广州	甜点类	104
广州	饮料类	83
广州	粥饭类	225
⊟深圳	酒类	95
深圳	面食类	39
深圳	其他	26
深圳	肉类	475
深圳	蔬菜类	289
深圳	甜点类	103
深圳	饮料类	50
深圳	粥饭类	190
⊟珠海	酒类	6
珠海	面食类	8
珠海	其他	1
珠海	肉类	29
珠海	蔬菜类	15
珠海	甜点类	1
珠海	饮料类	1
珠海	粥饭类	16
总计		2879

图 2-51 各区域各类菜品销售量表格

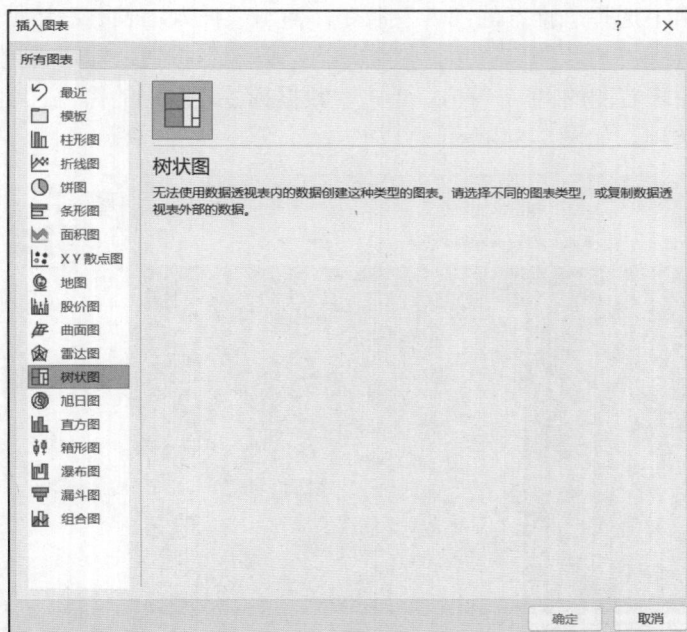

图 2-52 在数据透视表中创建树状图

创建新的工作表并命名为"各区域各类菜品的销售量"，首行设置列名为"区域""菜品类别"和"销售数量"，然后将图 2-51 中的 A2:C31 区域的数据复制到新表中，效果如图 2-53 所示。

	A	B	C
1	区域	菜品类别	销售数量
2	佛山	酒类	17
3	佛山	面食类	12
4	佛山	肉类	45
5	佛山	蔬菜类	32
6	佛山	甜点类	15
7	佛山	饮料类	7
8	佛山	粥饭类	20
9	广州	酒类	67
10	广州	面食类	65
11	广州	其他	26
12	广州	肉类	537
13	广州	蔬菜类	280
14	广州	甜点类	104
15	广州	饮料类	83
16	广州	粥饭类	225
17	深圳	酒类	95
18	深圳	面食类	39
19	深圳	其他	26
20	深圳	肉类	475
21	深圳	蔬菜类	289
22	深圳	甜点类	103
23	深圳	饮料类	50
24	深圳	粥饭类	190
25	珠海	酒类	6
26	珠海	面食类	8
27	珠海	其他	1
28	珠海	肉类	29
29	珠海	蔬菜类	15
30	珠海	甜点类	1
31	珠海	饮料类	1
32	珠海	粥饭类	16

图 2-53　"各区域各类菜品的销售量"工作表

（3）绘制树状图。

在"各区域各类菜品的销售量"工作表中选择单元格区域 A1:C32，在"插入"选项卡的"图表"命令组中选择"推荐的图表"命令，弹出"插入图表"对话框，切换至"所有图表"选项卡，选择"树状图"选项，然后单击"确定"按钮，即可得到树状图。

然后，单击图表右侧的"+"符号，单击"数据标签"右侧的黑色三角形，选择"其他数据标签选项"选项，如图 2-54 所示。

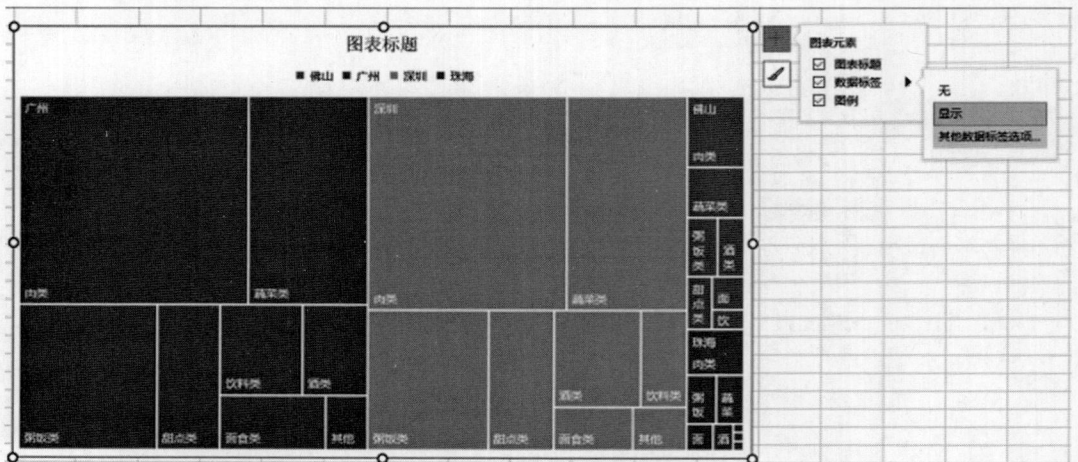

图 2-54　树状图的数据标签

弹出"设置数据标签格式"窗口，选中"标签选项"栏中的"类别名称"和"值"复选框，如图 2-55 所示。

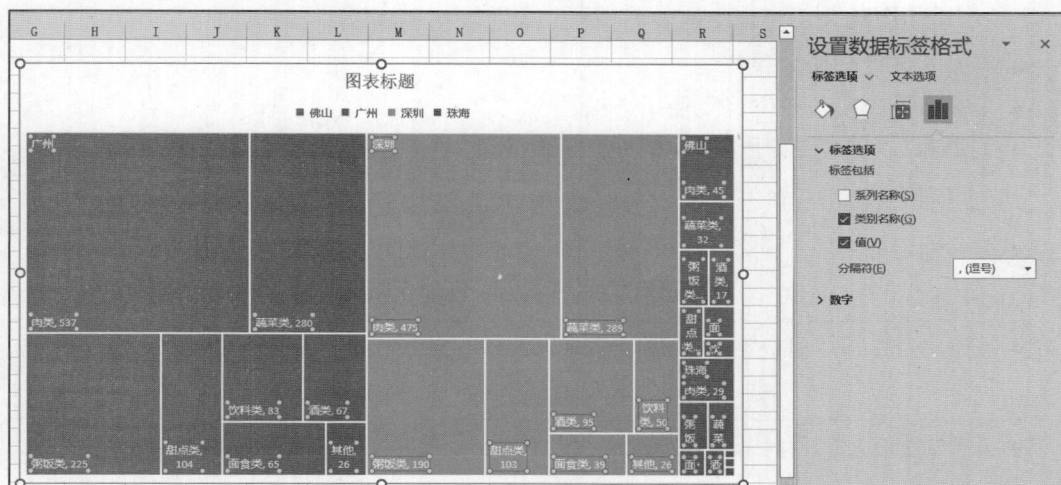

图 2-55　树状图的设置数据标签格式

然后，单击图片中的"图表标题"字段，并更改为"各区域各类菜品销售量"，最终得到的树状图如图 2-56 所示。

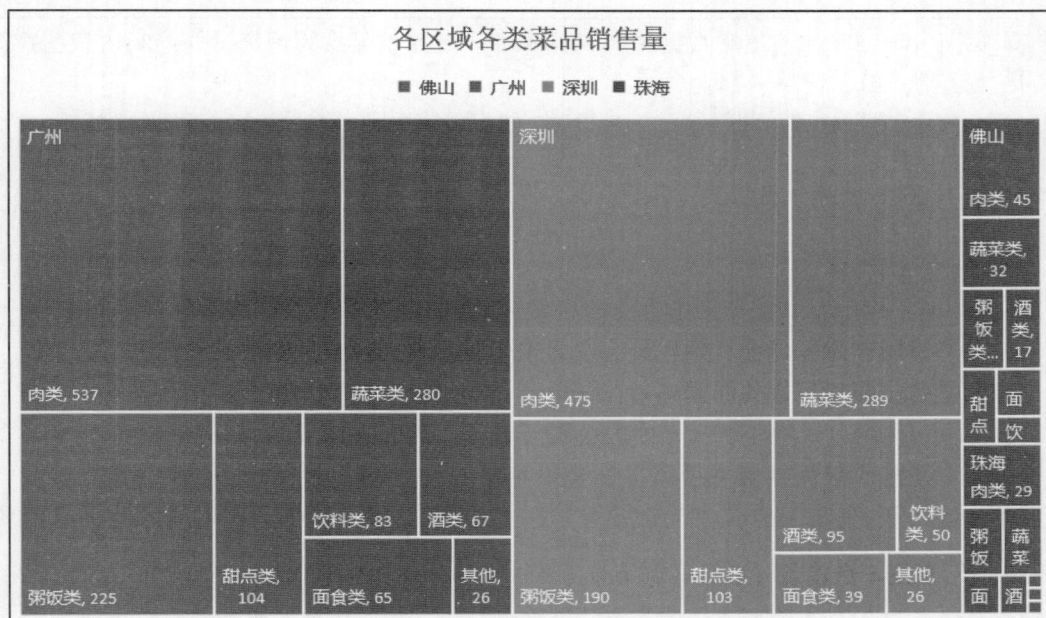

图 2-56　各区域各类菜品销售量树状图

由图 2-56 可知，4 个区域中，销量最高的菜品都是肉类，蔬菜类、粥饭类、甜点类、饮料类、酒类、面食类的销量相对良好。

四、技能训练

（一）工作准备

● 阅读项目目标任务和要求。
● 理解相关选项卡的位置及使用方法。
● 在 Excel 2021 中打开"餐饮数据"工作表。

（二）项目实操

● 实操引导 1：打开"餐饮数据"工作表，如何计算各区域的销售额？计算公式是什么？

_____

● 实操引导 2：如何根据取得的区域销售额绘制条形图？分析结论是什么？

_____

● 实操引导 3：如何计算各区域的销售目标达成率？计算公式是什么？

_____

● 实操引导 4：如何根据取得的区域销售目标达成率绘制簇状柱形图和折线图？分析各区域销售目标达成率情况。

_____

● 实操引导 5：如何使用数据透视表计算各区域各类菜品的销售量并绘制树状图？得到的结论是什么？

_____

五、同步测验

（一）拓展思考

简述使用 SUMIF 函数的注意事项。

（二）同步项目训练

某零售企业给各个区域制定了本周的销售目标，其中，兰山区为 10 000 元，河东区和罗庄区均为 5000 元。现需要利用"本周销售数据"工作表分析各区域的销售情况。

（1）目标 1：运用 SUMIF 函数计算各区域的销售额，运用数据绘制条形图并分析各区域销售额。

（2）目标 2：运用数据绘制簇状柱形图和折线图，并分析各区域的销售目标达成率。

（3）目标 3：运用数据绘制树状图，并分析各区域各类别商品的销售量。

物流大数据分析与挖掘	项目二　Excel 数据分析与可视化 任务三　商品库存分析 任务工单页	学生： 班级： 日期：

任务三　商品库存分析

一、任务描述

在本任务中将学习库存的存销比的含义，以及学习如何利用数据绘制簇状柱形图和折线图，并利用绘制的图形分析库存商品类别的存销比。

在本任务中，将基于餐饮的数据，利用 Excel 透视表、折线图和柱形图对菜品的存销比进行分析。

（一）任务要求

具体任务包括以下两方面。

● 学习库存的存销比定义。
● 学习利用数据绘制柱形图和折线图。

（二）学习目标

知识目标	能掌握库存的存销比的含义
技能目标	能用数据绘制簇状柱形图和折线图，并分析库存商品类别的存销比
思政目标	培养知行合一的哲学思想 树立勇于探索的创新精神

（三）实施路径

商品库存分析实施路径如图 2-57 所示。

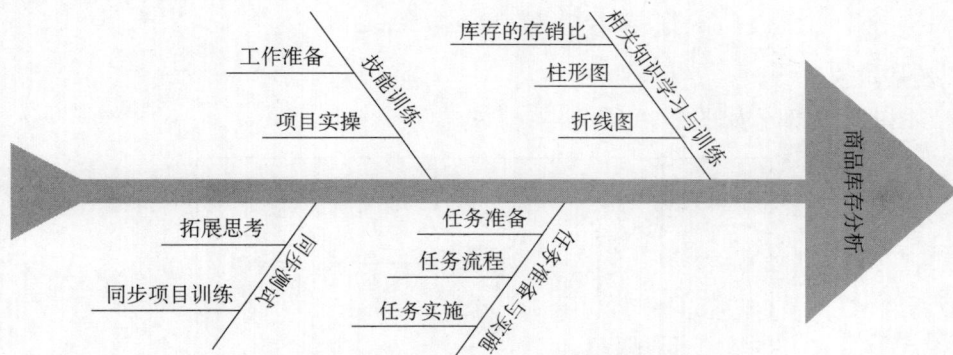

图 2-57　商品库存分析实施路径

二、相关知识学习与训练

（一）库存的存销比

存销比是指在一个周期内，期末库存与周期内总销量的比值。存销比的意义在于它可以揭示一个单位的销售额需要多少个单位的库存来支持。存销比过高意味着库存总量或者销售结构不合理,资金效率低;存销比过低意味着库存不足,生意难以最大化。存销比还是反映库存周转率的一个常用指标,越是畅销的商品,其存销比值越小,说明商品的库存周转率越高;越是滞销的商品,其存销比值就越大,说明商品的库存周转率越低。存销比的计算公式:存销比=期末库存数据/周期内销售数量。

(二)柱形图

1. 定义

柱形图是使用垂直或水平的矩形表示各类别的数值的统计图。其中一个轴表示需要对比的分类维度,另一个轴代表对应的数值。柱形图描述的是分类数据,也就是每个分类中包含的数量,如图 2-58 所示。

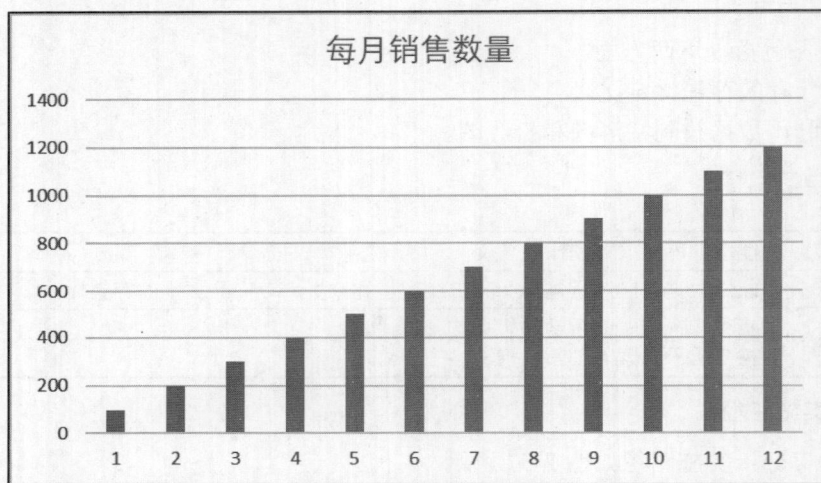

图 2-58　每月销售数量柱形图

2. 组成

柱形图的组成部分如图 2-59 所示。

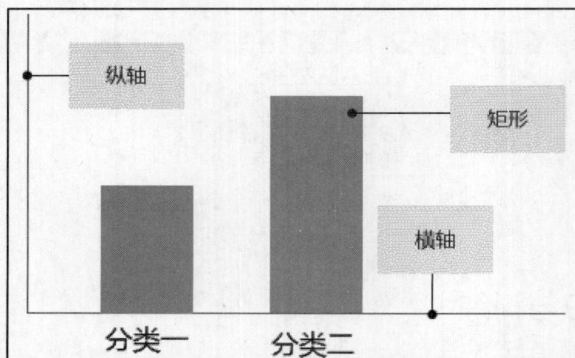

图 2-59　柱形图的组成部分

3. 使用场景

● 用来显示数值变量和分类变量之间的关系。

● 柱形图还可以显示多个分组级别的值。

● 适用于分类数据对比。

4. 注意事项

● 如果分类变量本身没有明显的顺序，可以按照它们的值排序。

● 分类数据如果太多，则不适合使用纵向柱形图，可以采用横向柱形图。

（三）折线图

1. 定义

折线图用于显示数据在一个连续的时间间隔或者时间跨度上的变化，它的特点是反映事物随时间或有序类别而变化的趋势，如图 2-60 所示。在折线图中，数据是递增还是递减、递减的速率、递减的规律（周期性、螺旋性等）、峰值等特征都可以清晰地反映出来。所以，折线图常用来分析数据随时间的变化趋势，也可用来分析多组数据随时间变化的相互作用和相互影响。例如，可用来分析某类商品或者某几类相关商品随时间变化的销售情况，从而进一步预测未来的销售情况。在折线图中，一般横轴（x 轴）用来表示时间的推移，并且间隔相同；而纵轴（y 轴）代表不同时刻的数据的大小。

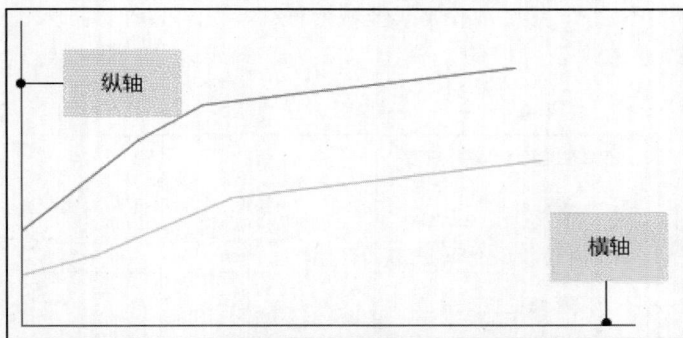

图 2-60 折线图组成部分

2. 使用场景

用于显示一组或者多组变量的演变。

3. 注意事项

● 为了更好地显示数据的趋势，可以截断 y 轴，使其不从 0 开始。

● 需要考虑图形的纵横比。

互动练习 1

1.【填空】存销比公式：_____。

2.【填空】商品类别占比公式：_____。

3.【填空】饼图适用于最大的分类数量为_____。

三、任务准备与实施

（一）任务准备

任务描述：在本任务中，将基于餐饮的数据，利用 Excel 透视表、折线图和柱形图对菜品的存销比进行分析。

（二）任务流程

本任务流程的构建由计算库存数量、计算本周销量、创建"存销比"工作表、计算存销比、设置单元格格式、绘制柱形图和折线图分析库存的存销比 7 个部分组成，如图 2-61 所示。

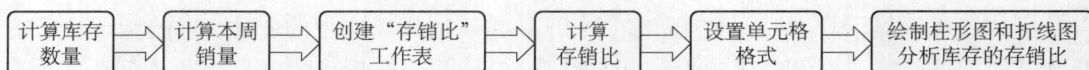

计算库存数量 → 计算本周销量 → 创建"存销比"工作表 → 计算存销比 → 设置单元格格式 → 绘制柱形图和折线图分析库存的存销比

图 2-61　商品库存分析的分析流程

（三）任务实施

步骤 1：计算库存数量

在"餐饮库存"工作表中，通过透视表的方式计算 2018 年 8 月 28 日的库存数量。

（1）打开"创建数据透视表"对话框。

打开"餐饮库存"工作表，单击数据区域内任一单元格，在"插入"选项卡的"表格"命令组中单击"数据透视表"按钮，弹出"来自表格或区域的数据透视表"对话框，如图 2-62 所示。

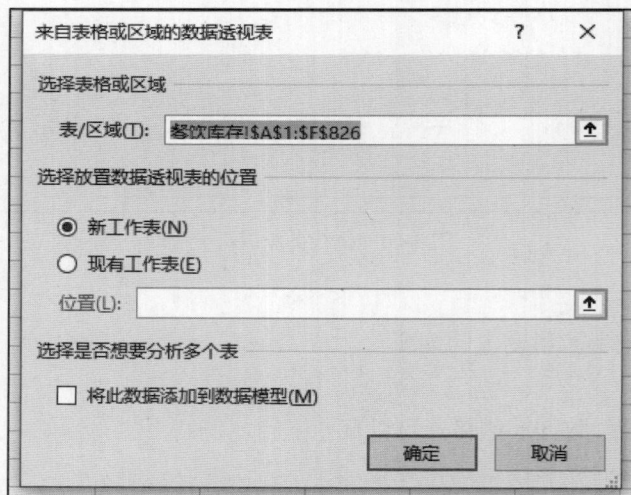

图 2-62　"来自表格或区域的数据透视表"对话框

（2）创建空白数据透视表。

单击"确定"按钮，创建一个空白数据透视表，并显示"数据透视表字段"窗口，如图 2-63 所示。

图 2-63　空白数据透视表

（3）添加"日期""菜品类别""库存数量"字段。

将"日期""菜品类别"字段拖曳至"行"区域，将"库存数量"字段拖曳至"值"区域，创建的数据透视表如图 2-64 所示。

（4）计算 2018 年 8 月 28 日的库存数据。

单击数据透视表中单元格 A3 的倒三角按钮，弹出"选择字段"对话框，选择"2018/8/28"日期，单击"确定"按钮，如图 2-65 所示，结果如图 2-66 所示。

步骤 2：计算本周销量

在"餐饮数据"工作表中，通过透视表的方式计算本周销售数量。

（1）打开"创建数据透视表"对话框。

打开"餐饮数据"工作表，单击数据区域内任一单元格，在"插入"选项卡的"表格"命令组中单击"数据透视表"按钮，弹出"来自表格或区域的数据透视表"对话框，如图 2-67 所示。

图 2-64　数据透视表

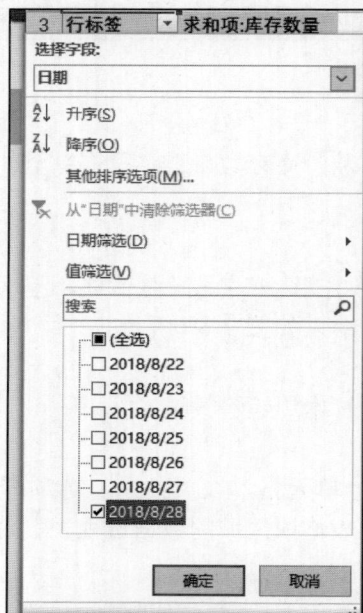

图 2-65　选择日期

行标签	求和项:库存数量
⊟2018/8/28	5456
酒类	922
面食类	158
其他	77
肉类	3036
蔬菜类	815
甜点类	139
饮料类	139
粥饭类	170
总计	5456

图 2-66　库存数据

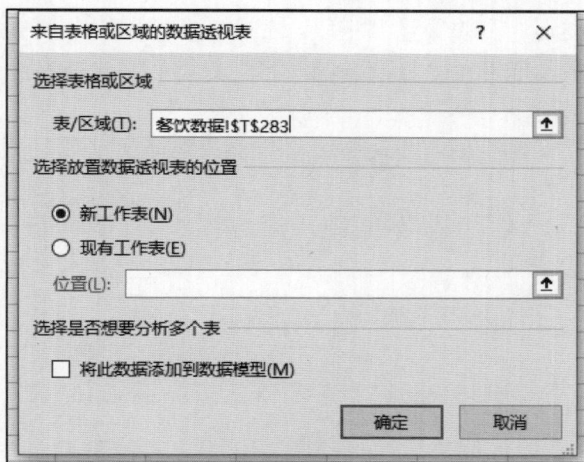

图 2-67　"来自表格或区域的数据透视表"对话框

（2）创建空白数据透视表。

单击"确定"按钮，创建一个空白数据透视表，并显示"数据透视表字段"窗口，如图 2-68 所示。

图 2-68　空白数据透视表

（3）添加"菜品类别"和"数量"字段。

将"菜品类别"字段拖曳至"行"区域，将"数量"字段拖曳至"值"区域，创建的数据透视表如图 2-69 所示。

图 2-69　数据透视表

步骤 3：创建"存销比"工作表

创建新的工作表并将其命名为"存销比"，将前文所统计的两个数据透视表中的数据（图 2-66 和图 2-69）复制到"存销比"工作表中，字段名分别设为"菜品类别""库存数量""销售数量"，并在单元格 D1 的位置添加"存销比"辅助字段，如图 2-70 所示。

	A	B	C	D
1	菜品类别	库存数量	销售数量	存销比
2	酒类	922	185	
3	面食类	158	124	
4	其他	77	53	
5	肉类	3036	1086	
6	蔬菜类	815	616	
7	甜点类	139	223	
8	饮料类	139	141	
9	粥饭类	170	451	

图 2-70　创建存销比工作表

步骤 4：计算存销比

在"存销比"工作表的单元格 D2 中输入"=B2/C2"，按 Enter 键即可计算酒类菜品的存销比，将鼠标指针移到单元格 D2 的右下角，当指针变为黑色加粗的"+"形状时双击，单元格 D2 下方的单元格会自动复制公式并计算其他类别商品的存销比，如图 2-71 所示。

	A	B	C	D
1	菜品类别	库存数量	销售数量	存销比
2	酒类	922	185	4.983784
3	面食类	158	124	1.274194
4	其他	77	53	1.45283
5	肉类	3036	1086	2.79558
6	蔬菜类	815	616	1.323052
7	甜点类	139	223	0.623318
8	饮料类	139	141	0.985816
9	粥饭类	170	451	0.37694

图 2-71　存销比

步骤 5：设置单元格格式

选中并右击"存销比"工作表中的单元格区域 D2:D9，在弹出的快捷菜单中选择"设置单元格格式"命令，打开"设置单元格格式"对话框，选择"数字"选项卡"分类"列表框中的"百分比"选项，并将"小数位数"设置为 2，单击"确定"按钮，如图 2-72 所示，效果如图 2-73 所示。

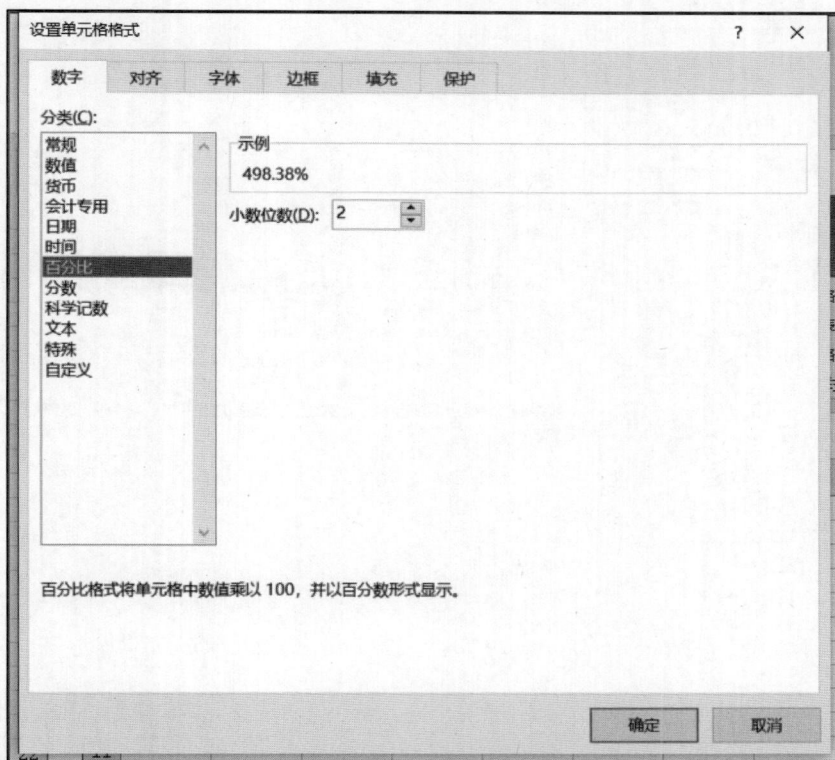

图 2-72　设置单元格格式

步骤 6：绘制柱形图和折线图分析库存的存销比

基于上一步骤得到的数据，绘制柱形图和折线图，分析库存的存销比。

（1）选择数据。

在"存销比"工作表中选择单元格区域 A1:D9，如图 2-74 所示。

	A	B	C	D
1	菜品类别	库存数量	销售数量	存销比
2	酒类	922	185	498.38%
3	面食类	158	124	127.42%
4	其他	77	53	145.28%
5	肉类	3036	1086	279.56%
6	蔬菜类	815	616	132.31%
7	甜点类	139	223	62.33%
8	饮料类	139	141	98.58%
9	粥饭类	170	451	37.69%

图 2-73　"存销比"工作表

	A	B	C	D
1	菜品类别	库存数量	销售数量	存销比
2	酒类	922	185	498.38%
3	面食类	158	124	127.42%
4	其他	77	53	145.28%
5	肉类	3036	1086	279.56%
6	蔬菜类	815	616	132.31%
7	甜点类	139	223	62.33%
8	饮料类	139	141	98.58%
9	粥饭类	170	451	37.69%

图 2-74　选择数据

（2）打开"插入图表"对话框。

在"插入"选项卡的"图表"命令组中，单击"推荐的图表"按钮，打开"插入图表"对话框，如图 2-75 所示。

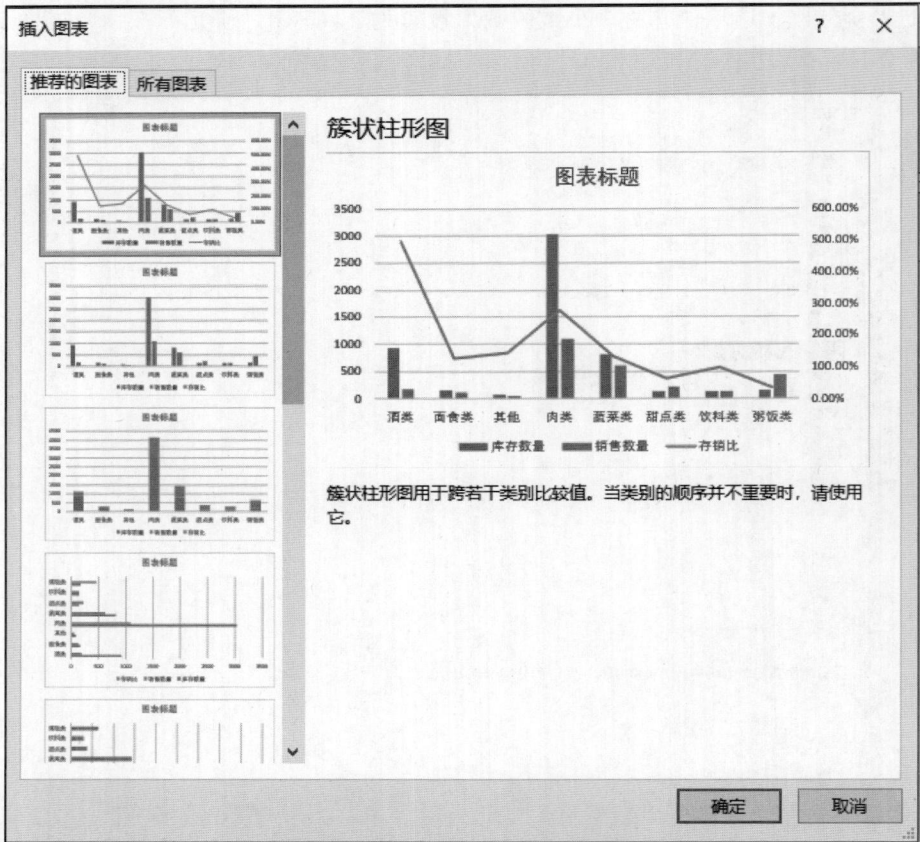

图 2-75　"插入图表"对话框

（3）选择组合图。

单击"所有图表"选项卡，选择"组合图"选项，默认选择"簇状柱形图-折线图"类型，设置次坐标轴为存销比，如图 2-76 所示。

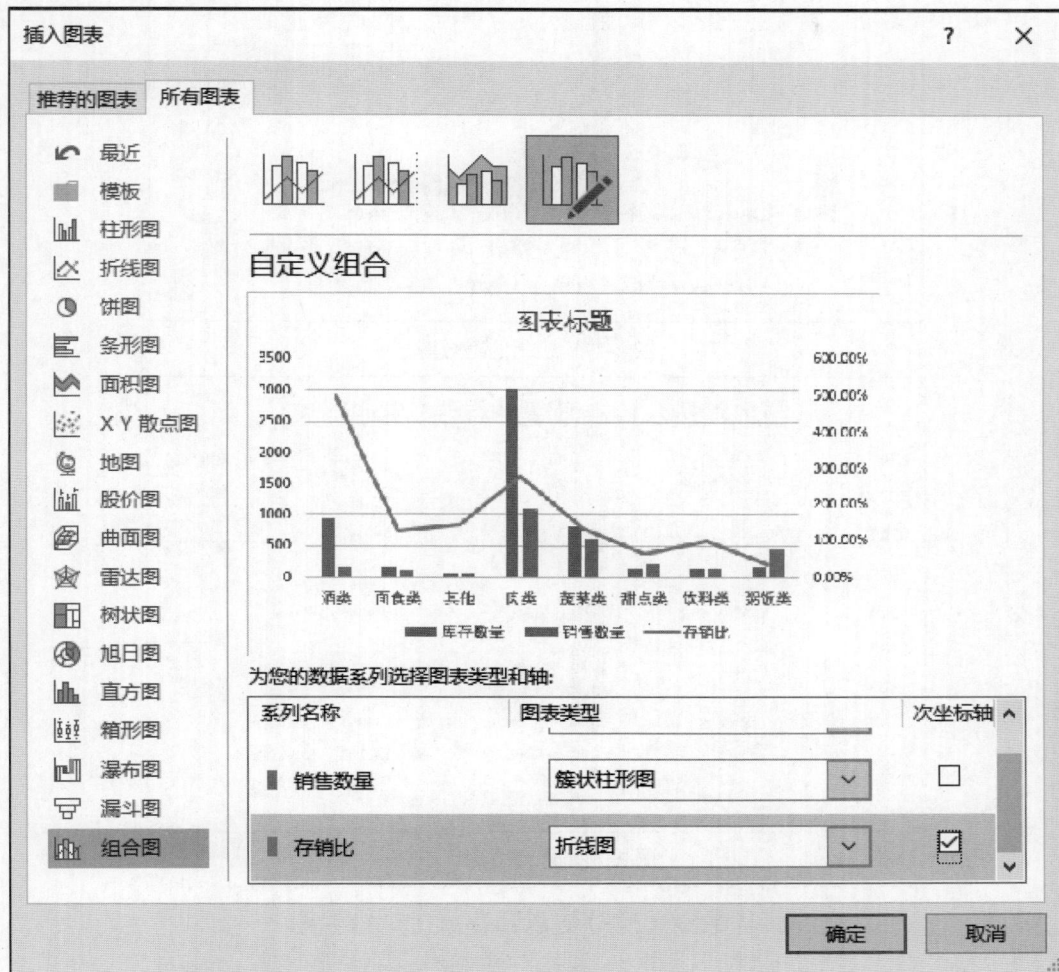

图 2-76　选择组合图

（4）绘制组合图。

单击"确定"按钮，即可绘制组合图，如图 2-77 所示。

（5）修改图表标题。

单击"图表标题"文本激活图表标题文本框，更改图表标题为"销售数量、库存数量和存销比的组合图"，设置效果如图 2-78 所示。

（6）添加数据标签。

右击折线，在弹出的快捷菜单中选择"添加数据标签"命令，为每段折线添加数据标签，设置效果如图 2-79 所示。

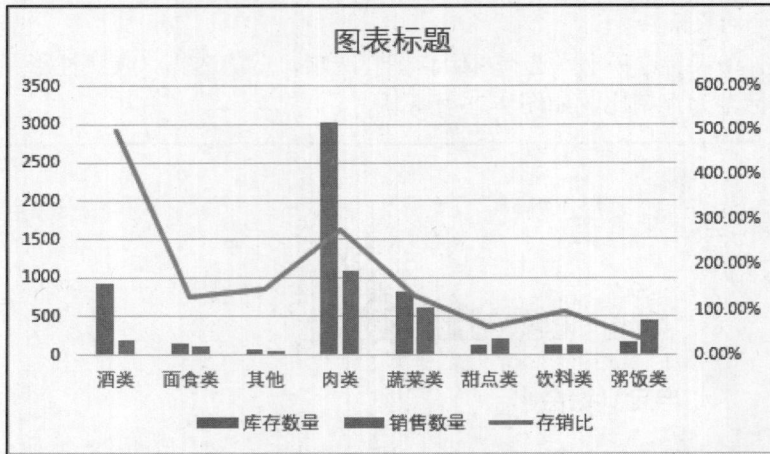

图 2-77　绘制的组合图

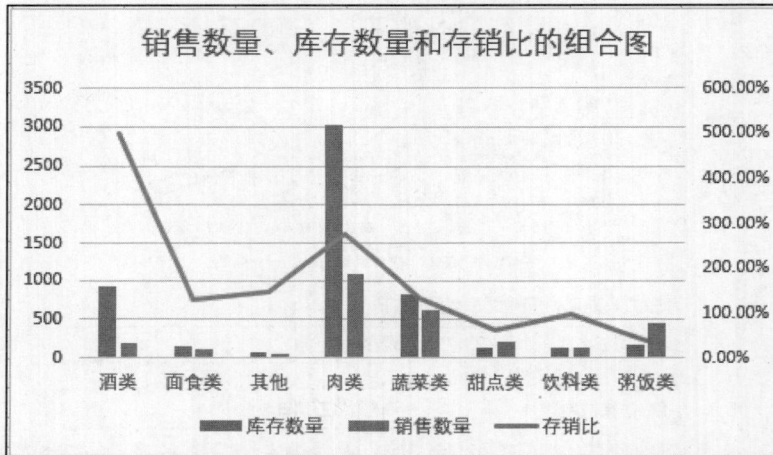

图 2-78　修改图表标题

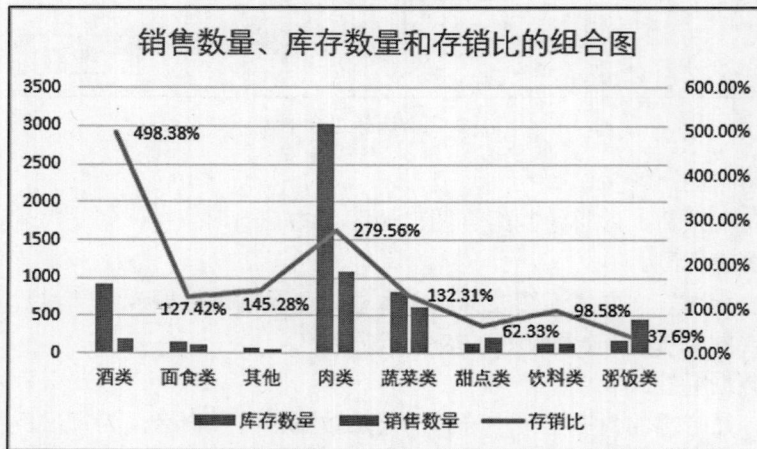

图 2-79　添加数据标签

　　由图 2-79 可知，酒类存销比折线图非常高，而销售数量和库存数量相对较少，说明这类商品的库存数量或销售数量不合理，出现这种情况通常都是因为商品滞销；肉类菜品的存销比比较小，销售数据比较大，这在一定程度上说明肉类商品的周转率较高，说明肉类菜品是畅销的菜品。

四、技能训练

（一）工作准备

- 学习库存的存销比定义。
- 学习利用数据绘制柱形图和折线图组合图。

（二）项目实操

- 实操引导 1：计算库存数量的操作流程是：

———

- 实操引导 2：计算本周销量的操作流程是：

———

- 实操引导 3：创建"存销比"工作表的操作流程是：

———

- 实操引导 4：计算存销比的操作流程是：

———

- 实操引导 5：设置单元格格式的操作流程是：

———

- 实操引导 6：绘制柱形图和折线图分析库存的存销比的操作流程是：

———

五、同步测验

（一）拓展思考题

　简述存销比的定义。

（二）同步项目训练

　利用零售企业的"库存数据"和"本周销售数据"工作表分析存销比。

物流大数据分析与挖掘	项目二 Excel 数据分析与可视化 任务四　用户行为分析 任务工单页	学生： 班级： 日期：

任务四　用户行为分析

一、任务描述

用户行为分析，也就是通常所说的用户画像。在大数据的时代背景下，用户信息充斥于网络中，将用户的每个具体信息抽象成标签，并利用这些标签将用户形象具体化，可以为用户提供更有针对性的服务。

用户行为分析可以帮助业务人员了解渠道质量、用户转化、用户如何流失、为什么流失、在哪里流失等信息，进而优化产品分析和实现精准营销。如何用数据理解用户需求，特别是用用户行为数据理解用户需求，这是新时代背景下的新挑战。消费行业或者电商行业一般是通过订单数、订单额、购买日期、用户 ID 这 4 个字段来分析的。

国内某餐饮企业经营区域覆盖广州、佛山、深圳和珠海 4 个城市，共计 10 家分店。然而，在激烈的市场竞争环境下，餐饮行业又是饱和度极高的行业，竞争压力极大。

该餐饮企业将会员分为四星等级，最低为二星级，最高为五星级，通常以顾客的消费次数、消费金额等作为评级指标。现该企业为了了解顾客的消费行为和特点，以便为用户提供更好的服务，需要利用"餐饮数据"工作表来分析顾客消费行为。

（一）任务要求

在任务目标工作表"餐饮数据"中完成如下任务要求。

● 客单价分析。

● 会员消费行为分析。

（二）学习目标

知识目标	能了解客单价的含义 能了解消费次数占比的含义
技能目标	能运用 COUNTIF 函数统计数据 能运用数据绘制带数据标记的折线图，并分析客单价 能运用数据绘制圆环图，并分析会员消费行为
思政目标	培养具体问题具体分析的辩证思维 培养核心意识 树立善于思考的探索精神

（三）实施路径

用户行为分析实施路径如图 2-80 所示。

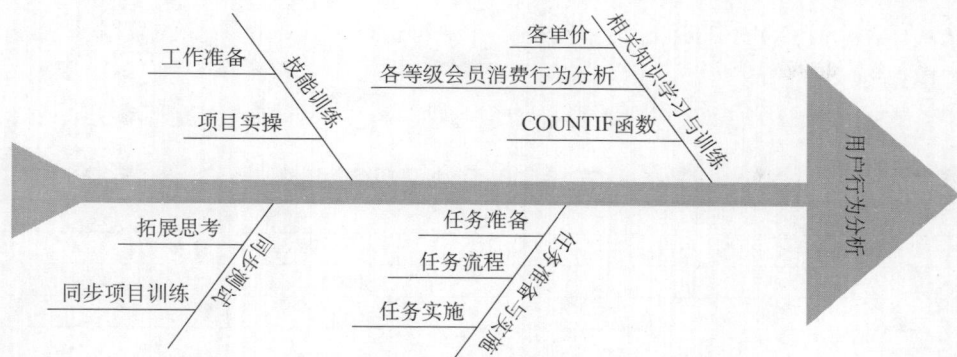

图 2-80　用户行为分析实施路径

二、相关知识学习与训练

（一）客单价

客单价，从字面意思理解，指的是在某一时期内，每位顾客消费的平均金额。从这个角度出发，我们可以得到这样一个计算客单价的公式。

$$客单价 = 销售额 ÷ 消费人数 \tag{2-6}$$

逆推这个公式，我们还能够得到另一个公式。

$$销售额 = 客单价 × 消费人数 \tag{2-7}$$

也就是说，企业想要提高自己的盈利，不仅可以通过获取更多的线上和线下顾客，还可以通过提高客单价来实现。

互动练习 1

一家品牌女装专营店最近 7 天的访客数是 230 000 人，支付用户数为 3000 人，销售额810 000 元，计算该网店最近 7 天的平均客单价。

（二）各等级会员消费行为分析

当下，餐饮企业会按照一定的晋级规则来设定会员等级。会员等级与消费次数的关系在某种程度上反映了会员的消费行为，会员等级与消费次数的关系可以通过各星级会员的消费次数与总消费次数的比值来计算。具体计算公式如下。

$$某星级会员消费次数占比 = 某星级会员的消费次数 ÷ 总消费次数 \tag{2-8}$$

互动练习 2

某家品牌运动鞋专营店将会员分为三个星级，最低为一星级，最高为三星级，该店最近7 天的销售额为 720 000 元，支付用户数为 6009 人，其中一星级会员为 459 人，二星级会员为 1892 人，三星级会员为 3658 人。计算最近 7 天该店三星级会员消费次数的占比。

（三）COUNTIF 函数

条件型统计计算函数 COUNTIF 可以按照指定条件统计单元格数量，用于统计重复次数。其参数语法为：COUNTIF(range,criteria)。其中，range 表示匹配条件的数据区域，criteria
表示逻辑条件。

调整 COUNTIF 中的逻辑条件，就能实现各种各样的统计需求。具体参见表 2-2。

表 2-2　COUNTIF 函数的逻辑条件调整

条件类型	含义
"<>P2"	不等于 P2 中的数据
"<=25"	小于等于 25
"葡萄"	等于葡萄
"*天*"	包含 "天" 字

互动练习 3

如何统计图 2-81 中日期为 "2022/3/22" 的记录数？请写出函数表达式及计算结果。

	A	B	C	D	E	F	G	H	I
1	产品	单价	数量	金额	购买日期		日期	记录数	
2	康师傅矿泉水	1.5	24	36	2022/3/22		2022/3/22		
3	娃哈哈矿泉水	1	24	24	2022/3/22				
4	农夫山泉矿泉水	1.5	24	36	2022/3/22				
5	可口可乐	2.5	24	60	2022/4/25				
6	百事可乐	2	24	48	2022/5/1				
7	统一柠檬红茶	1.5	12	18	2022/5/23				
8	统一茉莉花茶	1.5	12	18	2022/6/7				
9									

图 2-81　交易记录表

三、任务准备与实施

（一）任务准备

数据理解："餐饮数据"工作表中的数据共计 2519 条，包含了店铺所在地、店铺名、
日期、会员号、会员星级、菜品号、菜品类别、菜品名称、数量、价格、成本、消费金额
等共 12 个标题列。

（二）任务流程

本任务的操作流程的构建由数据整理、客单价分析和会员消费行为分析 3 部分组成，
如图 2-82 所示。

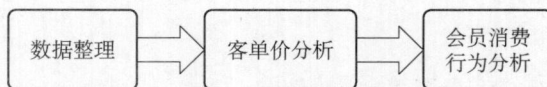

数据整理 → 客单价分析 → 会员消费行为分析

图 2-82　用户行为分析的分析流程

（三）任务实施

步骤 1：客单价分析

1. 计算客单价

在"餐饮数据"工作表中，可以数据透视表的方式计算客单价，具体步骤如下。

（1）统计日消费人次。

① 去除重复值。

选中 B 列、C 列和 D 列，将其复制到新的工作表中，并重命名为"店铺、日期与会员号唯一值"。选中这 3 列内容区域，在"数据"选项卡下的"数据工具"命令组中，单击"删除重复值"按钮，如图 2-83 所示，弹出"删除重复值"对话框，如图 2-84 所示。在弹出的"删除重复值"对话框中，选择包含重复值的列，单击"确定"按钮。系统弹出发现的重复值信息，并告知删除内容和结果，如图 2-85 所示。

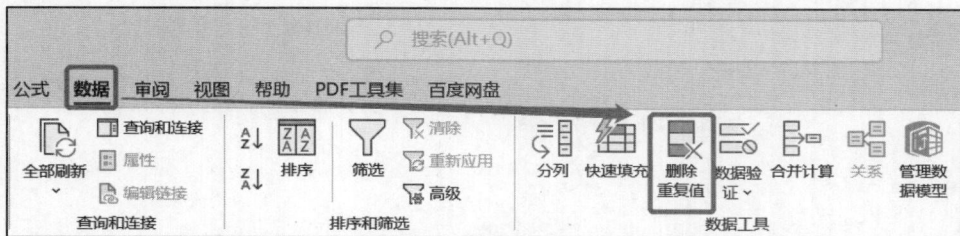

图 2-83　"删除重复值"命令

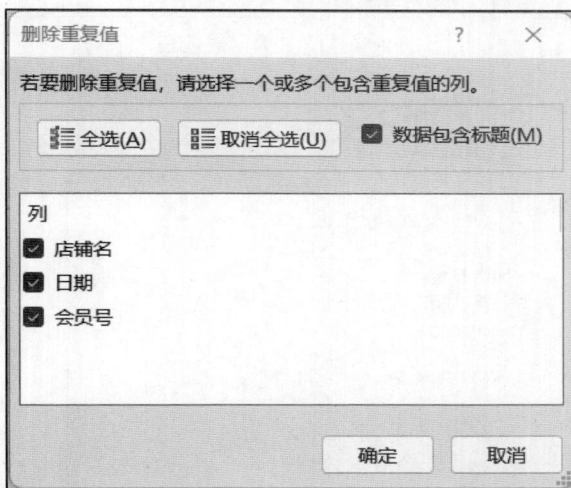

图 2-84　"删除重复值"对话框

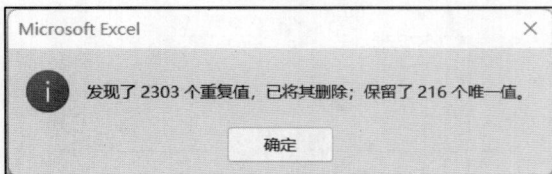

图 2-85　系统弹窗

② 创建空白数据透视表。

创建一个空白数据透视表，并显示"数据透视表字段"窗口，如图 2-86 所示。

③ 添加"日期"和"会员号"字段。

将"日期"字段拖曳至"行"区域，将"会员号"字段拖曳至"值"区域，如图 2-87

所示。

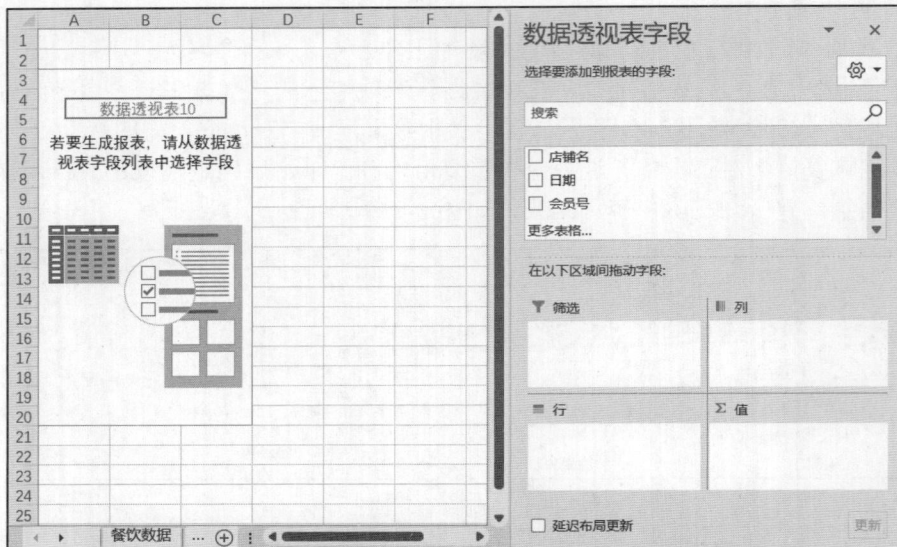

图 2-86　空白数据透视表

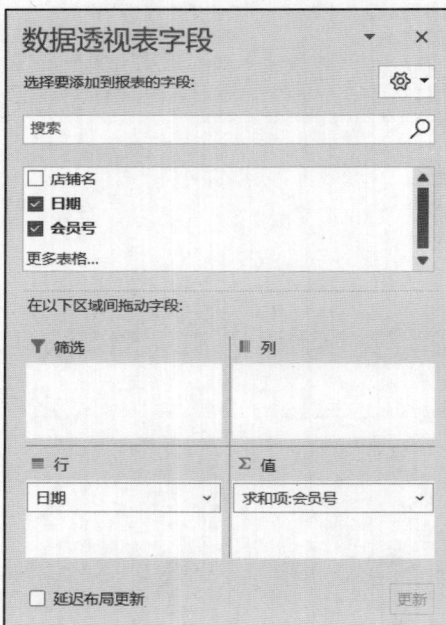

图 2-87　添加字段

④ 设置字段。

在如图 2-87 所示的"数据透视表字段"窗口的"值"区域中，单击"求和项：会员号"选项旁边的 ✓ 按钮，选择"值字段设置"选项，弹出"值字段设置"对话框，在"值汇总方式"选项卡中选择"计算类型"为"计数"，如图 2-88 所示。单击"确定"按钮，创建的数据透视表如图 2-89 所示。

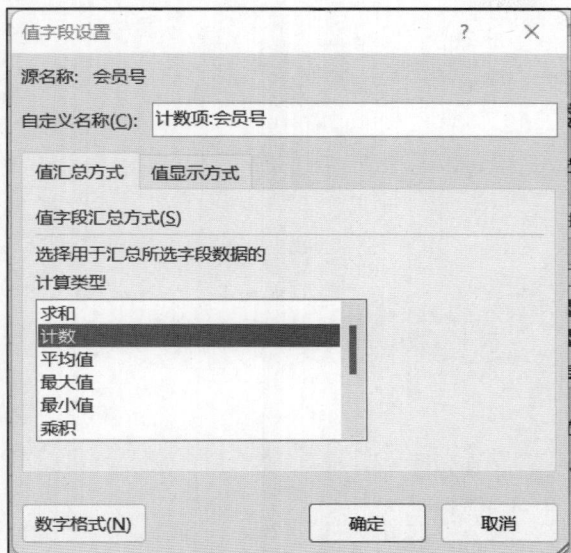

图 2-88 设置值字段

行标签	▼	计数项:会员号
2018/8/22		33
2018/8/23		22
2018/8/24		36
2018/8/25		32
2018/8/26		20
2018/8/27		38
2018/8/28		35
总计		216

图 2-89 创建的数据透视表

⑤ 创建"客单价"工作表。

创建新的工作表并重命名为"客单价",将如图 2-89 所示的数据透视表中的数据复制到"客单价"工作表中,字段名分别设定为"日期"和"消费人次"如图 2-90 所示。

	A	B
1	日期	消费人次
2	2018/8/22	33
3	2018/8/23	22
4	2018/8/24	36
5	2018/8/25	32
6	2018/8/26	20
7	2018/8/27	38
8	2018/8/28	35

图 2-90 创建"客单价"工作表

(2) 统计日消费金额。

① 在"餐饮数据"工作表中,创建一个空白数据透视表,并显示"数据透视表字段"窗口,如图 2-86 所示。

② 添加"日期"和"消费金额"字段。

将"日期"字段拖曳至"行"区域,将"消费金额"字段拖曳至"值"区域,如图 2-91所示。创建的透视表如图 2-92 所示。

③ 复制透视表中的数据到"客单价"工作表。

将图 2-92 所示的"求和项:消费金额"列数据复制到"客单价"工作表的 C 列,并将字段修改为"消费金额",如图 2-93 所示。

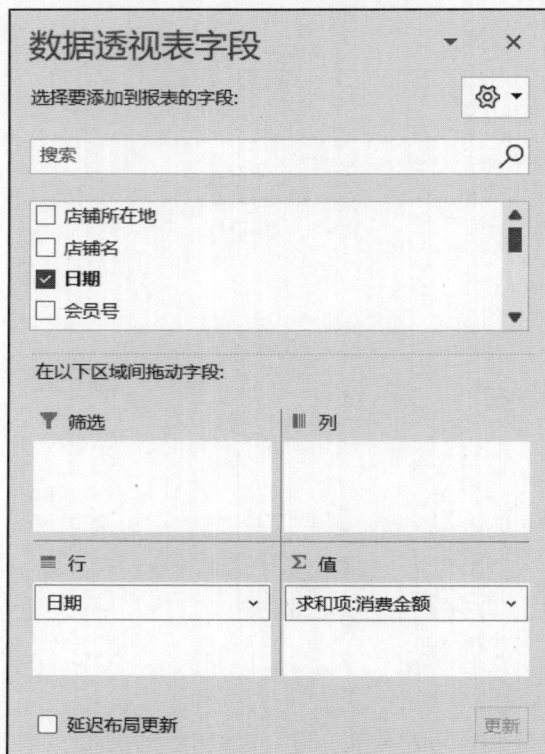

图 2-91　添加字段

行标签 ▼	求和项:消费金额
2018/8/22	17437
2018/8/23	12096
2018/8/24	19941
2018/8/25	17599
2018/8/26	10183
2018/8/27	18178
2018/8/28	18688
总计	**114122**

图 2-92　创建的数据透视表

	A	B	C
1	日期	消费人次	消费金额
2	2018/8/22	33	17437
3	2018/8/23	22	12096
4	2018/8/24	36	19941
5	2018/8/25	32	17599
6	2018/8/26	20	10183
7	2018/8/27	38	18178
8	2018/8/28	35	18688

图 2-93　"客单价"工作表

（3）计算客单价。

在"客单价"工作表单元格 D1 的位置添加"客单价"辅助字段，并在单元格 D2 中输入"=C2/B2"，按 Enter 键即可计算 2018 年 8 月 22 日的客单价，将鼠标指针移到单元格 D2 的右下角，当指针变为黑色加粗的"+"形状时双击，单元格 D2 下方的单元格会自动复制公式并计算各个日期的客单价，如图 2-94 所示。

（4）设置单元格格式。

选中并右击如图 2-94 所示的数据透视表中的单元格区域 D2:D8，在弹出的快捷菜单中选择"设置单元格格式"命令，弹出"设置单元格格式"对话框，选择"数字"选项卡"分类"列表框中的"数值"选项，并将"小数位数"设置为 2，如图 2-95 所示，单击"确定"

按钮。具体效果如图 2-96 所示。

	A	B	C	D
1	日期	消费人次	消费金额	客单价
2	2018/8/22	33	17437	528.3939
3	2018/8/23	22	12096	549.8182
4	2018/8/24	36	19941	553.9167
5	2018/8/25	32	17599	549.9688
6	2018/8/26	20	10183	509.15
7	2018/8/27	38	18178	478.3684
8	2018/8/28	35	18688	533.9429

图 2-94　计算客单价

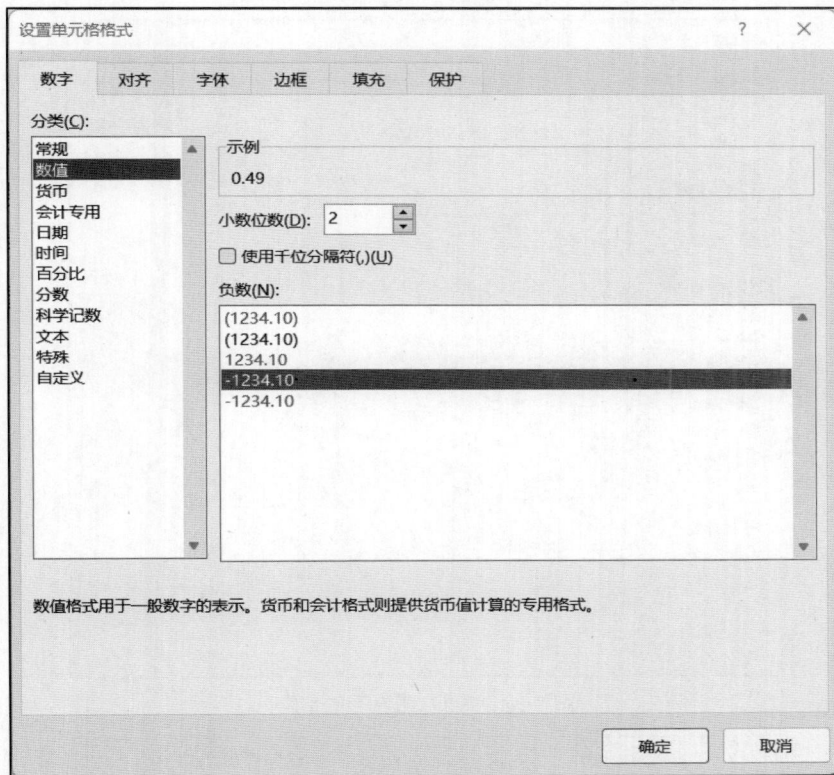

图 2-95　设置单元格格式

	A	B	C	D
1	日期	消费人次	消费金额	客单价
2	2018/8/22	33	17437	528.39
3	2018/8/23	22	12096	549.82
4	2018/8/24	36	19941	553.92
5	2018/8/25	32	17599	549.97
6	2018/8/26	20	10183	509.15
7	2018/8/27	38	18178	478.37
8	2018/8/28	35	18688	533.94

图 2-96　客单价计算结果

由图 2-96 可知，2018 年 8 月 22 日至 2018 年 8 月 28 日的客单价分别为 528.39 元、549.82 元、553.92 元、549.97 元、509.15 元、478.37 元及 533.94 元。

2. 绘制带数据标记的折线图分析客单价

基于前文最终得到的"客单价"工作表数据，绘制折线图分析客单价，具体步骤如下。

（1）绘制带数据标记的折线图。

选择"客单价"工作表中的单元格区域 A2:A8 和 D2:D8，在"插入"选项卡的"图表"命令组中单击 按钮，弹出"插入图表"对话框，切换至"所有图表"选项卡，单击"折线图"选项，选择"带数据标记的折线图"类型，如图 2-97 所示，单击"确定"按钮，即可绘制折线图，如图 2-98 所示。

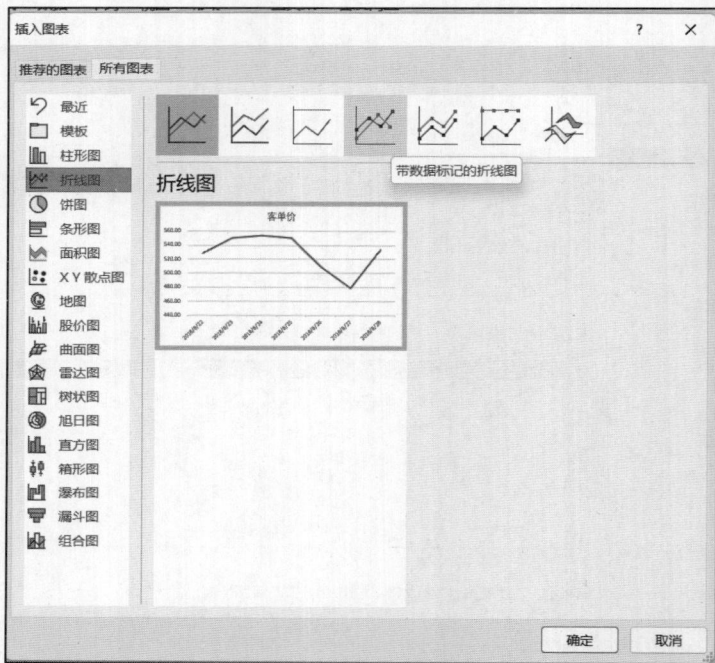

图 2-97 "插入图表"对话框

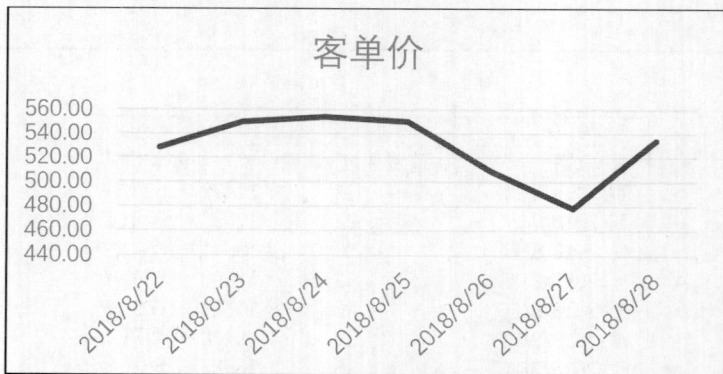

图 2-98 带数据标记的折线图

（2）修改图表元素。

①　添加数据标签。右击折线，在弹出的快捷菜单中选择"添加数据标签"命令，即可添加数据标签。

②　修改图表标题。单击激活图表标题文本框，此时图表标题为"客单价"，只需更改标题字体为"黑体"，结果如图 2-99 所示。

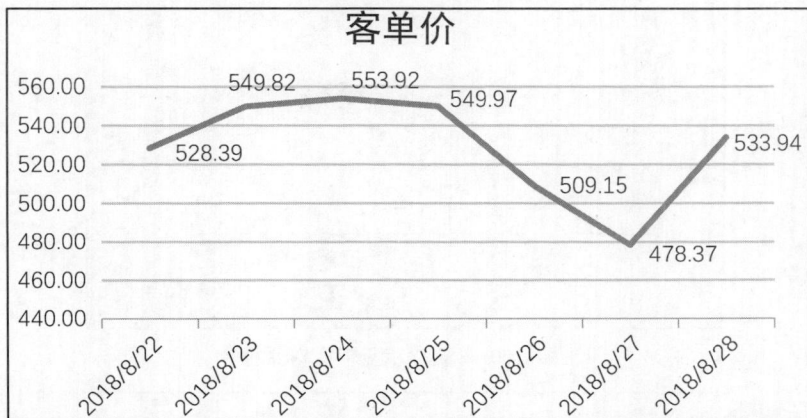

图 2-99　客单价效果

由图 2-99 可知，本周客单价处于 470～560，整体偏低。说明用户偏向购买单价较低的商品，企业可以通过举办促销活动的方式促成用户一次购买多个商品或者多次购买，从而提高客单价。

步骤 2：会员消费行为分析

在"餐饮数据"工作表中，先删除重复值，再使用 COUNTIF 函数计算各类会员等级的消费次数，然后运用 SUM 函数计算总消费次数，最后计算各等级会员的消费次数与总消费次数的比值，具体步骤如下。

1．计算会员等级消费次数占比

（1）去除重复值。

创建新的工作表并重命名为"会员星级与店铺名、日期、会员号唯一值"，在"餐饮数据"工作表中选中 B 列、C 列、D 列和 E 列，将其复制到新建的工作表中。选中这 4 列内容区域，在"数据"选项卡下的"数据工具"命令组中，单击"删除重复值"按钮，弹出"删除重复值"对话框，如图 2-100 所示。在弹出的"删除重复值"对话框中，选择包含重复值的列，单击"确定"按钮。系统弹出发现的重复值信息，并告知删除内容和结果，如图 2-101 所示。

（2）添加"会员等级""消费次数""总消费次数""占比"字段。

在"会员星级与店铺名、日期、会员号唯一值"工作表中，分别在单元格 F1、G1、H1 和 I1 中添加"会员等级""消费次数""总消费次数""占比" 4 个字段，并将"二星级""三星级""四星级""五星级" 4 种会员等级填入表中，如图 2-102 所示。

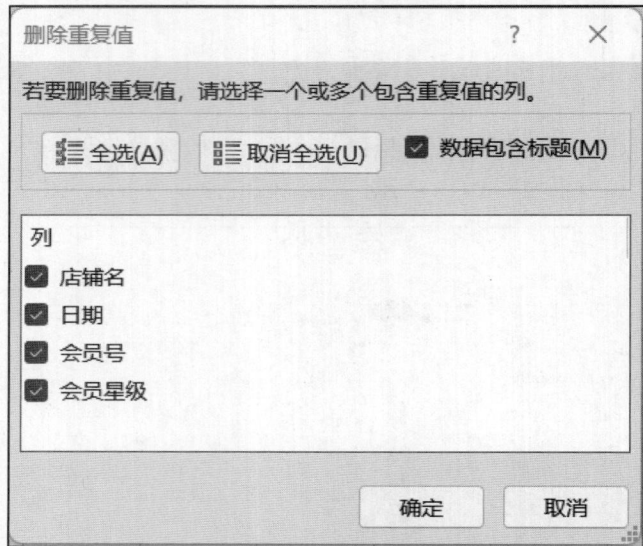

图 2-100　"删除重复值"对话框

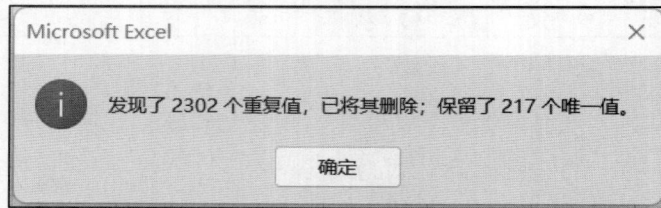

图 2-101　系统弹窗

	店铺名	日期	会员号	会员星级		会员等级	消费次数	总消费次数	占比	
1	店铺名	日期	会员号	会员星级		会员等级	消费次数	总消费次数	占比	
2	罗湖分店	2018/8/22	1012	三星级		二星级				
3	盐田分店	2018/8/22	1076	五星级		三星级				
4	番禺分店	2018/8/22	1078	四星级		四星级				
5	番禺分店	2018/8/22	1110	四星级		五星级				
6	番禺分店	2018/8/22	1121	五星级						
7	番禺分店	2018/8/22	1124	五星级						
8	番禺分店	2018/8/22	1126	五星级						
9	番禺分店	2018/8/22	1127	五星级						
10	番禺分店	2018/8/22	1142	四星级						
11	番禺分店	2018/8/22	1147	五星级						
12	罗湖分店	2018/8/22	1150	四星级						
13	天河分店	2018/8/22	1151	五星级						
14	福田分店	2018/8/22	1157	四星级						
15	福田分店	2018/8/22	1161	四星级						

图 2-102　添加字段后的显示效果

（3）计算各等级会员消费次数。

在 G2 单元格中输入"=COUNTIF($D$2:$D$217,F2)"，按 Enter 键即可计算二星级会员的消费次数，如图 2-103 所示。将鼠标指针移到单元格 G2 的右下角，当指针变为黑色加粗的"+"形状时双击，单元格 G2 下方的单元格会自动复制公式并计算各会员等级的交易次数，效果如图 2-104 所示。

F	G	H	I
会员等级	消费次数	总消费次数	占比
二星级	1		
三星级			
四星级			
五星级			

图 2-103　计算二星会员的消费次数

F	G	H	I
会员等级	消费次数	总消费次数	占比
二星级	1		
三星级	75		
四星级	72		
五星级	68		

图 2-104　计算各会员等级的消费次数

（4）计算总消费次数。

在单元格 H2 中输入"=SUM($G$2:$G$5)"，按 Enter 键即可计算总消费次数，将鼠标指针移到单元格 H2 的右下角，当指针变为黑色加粗的"+"形状时双击，单元格 H2 下方的单元格会自动复制公式并计算总消费次数，如图 2-105 所示。

F	G	H	I
会员等级	消费次数	总消费次数	占比
二星级	1	216	
三星级	75	216	
四星级	72	216	
五星级	68	216	

图 2-105　计算总消费次数

（5）计算会员等级消费次数占比。

在 I2 单元格中输入"=G2/H2"，按 Enter 键即可计算二星级会员消费次数占比。将鼠标指针移到单元格 I2 的右下角，当指针变为黑色加粗的"+"形状时双击，单元格 I2 下方的单元格会自动复制公式并计算各等级会员消费次数占比，如图 2-106 所示。

F	G	H	I
会员等级	消费次数	总消费次数	占比
二星级	1	216	0.00463
三星级	75	216	0.347222
四星级	72	216	0.333333
五星级	68	216	0.314815

图 2-106　计算会员等级消费次数占比

（6）设置单元格格式。

选中并右击工作表中的单元格区域 I2:I5，在弹出的快捷菜单中选择"设置单元格格式"命令,弹出"设置单元格格式"对话框,选择"数字"选项卡"分类"列表框中的"百分比"选项,并将"小数位数"设置为 2,如图 2-107 所示,单击"确定"按钮,效果如图 2-108 所示。

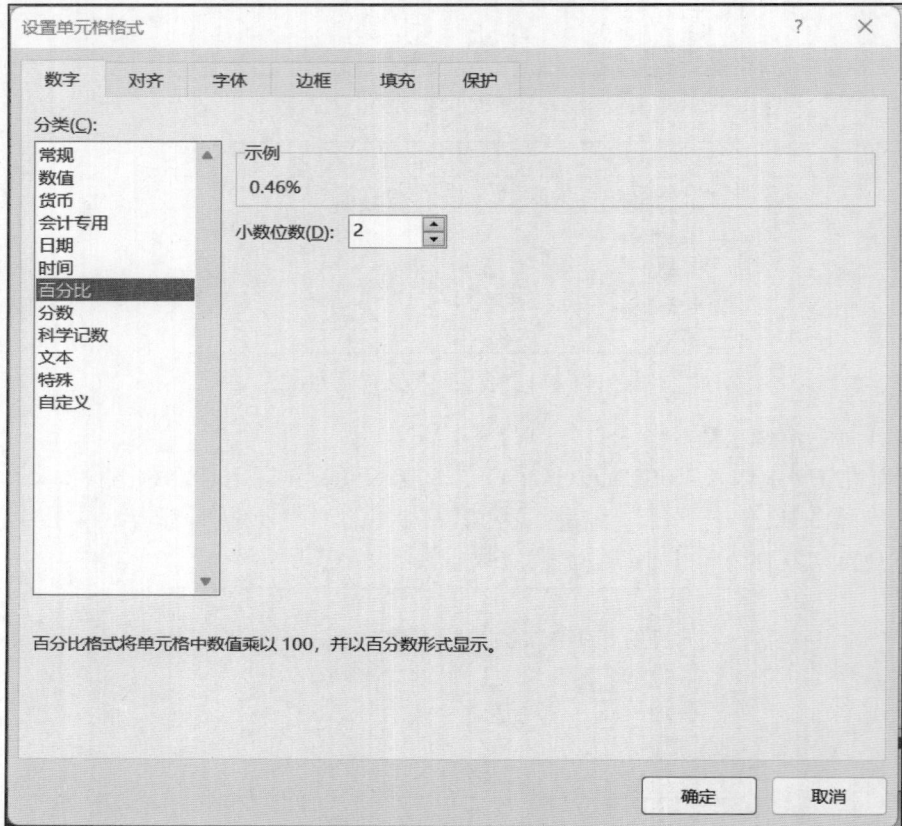

图 2-107　设置单元格格式

	F	G	H	I
	会员等级	消费次数	总消费次数	占比
	二星级	1	216	0.46%
	三星级	75	216	34.72%
	四星级	72	216	33.33%
	五星级	68	216	31.48%

图 2-108　设置数字格式后的效果

2. 绘制圆环图进行会员消费行为分析

基于前文最终得到的数据绘制圆环图,进行各等级会员消费行为分析,具体步骤如下。

(1)绘制圆环图。

选择图 2-108 中的单元格区域 F1:F5 和 I1:I5,在"插入"选项卡的"图表"命令组中单击 ⌐ 按钮,弹出"插入图表"对话框,切换至"所有图表"选项卡,单击"饼图"选项,选择"圆环图"类型,单击"确定"按钮,绘制的圆环图如图 2-109 所示。

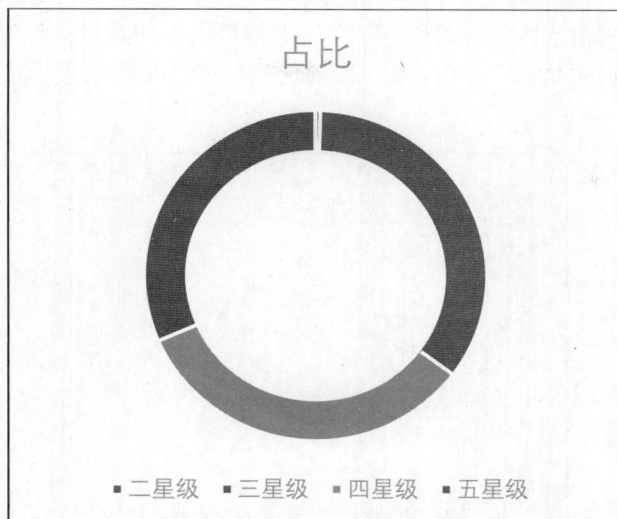

图 2-109　圆环图

（2）修改图表元素。

① 添加数据标签。右击圆环，在弹出的快捷菜单中选择"添加数据标签"命令，即可添加数据标签。

② 设置数据标签格式。右击圆环，在弹出的快捷菜单中选择"设置数据标签格式"命令，弹出"设置数据标签格式"窗口，在"标签选项"栏中选中"类别名称""值"和"显示引导线"复选框，如图 2-110 所示。

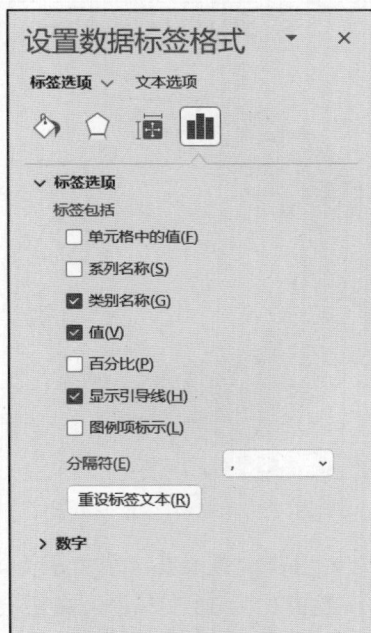

图 2-110　设置数据标签格式

③ 设置数据系列格式。右击圆环，在弹出的快捷菜单中选择"设置数据系列格式"命令，弹出"设置数据系列格式"窗口，在"系列选项"栏中设置"圆环图圆环大小"为 50%，如图 2-111 所示。

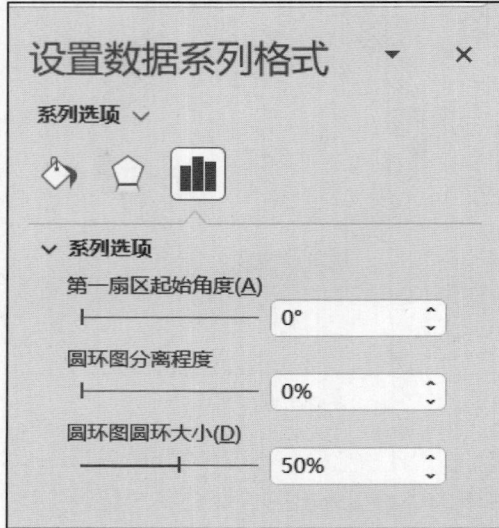

图 2-111　设置数据系列格式

④ 修改图表标题。单击"占比"文本激活图表标题文本框，更改图表标题为"会员消费行为分析"，并更改标题字体为"黑体"，如图 2-112 所示。

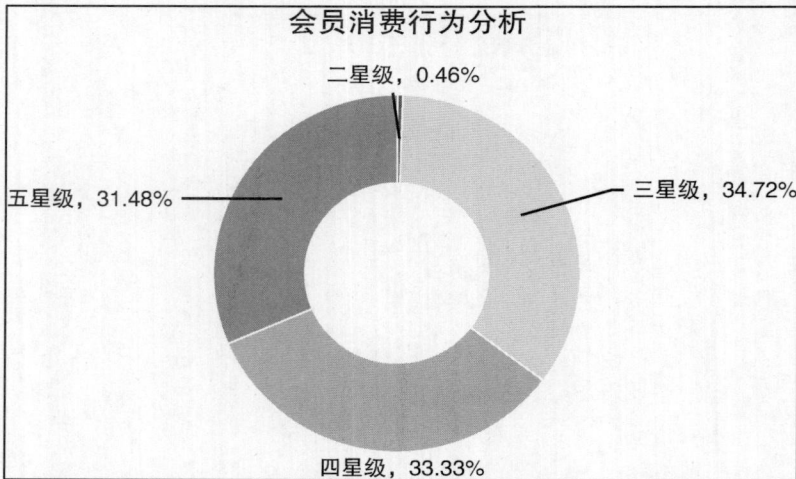

图 2-112　会员消费行为分析

由图 2-112 可知，二星级会员消费次数很低，只占了 0.46%，三星级会员消费次数占比为 34.72%，四星级会员消费次数占比为 33.33%，五星级会员消费次数占比为 31.48%，说明二星级会员的消费次数非常低，三星级到五星级的会员消费次数没有显著差异。

四、技能训练

（一）工作准备

- 阅读项目目标任务和要求。
- 理解相关选项卡的位置及使用方法。
- 在 Excel 2021 中打开"餐饮数据"工作表。

（二）项目实操

- 实操引导 1：如何计算客单价？首先需要统计日消费人次，需要的字段为_____、_____、_____，具体操作步骤：

_____

- 实操引导 2：计算客单价，其次需要统计日消费金额，需要的字段为_____、_____，具体操作步骤：

_____

- 实操引导 3：利用公式计算客单价，计算公式：_____，具体操作步骤：

_____

- 实操引导 4：设置单元格格式，具体操作步骤：

_____

- 实操引导 5：绘制带数据标记的折线图分析客单价，选中数据区域_____，具体操作步骤：

_____

- 实操引导 6：为插入的折线图修改图表元素，具体操作步骤：

_____

- 实操引导 7：基于修改完成的图表，可知该餐饮企业的客单价：

_____

- 实操引导 8：如何统计各等级会员的消费次数占比，以对会员消费行为进行分析？首先计算各等级会员消费次数占比，需要的字段为_____、_____、_____、_____，具体操作步骤：

_____

- 实操引导 9：统计各等级会员消费次数，添加辅助字段_____、_____、_____，选用的函数是_____，具体操作步骤：

_____

● 实操引导 10：计算总消费次数，选用的函数是＿＿＿＿＿＿＿，具体操作步骤：

_____

● 实操引导 11：计算各等级会员消费次数占比，计算公式：＿＿＿＿＿＿＿＿＿＿＿，
具体操作步骤：

_____

● 实操引导 12：设置"占比"列的单元格格式，具体操作步骤：

_____

● 实操引导 13：绘制圆环图以分析会员消费行为，选中的数据区域为＿＿＿＿＿＿＿，
具体操作步骤：

_____

● 实操引导 14：为插入的圆环图修改图表元素，具体操作步骤：

_____

● 实操引导 15：基于修改完成的圆环图，可知该餐饮企业各等级会员的消费行为：

_____

五、同步测验

（一）拓展思考

回头率指一定时间内，消费两次以上的用户数／付费人数。计算公式如下。

$$复购率 = \frac{消费两次以上的人数}{消费人数} \tag{2-9}$$

如何计算"餐饮数据"工作表中的回头率？

（二）同步项目训练

对用户的购买行为进行分析，有助于了解用户的消费特点，提供个性化的服务，从而提升用户体验和忠诚度。现某零售企业的销售经理想要通过客单价和支付偏好了解本周自助售货机用户的消费特点，以便为用户提供更好的服务。

（1）利用"本周销售数据"工作表分析客单价。

（2）利用"本周销售数据"工作表分析用户支付偏好。

项目三　供应链商品经营数据分析

【拓展阅读】

洞察供应链　助力长短期决策

2021 年，全球很多行业都遭受了供应链中断的困扰，而这种情况在 2022 年也几乎没有减弱的迹象。为了解决这个问题，越来越多的企业组织开始转型利用分析数据来更好地了解他们的供应链和运营情况。

供应链分析从采购、库存管理、订单管理、仓库管理和履约、运输管理和其他运营应用中提取数据，让组织可以洞察供应链的每个环节，这些洞察既可以用于短期的快速调整，也可以用于支持长期的战略决策。

预测分析让 UPS 深入洞察物流网络

UPS 平均每天要递送大约 2100 万个包裹，而且在 12 月份包裹数量会更多。以前，这家航运跨国企业主要依靠历史数据和专家规划人员的专业知识来跟踪包裹的状态。如今，UPS 使用商业智能平台 Harmonized Enterprise Analytics Tool（HEAT）来捕获和分析客户数据、运营数据和计划数据，以跟踪每个包裹在运输网络中移动的实时状态。

UPS 公司首席信息和工程官 Juan Perez 表示：HEAT 平台帮助我们在跨网络运输包裹、规划网络、向客户提供信息的方式方面做出更好的决策。它每天要分析数以百万计的数据点，确保我们不断提供有关包裹状态的最新信息，然后将这些信息提供给其他各种系统，帮助我们做出更好规划以及更好地管理网络，更好地支持我们处理包裹的方式。尽管我们的规模很庞大，在使用数据方面做得很好，但我知道，制订可靠的数据战略还远远没有结束，我们必须持续地、有建设性地对我们的技术状态和数据状态抱有不满意的态度，这样我们才能不断改进以支持业务。

HEAT 平台每周要分析超过 5.3 PB 的数据，利用预测分析、机器学习、多模型预测、专有随机因素和季节性增长因素进行预测、分析运营可见性、优化和提供报告。

Perez 给出的建议是，把数据战略视为一段旅程，而不是最终的目的地。

物流大数据分析与挖掘	项目三　供应链商品经营数据分析 任务　供应链商品经营数据分析 任务工单页	学生： 班级： 日期：

任务　供应链商品经营数据分析

一、任务描述

数据预处理技术是数据分析以及数据挖掘过程中非常重要的一环。数据预处理是指在对数据进行数据挖掘之前，先对原始数据进行必要的清洗、集成、转换、离散、归约、特征选择和提取等一系列处理工作，使数据达到挖掘算法进行知识获取要求的最低规范和标准。

大数据可视化是指将数据以不同的图形形式展现在系统中，大数据可视化在大数据分析中发挥着关键的作用，它能够帮助大数据获得完整的数据视图并挖掘数据的价值，它与大数据分析的无缝连接，可以在大数据应用中发挥最大的功效。

在使用数据进行数据分析时，经常要使用到一些基本的分析思维，比如时间趋势、下钻查询、对比等。数据分析的思路决定了数据利用的质量，同时交付的数据分析报告也是整个分析思路的体现。通过本次任务的学习，可以使读者了解数据预处理、数据可视化以及数据分析的流程，并能够完成一份物流经营数据分析报告。

（一）任务要求

学习掌握供应链商品经营数据分析，具体任务包括如下方面。

- 了解数据预处理。
- 理解数据可视化体系。
- 理解数据分析的基本思路与数据报告。

（二）学习目标

知识目标	能了解数据预处理 能理解数据可视化体系 能理解数据分析的基本思路
技能目标	能使用大数据平台进行数据预处理 能制作数据分析报告 能使用大数据平台创建数据可视化报告
思政目标	培养求真务实的科学态度 树立勇于探索的创新意识

（三）实施路径

供应链商品经营数据分析实施路径如图 3-1 所示。

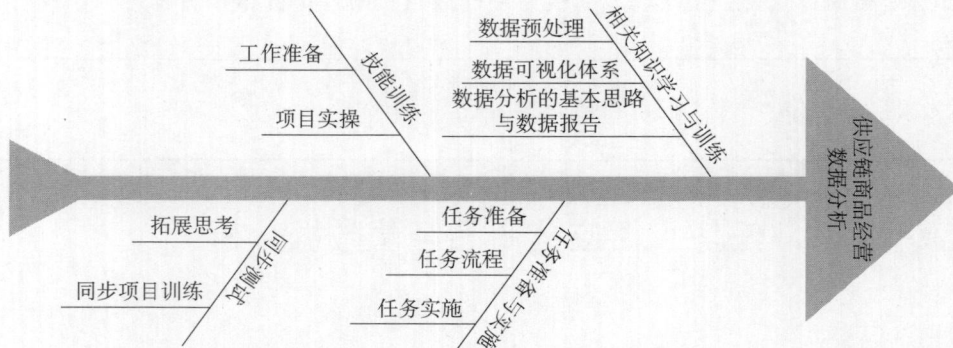

图 3-1　供应链商品经营数据分析实施路径

二、相关知识学习与训练

（一）数据预处理

数据预处理技术是数据分析以及数据挖掘过程中非常重要的一环。数据预处理是指在对数据进行数据挖掘之前，先对原始数据进行必要的清洗、集成、转换、离散、归约、特征选择和提取等一系列处理工作，使数据达到挖掘算法进行知识获取要求的最低规范和标准。

1. 数据预处理的必要性

对于数据分析而言，数据是显而易见的核心。但是并不是所有的数据都是有用的。大多数数据质量参差不齐，层次概念不清晰，数量级也不同。这会给后期的数据分析带来很大的麻烦。

数据挖掘的对象是从现实世界中采集到的大量的、各种各样的大数据。现实生产和实际生活以及科学研究的多样性、不确定性、复杂性等导致采集到的原始数据比较散乱，它们是不符合挖掘算法进行知识获取的规范和标准的。所以我们必须把数据进行预处理，从而得到符合标准规范的数据，进而进行分析。现实生活中的数据经常是"肮脏"的，也就是数据会由于各种原因而存在各种问题。尤其是如今的大数据，因为所包含的数据容量大，所以什么问题都有可能出现。那么数据会出现什么问题呢？

（1）不完整性：不完整性指的是数据记录中可能会出现有一些数据属性的值丢失或不确定的情况，还有可能缺失必需的数据。这是由系统设计时存在的缺陷或者使用过程中一些人为因素造成的，例如，有些数据缺失只是因为输入时被认为是不重要的；相关数据没有记录可能是由于理解错误或者设备故障导致的；与其他记录不一致的数据可能已经被删除；历史记录或修改的数据可能被忽略等。

（2）含噪声：含噪声指的是数据具有不正确的属性值，包含错误或者存在偏离期望的离群值（指与其他数值比较差异较大的值）。它们产生的原因有很多，如手机数据的设备可能出现故障，人或者计算机可能在数据输入时出现错误，数据传输中可能出现了错误等。不正确的数据也可能是由命名约定或所用的数据代码不一致导致的。在实际使用系统中，还可能存在大量的模糊信息，有些数据甚至具有一定的随机性。

（3）不一致性：原始数据是从各个实际应用系统中获取的，由于各应用系统的数据缺乏统一且标准的定义，数据结构也有较大的差异，因此各系统之间的数据存在较大的不一致性，往往不能直接使用。同时，来自不同应用系统中的数据合并后还普遍存在数据重复和信息冗余现象。

因此，存在不完整的、含噪声的和不一致的数据是现实世界大型的数据库或数据仓库的共同特点。一些比较成熟的算法对其处理的数据集合一般有一定的要求，如数据完整性好、数据的冗余性小、数据的属性之间的相关性小。然而，实际系统中的数据一般无法直接满足数据挖掘算法的要求，因此必须对数据进行预处理，以提高数据质量，使之符合数据挖掘算法的规范和要求。

2. 数据预处理内容

1）数据审核

针对从不同渠道取得的统计数据，在审核的内容和方法上有所不同。

对于原始数据，应主要从完整性和准确性两个方面去审核。完整性审核主要是检查应调查的单位或个体是否有遗漏，以及所有的调查项目或指标是否填写齐全。准确性审核主要包括两个方面：一是检查数据资料是否真实地反映了客观实际情况、内容是否符合实际；二是检查数据是否有错误、计算是否正确等。审核数据准确性的方法主要有逻辑检查和计算检查。逻辑检查主要是指审核数据是否符合逻辑、内容是否合理、各项目或数字之间有无相互矛盾的现象，此方法主要用于对定性（品质）数据的审核。计算检查是指检查调查表中的各项数据在计算结果和计算方法上有无错误，主要用于对定量（数值型）数据的审核。

对于通过其他渠道取得的二手资料，除对其完整性和准确性进行审核外，还应该着重审核数据的适用性和时效性。二手资料可以来自多种渠道，有些数据可能是为特定目的通过专门调查而获得的，或者是已经按照特定目的需要做了加工处理。对于使用者来说，首先应该弄清楚数据的来源、数据的口径以及有关的背景资料，以便确定这些资料是否符合自己分析研究的需要、是否需要重新加工整理等，不能盲目地生搬硬套。此外，还要对数据的时效性进行审核，对于时效性较强的问题，如果取得的数据过于滞后，可能会失去研究的意义。一般来说，应尽可能使用最新的统计数据。数据经审核后，确认适用于实际需要，才有必要做进一步的加工整理。

数据审核的内容主要包括以下 4 个方面。

（1）准确性审核。主要是从数据的真实性与精确性的角度检查资料，其审核的重点是检查调查过程中所发生的误差。

（2）适用性审核。主要是根据数据的用途，检查数据解释说明问题的程度。具体包括数据与调查主题、与目标总体的界定、与调查项目的解释等是否匹配。

（3）及时性审核。主要是检查数据是否按照规定时间报送，如未按规定时间报送，就需要检查未及时报送的原因。

（4）一致性审核。主要是检查数据在不同地区或国家、在不同的时间段是否具有可比性。

2）数据筛选

对审核过程中发现的错误应尽可能予以纠正。调查结束后，当发现的数据错误不能予以纠正，或者有些数据不符合调查的要求而又无法弥补时，就需要对数据进行筛选。数据筛选包括两方面的内容：一是将某些不符合要求的数据或有明显错误的数据予以剔除；二是将符合某种特定条件的数据筛选出来，对不符合特定条件的数据予以剔除。数据的筛选在市场调查、经济分析、管理决策中是十分重要的。

3）数据排序

数据排序是按照一定顺序将数据排列，以便于研究者通过浏览数据发现一些明显的特征或趋势，找到解决问题的线索。除此之外，排序还有助于对数据检查纠错，为重新归类或分组等提供依据。在某些场合，排序本身就是分析的目的之一。排序可借助于计算机很容易地完成。

对于分类数据，如果是字母型数据，排序有升序与降序之分，但习惯上升序使用得更为普遍，因为升序与字母的自然排列相同；如果是汉字型数据，排序方式有很多，比如按汉字的首位拼音字母排列，这与字母型数据的排序完全一样，也可按笔画排序，其中也有笔画多少的升序和降序之分。交替运用不同方式排序，在汉字型数据的检查纠错过程中十分有用。

对于数值型数据，排序只有两种，即递增和递减。排序后的数据也称为顺序统计量。

3. 数据预处理的主要任务

数据预处理是指对数据进行数据挖掘之前，先对原始数据进行必要的清洗、集成、转换、离散和规约等一系列的处理工作，以达到挖掘算法进行知识获取研究所要求的最低规范和标准。在大数据处理过程中，数据预处理将占用 60%～80% 的时间。

从对不同的源数据进行预处理的功能来分，数据预处理主要包括数据清洗（Data Cleaning）、数据集成（Data Integration）、数据变换（Data Transformation）、数据规约（Data Reduction）等 4 个功能，如图 3-2 所示。

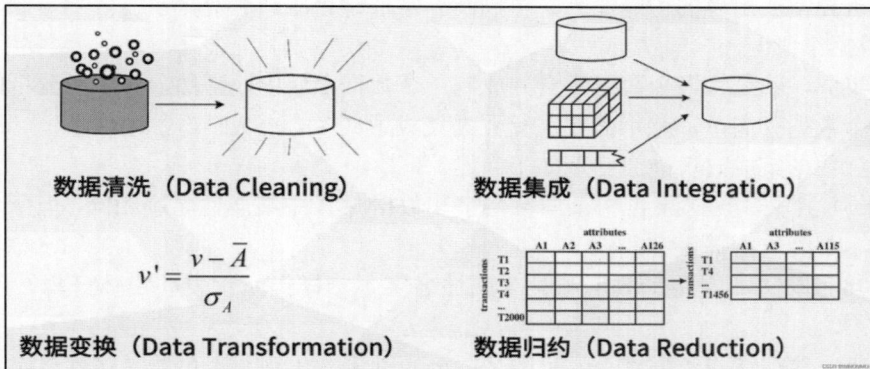

数据清洗（Data Cleaning）　　**数据集成（Data Integration）**

$$v' = \frac{v - \overline{A}}{\sigma_A}$$

数据变换（Data Transformation）　　**数据归约（Data Reduction）**

图 3-2　数据预处理

在实际的数据预处理过程中，这 4 种功能不一定都用得到，而且在实际运用中这 4 种功能也没有先后顺序。另外，某种数据预处理可能还会先后进行多次。

1）数据清洗

数据清洗，顾名思义，"黑"的变成"白"的，"脏"的数据变成"干净"的数据，脏数据表现在形式上和内容上的脏。形式上的脏如缺失值、带有特殊符号的；内容上的脏如异常值。

（1）缺失值。

缺失值包括缺失值的识别和缺失值的处理。缺失值处理常用的方法有删除、替换和插补。

① 删除法：删除法根据删除的不同角度又可以分为删除观测样本和删除变量两种，删除观测样本又称行删除法，在 R 中可通过 na.omit() 函数删除所含缺失值的行。这就相当于使用减少样本量的方式来换取信息的完整度，这种方式适用于缺失值所占比例较小的情况；但当变量有较大缺失并且对研究目标影响不大时，可考虑删除变量，在 R 中可使用

语句 mydata[,-p] 来完成。其中，mydata 表示所删数据集的名字，p 表示缺失变量所在的列，-表示删除。

② 替换法：替换法顾名思义是对缺失值进行替换，根据变量的不同又有不同的替换规则，缺失值的所在变量是数值型时用该变量下其他数的均值来替换缺失值；变量为非数值变量时则用该变量下其他观测值的中位数或众数替换。

③ 插补法：插补法分为回归插补和多重插补。回归插补指的是将插补的变量当作因变量 y，其他变量看作自变量，利用回归模型进行拟合；多重插补是指从一个包含缺失值的数据集中生成一组完整的数据，多次进行，产生缺失值的一个随机样本。

（2）异常值。

异常值跟缺失值一样包括异常值的识别和异常值的处理。异常值的识别通常用单变量散点图或箱形图来处理，通常通过绘制箱形图，把在图形中远离正常范围的点当作异常值。异常值的处理有删除含有异常值的观测（直接删除，当样本少时直接删除会造成样本量不足，改变变量的分布）、当作缺失值（利用现有的信息，对其当作缺失值进行填补）、平均值修正（用前后两个观测值的均值修正该异常值）、不处理等多种方法。在进行异常值处理时要先分析异常值出现的可能原因，再判断异常值是否应该舍弃。

2）数据集成

数据集成，就是将多个数据源合并放到一个数据存储中，当然，如果所分析的数据原本就在一个数据存储里，就不需要进行数据集成了（多合一）。

在进行数据集成时可能会出现如下问题。

（1）同名异义，数据源 A 中某属性名字和数据源 B 中某属性名字相同，但所表示的实体不一样，不能作为关键字。

（2）异名同义，即两个数据源某个属性名字不一样但所代表的实体一样，可作为关键字。

数据集成往往造成数据冗余，可能是同一属性多次出现，也可能是属性名字不一致导致的重复，对于重复属性要先做相关分析检测，如果有，则再将其删除。

3）数据变换

数据变换就是将数据转化成适当的形式，以满足软件或分析理论的需要。

（1）简单函数变换。

简单函数变换用于将不具有正态分布的数据变成有正态分布的数据，常用的有平方、开方、取对数、差分等。如在时间序列里常对数据进行对数或差分运算，将非平稳序列转化成平稳序列。

（2）规范化。

规范化就是剔除掉变量量纲上的影响，比如：直接比较身高和体重的差异时，单位的不同和取值范围的不同让这件事不能直接比较，需要进行规范化处理。常用的规范化方法有如下几种。

① 最小-最大规范化：也叫离差标准化，对数据进行线性变换，将其范围变成[0,1]。

② 零-均值规范化：也叫标准差标准化，处理后的数据均值等于 0，标准差为 1。

③ 小数定标规范化：移动属性值的小数位数，将属性值映射到[−1,1]。

（3）连续属性离散化。

将连续属性变量转化成分类属性，就是连续属性离散化，特别是某些分类算法要求数据是分类属性，如 ID3 算法。常用的离散化方法有如下几种。

① 等宽法：将属性的值域分成具有相同宽度的区间，类似制作频率分布表。

② 等频法：将相同的记录放到每个区间。

③ 一维聚类：首先将连续属性的值用聚类算法进行聚类，然后将聚类得到的集合合并到一个连续性值并做同一标记。

4）数据规约

数据规约能够降低无效错误的数据对建模的影响、缩减时间、降低存储数据的空间。

（1）属性规约。

属性规约是寻找最小的属性子集并确定子集概率分布接近原来数据的概率分布。

① 合并属性：将一些旧的属性合并成一个新的属性。

② 逐步向前选择：从一个空属性集开始，每次在原来属性集合中选一个当前最优属性并添加到当前子集中，直到无法选择最优属性或满足一个约束值。

③ 逐步先后选择：从一个空属性集开始，每次在原来属性集合中选一个当前最差属性并从当前子集中剔除，直到无法选择最差属性或满足一个约束值。

④ 决策树归纳：没有出现在这个决策树上的属性从初始集合中删除，获得一个较优的属性子集。

⑤ 主成分分析：用较少的变量去解释原始数据中的大部分变量（将相关性高的变量转化成彼此相互独立或不相关的变量）。

（2）数值规约。

数值规约是指通过选择替代的、较小的数据来减少数据量，包括有参数方法和无参数方法，有参数法如线性回归和多元回归，无参数法如直方图、抽样等。

互动练习 1

1. 数据规约化的作用是什么？

2.【单选】以下不是数据审核内容的是（　　　　）。

A. 准确性审核　　　　　　　　　　B. 适用性审核

C. 一致性审核　　　　　　　　　　D. 安全性审核

3. 缺失值的处理方法通常有哪几种？

（二）数据可视化体系

严格地说，统计图应当属于一种统计描述，但由于其表现形式和操作方式都比较特殊，在此单独加以阐述。

统计图的分类方法有多种，但和统计学体系最为贴近的分类方法是首先按照其呈现变量的数量大致分为单变量图、双变量图、多变量图等，随后再根据相应变量的测量尺度进行细分。虽然这种分类方法会将许多图形分成更细的小类，但是这样做有利于将来正确使用。

1. 单变量图：连续性

单变量图指的是通过图形元素的位置高低、范围大小等来对某个变量的数值或类别分布情况进行呈现，常用于描述、考察变量的分布类型。绘制这类图形时只需一个变量。如图 3-3 所示为描述连续变量的两种常用单变量图。

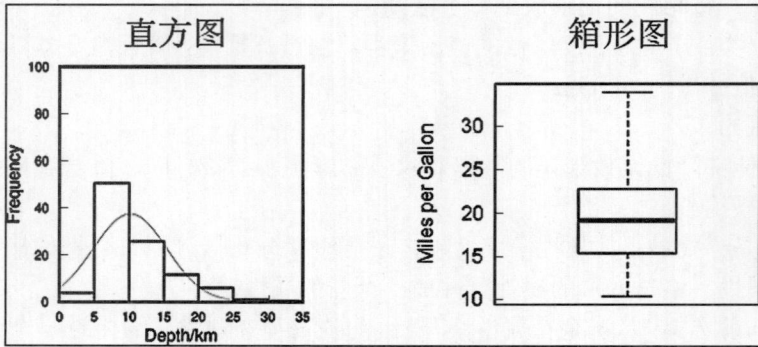

图 3-3　单变量图：连续性

对于一个连续性变量的分布特征的描述，常用的图形工具就是直方图，它通过直条在各个取值区段的分布范围和长度来直观地显示连续变量的数量分布规律，图形中的横轴代表不同的取值区段，纵轴表示相应区段的频数。对于样本量较小的情形，直方图会损失一部分信息，此时可以使用茎叶图进行更精确的描述。

除直方图外，箱形图也常用于连续性变量的描述，它主要使用百分位数指标，如中位数、四分位数等来对该变量的分布规律进行呈现，还可帮助用户进行对称性、极值判定。对于更为深入的统计分析，研究者往往还希望考察该连续性变量是否服从某种理论分布，如考察其是否服从正态分布。除进行假设检验外，P-P 图和 Q-Q 图可以直观地达到这一目的。

2. 单变量图：分类变量

分类变量的描述可以分为两种情况：展示分类变量各类别的频数，或者表示各部分占总体的构成比例。对前者而言，常用的工具是简单条图，它使用等宽直条的长度来表示相互独立的各类别的频数高低。换言之，横轴表示不同的类别，纵轴则和直方图一样，用于表示频数的多少。

在表示各部分的构成情况时，饼图是常用的工具，它使用饼块的大小来表示各类别的百分比构成情况。

对于一些特殊的问题，研究者可能希望在一幅图中同时表示该变量各类别的原始频数和百分比构成，Pareto 图就可以满足这一要求，它在图形中使用直条代表频数高低，同时使用折线来表示累计百分比的变化情况。

如图 3-4 所示为描述分类变量的两种常用单变量图。

3. 双变量图：连续因变量

顾名思义，绘制这类图形需要两个变量，而图形也主要是用于呈现这两个变量在数量上的联系方式，或者说当一个变量改变时，另一个变量会如何变化。该图形常用于对不同亚群（Subgroup）的研究对象进行比较。

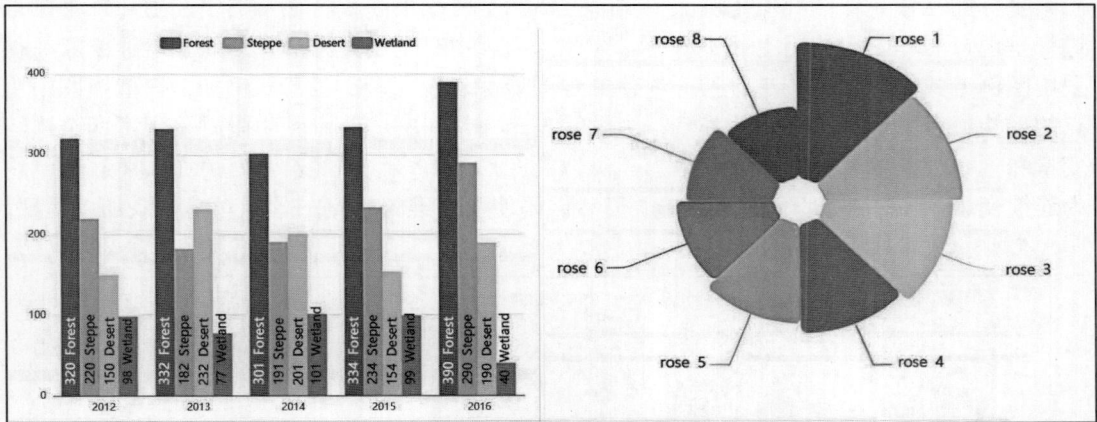

图 3-4　单变量图：分类变量

为方便起见，这里首先考虑因变量为连续变量的情形。此时因变量一般会使用纵轴的高度加以呈现，而我们所关心的指标可能是其均数或者标准差等。当另一个主动变化的变量（自变量）为无序分类变量时，所用的图形工具实际上还是简单条图，只是此时每个直条的高度代表的是相应类别的该因变量统计指标的高低。

当自变量为有序分类变量，特别是代表年代或时间时，统计学中习惯用线图来对其关联进行呈现，用于直观地表现随着有序变量的变化，相应的因变量指标是如何上升或下降的。显然，这一问题用条图似乎也可行，主要是用户使用习惯的问题。最后，如果自变量也是连续性变量，则所用的工具就是大家所熟悉的散点图。它使用散点的疏密程度和变化趋势来对两连续变量间的数量联系进行呈现。

4. 双变量图：分类因变量

当因变量为分类，自变量为连续时，目前尚没有很好的图形工具可以利用，常见的处理方法是将自变量和因变量交换后使用条图来进行呈现。当自变量也是分类变量时，实际上所使用的图形工具比较单一，基本上以条图为主。但是，按照其具体的呈现方式，又可分为复式条图、分段条图和马赛克图 3 种。复式条图重点呈现两个分类变量的各个类别组合情况下的频数情况：分段条图主要突出一个分类变量各类别的频数，并在此基础上表现两个类别的组合频数情况：马赛克图也是以一个分类变量为主的图，它呈现的是一个变量在不同类别下，另一个变量各类别的百分比变化情况。

事实上，以上介绍的仅仅是正规和常见的双变量统计图。实际上，当掌握了单变量图的特性后，完全可以将其加以充分利用，在自变量为分类变量时，分类别绘制相应的单变量图进行数值特征的呈现，以达到对数据更为充分和深入的展示。常见的情况有分组箱图、复式饼图、直方图组等。

5. 多变量图

当在一幅图形中需要呈现 3 个及 3 个以上变量的数量关联时，所构成的图形称为多变量图。一般而言，由于一个坐标轴只用于呈现一个变量的数值特征，因此用常见的二维平面统计图表示两个变量的特征是比较合适的。如果要表现 3 个变量的关联，最好采用具有三维坐标的立体统计图。但是，由于实际上仍然是在纸平面或者显示器平面上对三维图形进行呈现，立体图在使用上并不方便。因此，当其中有变量为分类变量时，统计学家往往采用图例方式来对二维图进行扩充，使二维图能够表现更多的信息。例如，在散点图中用点的形状或者颜色区分不同的类别，这样就在一幅带图例的散点图中同时呈现了两个连续变量和一个分类变量的数量关联信息。类似的图形还有多线图等。当然，如果所有变量均为连续变量，则图例并不能解决问题，仍然需要使用高维的散点图才能对其关系加以呈现。图 3-5 所示为几种常见的多变量图。

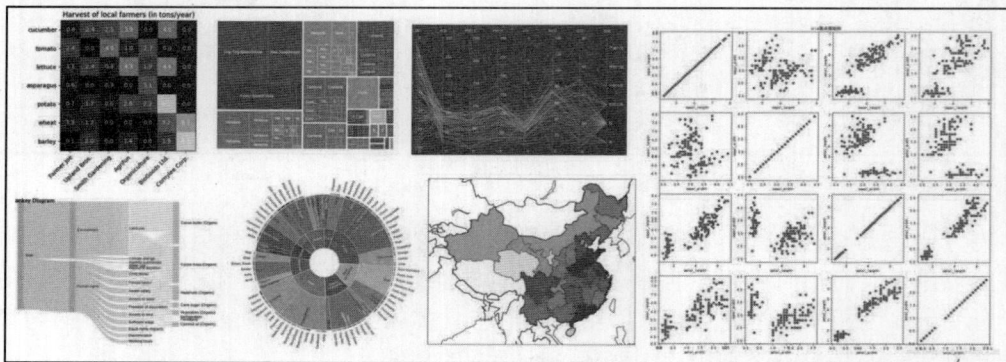

图 3-5　多变量展示图

6. 其他特殊用途的统计图

除以上可按照统计原则加以归类的图形外，还有一些针对特殊的应用领域和分析目的的统计图，如用于满足某一行业的特殊需求或完成某种专门的统计分析问题的统计图，如图 3-6 所示。例如，前者的例子包括用于将统计数据与地域分布相结合的统计地图、用于工业质量控制的控制图、用于股票分析的高低图；后者的例子包括用于描述样本指标可信区间或分布范围的误差条图、用于诊断性试验效果分析的 ROC 曲线、用于时间序列数据预分析的序列图等。这些工具将会有选择地在相应章节中加以介绍。

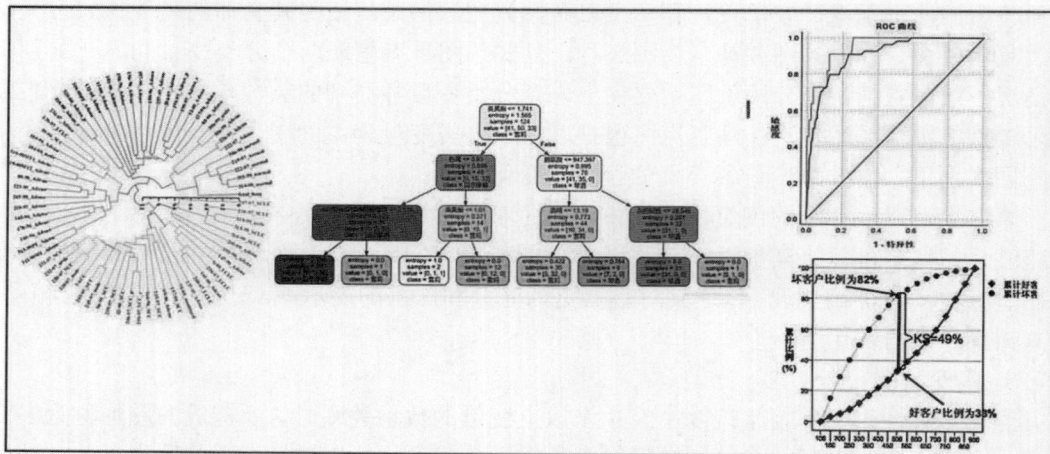

图 3-6　其他用途的统计图

互动练习 2

1. 什么是多变量图? 如何通过二维图扩充以展示多变量图?

2.【多选】图的分类方法有多种, 按照其呈现变量的数量可以分为 (　　　)。

A. 单变量图　　　　　　　　　B. 双变量图

C. 多变量图　　　　　　　　　D. 盒须图

(三) 数据分析的基本思路与数据报告

在使用数据进行数据分析时, 经常要使用到一些基本的分析思维, 比如时间趋势、下钻查询、对比等。本小节介绍一些常用的数据分析基本思路以及如何完成一份数据分析报告。

1. 数据分析基本思路

在开始进行数据分析之前, 需要思考分析的用途以及希望传达给查看者的信息。进行数据分析时, 明确分析目的才能直观展示分析结果。通常画出思维导图也是一个很好的方案。通常有 7 种不同的数据分析基本思路。

(1) 数据故事: 随着时间而改变。

作用: 使用时间段来说明一个趋势。

示例: 采购降本分析, 供应商采购金额分析查看时间趋势下的单价数据情况。

(2) 数据故事: 下钻查询。

作用: 设置上下文, 以便查看者更好地了解细粒度特定类别下的数据信息。

示例: 营销组织销售分析, 从小组绩效下钻到个人绩效得分情况。

(3) 数据故事: 缩小。

作用: 描述查看者关注的内容与大局的关系, 某个具体内容对大局的影响。

示例: 客户数下滑分析, 哪些客户类型和层级的大量下滑影响了总客户数。

(4) 数据故事: 对比。

作用: 表明两个或多个主题的差异。

示例: 客户数下滑分析, 对比两个年度 (2017 年、2018 年) 客户类型和层级的下滑情况。

(5) 数据故事: 十字路口。

作用: 当一种类别超过另一种类别时突出重要的转变。

(6) 数据故事: 因素。

作用: 通过将主题分成不同类型或类别来解释主题。

示例: 2020 年上半年经营分析报告, 从销售额、毛利率、费用及人力成本 4 个方面分析上半年的经营状况。

(7) 数据故事: 离群值。

作用: 显示异常或事件的特别异常之处。

示例: 毛利率异常分析, 通过定位异常毛利月份、异常门店、异常商品/类别、异常订单明细找出问题。

2. 数据分析报告书写思路

（1）确定分析目标。

在进行分析前先确定报告分析的目的是什么。如果一开始就在没有明确问题的情况下进行分析，很容易导致分析了半天却离目标越来越远。所以定义好要研究的问题，才是数据分析开始的第一步。

（2）指标拆解。

首先需要对分析目标进行拆解，拿到数据后再确定从哪些角度进行分析，也就是如何进行数据指标的拆解。建立自己的指标体系，达到分析目的。指标拆解的具体步骤如图 3-7 所示。

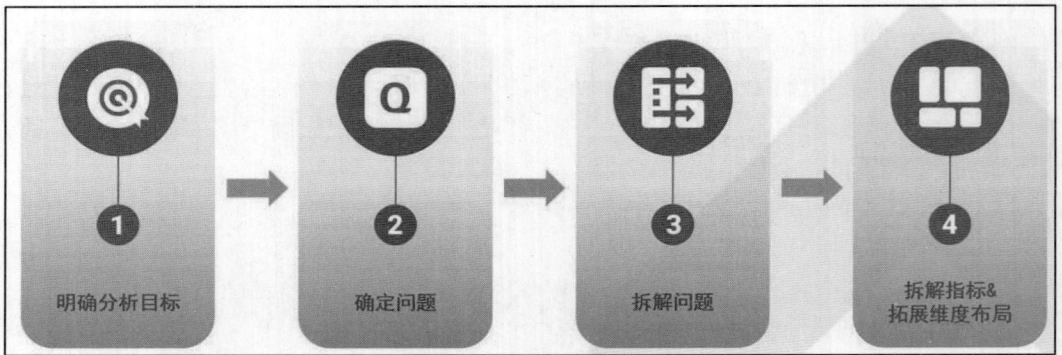

图 3-7　指标拆解的具体步骤

① 明确分析目标。

进行数据指标拆解的第一步就是要明确分析的目标。

② 确定问题。

在明确分析目标后，就需要确定为了达成该目标，需要提出围绕该目标需要解决的问题，可以使用思维导图展示在看到该目标后产生的问题。

③ 拆解问题（确定计算公式）。

在确定问题后，就需要找到能够数值化衡量这些问题的指标，以及它们的计算方式。

④ 拆解指标&拓展维度布局。

计算方式确定后，就可通过分析组成这些计算公式的指标来探究其影响因素，比如销售额=单价×数量，那么就可从单价和数量来分析销售额变动，即以一个指标为定量，分析对比其他指标的变化。同时以计算公式结果为指标，拓展维度（如地区、时间、品类等）来探究不同维度下的指标差异。

⑤ 结果展示。

展示结果一般为总—分方式，如图 3-8 所示。

（3）结合数据给出结论。

同样地，给出的结论需要和分析目的紧密相连，示例：

① 目的是了解业务的现状，那么结论可以是：该业务有 x 个关键指标，每个指标的数值是 x，有什么样的异常。

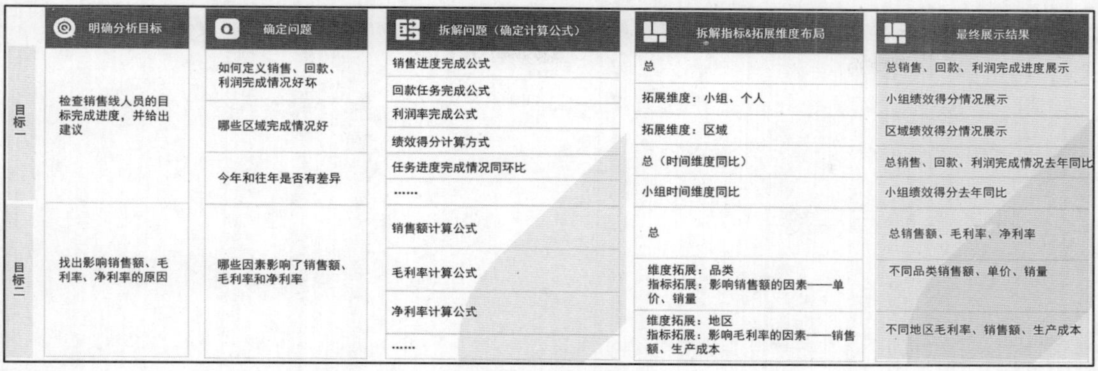

图 3-8　展示结果示例

② 目的是了解数据到什么情况算好，那么结论可以是：某指标可以以 x 作为判断标准，原因是……。

③ 目的是找出业务出现异常的原因，那么结论可以是：经分析，有 x 个原因，其中重点原因是……。

需要注意的是，如果是判断业务的状况，则需要一个判断标准：结论=数据+判断标准。在对数据进行拆解分析的过程中，往往已经可以察觉到一些数据异常。但是这些异常到底是好是坏，需要通过一个标准来确定。

比如说今年十月份销量下滑，可以增加比对去年的数据。如果去年也下滑了，说明这是正常的月度下滑。如果去年没有下滑，那么说明今年下滑是一个不正常现象，需要复盘解决。

如果数据不能驱动业务成长，那么它毫无用处。下了结论以后，再结合对业务的理解，可以就分析结果提出建议，甚至给出方案。

① 建议：能解决业务问题的行动方向，是若干个潜在可行的范畴。

② 方案：一个具体行动计划，方案要满足 5W2H[①]，要有具体的执行人、完成时间等要素。

（4）撰写分析报告。

以上准备工作完成后，需要撰写一份分析报告。为增加它的可读性，分析报告要做到如下方面。

① 架构清晰：参考经典的金字塔结构，结论先行，以上统下，先重要后次要。以上统下的顺序符合数据分析过程中拆解指标的顺序，更容易帮助读者理解报告所呈现的分析思路。

② 报告图表化：用图表代替大量堆砌的数字，有助于人们更形象、更直观地看清楚问题和结论，更容易做到有理有据。

③ 规范化：整篇文档的图表风格统一、名词统一。

互动练习 3

1. 数据分析的基本思路通常有哪几种？

2. 关于数据分析报告，以下说法错误的是（　　　）。

---

① 5W2H 指 What（是什么）、Why（为什么）、When（何时）、Where（何处）、Who（何人）、How（怎么做）和 How much（多少）。

A. 在进行分析前先确定报告分析的目的是什么。

B. 数据展示的方式一般按照总—分方式进行展示。

C. 如果是数据报告判断业务的状况，需要一个判断标准：结论=数据+判断标准。

D. 数据报告只是针对数据现状的呈现。

三、任务准备与实施

（一）任务准备

● 准备物流明细数据"物流明细数据.xlsx"。

● 将数据导入大数据平台中。

● 使用大数据平台工作流组件进行数据预处理。

● 使用大数据平台中自助报告组件进行数据分析与展示。

（二）任务流程

本次训练通过物流经营数据分析报告来说明如何运用数据预处理、数据可视化来创建分析报告，实现问题定位与原因分析。本任务流程由数据导入、数据预处理、利润分析、关键客户分析、分公司分析、运输线路分析 6 部分组成，如图 3-9 所示。

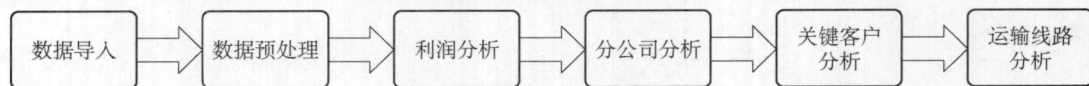

图 3-9　物流经营数据分析报告流程

（三）任务实施

步骤 1：数据导入

选择"物流明细数据.xlsx"，并在大数据平台中完成数据导入。

（1）单击"数据导入"功能，如图 3-10 中的步骤 1 所示。

图 3-10　数据导入

（2）选择"EXCEL 导入"选项卡，如图 3-10 中的步骤 2 所示。

（3）单击"选择文件"按钮，选择对应的 Excel 文件，如图 3-10 中的步骤 3 所示，并单击"继续"按钮。

（4）保持默认的字段类型，并单击"继续"按钮，如图 3-11 所示。

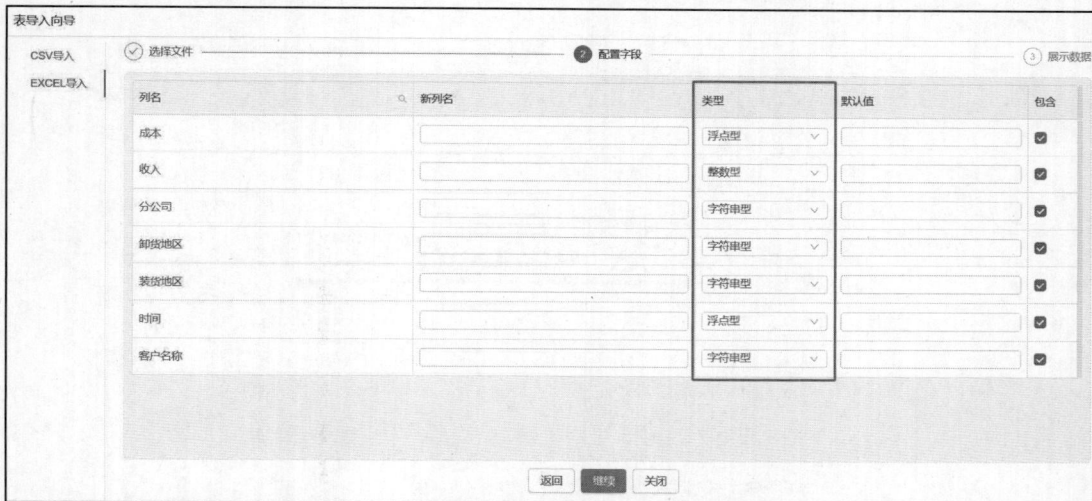

图 3-11 数据导入列类型设置

（5）进入数据展示页面，然后单击"完成"按钮，进入数据保存页面，如图 3-12 所示。

图 3-12 数据导入完成

（6）弹出"选择保存路径"对话框，选择路径，并进行保存，如图 3-13 所示。

（7）将表格拖入新的工程中，使用表格浏览器查看导入的数据，如图 3-14 所示。

步骤 2：数据预处理

导入数据之后，需要对数据进行数据预处理。针对当前的数据集，采用数据派生的功能节点，派生出新的变量，分别为利润和利润率。

$$利润=收入-成本 \tag{3-1}$$

$$利润率=（收入-成本）/成本 \tag{3-2}$$

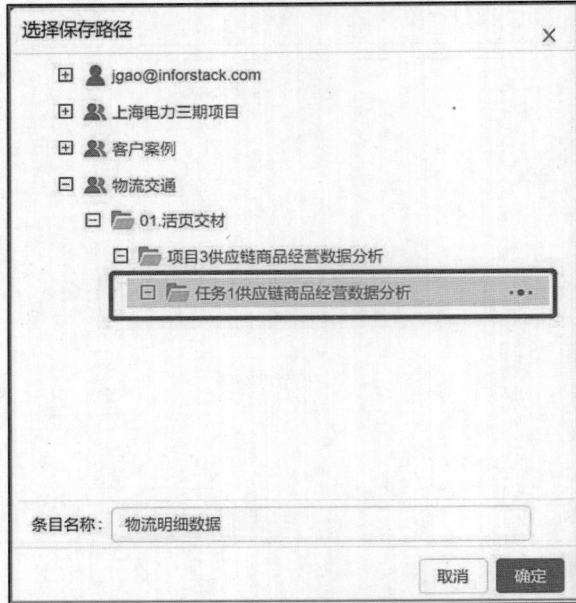

图 3-13　数据导入路径保存选择

表格浏览器:物流明细数据

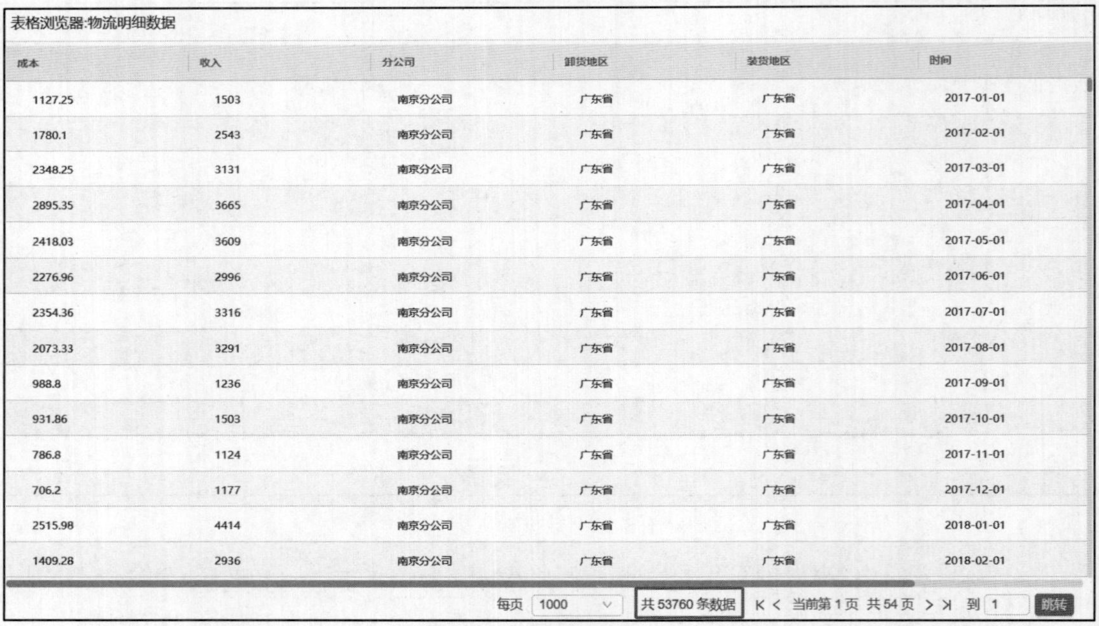

成本	收入	分公司	卸货地区	装货地区	时间
1127.25	1503	南京分公司	广东省	广东省	2017-01-01
1780.1	2543	南京分公司	广东省	广东省	2017-02-01
2348.25	3131	南京分公司	广东省	广东省	2017-03-01
2895.35	3665	南京分公司	广东省	广东省	2017-04-01
2418.03	3609	南京分公司	广东省	广东省	2017-05-01
2276.96	2996	南京分公司	广东省	广东省	2017-06-01
2354.36	3316	南京分公司	广东省	广东省	2017-07-01
2073.33	3291	南京分公司	广东省	广东省	2017-08-01
988.8	1236	南京分公司	广东省	广东省	2017-09-01
931.86	1503	南京分公司	广东省	广东省	2017-10-01
786.8	1124	南京分公司	广东省	广东省	2017-11-01
706.2	1177	南京分公司	广东省	广东省	2017-12-01
2515.98	4414	南京分公司	广东省	广东省	2018-01-01
1409.28	2936	南京分公司	广东省	广东省	2018-02-01

每页 1000　共 53760 条数据　当前第 1 页 共 54 页　到 1　跳转

图 3-14　数据查看

（1）从预处理组件中选择“列派生”节点，拖曳到工程文件里，并将表格的输出端口与"列派生"节点的输入端口连接，如图 3-15 所示。

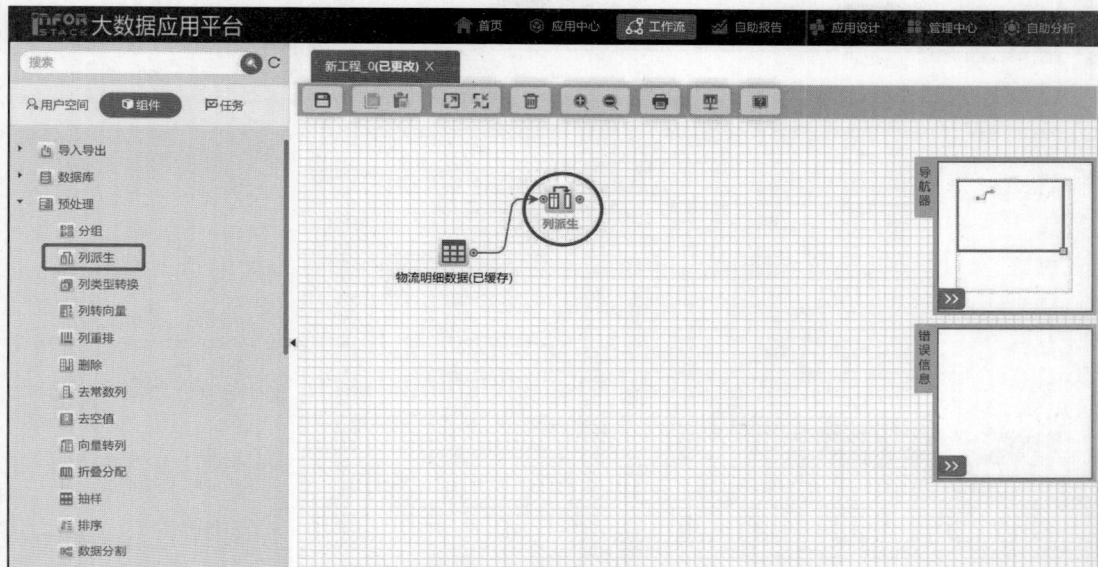

图 3-15　列派生工作流

（2）设置利润为浮点类型，其计算公式为：收入–成本，并单击"添加列"按钮，则大数据平台为表格添加了利润列，如图 3-16 和图 3-17 所示。

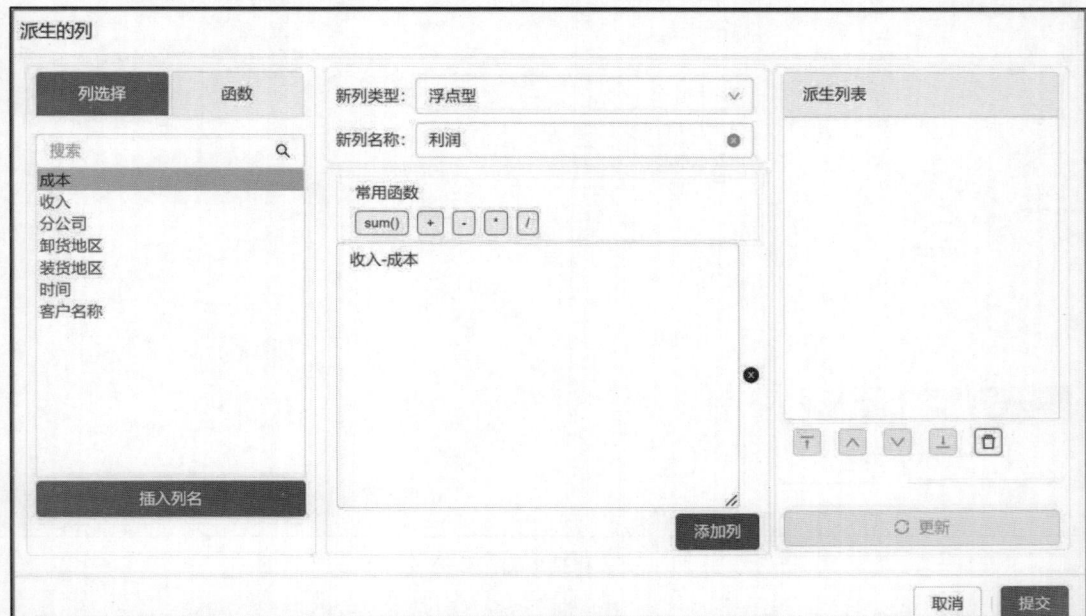

图 3-16　利润列派生

（3）使用同样的方法，添加利润率列，如图 3-18 所示。

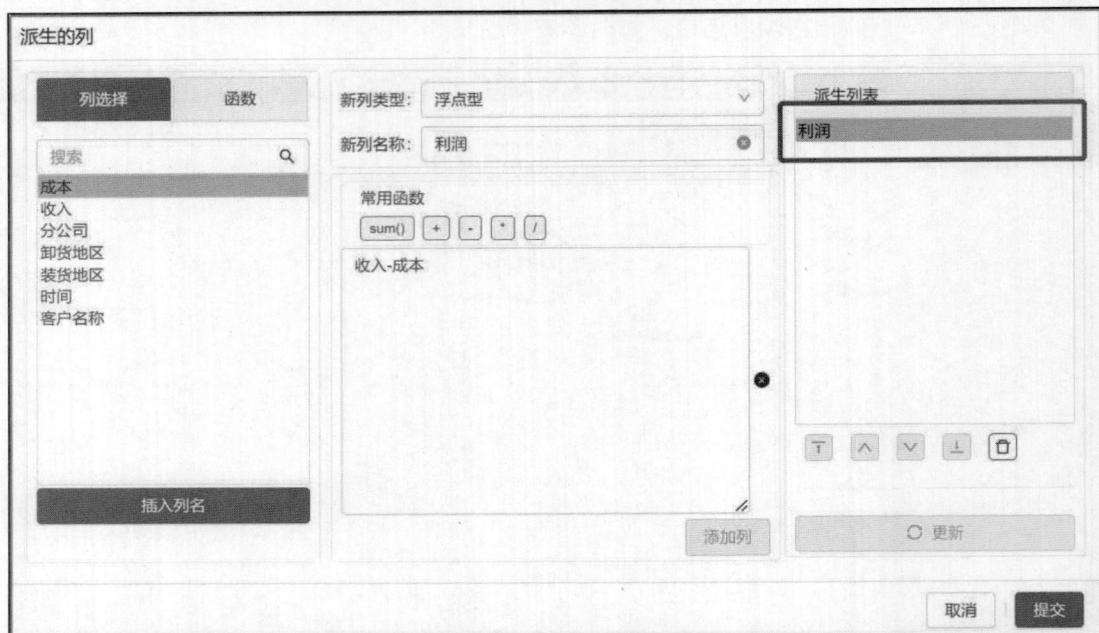

图 3-17　利润列派生公式

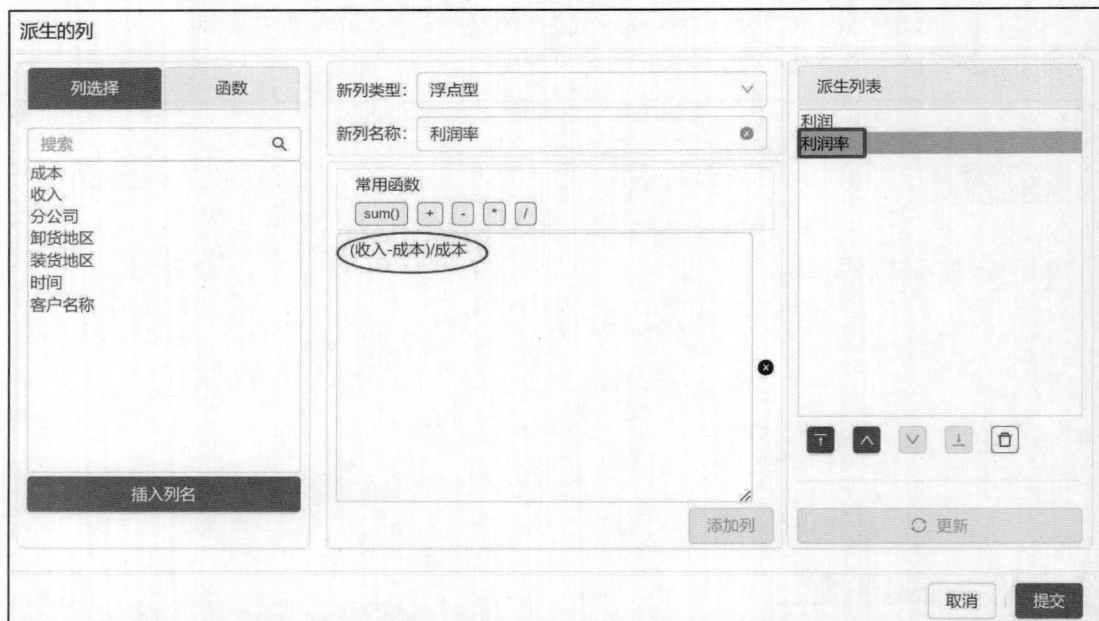

图 3-18　利润率列派生公式

（4）派生月份及年份字段，方便之后按月份、年份进行统计。在月份字段派生的时候，使用了大数据平台的内部函数 month 及 year，以获取对应的月份和年份，如图 3-19 和图 3-20 所示。

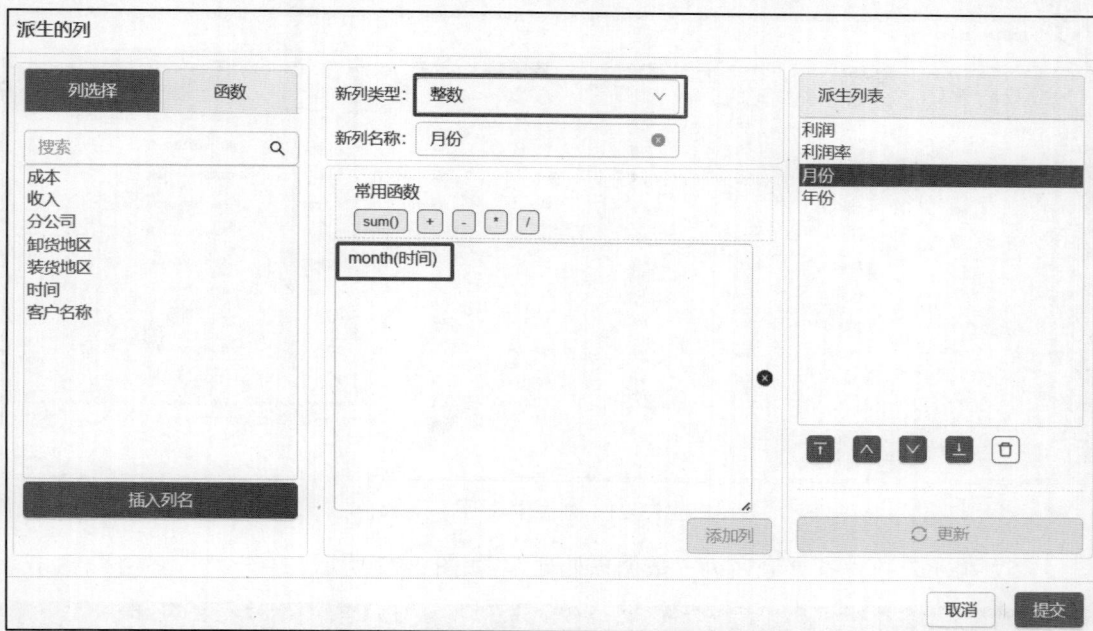

图 3-19　月份列派生公式

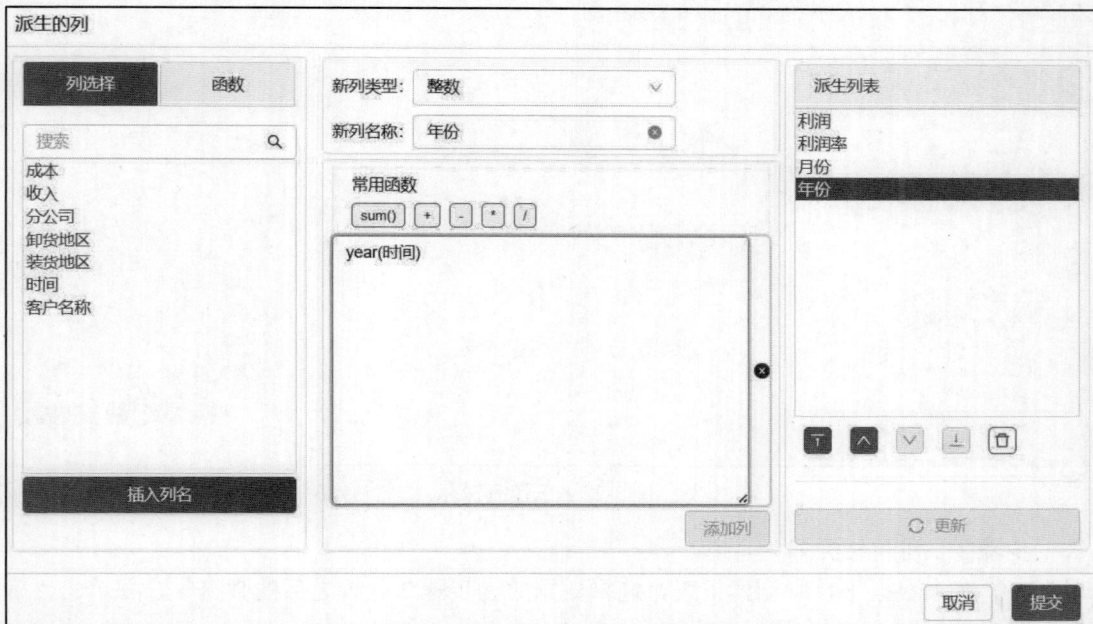

图 3-20　年份列派生公式

（5）此时采用表格编辑器查看预处理之后的数据集，并将其存入用户空间中，命名为"物流明细数据预处理之后"。数据效果如图 3-21 所示。

图 3-21　列派生数据展示

（6）将工作流保存并命名为"数据预处理"，如图 3-22 所示。

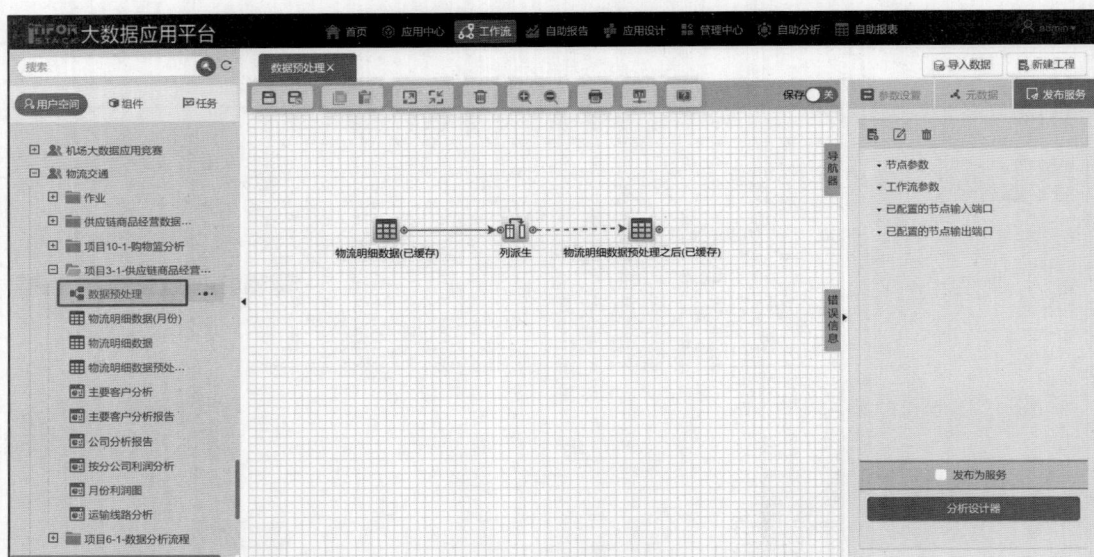

图 3-22　工作流保存

步骤 3：利润分析

（1）在大数据平台中创建报表，选择数据集为步骤 2 处理之后的数据集，并单击"确定"按钮，如图 3-23 所示。

（2）选择折线图进行数据展示，同时 x 轴设置为月份，y 轴设置为利润的求和值，如图 3-24 所示。

（3）设置折线图的标题，如图 3-25 所示。

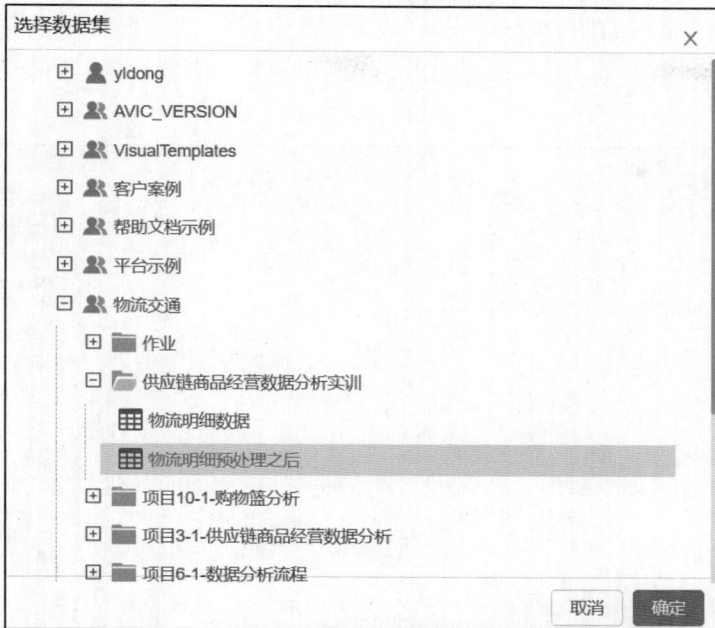

图 3-23　数据集选择

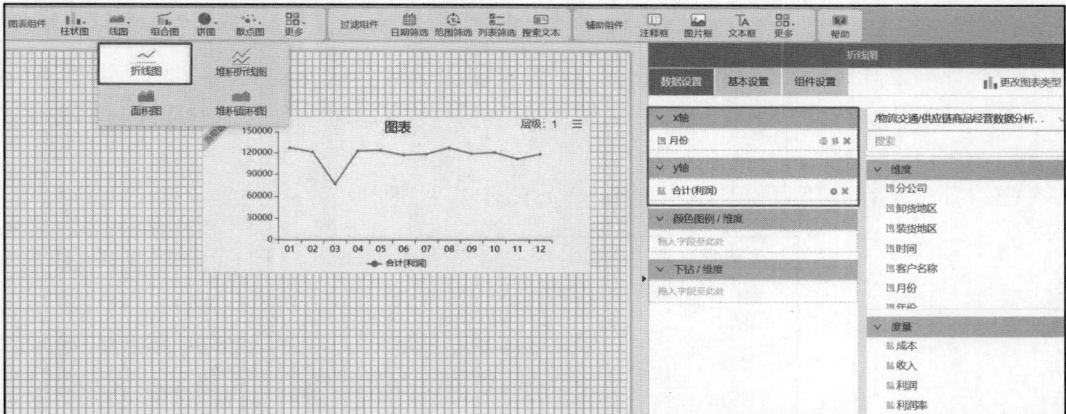

图 3-24　折线图参数

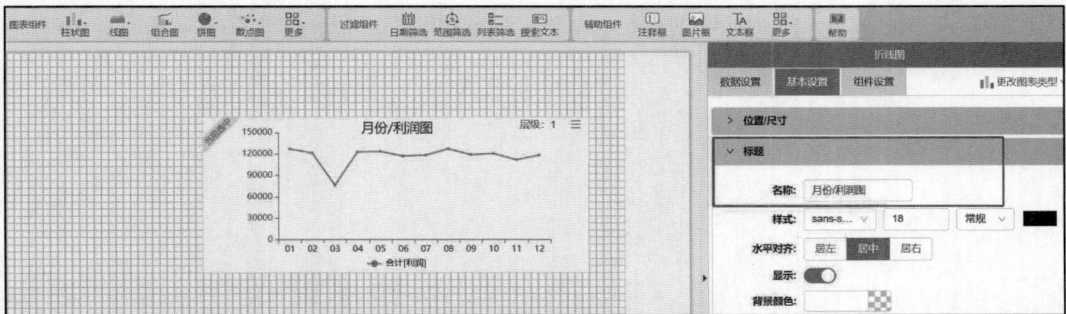

图 3-25　折线图标题设置

（4）复制刚刚生成的图表组件，并修改为"月份利润/年份筛选"，然后添加列表筛选组件，设置按照年份来进行筛选，同时选择刚刚复制的图表与过滤组件进行关联，如图 3-26 所示。

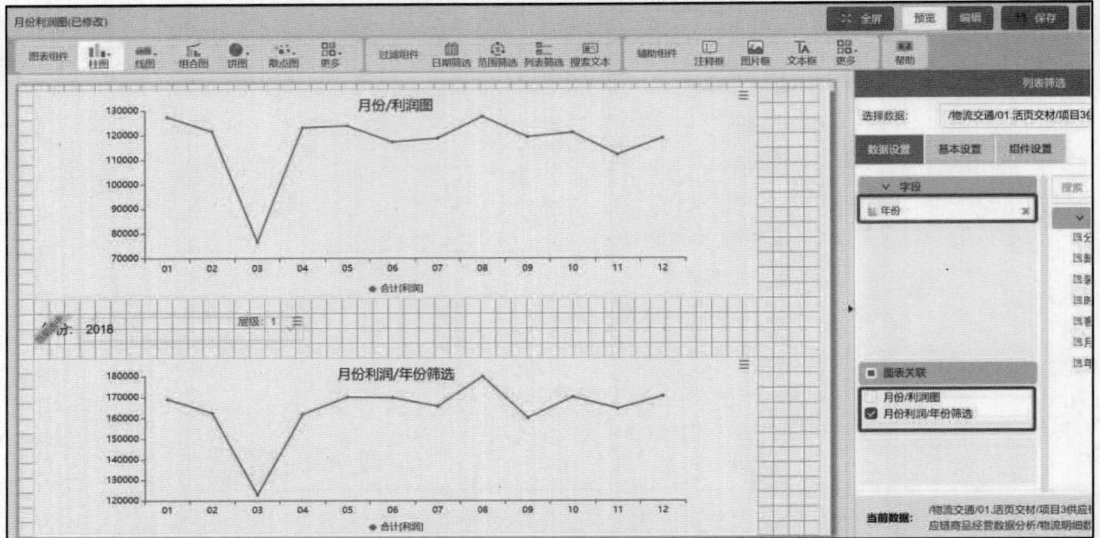

图 3-26　图表复制与关联设置

综合比较 2017 年和 2018 年的毛利，可以发现：2018 年 3 月毛利下降明显，进而寻找毛利下降的原因。依次从下属分公司→分公司的客户→客户运输目的地→线路目的地来挖掘导致 2018 年 3 月毛利下降的原因。

（5）报告保存为"月份利润报表图"，如图 3-27 所示。

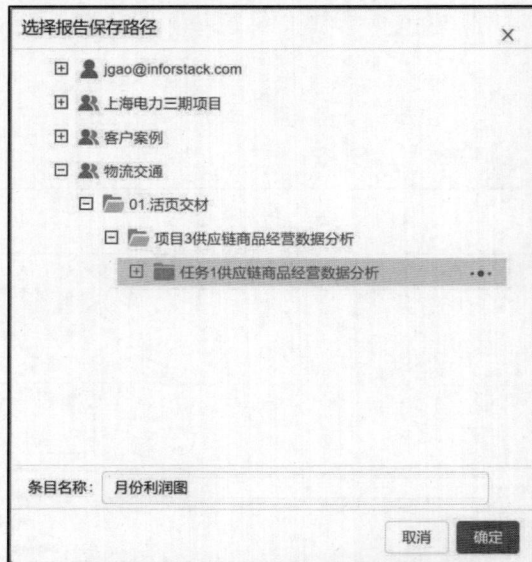

图 3-27　报告保存

步骤 4：分公司分析

按照步骤 3 的操作，创建一个新的报告，并添加两个列表过滤组件，分别关联年份和月份，同时添加折线图，如图 3-28 所示。

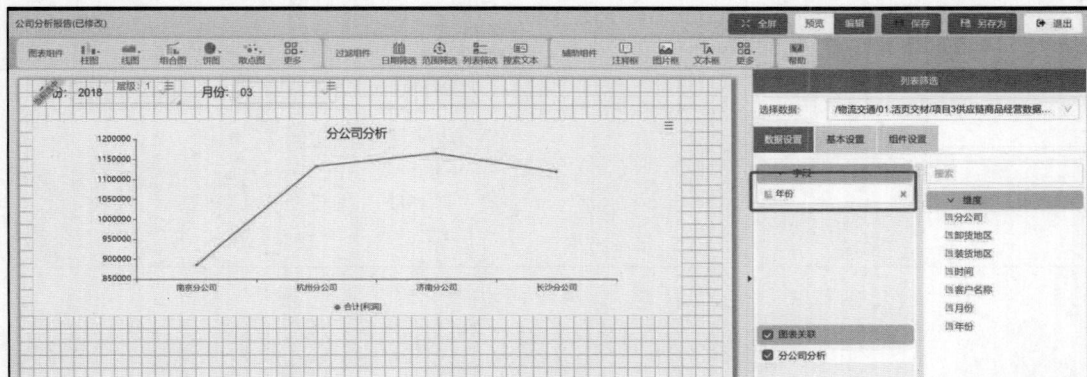

图 3-28　利润折线图

x 轴选择分公司，y 轴选择利润合计，并选择"全量数据"，如图 3-29 所示。分析下属分公司的所有毛利，发现南京分公司 2018 年 3 月的毛利较其他分公司低很多。

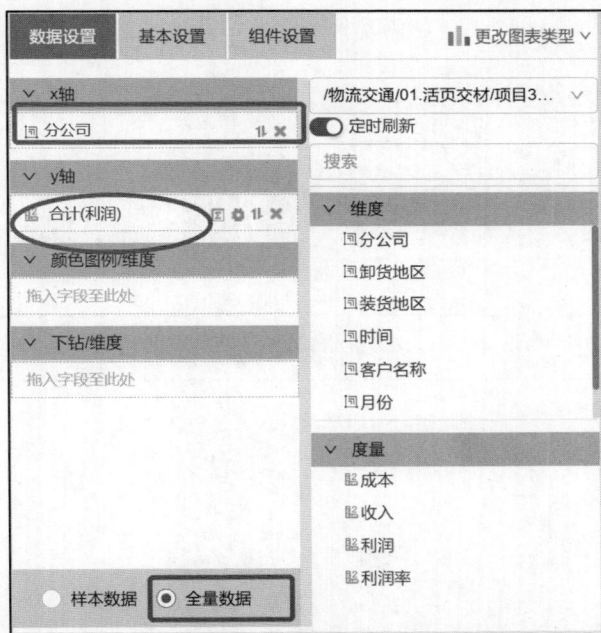

图 3-29　折线图数据设置

步骤 5：关键客户分析

按照步骤 3 的操作，创建一个新的报告，并添加两个列表过滤组件，分别关联分公司、年份和月份，同时添加柱形图，并设置柱形图的 x 轴为客户名称，y 轴为利润率的平均值，如图 3-30 所示。

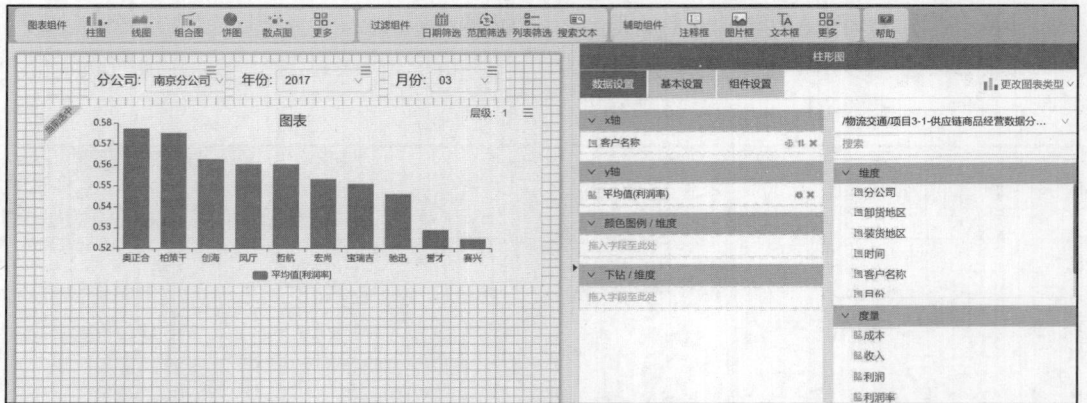

图 3-30　关键客户柱形图设置

报告保存之后单击"预览"按钮，对 2017 年 3 月和 2018 年 3 月的利润率进行比较，如图 3-31 和图 3-32 所示。

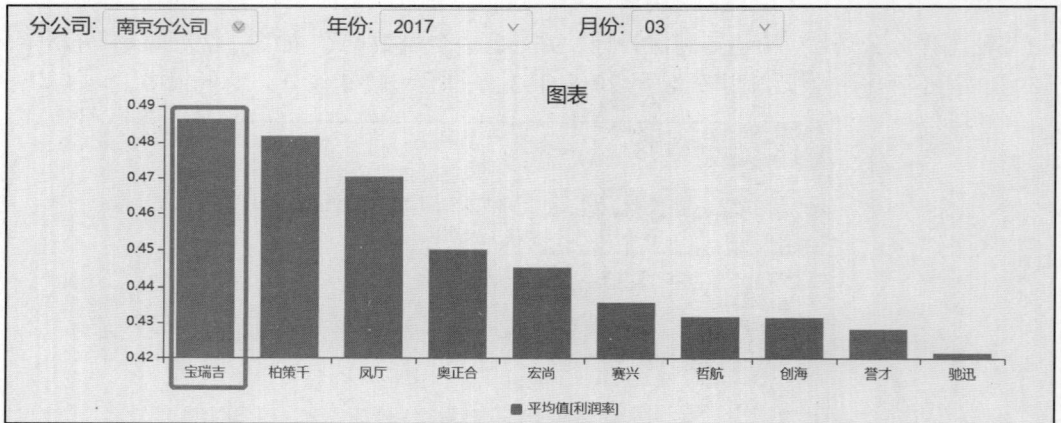

图 3-31　南京分公司关键客户利润率平均值（2017 年 3 月）展示

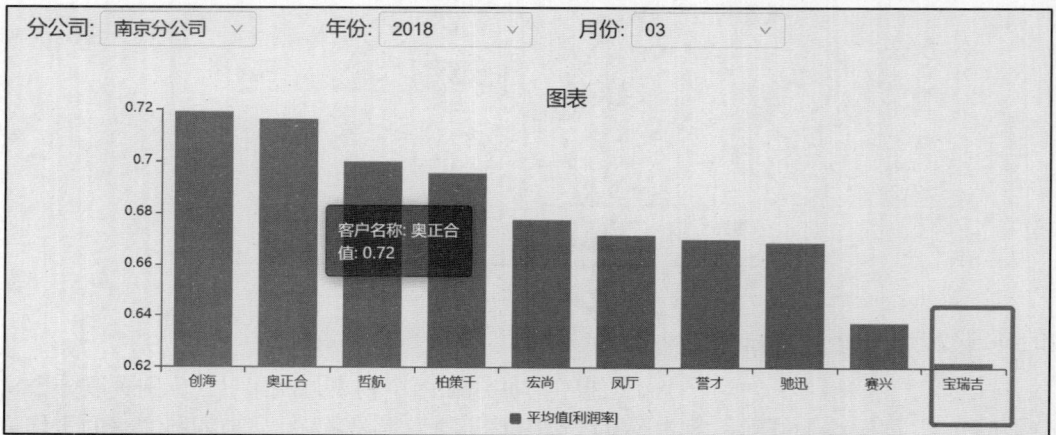

图 3-32　南京分公司关键客户利润率平均值（2018 年 3 月）展示

对比发现，客户宝瑞吉的排名从 2017 年 3 月到 2018 年 3 月有了显著的下降。

步骤 6：运输线路分析

按照步骤 3 的操作，创建一个新的报告，并添加 4 个列表过滤组件，分别关联分公司、年份、月份和客户名称，同时添加柱形图，并设置柱形图的 x 轴为卸货地区，y 轴为收入的合计，如图 3-33 所示。

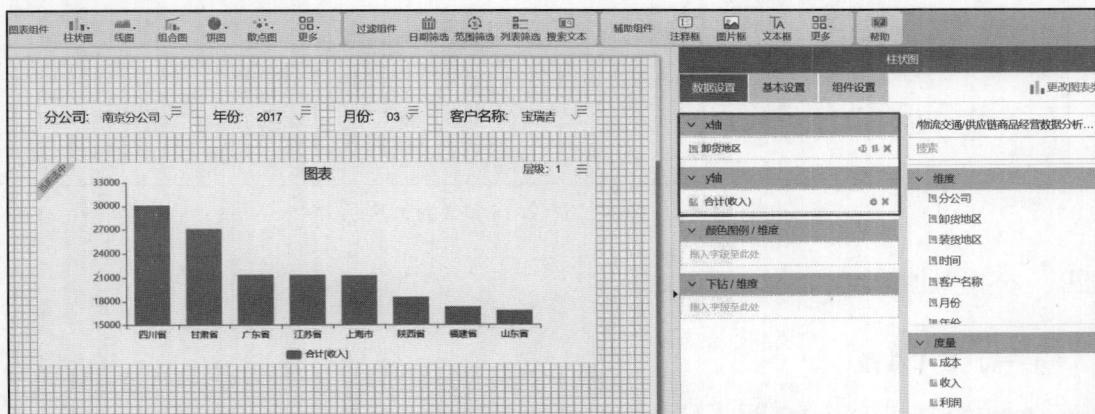

图 3-33　运输线路展示

报告保存之后单击"预览"按钮，对 2017 年 3 月和 2018 年 3 月的收入进行比较，如图 3-34 和图 3-35 所示。

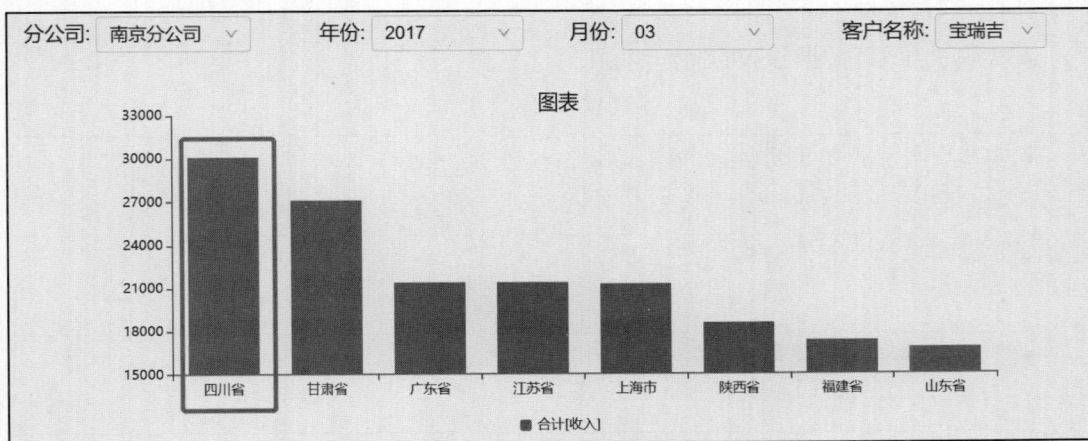

图 3-34　运输线路（2017 年 3 月）展示

对比发现，四川省业务收入从 2017 年 3 月到 2018 年 3 月有了显著的下降。有了目的地的异常数据之后，可以联系线路相关责任人寻找原因。

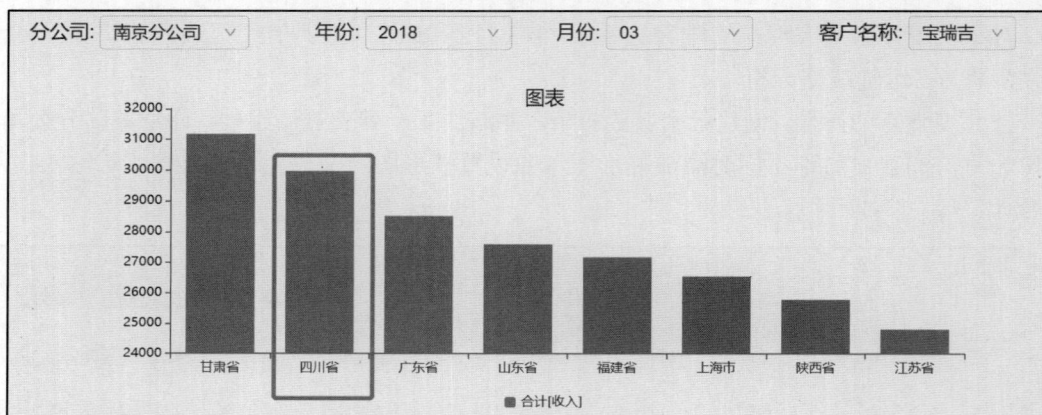

图 3-35　运输线路（2018 年 3 月）展示

四、技能训练

（一）工作准备

- 阅读项目目标任务和要求。
- 理解相关技术的使用方法。
- 打开并登录大数据分析平台。
- 准备好数据文件"物流明细数据.xlsx"。

（二）项目实操

- 实操引导 1：数据导入的操作步骤：

- 实操引导 2：数据预处理的操作步骤：

- 实操引导 3：利润分析的操作步骤：

- 实操引导 4：分公司分析的操作步骤：

- 实操引导 5：关键客户分析的操作步骤：

- 实操引导 6：运输线路分析的操作步骤：

从数据报告中发现的问题：

五、同步测验

（一）拓展思考

如何在图表上展示多个指标的数据？

（二）同步项目训练

如何完成一份数据分析报告？

项目四 Python 编程基础

【拓展阅读】

高庆狮：中国计算机事业开拓者

高庆狮 1957 年毕业于北京大学数学力学系；历任中国科学院计算技术研究所研究员、中科院技术科学部委员；擅长巨型电子计算机总体功能设计、并行算法和人工智能；完成了我国第一台晶体管大型电子计算机的功能总体设计和逻辑设计；中国计算机领域最早的两名院士之一（1980 年当选），中国第一颗人造卫星地面计算控制中心早期设计负责人之一。高庆狮院士是中国第一台自行设计的大型通用电子管和第一台大型通用晶体管计算机体系结构设计负责人之一；中国第一台十万次每秒以上晶体管计算机（专为两弹一星服务，被誉为"功勋计算机"的 109 丙机）体系结构设计负责人；我国第一台超大型向量计算新体系结构原理提出者和总体设计负责人，我国第一个管理程序（在 109 丙机上）总体设计负责人，是第一个防病毒的体系结构提出者。高庆狮院士发表了 70 多篇学术论文；向机器翻译 50 多年的方法挑战，研制无语无伦次、无正误混杂的实用机器翻译系统；是我国自行设计的第一台电子管大型计算机的体系功能设计和逻辑设计负责人之一。负责完成中国第一台每秒十万次以上运算速度的晶体管大型计算机的体系功能设计；1973 年提出纵横加工流水线向量机设计思想，领导完成了我国第一台千万次大型向量计算机的系统功能设计；著有《向量巨型机》等。

高庆狮回忆："我本喜欢抽象数学，但为了国家需要两次被动员改行。"第一次是从抽象数学改读计算数学专业，这是当时中国第一个与计算机科学有关的专业。第二次是从计算数学改到计算机总体设计。由此，他得以进入中国第一个计算机系统结构研究与设计小组。

进入中国第一个计算机系统结构研究与设计小组后，他和后来也当选中科院院士的沈绪榜以及总参的曲佩兰，自学了前苏联的 М-3 和 БЭСМ 的翻译资料，弄清了原理之后，便集中思考一个问题：决定计算机发展变化的因素是什么；基础—器件部件发展变化；需求—应用需求的不同和发展，程序语言及其编译的特点，以及计算机本身系统硬软融合的发展。他们认识到，在系统结构设计之前必须首先分析用户程序。关注中国计算机发展的人都知道，中国从 1958 年开始研制的第一台自行设计的大型通用数字电子管计算机 119、中国第一台自行设计的大型通用晶体管计算机 109 乙机、中国通用第一台十万次/秒 109 丙机、中国第一台向量计算机 757 的系统结构设计，都是使用这条途径设计成功的。其中，前两台计算机，高庆狮是系统结构设计负责人之一；后两台计算机，他是系统结构设计负责人。

物流大数据分析与挖掘	项目四 Python 编程基础 任务一 Python 环境搭建及基础语法 任务工单页	学生： 班级： 日期：

任务一　Python 环境搭建及基础语法

一、任务描述

　　Python 是一门开源免费、通用型的脚本编程语言，它上手简单，功能强大。Python 类库（模块）极其丰富，这使得 Python 几乎无所不能，不管是传统的 Web 开发、计算机软件开发、Linux 运维，还是当下火热的机器学习、大数据分析、网络爬虫，Python 都能胜任。

　　在本任务中，将学习如何搭建 Python 编程环境，学会使用 Jupyter 编辑器，学习 Python 的基本语法，并尝试使用 Python 语言输入班级学生的语文成绩，并计算总成绩和平均成绩。

（一）任务要求

- 搭建 Python 编程环境。
- 熟悉 Jupyter 编辑器。
- 熟悉 Python 语言的特点及基础语法。
- 编写语文成绩分析 Python 代码。

（二）学习目标

知识目标	能描述 Python 基础语法
技能目标	能搭建 Python 编程环境 能使用 Jupyter 编辑器 能编写简单的 Python 代码
思政目标	培养严谨踏实的工作态度 树立精益求精的工匠精神

（三）实施路径

　　Python 环境搭建及基础语法实施路径，如图 4-1 所示。

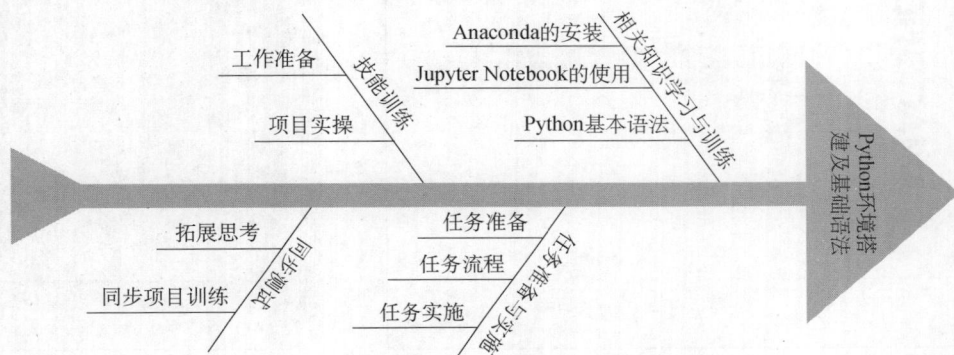

图 4-1　Python 环境搭建及基础语法实施路径

二、相关知识学习与训练

Python 是一个高层次的结合了解释性、编译性、互动性和面向对象的脚本语言。

Python 的设计具有很强的可读性，相比其他语言经常使用英文关键字和一些标点符号，它具有更具特色的语法结构。

● Python 是一种解释型语言：这意味着开发过程中没有了编译这个环节。类似于 PHP 语言和 Perl 语言。

● Python 是交互式语言：这意味着用户可以在一个 Python 提示符">>>"后直接执行代码。

● Python 是面向对象语言：这意味着 Python 支持面向对象的风格或代码封装在对象的编程技术。

● Python 是初学者的语言：Python 对初级程序员而言是一种伟大的语言，它支持广泛的应用程序开发，从简单的文字处理软件到 WWW 浏览器再到游戏的开发，它都能胜任。

（一）Anaconda 的安装

Python 拥有 NumPy（数组运算）、Pandas（数据处理）、Matplotlib（可视化）和 Scikit-learn（机器学习）等功能丰富的接口库。这些库是数据分析、机器学习不可缺少的，而这些第三方库都需要分别安装后才能使用。Anaconda 发行版预装了大量的 Python 常用库，只要一次安装就可以直接使用以上所有接口库，从而为使用这些库编程带来极大的方便。Anaconda 的安装也非常方便，进入 Anaconda 官网：https://www.anaconda.com/ distribution/，下载 Windows 系统中的 Anaconda 安装包，双击下载的安装文件 Anaconda3-2021.11-Windows-x86_64.exe，出现如图 4-2 所示的 Anaconda 安装界面，然后按照界面提示，可全部选择默认项并安装即可。安装成功后，可选用 Windows 开始菜单查找已安装的 Jupyter Notebook，如图 4-3 所示。

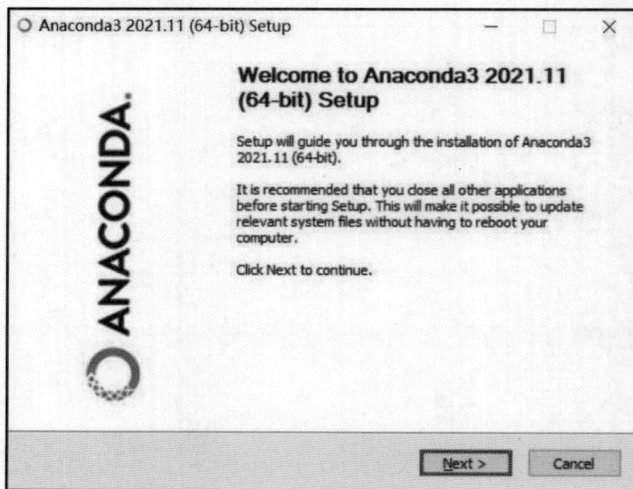

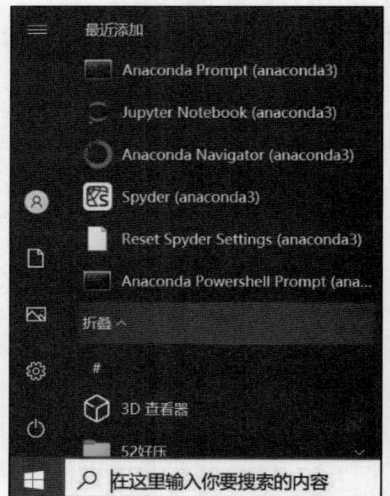

图 4-2　Anaconda 安装界面　　　　图 4-3　已安装的 Jupyter Notebook

（二）Jupyter Notebook 的使用

启动 Jupyter Notebook 后，在终端界面（见图 4-4）中的"Serving notebook from local directory:"后面找到保存文件时的默认存储目录。

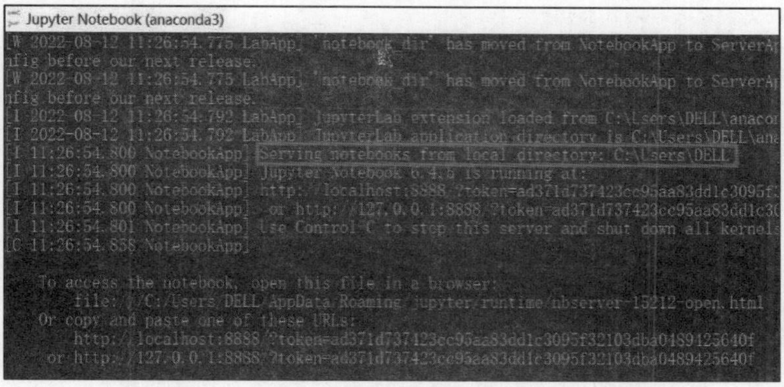

图 4-4　启动 Jupyter Notebook 后的终端界面

启动 Jupyter Notebook 后，在如图 4-5 所示的界面中可选择操作目录，然后选择 New 下拉按钮下的 Python 3（ipykernel）选项，启动 Python。单击 Upload 按钮可上传 Python 源文件，并可在界面中选择要打开的 Python 源文件。

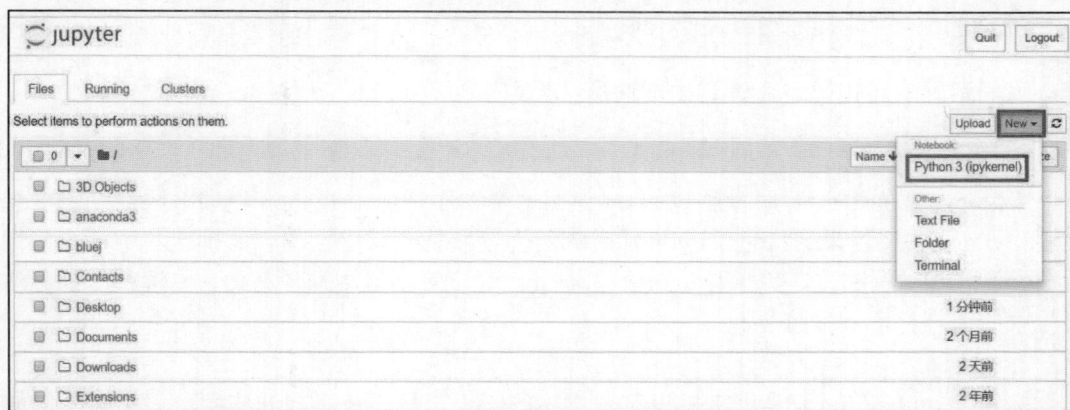

图 4-5　从 Jupyter Notebook 中启动 Python

启动 Python 后出现如图 4-6 所示的界面，在 In [1]旁的单元格（输入框）中可输入一行语句，单击工具栏中的"运行"按钮（或同时按 Ctrl+Enter 快捷键运行单元格代码）后，下方 Out [1]单元格中显示运行结果，并自动添加下一单元格；也可以在一个单元格中输入多行语句，单击"运行"按钮一次运行，并显示结果。

在图 4-6 所示的界面中选择 File 菜单下的 Save as 命令，输入文件名后将以"文件名.ipynb"的形式保存文件，然后就可在界面中直接选择文件名以打开文件。同时，可单击工具栏中的"保存"按钮保存文件。

Jupyter Notebook 有两种输入模式。鼠标单击 In 单元格内部，则外方框变绿，单元格进入编辑模式（编辑输入语句）；单击外方框内部，即 In 单元格以外区域，则外方框变蓝，单元格进入命令模式（输入操作命令）。在命令模式下，按 H 键（或选择 Help 菜单下的 Keyboard Shortcuts 命令），可以查看所有操作命令的快捷键列表。

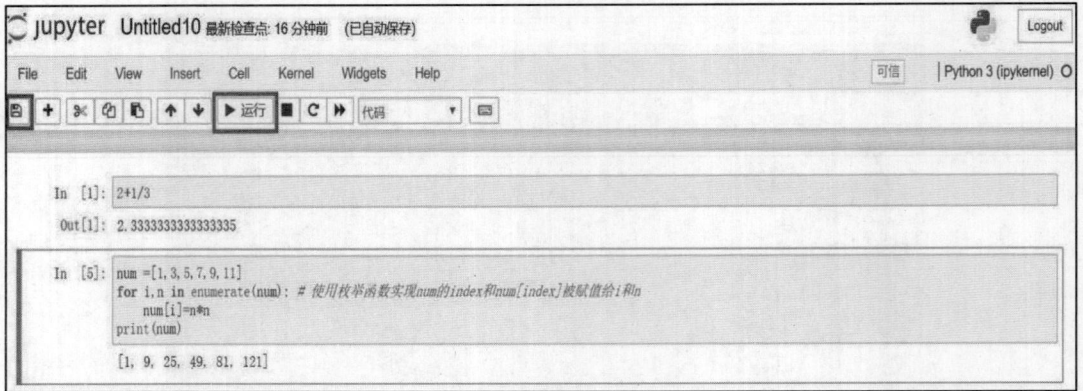

图 4-6　Python 运行界面

（三）Python 基本语法

1. print 输出

```
hello_word.py
print ("Hello, Python!")
```

我们运行上述代码将会看到如下输出结果。

```
Hello, Python!
```

hello_word.py 在运行时，结尾的.py 说明这个程序是一个 Python 程序，因此编辑器会使用 Python 解释器来运行它。Python 解释器会读取整个程序的内容，确定其中每个单词的含义和作用。例如，当解释器看到单词 print 时，不管括号中是什么内容，解释器都会将括号中的内容打印到屏幕上。

2. 标识符

标识符（Identifier）是用来标识某个实体的一个符号。在不同的应用环境下有不同的含义。在编程语言中，标识符是用户编程时使用的名字，变量、常量、函数、语句块也有名字，我们统统称之为标识符。

标识符由字母、数字、下画线组成，但不能以数字开头。标识符是区分大小写的，以下画线开头的标识符是有特殊意义的。以单下画线开头的标识等（如 _foo_）代表不能直接访问的类属性，需要通过类提供的接口进行访问，不能用 from.XXX.imort *导入。

以双下画线开头的标识符（如 __foo）代表类的私有成员，以双下画线开头和结尾的标识符（如 __foo__）代表 Python 里特殊方法专用的表示，例如，__init_()代表类的构造函数。

3. 保留字符

保留字符不能用于常数和变量，或其他任何标识符名称。保留字符如表 4-1 所示。

表 4-1　保留字符

and	exec	not
assert	finally	or
break	for	pass
class	from	print
continue	global	raise
def	if	return
del	import	try
elif	in	while
else	is	with
except	lambda	yield

4. 行和缩进

与其他的编程语言不同，Python 的代码不需要用{}来控制类、函数以及其他逻辑判断。Python 使用缩进来书写模块，这是它最具特色的一点。需要注意的是，缩进的空白数量是可控的，但所有代码语块都必须包含相同的缩进空白数量，这个必须严格执行。

下面例子是正确的缩进。

```
if True:
print ("True")   #缩进为 4 个空格
else:
print ("False")  #缩进为 4 个空格
```

下面的例子是错误的缩进，print ("False")的缩进数量就不对，执行将会报错。

```
if True:
print ("Answer")
print ("True")
else:
print ("Answer")
  print ("False")   # 没有严格缩进，在执行时会报错
```

5. 多行语句

在 Python 语句中我们可以使用"\"来将一行的语句分成多行进行显示，如下例。

```
all = a + \
    b+ \
    c
```

如果语句中包含[]、{}、()就不需要使用多行连接符，直接换行就可以，如下例。

```
all = ['a', 'b', 'c',
      'd', 'e']
```

6. 注释

在绝大多数编程语言中，注释都是一项非常实用的功能。随着程序内容编写得越来越多、越来越复杂，就应该在其中添加说明，以对解决相关问题的方法进行大概的注释。这

有利于用户回溯代码或让其他人查看。

在单行代码注释采用#开头，如下例。

```
#!/usr/bin/python
# -*- coding: UTF-8 -*-
# 文件名: test.py# 第一个注释
print ("Hello, Python! ")   # 第二个注释
```

在多行代码中使用 3 个单引号（'）或 3 个双引号（""）

```
'''
这是多行注释，使用单引号
这是多行注释，使用单引号
这是多行注释，使用单引号
'''


"""
这是多行注释，使用双引号
这是多行注释，使用双引号
这是多行注释，使用双引号
"""
```

7. 变量

1）变量说明

在 Python 中使用变量时，需要遵守相关的规则和指南。不遵守这些规则会引发相关错误，而设置指南的目的是让用户编写的代码更易于理解和阅读。请仔细阅读下述规则。

● 变量名只能包含字母、数字和下画线。变量名可以由字母或下画线开头，但不能以数字开头。

● 变量名不能包含空格，但可以使用下画线来分隔其中的单词。

● 不能将 Python 关键字和函数名用作变量名，如 print。

● 变量名应简短并且具有描述性。

● 避免使用小写字母 l 和大写字母 O，因为可能会被误认为 1 和 0。

2）变量赋值

Python 中的变量赋值不需要提前做类型声明。每个变量在使用前都必须赋值，赋值后这个变量才会被创建。用"="来给变量赋值，"="左边是变量名，"="右边是存储在变量中的值。

下面是一个具体的变量赋值实例。

```
name = "Joe" # 字符串
gender = "male" # 字符串
age = 24 # 赋值整型变量
weight_kg = 85.5 # 浮点型

print (name)
print (gender)
print (age)
print (weight_kg)
```

在上面的例子中，将 Joe,male,24,85.5 分别赋值给 name, gender, age, weight_kg 变量。执行上述程序会输出如下结果。

```
Joe
male
24
85.5
```

3）多变量赋值

Python 允许用户同时为多个变量赋值，如下例。

```
x = y = z = 10
```

上面的例子创建了一个整数型对象，值为 10，3 个变量都赋值为 10。

```
x , y , z = 1, 2, 3
```

上面的例子中，3 个整数型对象 1,2,3 分别分配给了 x,y,z。

4）标准数据类型

在内存中存储的数据可以有多种类型。

例如，一个人的年龄可以用数字来存储，他的名字可以用字符来存储。

Python 定义了一些标准类型，用于存储各种类型的数据。

Python 有 5 个标准的数据类型。

- Numbers（数字）。
- String（字符串）。
- List（列表）。
- Tuple（元组）。
- Dictionary（字典）。

8. 条件语句

Python 条件语句是通过一条或多条语句的执行结果（true 或者 false）来决定执行的代码块。可以通过图 4-7 来简单了解条件语句的执行过程。

Python 程序语言指定任何非 0 和非空（null）值为 true，0 或者 null 为 false。

在 Python 编程中，if 语句用于控制程序的执行，基本形式如下。

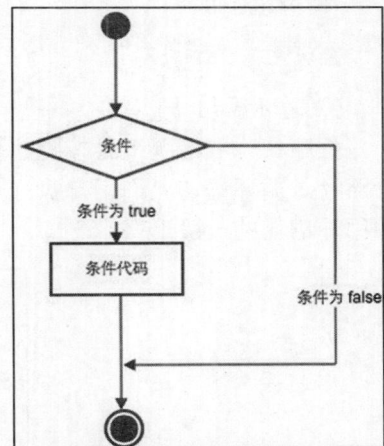

图 4-7 条件语句执行过程

```
if 判断条件:
    执行语句…
else:
    执行语句…
```

其中"判断条件"成立时（非零），则执行后面的语句，而执行内容可以有多行，以缩进来区分和表示同一范围。

else 为可选语句，表示在条件不成立时执行相关语句。

if 语句的判断条件可以用>（大于）、<（小于）、==（等于）、>=（大于等于）、<=（小于等于）来表示其关系。

当判断条件为多个值时，可以使用以下形式。

```
if 判断条件 1：
    执行语句 1…
elif 判断条件 2：
    执行语句 2…
elif 判断条件 3：
    执行语句 3…
else：
    执行语句 4…
```

下面是一个具体例子。

```
score = 55
if score >= 80: #判断 score 的值
    print ('优秀')
elif(score >= 60) and (score < 80): # 条件均成立时输出
print ('及格')
else:
print ('不及格') # 条件均不成立时输出
```

输出结果如下。

```
不及格
```

9. 循环语句

程序在一般情况下是按顺序执行的。编程语言提供了各种控制结构，允许更复杂的执行路径。循环语句允许用户执行一个语句或语句组多次，图 4-8 所示是在大多数编程语言中循环语句的一般形式。

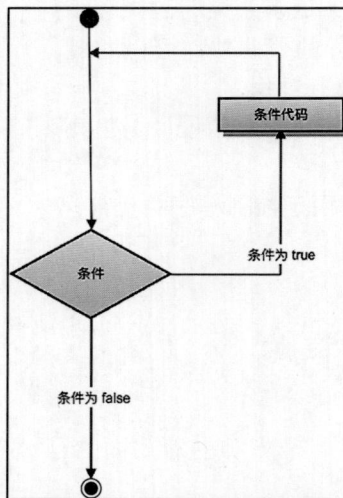

图 4-8　循环语句的一般形式

Python 提供了 while 循环和 for 循环（在 Python 中没有 do…while 循环），如表 4-2 所示。

表 4-2　循环语句

循环类型	描述
while	在给定的判断条件为 true 时执行循环，否则退出循环
for	重复执行

循环控制语句可以更改语句执行的顺序。Python 支持如表 4-3 所示循环控制语句。

表 4-3　循环控制语句

控制语句	描述
break	终止循环，跳出整个循环
continue	终止当前循环，跳出该次循环，执行下一个循环
pass	pass 是空语句，目的是保持代码结构完整性

1）while 循环

Python 编程中 while 语句用于循环执行程序，即在某个条件下循环执行某段程序，以处理需要重复处理的相同任务。其基本形式如下。

```
while 判断条件(condition):
    执行语句(statement(s))…
```

执行语句可以是单个语句或语句块。判断条件可以是任何表达式，任何非零，或非空（null）的值均为 true。当判断条件为 false 时，循环结束。While 循环执行流程如图 4-9 所示。

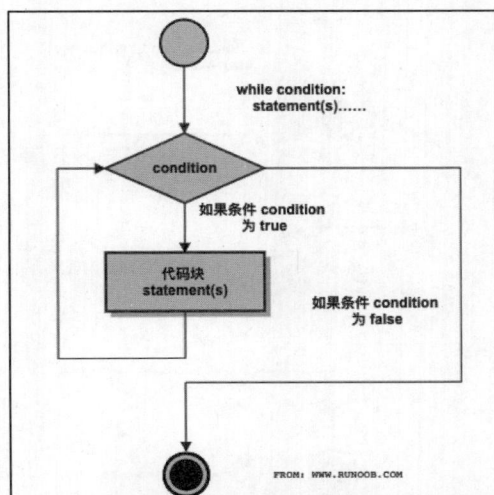

图 4-9　while 循环执行流程

下面是一个 while 循环实例。

```
#while 实例
```

```
count = 1
while(count<10):
    print(count)
    count = count + 1
print('count>=10,over')
```

输出结果如下。

```
1
2
3
4
5
6
7
8
9
count>=10,over
```

2）for 循环

for 循环可以遍历任何序列的项目，如一个列表或者一个字符串。for 循环的语法格式如下。

```
for iterating_var in sequence:
    statements(s)
```

for 循环执行流程如图 4-10 所示。

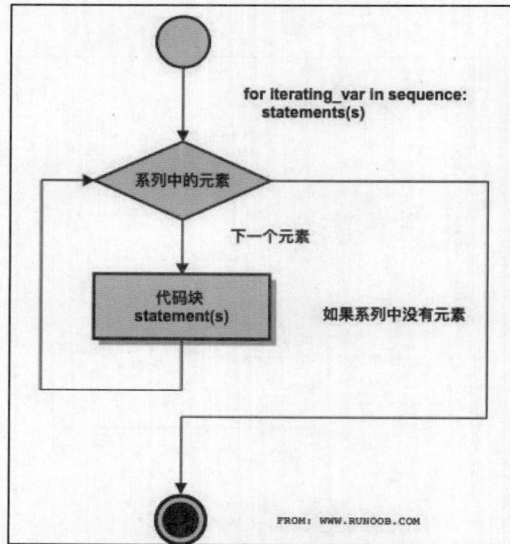

图 4-10　for 循环执行流程

下面是一个 for 循环的具体实例。

```
for letter in 'Python': # 第一个实例
```

```
    print("当前字母: %s"% letter)

fruits = ['banana', 'apple', 'mango']
for fruit in fruits: # 第二个实例
    print ("当前水果: %s"% fruits)
print ("Good bye!")
```

输出结果如下。

```
当前字母: P
当前字母: y
当前字母: t
当前字母: h
当前字母: o
当前字母: n
当前水果: banana
当前水果: apple
当前水果: mango
Good bye!
```

3）break 语句

break 语句用来终止循环语句，即循环条件没有 false 条件或者序列还没被完全递归完，也会停止执行循环语句。

break 语句用在 while 和 for 循环中。如果用户使用嵌套循环，break 语句将停止执行最深层的循环，并开始执行下一行代码。

Python 语言中 break 语句语法格式如下。

```
break
```

break 语句执行流程如图 4-11 所示。

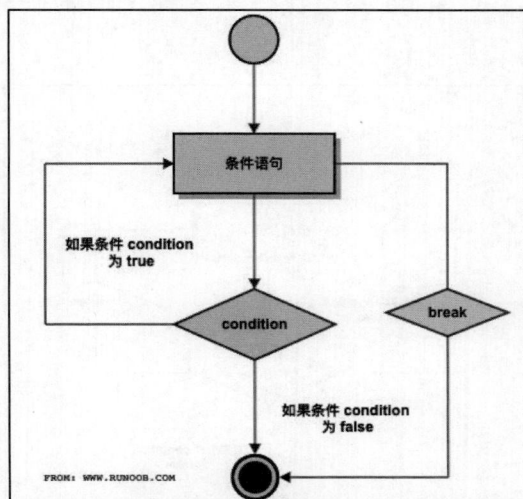

图 4-11　break 语句执行流程

下面是一个 break 语句的具体实例。

```
for letter in 'Python': # 第一个实例
    if letter == 'h':
    break
    print('当前字母: ', letter)
var = 10 # 第二个实例
while var > 0:
    print('当前变量值: ', var)
    var = var-1
    if var == 5: # 当变量 var 等于 5 时退出循环
    break
    print("Good bye!")
```

以上实例执行结果如下。

```
当前字母: P
当前字母: y
当前字母: t
当前变量值: 10
当前变量值: 9
当前变量值: 8
当前变量值: 7
当前变量值: 6
Good bye!
```

4）continue 语句

continue 语句跳出本次循环，而 break 语句跳出整个循环。continue 语句用来跳过当前循环的剩余语句，然后继续进行下一轮循环。continue 语句用在 while 和 for 循环中。

Python 语言中 continue 语句语法格式如下。

```
continue
```

continue 语句执行流程如图 4-12 所示。

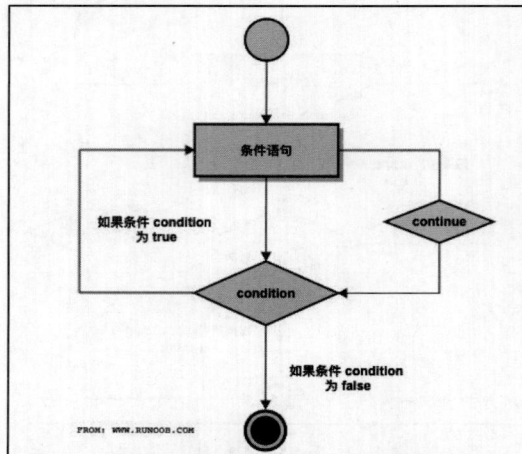

图 4-12   continue 语句执行流程

下面是一个 continue 语句的具体实例。

```
for letter in 'Python': # 第一个实例
    if letter == 'h':
    continue
    print('当前字母: ', letter)
var = 10 # 第二个实例
while var > 0:
    var = var -1
    if var == 5:
    continue
    print('当前变量值: ', var)
print("Good bye!")
```

以上实例执行结果如下。

```
当前字母: P
当前字母: y
当前字母: t
当前字母: o
当前字母: n
当前变量值: 9
当前变量值: 8
当前变量值: 7
当前变量值: 6
当前变量值: 4
当前变量值: 3
当前变量值: 2
当前变量值: 1
当前变量值: 0
Good bye!
```

10. 运算符

1）算术运算符

Python 中的算术运算符如表 4-4 所示。

表 4–4　算术运算符

运算符	表达式	描述
+	a+b	两个对象相加
–	a–b	一个数减另一个数
*	a*b	两个数相乘或字符串被重复若干次
/	a/b	两数相除
%	a%b	取模，返回除法的余数
**	a**b	返回 a 的 b 次幂
//	a//b	取整除，返回商的整数部分（向下取整）

下面例子演示了表 4-4 中的所有运算符。

```
a = 55
b = 2

c = a + b
print(c)

c = a - b
print(c)

c = a * b
print(c)

c = a / b
print(c)

c = a % b
print(c)
```

输出结果如下。

```
57
53
110
27.5
1
```

2）比较运算符

Python 中的比较运算符如表 4-5 所示。

表 4-5　比较运算符

运算符	表达式	描述
==	a==b	比较两个对象是否相等
!=	a!=b	比较两个对象是否不相等
>	a>b	判断 a 是否大于 b，如果大于则返回 True，否则返回 False
<	a<b	判断 a 是否小于 b，如果小于则返回 True，否则返回 False
>=	a>=b	判断 a 是否大于等于 b，如果大于等于则返回 True，否则返回 False
<=	a<=b	判断 a 是否小于等于 b，如果小于等于则返回 True，否则返回 False

下面例子演示了表 4-5 中的所有运算符。

```
a = 10
b = 20

print('a=b',a==b)
print('a!=b',a!=b)
print('a>b',a>b)
print('a<b',a<b)
print('a>=b',a>=b)
```

```
print('a<=b',a<=b)
```

输出结果如下。

```
a=b False
a!=b True
a>b False
a<b True
a>=b False
a<=b True
```

3）逻辑运算符

Python 中的逻辑运算符如表 4-6 所示。

表 4-6　逻辑运算符

运算符	表达式	描述
and	x and y	如果 x 为 False，则返回 False，否则返回 y 的计算值
or	x or y	如果 x 是非 0，则返回 x 的计算值，否则返回 y 的计算值
not	not x	如果 x 为 True，则返回 False。如果 x 为 False，则返回 True

下面例子演示了表 4-6 中的所有运算符。

```
a = 10
b = 20

if a and b :
print ("1 - 变量 a 和 b 都为 True")
else:
print("1 - 变量 a 和 b 有一个不为 True")

if a or b :
print("2 - 变量 a 和 b 都为 True，或其中一个变量为 True")
else:
    print ("2 - 变量 a 和 b 都不为 True")

if not(a and b):
print ("3 - 变量 a 和 b 都为 False，或其中一个变量为 False")
else:
print ("3 - 变量 a 和 b 都为 True")
```

输出结果如下。

```
1 - 变量 a 和 b 都为 True
2 - 变量 a 和 b 都为 True，或其中一个变量为 True
3 - 变量 a 和 b 都为 True
```

4）成员运算符

Python 中的成员运算符如表 4-7 所示。

表 4-7　成员运算符

运算符	描述
in	如果在指定的序列中找到对象则返回 True，否则返回 False
not in	如果在指定的序列中没有找到对象则返回 True，否则返回 False

下面例子演示了表 4-7 中的所有运算符。

```
a = 1
b = 6
list = [1, 2, 3, 4, 5]

print(a in list)
print(b in list)
```

输出结果如下。

```
True
False
```

互动练习

1.【单选】以下选项中，不是 Python 语言保留字的是（　　　）。

A. while　　　　　　B. except　　　　　　C. do　　　　　　　D. pass

2.【多选】变量名可以包含（　　　）。

A. 字母　　　　　　B. 数字　　　　　　C. 下画线　　　　　　D. 中文

3.【单选】关于 Python 程序框架，以下选项中，描述错误的是（　　　）。

A. Python 不采用严格的缩进来表明程序框架

B. Python 语言的缩进可以采用 Tab 键实现

C. Python 单层缩进代码属于之前最邻近的一行非缩进代码，多层缩进代码根据缩进关系决定所属范围

D. 判断、循环、函数等语法形式能够通过缩进包含一批 Python 代码，进而表达对应的语义

4.【单选】下列选项中不符合 Python 语言变量规则的是（　　　）。

A. TempStr　　　　　B. I　　　　　　　C. 3_1　　　　　　D. _AI

5.【单选】关于 Python 语言的注释，以下选项中描述错误的是（　　　）。

A. Python 语言有两种注释：单行注释和多行注释

B. Python 语言的单行注释以#开头

C. Python 语言的单行注释以单引号'开头

D. Python 语言的多行注释以'''（3 个单引号）开头和结尾

6.【单选】如果变量 x = 3，那么，x /= 3 的结果为（　　　）。

A. 3　　　　　　　　B. 0　　　　　　　C. 1.0　　　　　　D. 1

7.【单选】下列 Python 保留字中，不用于表示分支结构的是（　　　）。

A. if　　　　　　　B. elif　　　　　　C. else　　　　　　D. in

8. 使用 for 或者 while 循环，计算 1+2+3+…+100 的和

9. 编写程序，实现如下功能。

输入成绩，如果大于等于 90，输出"优秀"；如果大于等于 70，输出"良好"；如果大于等于 60，输出"及格"；否则输出"不及格"。

输入成绩的 Python 语句如下。

```
score=input("请输入成绩：")
```

三、任务准备与实施

（一）任务准备

- 安装好 Python 编程环境。
- 熟悉 Jupyter 编辑器。
- 熟悉 Python 基本语法。

（二）任务流程

本任务流程的构建由创建变量、输入班级人数、求总分数和平均分数、判断平均分数的等第 4 部分组成，如图 4-13 所示。

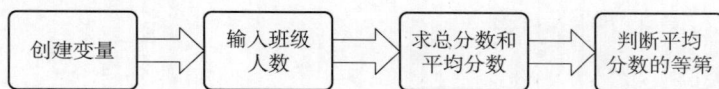

图 4-13　语文成绩分析流程

（三）任务实施

步骤 1：创建变量

创建两个变量，一个是 avgScore，代表语文平均成绩并赋值为 0；一个是 sumScore，代表语文总成绩并赋值为 0，Python 代码如下。

```
avgScore = 0 # 定义平均值
sumScore = 0 # 定义总分数
```

步骤 2：输入班级人数

使用 input 函数从键盘输入班级人数，int()函数将字符型转化为整数型。Python 代码如下。

```
#班级人数从键盘输入
num = int(input('请输入班级人数：')) # 定义班级人数
```

步骤 3：求总分数和平均分数

使用循环语句 for 或者 while 输入班级各位同学的语文成绩并计算总分数和平均分数。Python 代码如下。

```
for i in range(num):
    score = float(input('请输入学生语文成绩：')) # 循环输入学生的成绩
```

```
    sumScore += score # 计算总分数
avgScore = sumScore / num # 成绩平均分数为总分数除以学生人数
print('班级语文总分数为：', round(sumScore, 2)) #保留两位小数
print('班级语文平均分数为：', round(avgScore, 2)) #保留两位小数
```

步骤 4：判断平均分数的等第

使用 if 语句来判断语文平均分数的等第

```
if avgScore>= 85: #判断 avgScore 的值
print ('优秀')
elif(avgScore>= 70) and (avgScore< 85): # 条件均成立时输出
print ('良好')
elif(avgScore>= 60) and (avgScore< 70): # 条件均成立时输出
print ('及格')
else:
print ('不及格')  # 条件不成立时输出
```

四、技能训练

（一）工作准备

● 阅读项目目标任务和要求。

● 理解 Python 基本语法。

（二）项目实操

● 实操引导 1：查看是否安装了 Python，打开 Jupyter 编辑器，定义语文总分数和平均分数，变量定义的规则是：

● 实操引导 2：输入班级人数变量，并输入班级人数，思考输入班级人数的函数，相应的 Python 代码是：

● 实操引导 3：使用循环语句输入班级各位同学的语文成绩并计算总分数和平均分数，相应的 Python 代码是：

实操引导 4：使用 if 语句来判断语文平均分数的等第，相应的 Python 代码是：

五、同步测验

（一）拓展思考

简述 Python 语言的特点。

（二）同步项目训练

使用 for 或者 while 和 if 语句，求 2−3+4−5+6−…+100 的和。

物流大数据分析与挖掘	项目四　Python 编程基础 任务二　函数定义、模块导入与调用 任务工单页	学生： 班级： 日期：

任务二　函数定义、模块导入与调用

一、任务描述

函数是带有名字的代码块，用于完成具体的任务。要执行函数定义的特定任务，可调用该函数。如果用户需要在程序中多次执行相同的任务，不需要反复编写完成这个任务的代码，只需要调用执行这个任务的函数即可，让 Python 运行其中的代码。通过使用函数，程序的编写、阅读、测试和修复都会变得更加容易。函数通常存储在"模块"的文件中，供其他函数或用户导入与调用。

本任务通过学习函数以及模块导入与调用，使用 Python 语言编写一个自己的函数，该函数接收顾客要在水果捞中添加的一系列水果和水果捞杯子的尺寸。编写好该函数后，将函数保存在.py 格式文件中作为模块，之后在新建的文件中导入模块，调用该模块内的函数并传递参数，最后打印顾客点单的水果捞信息。

（一）任务要求

● 使用 Python 语言自定义函数用于水果捞配料和杯子尺寸选择。
● 导入模块并调用函数，打印顾客点单信息。

（二）学习目标

知识目标	掌握函数定义与调用函数的相关理论知识 掌握模块的导入与调用的相关理论知识
技能目标	能使用 Python 语言定义函数 能使用 import 导入模块并调用函数
思政目标	树立爱岗敬业、遵纪守法的职业素养 培养勇于探索、精益求精的工匠精神

（三）实施路径

函数定义、模块导入与调用实施路径如图 4-14 所示。

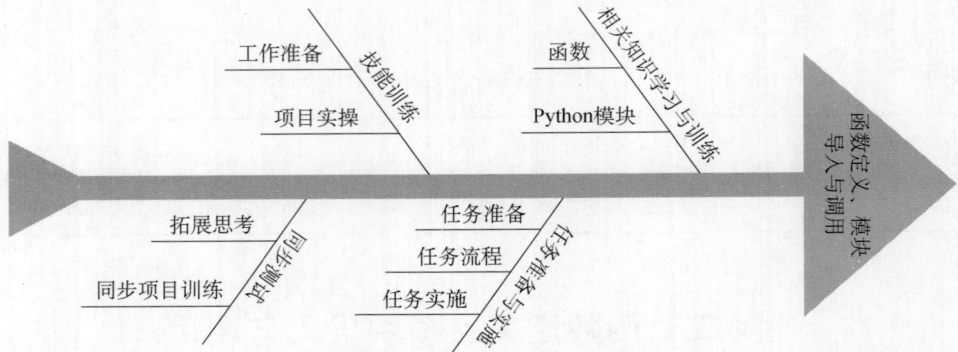

图 4-14　函数定义、模块导入与调用实施路径

二、相关知识学习与训练

（一）函数

函数是可重复使用的、组织好的，用来实现单一或相关联功能的代码段。函数能提高应用的模块性和代码的重复利用率。通过上一任务的学习，可以了解到一些内建函数，如 pint()函数，但用户也可以创建自己的函数，这被称为自定义函数。

1. 定义函数

函数使用 def 关键字声明，用 return 关键字返回值。定义函数的规则如下。

● 函数的代码块以 def 开头，后接函数名称和圆括号()。

● 任何需要传入函数的参数和自变量必须放在圆括号内。

● 函数的第一行语句可以选择性地使用文档字符串注释，用于描述函数的作用。

● 函数的内容以冒号开始，并且缩进。

● 使用 return［表达式］结束函数，表达式的值返回给调用方。不带表达式的 return 相当于返回 None。

函数定义的语法格式如下。

```
def functionname( parameters ):
'''文档字符串'''
function_suite
return [expression]
```

默认情况下，参数值和参数名称是按函数声明中定义的顺序匹配的。

下面编写一个简单的函数来具体说明上述规则，任务为打印问候语，函数名为 hello()，代码如下。

```
def hello():
    '''显示问候语'''
    print(''Hello'')
```

这个例子显示了最简单的函数结构。

第一行代码通过关键字 def 来告诉 Python 要定义一个函数，名为 hello。括号内可以添加为了完成任务所需要的信息，在这个任务里没有添加任何信息，所以括号内为空，最后以冒号结尾。

第二行代码的内容被称为文档字符串的注释，用于描述函数的作用，用 3 个引号引起来。

第三行代码是函数要完成的任务，打印"Hello"信息。

2. 函数调用

定义一个函数时只给了函数的一个名称，并且指定了函数里包含的参数和代码块结构。一个函数定义好之后，可以通过另一个函数调用执行以完成函数任务，也可以直接从 Python 提示符执行。要调用函数，可依次指定函数名以及括号内的信息（如果需要）。如下实例调用了 hello()函数，由于这个函数不需要参入任何信息，因此在调用这个函数的时候，只需要输入 hello()即可。

```
def hello():
    '''显示问候语'''
    print(''Hello'')

#调用函数
hello()
```

函数执行结果如下。

```
Hello
```

3. 参数传递

在函数定义 def hello()的括号内添加 name，就可以让函数接收用户定义的 name 值。调用该函数时，需要指定一个 name 的值，Python 代码如下。

```
def hello(name):
    '''显示问候语'''
    print(''Hello, ''+ name.title())

hello('Joe')
```

代码 hello('Joe')调用函数 hello 并向它输入所需的信息，执行结果如下。

```
Hello, Joe
```

在上述定义的函数 hello()中，name 是形参，在调用函数的代码 hello('joe')中，joe 是实参。在实际函数定义过程中，函数可能包含多个形参，所以在调用函数的时候也要包含多个实参。向函数传递实参的方式有位置实参（实参顺序和形参顺序相同）和关键字实参（由变量名和值组成），还可以使用字典和列表。

1）位置实参

在调用函数时，需要将每个实参与函数定义汇总的形参关联起来，最简单的关联方式就是基于顺序，这种方式被称为位置实参。为了更加清晰地说明位置实参，下面编写一个展示学生信息的函数，这个函数可以打印出学生的名字和性别，代码如下。

```
def student_info(name,gender):
    '''显示学生信息'''
    print(name + '''s gender is '' + gender)
#采用位置实参调用函数
student_info('Joe','male')
```

代码 student_info('Joe','male')调用函数 student_info()并向它输入所需的信息，执行结果如下。

```
Joe's gender is male
```

需要注意的是，如果实参的顺序不正确，那么对应的输出也是不正确的，要注意实参的顺序。

2）关键字实参

关键字实参是指在调用函数时通过名称-值对的形式传递参数，在编写实参时将实参名称和值关联起来。关键字实参的特点是不需要考虑实参的位置。

下面重新编写 student_info()函数，在函数调用的时候使用关键字实参。

```
def student_info(name,gender):
    '''显示学生信息'''
print(name + '''s gender is '' + gender)

#采用关键字实参调用函数
student_info(name='Joe', gender='male')
```

得到的执行结果如下。

```
Joe's gender is male
```

如果将实参位置顺序调整，调用函数时使用如下形式。

```
student_info(gender='male', name='Joe')
```

输出结果也与调整顺序前一致，结果如下。

```
Joe's gender is male
```

3）默认参数

在定义函数的时候，可以为每个形参指定默认值。当调用函数时，如果提供了实参，函数将使用指定的实参，如果没有提供实参，则函数将使用形参的默认值。

例如，如果在调用 student_info()函数时发现几乎都是在描述男生，就可以将形参 gender 的默认值设为'male'，这样在调用 student_info()时就可以不提供 gender 的信息。

```
def student_info(name, gender='male'):
    '''显示学生信息'''
print(name + '''s gender is'' + gender)

student_info(name='Joe')    #采用 gender 为默认值的方式调用函数
```

上面代码中，将 gender 形参的默认值设置为了'male'，当调用 student_info()函数时，如果不指定 gender 的值，Python 将会把这个形参设置为'male'，执行 student_info (name='Joe')后，结果如下。

```
Joe's gender is male
```

即使在定义函数的时候为形参设置了默认值，Python 在调用函数未使用关键字实参时（只输入实参值），这个实参也会被关联到对应的位置，例如只输入一个实参值，Python 依然会将这个实参关联到函数定义的第一个形参。

```
def student_info(name, gender='male'):
'''显示学生信息'''
    print(name + '''s gender is'' + gender)
student_info('Joe')
```

执行结果如下。

```
Joe's gender is male
```

4）等效的函数调用

def student_info(name, gender='male'):

```
    '''显示学生信息'''
    print(name + '''s gender is'' + gender)
#调用函数
student_info('Joe')
student_info('Joe', 'male')
student_info(name='Joe', gender='male')
student_info(gender='name', name='Joe')
```

上面第 5 行到第 8 行调用函数的方式输出的结果都是一致的，也就是说这些调用方法都是等效的。使用哪种方法并没有好与坏之分，只要调用函数能生成用户希望得到的结果即可，可以使用用户所认为的最简便的方法。

5）避免实参错误

当调用函数的时候，如果提供的实参值多于或少于函数所需要的信息时，就会出现参数不匹配错误。下面来看一个具体的例子，调用 student_info()不指定任何实参。

```
def student_info(name,gender):
    '''显示学生信息'''
print(name + '''s gender is'' + gender)

student_info()
```

student_info()不指定任何实参，执行结果如下。

```
1. TypeError  Traceback (most recent call last)
2. <ipython-input-9-39cb5fc31a4b> in <module>
3.      3 print(name + '''s gender is'' + gender)
4.      4
```

```
5.  ----> 5 student_info()
6.
7.  TypeError: student_info() missing 2 required positional arguments:
'name' and 'gender'
```

Python 给出一个错误提示，在第 5 行，指出了出现问题的函数调用。在第 7 行，指出了调用函数 student_info() 时少了两个参数，并且指出了具体的形参名称。所以在调用函数的时候，如果出现匹配错误，不用过于慌张，按照提示就可以定位到出现问题的代码。

6）传递任意数量的实参

有些时候，用户不知道函数需要接收多少个实参，为此 Python 提供了方法可以在调用函数的时候接收任意数量的实参。比如，一个制作果汁的函数，它需要接收很多水果，用户无法提前知道顾客想要点的水果。下面的函数只有一个形参*fruits，不管调用函数提供了多少实参，这个形参都将它们收入囊中。

```
def make_fruit_juice(*fruits):
    '''输出顾客点的所有水果'''
    print(fruits)

make_fruit_juice('banana')
make_fruit_juice('banana', 'apple', 'grape')
```

形参*fruits 中的星号代表让 Python 创建一个名为 fruits 的空元组，并将收到的所有值封装到这个元组中。上述代码输出结果如下。

```
('banana')
('banana', 'apple', 'grape')
优化代码，在函数体内增加 for 循环，对水果进行遍历，并输出顾客点的水果。
def make_fruit_juice(*fruits):
    '''输出顾客点的所有水果'''
    print('\nMaking a fruit_juice with the following fruits:')
    for fruit in fruits:
        print('*' + fruit)

make_fruit_juice('banana', 'apple', 'grape')
```

执行上面的函数，得到如下输出结果。

```
Making a fruit_juice with the following fruits:
*banana
*apple
*grape
```

7）使用位置实参和任意数量实参

如果需要让函数接收不同类型的实参（关键字实参、位置实参、任意数量实参），必须在函数定义的时候将接收任意数量实参的形参放在最后。Python 会先匹配关键字实参和位置实参，再将剩余的实参都放到最后一个形参中。例如，如果想要在前面编写的函数中增加一个水果杯大小的实参，就必须把该形参放到*fruits 前面。

```
def make_fruit_juice(size,*fruits):
    '''输出顾客点的所有水果'''
    print('\nSize of fruit_juice:' + size)
    print('\nMaking a fruit_juice with the following fruits:')
    for fruit in fruits:
        print('*' + fruit)

make_fruit_juice('big', 'banana')
print('************************************')
make_fruit_juice('middle', 'banana', 'apple', 'grape')
```

上述函数定义中，函数将收到的第一个值存储在形参 size 中，将后面的值都存储在元组 fruits 中，这样每个果汁都有了杯子尺寸和所需要的水果，输出如下。

```
Size of fruit_juice:big
Making a fruit_juice with the following fruits:
*banana
************************************
Size of fruit_juice:middle
Making a fruit_juice with the following fruits:
*banana
*apple
*grape
```

4. 返回值

在实际使用函数的过程中，函数并不是直接显示输出，而是可以处理一些数据，并返回一个或一组值。函数返回的值就被称为返回值。可以使用 return 语句将值返回给调用函数的那一行代码。下面来看一个具体的例子。

```
def get_address(province, city):
    '''显示地址信息'''
    full_address = province + ' ' + city
    return full_address

address = get_address('Shandong', 'Qingdao')
print(address)
```

上述例子中，第 1 行代码定义函数通过形参接收省和城市。第 3 行代码将省和城市合到一起，并在中间加上一个空格，将合并结果存储到变量 full_address 中。第 4 行代码将合并结果返回。

在调用需要返回值的函数时，我们需要提供一个变量来存储返回的值，如第 6 行代码，使用 address 来存储函数返回的值。通过第 7 行将 address 变量值输出，结果如下。

```
Shandong Qingdao
```

5. 函数编写指南

在编写函数时，需要牢记以下几个细节。

● 函数名称应该具备描述性，这样可以让别人知道这个函数的作用，并只使用小写字母和下画线。

● 每个函数都应该添加这个函数功能的简单描述，这个描述放置在所定义的函数下一行。

● 为形参指定默认值时，不要在等号两边加空格。

● 在调用函数时，形参指定值时等号两边也不要加空格。

● 如果程序或模块中包含多个函数，可以使用两行空行将其分开，这样更利于阅读代码。

● 所有 import 语句都应该放在开头，除非在文件开头增加了注释来描述整个程序。

● 单行代码长度不建议超过 79 个字符。

6. 内置函数

Python 解释器内置了很多实现常用功能的函数和类型，它们统称为内置函数，这些内置函数无须使用 import 导入，在任意位置都可以直接使用。内置函数存在于 __builtins__ 模块中，因此，内置函数的作用域是内置作用域，每个 Python 脚本都会自动加载该模块，这正是可以随意使用内置函数的原因。

Python 的内置函数大约有 70 个，熟练地掌握并使用它们，将极大地简化用户的代码，提高用户的编程效率，表 4-8 是按照函数名称首字母进行分类整理的内置函数表。

表 4-8　内置函数表

abs	all	any	bytes
bin	bool	bytearray	compile
chr	callable	dict	divmod
delattr	dir	eval	exec
enumerate	filter	float	frozenset
getattr	globals	hash	hex
hasattr	isinstance	issubclass	iter
int	input	id	locals
list	len	max	min
map	next	oct	open
pow	print	reversed	round
range	repr	set	setattr
slice	sorted	staticmethod	str
sum	super	tuple	type
vars	zip		

互动练习 1

1.【单选】以下选项不是函数作用的是（　　　）。

A. 降低编程复杂度　　　　　　　B. 提高代码执行速度

C. 增加代码可读性　　　　　　　D. 提高代码复用性

2.【单选】以下关于函数的说法错误的是（　　　）。

A. 函数通过函数名来调用

B. 函数可以看作一段具有名字的子程序

C. 函数是一段具有特定功能的、可重复的语句组

D. 对函数的使用必须了解其内部实现原理

3.【单选】哪个选项对函数的定义是错误的？（　　　）

A. def vfunc(a, b)　　　　　　　　B. def vfunc(a, *b)

C. def vfunc(*a, b)　　　　　　　D. def cvfunc(a, b=2)

4.【单选】如果函数没有使用 return 语句，则函数返回的是（　　　）。

A. 0　　　　　　　　　　　　　B. None 对象

C. 1.任意的整数　　　　　　　　D. 错误! 函数必须要有返回值

5.【单选】以下代码输出结果为（　　　）。

```
def printLine(text):
    print(text, 'Runoob')
printLine('Python')
```

A. Python　　　　　　　　　　B. Python Runoob

C. text Runoob　　　　　　　　D. Runoob

6. 编写一个 student_info()函数，它接收学生姓名和班级名称两个参数，并返回一个字符串信息。

7. 编写一个求和函数，求 1+2+3+…+n 的和，n 为函数参数，并返回值。

（二）Python 模块

Python 模块（Module）是一个 Python 文件，以.py 结尾，包含了 Python 对象定义和 Python 语句。模块能够让用户有逻辑地组织 Python 代码，存储函数，之后再使用 import 语句将模块导入主程序中。通过将函数存储在模块中，可隐藏低层逻辑的代码细节，将编写代码的核心放在高层逻辑上。模块还可以让用户在不同的程序中重复使用函数。把函数存储成模块后，就可以与其他程序员共享这个模块，而不需要共享整个程序。

1. 模块导入

1）导入整个模块

我们可以使用 import 语句来引入模块，语法如下。

```
import module1[, module2[,... moduleN]]
```

比如要引用模块 math，就可以在文件最开始的地方用 import math 来引入。在调用 math 模块中的函数时，必须进行如下引用。

```
模块名.函数名
```

当解释器遇到 import 语句时，如果模块在当前的搜索路径则就会被导入。一个模块只会被导入一次，不管用户执行了多少次 import。这样可以防止导入模块被一遍又一遍地执行。

2）导入特定函数

除了导入整个模块，我们还可以导入模块中的某个函数，Python 的 from…import 语句可以从模块中导入一个指定的部分到当前命名空间中，语法如下。

```
from modname import name1[, name2[, ... nameN]]
```

例如，要导入模块 fib 的 fibonacci 函数，使用如下语句。

```
from fib import fibonacci
```

这个声明不会把整个 fib 模块导入当前的命名空间中，它只会将 fib 里的 fibonacci 单个引入执行这个声明的模块的全局符号表中。导入指定函数后，我们在调用这个函数的时候就不需要加模块名称，直接调用就可以。

3）使用 as 给模块指定别名

有时候模块名称特别长，在使用函数过程中比较麻烦，我们可以使用 as 给模块指定一个简短一些的别名，这样在调用模块的时候就更加容易，语法如下。

```
from 模块名称 as 模块别名
```

例如，要导入模块 fruit_juice 时，指定模块别名为 f，代码如下。

```
import fruit_juice as f

f.make_fruit_juice('big', 'banana')
print('********************************')
f.make_fruit_juice('middle', 'banana' ,'apple' ,'grape')
```

第一行代码导入 fruit_juice 模块并指定别名为 f，这样在编写代码调用函数时，只需要写 f.make_fruit_juice，而不需要写 fruit_juice.make_fruit_juice。

4）使用 as 给函数指定别名

有时候函数名称太长，不方便编写，或者导入的函数名称与文件中已有的函数名称一致就会出现冲突，这种情况下我们就可以用 as 给函数指定一个别名，语法如下。

```
from 模块名称 import 函数名称 as 函数别名
```

例如，要导入模块 fruit_juice 中的 make_fruit_juice 函数时，指定函数别名为 mf，代码如下。

```
from fruit_juice import make_fruit_juice as mf

mf('big', 'banana')
print('********************************')
mf('middle', 'banana' ,'apple' ,'grape')
```

第 1 行代码我们将函数 make_fruit_juice()指定为 mf()，在调用函数的时候我们就可以直接使用 mf()，如第 3 行代码和第 5 行代码。

5）导入模块中的所有函数

使用"*"可以把一个模块中的所有内容全都导入当前的命名空间，语法如下。

```
from modname import *
```

在文件中调用函数时，直接写函数名称即可。但是，通常不要采用这种导入方法，因为容易出现函数名称重复的问题。最好的做法是导入需要使用的函数或者导入整个模块并使用模块+函数名称的方法去调用函数，这样会让整个代码更加清晰，也更加容易阅读和理解。

2. 安装第三方模块

Python 本身提供了非常丰富的标准库，同时，Python 又有着非常活跃的开源社区，人们实现并贡献了大量第三方库，这些第三方库是对 Python 标准库的补充。作为标准库，用户可以直接导入（import）并使用，而对于第三方库，则必须先安装。pip 是 Python 标准库的管理工具，使用它可以安装管理第三方库，安装语句如下。

```
pip install 库名
```

在安装时，可以指定第三方库的版本。

```
pip install 库名==版本号
```

如果安装成功，一定会出现 Successfully installed 的字样。

第三方库会经常更新，可以使用下面的命令罗列出已经过期的第三方库。

```
pip list --outdated
```

想要对其中某个库进行升级，可以使用 upgrade 命令。

```
pip install --upgrade 库名
```

如果想要卸载第三方库，使用 uninstall 命令。

```
pip uninstall 库名
```

想要查找第三方库，则使用 search 命令，使用这个命令可以搜索到非常多的第三方库。

```
pip search reqeusts
```

互动练习 2

1. 下列关于模块的说法错误的是（　　　）。

A. 工程上将相关功能的函数存放在一个 Python 脚本里，这个脚本就是一个模块

B. 模块的划分让整个工程看起来更加有序

C. 用户可以使用 import 导入模块

D. 可以使用 unpip 来安装第三方模块

2. 现有一个模块文件 fruit_juice.py，该模块有函数 make_fruit_juice，分别写出使用下列方式导入模块的 Python 语句以及函数调用的方式。

（1）import 模块名称。

（2）import 模块名称 as 别名。

（3）from 模块名称 import 函数名称。

（4）from 模块名称 import 函数名称 as 别名。

（5）from 模块名称 import *。

三、任务准备与实施

（一）任务准备

● 打开 Jupyter 编辑器。

● 熟悉函数定义及参数传递。

● 熟悉模块的导入和函数调用。

（二）任务流程

本任务流程的构建由定义函数、模块导入、函数调用 3 部分组成，如图 4-15 所示。

图 4-15　水果捞配料与尺寸选择的任务流程

（三）任务实施

步骤 1：定义函数

定义函数名为 make_fruit_mix()，增加形参 size 接收大小，定义*fruits 接收一系列水果。函数体内输出顾客点的水果的概要信息。

```
def make_fruit_mix(size,*fruits):
    '''输出顾客点的所有水果'''
    print('\nSize of shuiguolao:' + size)
    print('\nMaking a shuiguolao with the following fruits:')
    for fruit in fruits:
        print('*' + fruit)
```

将上述函数所在的文件保存为 fruit_mix.py 格式文件，作为模块。

步骤 2：模块导入

```
import fruit_mix
```

步骤 3：函数调用

```
fruit_mix.make_fruit_mix ('big', 'banana')
print('**********************************')
fruit_mix.make_fruit_mix ('middle', 'banana' ,'apple' ,'grape')
```

输出结果如下。

```
Size of shuiguolao:big

Making a shuiguolao with the following fruits:
*banana
**********************************

Size of shuiguolao:middle

Making a shuiguolao with the following fruits:
*banana
*apple
*grape
```

四、技能训练

（一）工作准备

- 阅读项目目标任务和要求。
- 理解相关技术的使用方法。

（二）项目实操

- 实操引导 1：编写一个函数，用于接收顾客要在披萨中添加的一系列配料和尺寸，Python 代码如下：

- 实操引导 2：编写后将这个文件转换为.py 文件格式作为模块，思考转换过程。

- 实操引导 3：之后再创建一个文件，在文件内导入之前创建的模块，Python 代码如下：

- 实操引导 4：调用模块内的函数并传递参数，最后打印顾客点的披萨的概要信息，Python 代码如下：

五、同步测验

（一）拓展思考

简述函数编写指南。

（二）同步项目训练

实现函数 get_max，函数最终返回列表 lst 的最大值，不要使用 max 函数。

编写后将这个文件转换为.py 文件格式作为模块，之后再创建一个文件，使用下述方法中任意一种导入函数，最后调用该函数。

（1）import 模块名称。

（2）import 模块名称 as 别名。

（3）from 模块名称 import 函数名称。

（4）from 模块名称 import 函数名称 as 别名。

（5）from 模块名称 import *。

物流大数据分析与挖掘	项目四　Python 编程基础 任务三　列表、元组、字典与集合数据类型 任务工单页	学生： 班级： 日期：

任务三　列表、元组、字典与集合数据类型

一、任务描述

在本任务中，将学习什么是列表和如何使用列表；学习什么是元组和如何使用元组；学习什么是字典并学习如何访问和修改字典。

在本任务中，我们将创建一个字典，添加键-值对，键-值对中的值由字典构成，最后打印出字典中的所有信息。

（一）任务要求

具体任务包括以下方面。

- 学习列表和使用列表。
- 学习元组和使用元组。
- 学习字典和使用字典。

（二）学习目标

知识目标	能掌握列表相关概念 能掌握元组相关概念 能掌握字典相关概念
技能目标	知道如何使用列表 知道如何使用元组 知道如何使用字典
思政目标	树立脚踏实地的人生态度 培养乐观向上的职业素养

（三）实施路径

Python 列表、元组、字典与集合数据类型实施路径如图 4-16 所示。

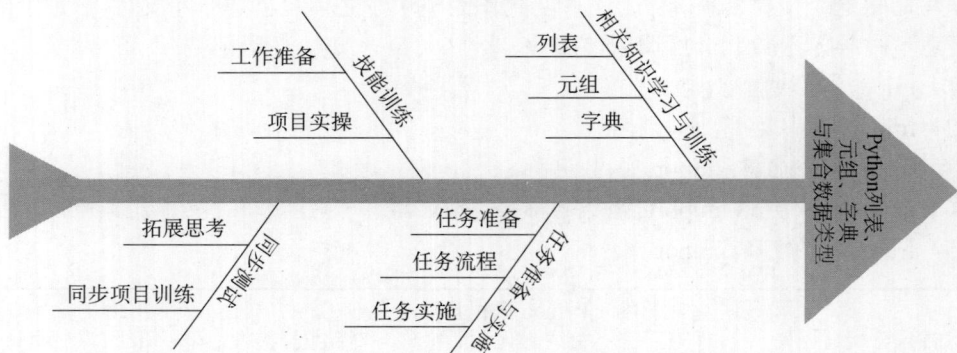

图 4-16　Python 列表、元组、字典与集合数据类型实施路径

二、相关知识学习与训练

（一）列表

1. 什么是列表

列表是由一些列元素组成的，元素可以是字母、数字或其他字符串，元素之间可以没有任何关联。在 Python 中，使用方括号[]来表示列表，并使用逗号来分隔其中的元素。下面是一个简单的例子，这个列表中包含了多种水果。

```
fruits = ['banana','apple','grape']
print (fruits)
```

运行上述代码会得到如下结果。

```
['banana', 'apple', 'grape']
```

2. 访问列表元素

列表是有序集合，所以如果用户想访问列表内的元素，只需要指定该元素的位置或索引即可，下面是一个简单的访问列表元素的例子。

```
fruits = ['banana','apple','grape']
print (fruits[0])
```

运行上述代码将会得到如下输出。

```
banana
```

需要注意的是，列表的第一个元素位置的索引是 0，而不是 1。

3. 修改列表元素

可以通过指定列表名和要修改的元素的索引，并指定这个元素的新值来修改列表元素，下面是一个简单的修改列表元素的例子。

```
fruits = ['banana','apple','grape']
print (fruits)

fruits[0] = 'peach'
print(fruits)
```

运行上述代码将会得到如下输出。

```
['banana', 'apple', 'grape']
['peach', 'apple', 'grape']
```

4. 添加列表元素

1）变量在列表末尾添加元素

在列表中添加元素时，最直接的办法就是在列表的尾部添加元素，下面是在列表末尾添加元素的例子。

```
fruits = ['banana','apple','grape']
```

· 198 ·　　物流大数据分析与挖掘

```
print (fruits)

fruits.append('peach')
print(fruits)
```

append()方法将'peach'添加到了列表的末尾，运行上述代码将会得到如下输出。

```
['banana', 'apple', 'grape']
['banana', 'apple', 'grape', 'peach']
```

2）变量在列表中添加元素

使用 insert()方法可以在列表任意位置添加元素，下面是在列表中添加元素的例子。

```
fruits = ['banana','apple','grape']

fruits.insert(0, 'peach')
print(fruits)
```

运行上述代码将会得到如下输出。

```
['peach', 'banana', 'apple', 'grape']
```

5. 删除列表元素

1）使用 del()方法删除

del()方法可以指定删除任何位置的元素。

```
fruits = ['peach','banana','apple','grape']
print(fruits)

del fruits[0]
print(fruits)
```

运行上述代码将会得到如下输出。

```
['peach', 'banana', 'apple', 'grape']
['banana', 'apple', 'grape']
```

上面输出表明列表第一个元素已经被删除了。

2）使用 pop()方法删除

pop()方法可直接删除列表末尾的元素，下面是使用 pop()方法删除元素的例子。

```
fruits = ['peach','banana','apple','grape']
print(fruits)

fruits.pop()
print(fruits)
```

运行上述代码将会得到如下输出。

```
['peach', 'banana', 'apple', 'grape']
['peach', 'banana', 'apple']
```

上面的输出表明列表最后一个元素已经被删除了。

3）删除列表任意位置的元素

可以使用 pop()方法来删除列表任何位置的元素，只需要在括号内加上索引即可。

```
fruits = ['peach','banana','apple','grape']
print(fruits)

fruits.pop(3)
print(fruits)
```

运行上述代码会得到如下输出。

```
['peach', 'banana', 'apple', 'grape']
['peach', 'banana', 'apple']
```

上面输出表明列表最后一个元素已经被删除了。

4）指定值删除元素

在某些情况下，用户可能并不知道要删除的元素的索引，只知道要删除的元素的值，这种情况下可以使用方法 remove()。

```
fruits = ['peach','banana','apple','grape']
print(fruits)

fruits.remove('grape')
print(fruits)
```

运行上述代码将会看到如下输出。

```
['peach', 'banana', 'apple', 'grape']
['peach', 'banana', 'apple']
```

上面输出表明列表元素'grape'已经被删除了。

6. 组织列表

有时候用户需要调整列表内元素的位置，Python 提供了很多方式供用户在不同的情况下使用。

1）使用 sort()方法排序

sort()方法能够让用户很容易地实现列表的排序，值得注意的是，sort()方法会永久性地修改列表的排列顺序，下面的例子是其列表中的元素按照字母顺序排序。

```
fruits = ['peach','banana','apple','grape']

fruits.sort()
print(fruits)
```

运行上述代码将会得到如下输出。

```
['apple', 'banana', 'grape', 'peach']
```

上面输出表明列表元素按照字母顺序排序后的结果。还可以按照字母顺序相反的顺序排序，只需要在 sort()方法内加上参数 reverse=True。

```
fruits = ['peach','banana','apple','grape']

fruits.sort(reverse=True)
print(fruits)
```

运行上述代码将会得到如下输出。

```
['peach', 'grape', 'banana', 'apple']
```

同样对列表顺序的修改是永久性的。

2）使用 sorted()方法排序

如果只是打印排序后的内容，而不需要修改列表内元素的原排列顺序，可以使用 sorted()方法。示例如下所示。

```
fruits = ['peach','banana','apple','grape']

print(fruits)
print(sorted(fruits))
print(fruits)
```

运行上述代码将会得到如下输出。

```
['peach', 'banana', 'apple', 'grape']
['apple', 'banana', 'grape', 'peach']
['peach', 'banana', 'apple', 'grape']
```

上述示例先打印出列表原始顺序，见第一行，之后再打印出排序后的列表，见第二行，最后又打印了列表，见第三行，确定列表的原始顺序确实没有改变。如果要展示与字母表顺序相反的排序结果，也可以在 sorted()方法中加上参数 reverse=True。

3）列表长度

len()方法可以让用户快速知道列表的长度。示例如下。

```
fruits = ['peach','banana','apple','grape']

len(fruits)
```

运行上述代码将会得到如下输出。

```
4
```

列表包含 4 个元素，所以长度为 4。

4）反转列表元素

要反转列表元素，可以使用 reverse()方法。示例如下。

```
fruits = ['peach','banana','apple','grape']
print(fruits)

fruits.reverse()
```

```
print(fruits)
```

运行上述代码将会得到如下输出。

```
['peach', 'banana', 'apple', 'grape']
['grape', 'apple', 'banana', 'peach']
```

reverse()方法会永久性地修改列表的排列顺序。

7. 遍历列表

使用 for 循环可以遍历整个列表，下面使用 for 循环打印列表中所有的水果。

```
fruits = ['peach','banana','apple','grape']
for fruit in fruits:
    print(fruit)
```

运行上述代码将会得到如下输出。

```
peach
apple
banana
grape
```

8. 创建数字列表

使用 range()方法可以轻易地创建一系列数字。示例如下。

```
for value in range(1,10):
    print(value)
```

运行上述代码将会得到如下输出。

```
1
2
3
4
5
6
7
8
9
```

上面示例通过 range()方法创建了一系列数字，我们将这些数字转换为一个列表。

```
numbers = list(range(1,10))
print(numbers)
```

运行上述代码将会得到如下输出。

```
[1, 2, 3, 4, 5, 6, 7, 8, 9]
```

9. 切片

处理列表的部分元素称为切片，要创建切片可以指定要使用的第一个元素的索引和最后一个元素的索引加 1。示例如下。

```
fruits = ['peach','banana','apple','grape']
print(fruits[0:2])
```

运行上述代码将会得到如下输出。

```
['peach','banana']
```

10. 复制列表

要复制列表，可创建一个空列表，同时省略索引值（[:]）。示例如下。

```
fruits = ['peach','banana','apple','grape']
favorite_fruits = fruits[:]
print(fruits)
print(favorite_fruits)
```

运行上述代码将会得到如下输出。

```
['peach', 'banana', 'apple', 'grape']
['peach', 'banana', 'apple', 'grape']
```

（二）元组

1. 什么是元组

元组看起来跟列表一样，但是使用()而不是[]来标识；与列表一样，元组也可以通过索引来访问元素，值得注意的是，元组内的元素是不循序修改的。

```
numbers = (100, 200)
print (numbers[0])
print (numbers[1])
```

上面示例第一行定义了元组，使用的是()而不是[]，第二行打印了定义的元组的索引为 0 的元素，第三行打印了定义的元组的索引为 1 的元素。运行上述代码将会看到如下输出。

```
100
200
```

2. 遍历元组

使用 for()循环来遍历元组中的值。示例如下。

```
numbers = (100, 200)
for number in numbers:
print (number)
```

运行上述代码将会得到如下输出。

```
100
200
```

3. 修改变量

元组的元素虽然不能修改，但可以通过重新定义整个元组来实现变量的修改。示例如下。

```
numbers = (100, 200)
print (numbers)
numbers = (300, 400)
print (numbers)
```

运行上述代码将会得到如下输出。

```
100
200
300
400
```

（三）字典

1. 什么是字典

在 Python 中，字典是一系列键-值对。每个键都对应一个值，可以通过键来访问对应的值，值可以是数字、字符串、列表甚至字典，可以是任何类型，下面我们看一个简单的字典例子。

```
students = {'name': 'Joe','age': 8}
```

这个字典中存储了学生信息，包含 name 和 age。

2. 访问字典

可通过指定字典名和键值来获取与键相关的值。

```
students = {'name': 'Joe','age': 8}
print (students['name'])
```

运行上述代码将会得到如下输出。

```
Joe
```

3. 添加键-值对

可通过指定字典名，用方括号括起来的键和关联的值来添加键-值对。示例如下。

```
students = {'name': 'Joe','age': 8}
print (students)
students['class'] = 1
students['score'] = 98
print (students)
```

上面示例在字典中新增了两个键-值对，一个是'class'，对应的值是 1；另一个是'score'，对应的值是 98。运行上述代码将会得到如下输出。

```
{'name': 'Joe', 'age': 8}
{'name': 'Joe', 'age': 8, 'class': 1, 'score': 98}
```

4. 创建空字典

可以创建一个字典并且添加键-值对，也可以先创建一个空字典，之后再添加键-值对。

```
students = {}
students['name'] = 'Joe'
students['age'] = 8
print (students)
```

运行上述代码将会得到如下输出。

```
{'name': 'Joe', 'age': 8}
```

5. 修改字典中的值

可通过指定字典名，用方括号括起来的键和其关联的值来修改字典中的值。示例如下。

```
students = {'name': 'Joe','age': 8}
print (students)
students['name'] = 'Will'
print (students)
```

运行上述代码将会得到如下输出。

```
{'name': 'Joe', 'age': 8}
{'name': 'Will', 'age': 8}
```

6. 删除字典中的键-值对

可使用 del 语句来删除键-值对，需要指定要删除的字典名和键。示例如下。

```
students = {'name': 'Joe','age': 8}
print (students)

del students['name']
print (students)
```

运行上述代码将会得到如下输出。

```
{'name': 'Joe', 'age': 8}
{'age': 8}
```

7. 遍历字典

1）遍历键-值对

使用 for 循环语句，声明两个变量，分别存储键和其关联的值。示例如下。

```
students = {'name': 'Joe','age': 8}
for key, value in students.items():
print ('\nkey:'+ key)
print ('value:'+ str(value))
```

注意到 for 循环一行，此外使用了字典名和 items()方法，这样就会返回键-值对，并存储到 key 和 value 中。运行上述代码将会看到如下输出。

```
key: name
value: Joe

key: age
value: 8
```

2）遍历字典中的键

可使用 for 循环语句和 keys()方法遍历字典中的键。示例如下

```
students = {'name': 'Joe','age': 8}
for key in students.keys():
print ('key:'+ key)
```

注意到 for 循环一行，此外使用了字典名和 keys()方法，这样就会返回键列表，并存储到 key 中。运行上述代码将会得到如下输出。

```
key: name
key: age
```

3）遍历字典中的值

可使用 for 循环语句和 values()方法遍历字典中的值。示例如下

```
students = {'name': 'Joe','age': 8}
for value in students.values():
print ('value:'+ str(value))
```

注意到 for 循环一行，此外使用了字典名和 values()方法，这样就会返回值列表，并存储到 value。运行上述代码将会得到如下输出。

```
value:Joe
value:8
```

互动练习

1.【单选】列表用什么符号表示？（　　　）

A. ()　　　　　　B. []　　　　　　C. {}　　　　　　　　D. ""

2.【单选】元组用什么符号表示？（　　　）

A. ()　　　　　　B. []　　　　　　C. {}　　　　　　　　D. ""

3.【单选】字典用什么符号表示？（　　　）

A. ()　　　　　　B. []　　　　　　C. {}　　　　　　　　D. ""

4.【单选】列表中索引从哪里开始？（　　　）

A. 0　　　　　　B. 1

5. 创建一个列表，存储朋友的姓名，一次访问每个列表的元素，并打印出来。

6. 创建一个列表，存储朋友的姓名，并使用 sorted()方法按字母顺序打印这个列表。

7. 创建一个列表 student=['Joe', 'Will', 'Howard']，使用 insert()方法将一个新名字添加到列表开头；使用 insert()方法将一个新名字添加到名单中间；使用 append()方法在名单末尾添加一个名字；使用 pop()方法删除名单末尾的名字；使用 del()方法删除名单中第一

个名字。

8. 创建一个元组，存储 5 种水果名称，修改其中一种水果的名称。

9. 创建一个字典，存储宠物名称和宠物主人名称，创建 5 个键-值对，之后按照"键：值"格式打印出字典内的信息。

三、任务准备与实施

（一）任务准备

● 学习列表的定义及使用方法。

● 学习元组的定义及使用方法。

● 学习字典的定义及使用方法。

（二）任务流程

本任务流程的构建由创建字典、添加键-值对、遍历字典键-值对 3 个部分，如图 4-17 所示。

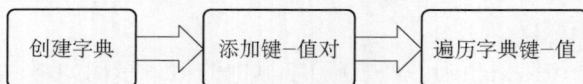

图 4-17　任务流程

（三）任务实施

步骤 1：创建字典

创建一个字典，Python 代码如下。

```
cities = {} # 定义字典
```

步骤 2：添加键-值对

添加两个键-值对，以城市名作为键，对于每个城市都再创建一个字典，用于存储城市所属的国家（country）和一个关于这个城市的描述（description），Python 代码如下。

```
cities = {}
cities['Beijing'] = {'country':'China','description':'Beautiful'}
cities['NewYork'] = {'country':'America','description':'Fashion'}
```

步骤 3：遍历字典键-值对

打印出所有城市的信息，Python 代码如下。

```
cities = {}
cities['Beijing'] = {'country':'China','description':'Beautiful'}
cities['NewYork'] = {'country':'America','description':'Fashion'}
for key,value in cities.items():
    print('City:' + key)
    for key_0,value_1 in value.items():
        print(key_0+':'+value_1)
```

上述代码执行结果如下。

```
City:Beijing
country:China
description:Beautiful
City:NewYork
country:America
description:Fashion
```

四、技能训练

（一）工作准备

- 学习列表的定义及使用方法。
- 学习元组的定义及使用方法。
- 学习字典的定义及使用方法。

（二）项目实操

- 实操引导 1：　创建一个空字典，Python 代码如下：

_____

_____

- 实操引导 2：添加键-值对，键是学生姓名，用 name 表示，值是一个字典，存储了学生的班级（用 class 表示）和成绩（用 score 表示），Python 代码如下：

_____

_____

- 实操引导 3：用 for 循环语句打印出所有学生的信息，其中值的信息要求分别打印出来，不能直接打印出字典，Python 代码如下：

_____

_____

五、同步测验

（一）拓展思考

简述列表、元组、字典的特点和区别。

（二）同步项目训练

创建一个名为 favorite_fruits 的字典，在这个字典中，将 3 个名字作为键，对于每个人，存储 2~3 种喜欢的水果，之后遍历这个字典，将每个人的姓名和喜欢的水果打印出来。

物流大数据分析与挖掘	项目四　Python 编程基础 任务四　文件与数据库操作 任务工单页	学生： 班级： 日期：

任务四　文件与数据库操作

一、任务描述

在本任务中，将学习如何处理文件，让程序能够快速读取数据并进行分析。学习处理文件和存储数据能够让用户的程序使用起来更简单。

在本任务中，首先打开一个文件并写入内容，之后读取文件的内容，读取后再通过附加模式添加指定的内容。

（一）任务要求

具体任务包括以下方面。

- 学习读取文件。
- 学习使用文件内容。
- 学习写入文件。
- 学习存储数据。

（二）学习目标

知识目标	能掌握读取文件、使用文件内容、写入文件的方法 能掌握存储数据的方法
技能目标	能正确读取文件、使用文件内容、写入文件 能正确存储数据
思政目标	树立爱岗敬业、遵纪守法的职业素养 培养知行合一的观念 培养具体问题具体分析的科学精神

（三）实施路径

Python 文件与数据库操作实施路径如图 4-18 所示。

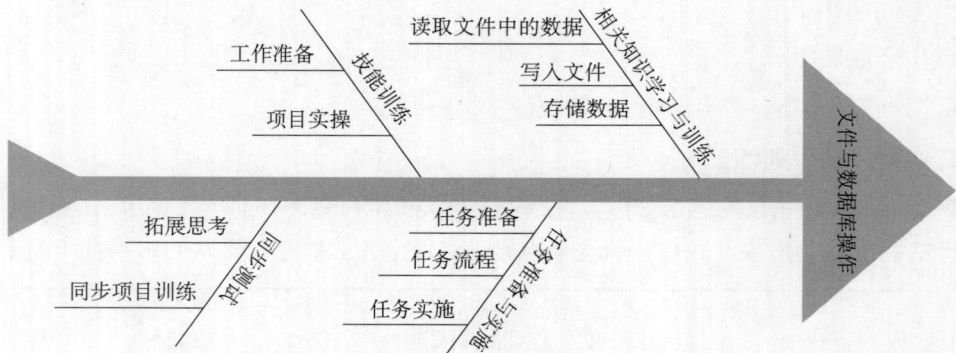

图 4-18　Python 文件与数据库操作实施路径

二、相关知识学习与训练

（一）读取文件中的数据

1. 读取整个文件

首先创建一个文件，包含几行数字。

```
numbers.txt
1 2 3 4 5 6 7 8 9 10
11 12 13 14 15 16 17 18 19 20
21 22 23 24 25 26 27 28 29 30
```

创建完上面文件后，把这个文件保存到本节任务程序所在的目录。下面打开这个文件，并将文件内容打印出来。

```
with open('numbers.txt') as file_numbers:
    contents = file_numbers.read()
    print(contents)
```

在上面的程序中，第一行使用 open() 函数打开文件，open() 函数需要接收一个参数，就是所要打开的文件名。在这里值得注意的是，如果文件没有在程序所在的目录下，那么就要在文件名前加上绝对路径或相对路径。open('numbers.txt') 返回一个对象，这个对象存储在后面的 file_numbers 变量中。在第二行中，使用 read() 方法读取文件的内容，并将其存储在变量 contents 中，这样通过打印 contents 就可以将文件内容全部打印出来。运行上述代码将会得到如下输出。

```
1 2 3 4 5 6 7 8 9 10
11 12 13 14 15 16 17 18 19 20
21 22 23 24 25 26 27 28 29 30
```

2. 文件路径

在给 open() 函数传递参数时，如果只是传递简单的文件名，程序就会在程序文件所在的目录中查找这个文件。如果需要打开的文件不在程序文件所在的目录下，就需要提供存储路径，这会让程序去指定的位置寻找。下面示例在程序文件所在的目录下创建一个文件夹 file，把 numbers.txt 文件复制到 file 文件夹内，之后再打开并读取文件。

```
with open('file/numbers.txt') as file_numbers:
    contents = file_numbers.read()
    print(contents)
```

由于文件夹 file 在程序文件所在的目录下，所以可以使用相对路径 file/numbers.txt。运行上述代码将会得到如下输出。

```
1 2 3 4 5 6 7 8 9 10
11 12 13 14 15 16 17 18 19 20
21 22 23 24 25 26 27 28 29 30
```

上面示例使用的是相对路径，也可以使用绝对路径来将准确的位置告诉程序，通常在使用绝对路径的时候，是先将绝对路径存储在一个变量中，再将这个变量传递给 open()函数。示例如下。

```
path = 'C:/Users/86132/file/numbers.txt'
with open(path) as file_numbers:
    contents = file_numbers.read()
    print(contents)
```

运行上述代码将会得到如下输出。

```
1 2 3 4 5 6 7 8 9 10
11 12 13 14 15 16 17 18 19 20
21 22 23 24 25 26 27 28 29 30
```

3. 按行读取

可以使用 for()循环来实现每次一行内容的读取。示例如下。

```
with open('numbers.txt') as file_numbers:
    for line in file_numbers:
        print(line)
```

运行上述代码将会得到如下输出。

```
1 2 3 4 5 6 7 8 9 10

11 12 13 14 15 16 17 18 19 20

21 22 23 24 25 26 27 28 29 30
```

我们发现打印每一行内容时，空白行增加了，这是因为 print()语句会加上一个换行符，而原文件中每一行的末尾都有一个看不见的换行符，所以就会有多余的空白行。

如果想消除多余的空行，可以在 print()语句中加上 rstrip()。示例如下。

```
with open('numbers.txt') as file_numbers:
    for line in file_numbers:
        print(line.rstrip())
```

运行上述代码将会得到如下输出，多出的空行不见了。

```
1 2 3 4 5 6 7 8 9 10
11 12 13 14 15 16 17 18 19 20
21 22 23 24 25 26 27 28 29 30
```

4. 创建一个与文件内容相同的列表

使用关键字 with 时，open()返回的对象在 with 代码块内可使用。如果想在 with 代码块外使用文件的内容，可以在 with 代码块内将文件的内容存储在一个列表中，这样就可以在 with 代码块外使用这个列表。示例如下。

```
with open('numbers.txt') as file_numbers:
```

```
lines = file_numbers.readlines()

for line in lines:
    print(line.rstrip())
```

第 2 行代码我们使用 readlines()方法将文件中读取的每一行内容存储在一个列表中，之后将这个列表存储在变量 lines 中，这样在 with 代码块外依然可以使用这个变量。运行上述代码将会得到如下输出。

```
1 2 3 4 5 6 7 8 9 10
11 12 13 14 15 16 17 18 19 20
21 22 23 24 25 26 27 28 29 30
```

5. 文件内容

将文件内容读取后，可以以任意方式去使用。示例如下。

```
with open('numbers.txt') as file_numbers:
    lines = file_numbers.readlines()

string = ''
for line in lines:
    string += line.rstrip()

print(string)
```

上面代码中创建了一个变量 string，用于存储拼接到一起的 numbers 文件内容，之后使用循环将每一行内容都存储到 string 中。执行上述代码输出如下。

```
1 2 3 4 5 6 7 8 9 1011 12 13 14 15 16 17 18 19 2021 22 23 24 25 26 27 28
29 30
```

从上面输出结果可以发现 10 和 11 连接在一起，20 和 21 也一样，为了让整个数列看起来更加整齐，我们在每个 line 后加上一个空格'' 。代码如下。

```
with open('numbers.txt') as file_numbers:
    lines = file_numbers.readlines()

string = ''
for line in lines:
    string += line.rstrip()+' '

print(string)
```

执行上述代码输出如下。

```
1 2 3 4 5 6 7 8 9 10 11 12 13 14 15 16 17 18 19 20 21 22 23 24 25 26 27
28 29 30
```

值得注意的是，在读取文件时，程序将所有文本都解读为字符串，如果要将读取的内容作为数值使用，需要使用 int()函数将其转换为整数，或者使用 float()方法将其转换为浮点数。

6. 文件内容是否包含指定值

我们来扩展上面编写的示例程序,用于确定这个文件中是否包含了指定值(小于或等于 10)。代码如下。

```
with open('numbers.txt') as file_numbers:
    lines = file_numbers.readlines()

string = ''
for line in lines:
    string += line.rstrip()

number = input('Please enter a number(<=30): ')
if number in string:
    print('this number' + number + 'is in this file!')
else:
    print('this number' + number + 'is not in this file!')
```

执行上述代码的输出如下。

```
Please enter a number(<=30):1
this number1is in this file!
```

输入的数值确实在这个文件中。

（二）写入文件

通过将输出写入文件中,可以将数据保存起来,这样在程序结束后,可以与别人分享这个文件。

1. 写入空文件

想要将内容写入文件,在调用 open()函数的时候需要添加另一个参数,告诉程序要在打开的文件中写入内容。示例如下。

```
file_name = 'hello.txt'

with open(file_name, 'w') as file_w:
    file_w.write('Hello Python!')
```

上面代码中,在调用 open()函数时使用了两个参数,第一个参数表示要打开的文件名,第二个参数'w'是告诉程序要以写入模式打开。打开文件时,可指定为读取模式'r'、写入模式'w'、附加模式'a'或者拥有读取和写入双模式'r+'。如果不指定模式,程序默认打开的模式为只读模式。

如果用户写入的文件不存在,open()函数将直接创建它。如果在 open()函数内指定的文件名已经存在,就要注意程序在返回文件对象前先清空这个文件。

在最后一行代码中,使用 write()函数将一串字符写入文件,运行上述代码,在程序文件目录下会看到一个 hello.txt 文件,打开后得到如下内容。

```
Hello Python!
```

2. 多行写入

write()函数在写入内容到文本中的时候不会默认在末尾添加换行符，所以用户写入多行时如果不增加换行符，那么写入文件的内容将会是一行内容。示例如下。

```
file_name = 'hello.txt'

with open(file_name, 'w') as file_w:
    file_w.write('Hello Python!')
    file_w.write('I love coding!')
```

运行上述代码，打开 hello.txt 文件会得到如下内容，所有内容都在一行。

```
Hello Python!I love coding!
```

如果想让每次写入的字符串都只占一行，需要在 write()函数中加上换行符'\n'。

```
file_name = 'hello.txt'

with open(file_name, 'w') as file_w:
    file_w.write('Hello Python!\n')
    file_w.write('I love coding!\n')
```

运行上述代码，打开 hello.txt 文件会看到如下内容。

```
Hello Python!
I love coding!
```

3. 在已有文件中附加内容

在使用 open()函数打开文件的时候，如果已知要打开的文件存在，并想要在这个文件内添加内容，而不是覆盖内容，可以使用附加模式，此时要添加的内容都会添加到文件的末尾，而不会清空文件原来的内容。示例如下。

```
file_name = 'hello.txt'

with open(file_name, 'a') as file_a:
    file_a.write('I love reading books!\n')
    file_a.write('I also love playing sports!\n')
```

在上面的代码中，在使用 write()函数时指定了参数'a'（附加模式）。运行上述代码，打开 hello.txt 文件得到如下内容，原来的内容还在，新写入的内容添加到了末尾。

```
Hello Python!
I love coding!
I love reading books!
I also love playing sports!
```

互动练习 1

1.【填空】读取文件的内容，如果要删除末尾的空行，可以使用_____方法。

2.【填空】读取文件的内容，如果要删除每行左边的空行，可以使用_____方法。

3.【填空】打开文件都有_____、_____、_____和_____模式。

4. 编写一个程序，提示用户输入最喜欢吃的水果，用户输入后，把用户最喜欢吃的水果写入 favourite_fruit.txt 中。

5. 编写一个程序，将 favourite_fruit.txt 文件中的内容读取出来，之后在这个文件的末尾增加喜欢这个水果的原因。

（三）存储数据

1. 什么是 json

之前的任务中我们学过列表和字典等数据结构，用于保存信息，然而这些信息只限于在这个程序内使用，如果想要将信息分享给其他的程序使用，则需要一个媒介，这个媒介就是存储数据的工具，一种简单的工具（方式）就是使用 json 模块来存储数据。json 模块能够存储简单的 Python 数据结构，当用户再次启动程序时立刻加载其中的数据，也可以使用 json 在不同的程序间分享数据。最重要的是 json 格式的数据并不是 Python 独有的，用 json 格式存储的数据也可以用于其他语言编写的程序。

2. json.dump()函数

编写一个存储一串数字的程序，使用 json.dump()函数来实现这个任务。json.dump()函数接收两个参数，一个是要存储的数据，另一个是用于存储的文件，代码如下。

```
import json

numbers = [1, 2, 3, 4, 5]

file_json = 'numbers.json'
with open(file_json, 'w') as file_w:
    json.dump(numbers, file_w)
```

上述代码首先导入了 json 模块，创建了一个列表 numbers。之后指定了要存储数字列表的文件名称，文件的扩展名为.json，这是因为使用的是 json 模块。接下来以写入模式打开这个文件，之后使用 json.dump()函数把数字列表存储到 numbers.json 中。运行上面的代码，可以看到在程序文件目录内新增了一个 numbers.json 文件，下面将使用 json 模块提供的方法将数字列表读取出来。

3. json.load()

使用 json.load()方法将 numbers.json 文件内的数字列表读取出来，代码如下。

```
import json
file_json = 'numbers.json'
with open(file_json) as file_r:
    numbers = json.load(file_r)
print(numbers)
```

运行上述代码将会得到如下输出。

```
[1, 2, 3, 4, 5]
```

互动练习 2

编写一个程序，提示用户输入最喜欢的颜色，并使用 json.dump()将这个颜色保存起来。再编写一个程序，读取这个颜色。

三、任务准备与实施

（一）任务准备

● 学习如何操作文件。

● 学习如何使用 json 模块。

任务描述：编写一个程序，提示用户输入最喜欢的运动，并写入文件，再编写一个程序，从文件中读取出来，之后再在这个文件后增加为什么喜欢这个运动。

（二）任务流程

本任务流程的构建由打开文件、写入文件、读取文件、附加文件 4 个部分组成，如图 4-19 所示。

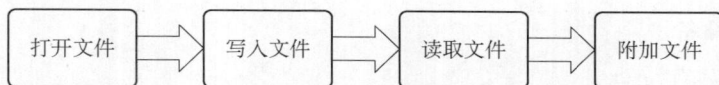

图 4-19　文件与数据库操作的分析流程

（三）任务实施

步骤 1：打开文件

打开一个文件，Python 代码如下。

```
file_name = 'favourite_sport.txt'

with open(file_name, 'w') as file_w: #以写入模式打开文件
```

步骤 2：写入文件

写入文件，添加最喜欢的运动是 basketball，Python 代码如下。

```
file_name = 'favourite_sport.txt'

with open(file_name, 'w') as file_w:
    file_w.write('basketball')
```

步骤 3：读取文件

再编写一段程序，读取 favourite_sport.txt 文件内容，Python 代码如下。

```
with open(file_name) as file_r:
    sport = file_r.read()
    print(sport)
```

上述代码执行结果如下。

```
basketball
```

步骤 4：附加文件

再编写一段程序，在 favourite_sport.txt 文件内容结尾添加喜欢这个运动的原因，Python
代码如下。

```
file_name = 'favourite_sport.txt'

with open(file_name, 'a') as file_a:
    file_a.write('\nIt helps me keep fit!')
```

上述代码执行后，我们打开 favourite_sport.txt 这个文件，喜欢这个运动的原因已经添
加到文件内容的结尾处。

```
Basketball
It helps me keep fit!
```

四、技能训练

（一）工作准备

● 学习如何操作文件。

● 学习如何存储数据。

（二）项目实操

● 实操引导 1：以写入模式打开一个空文件 favourite_colour.txt，Python 代码如下：

● 实操引导 2：写入最喜欢的颜色，Python 代码如下：

● 实操引导 3：用只读模式读取 favourite_colour.txt 的内容，Python 代码如下：

● 实操引导 4：用附加模式打开 favourite_colour.txt 的内容，在内容末尾行后加上喜欢
这个颜色的原因，Python 代码如下：

五、同步测验

（一）拓展思考

简述文件打开的几种模式以及特点。

（二）同步项目训练

在程序所在的目录下新建一个文件夹 colour，在 colour 文件夹内创建一个 favourite_

colour.txt 文件，在文件内输入如下内容："My favourite colour is red"（可以换成自己喜欢的颜色），并保存。在程序内用只读模式打开这个文件，并打印出这个文件的内容。之后用附加模式打开此文件，在文件内容的末尾加上你喜欢这个颜色的原因。之后再用只读模式读取出 favourite_colour.txt 文件的内容。

项目五　Python 数据分析

【拓展阅读】

数据分析师是当今社会中非常热门的职业之一，越来越多的人开始关注这个职业。那么，作为一名数据分析师，需要具备哪些技能呢?下面就来介绍一下相关的技能要求。

（1）数据处理能力：数据分析师需要具备对数据进行处理和清洗的能力，包括数据清洗、数据整合、数据转换等方面的技能。同时，还需要掌握一些数据处理工具，如 SQL、Python 等。

（2）数据分析能力：数据分析师需要具备对数据进行分析和挖掘的能力，包括数据可视化、数据建模、数据预测等方面的技能。同时，还需要掌握一些数据分析工具，如 Excel、Tableau 等。

（3）统计学知识：数据分析师需要具备一定的统计学知识，包括概率论、假设检验、回归分析等方面的知识。这些知识可以帮助数据分析师更好地理解数据，并进行更准确的分析和预测。

（4）业务理解能力：数据分析师需要具备对所在行业的业务理解能力，了解行业的发展趋势、市场需求等方面的信息。这样可以更好地理解数据，并进行更有针对性的分析和预测。

（5）沟通能力：数据分析师需要具备良好的沟通能力，能够与其他部门的人员进行有效的沟通和协作。同时，还需要具备一定的项目管理能力，能够有效地组织和管理数据分析项目。

总之，作为一名数据分析师，需要具备多方面的技能和知识。只有不断学习和提高，才能成为一名优秀的数据分析师，并为企业的发展做出更大的贡献。

数据分析师的工作职责：

（1）负责物流销售部门的中后台数据分析、运营。

（2）收集物流行业不同地区的市场信息及数据，进行分析并撰写监测报告。

（3）业务统计、业务报表制作以及关键数据的整理和收集。

（4）销售管理赋能：制定销售管理制度，并进行有效的上传下达；对销售违规行为进行监管与处理。

（5）销售业绩跟踪：负责业务团队的 KPI 管理和跟进，包括商机管理、业绩预测、销售人员的每日达成进度、排行榜、周月度数据复盘等，组织经营业务分析。

（6）策略支持：协助各地区和行业销售负责人根据经营业务分析和市场情况制定促销激励政策，并负责多次销售氛围的执行落地。

（7）流程优化：制定并不断优化内部流程管理机制，提高销售协作效率。

物流大数据分析与挖掘	项目五　Python 数据分析 任务一　NumPy 多维数组操作处理 任务工单页	学生： 班级： 日期：

任务一　NumPy 多维数组操作处理

一、任务描述

NumPy（Numerical Python）是 Python 数值计算最重要的基础包。大多数提供科学计算的包都是用 NumPy 的数组作为构建基础。NumPy 的主要功能如下。

- ndarray：一个具有矢量算术运算和复杂广播能力的快速且节省空间的多维数组。
- 用于对整组数据进行快速运算的标准数学函数（无须编写循环）。
- 用于读写磁盘数据的工具以及用于操作内存映射文件的工具。
- 用于线性代数、随机数生成以及傅里叶变换。

NumPy 提供了通用的数值数据处理的计算基础，同时其对于数值计算也特别重要，因为它可以高效处理大数组的数据。主要原因如下。

- NumPy 是在一个连续的内存块中存储数据，独立于其他 Python 内置对象。NumPy 的 C 语言编写的算法库可以操作内存，而不必进行类型检查或其他前期工作。比起 Python 的内置序列，NumPy 数组使用的内存更少。
- NumPy 可以在整个数组上执行复杂的计算，而不需要 Python 的 for 循环。

基于 NumPy 的算法要比纯 Python 快 10～100 倍（甚至更快），并且使用的内存更少。所以熟练掌握 NumPy 多维数组操作处理将为大数据分析打下良好的基础。

通过本次任务的学习，可以熟练掌握 NumPy 多维数组的操作，并完成模拟随机漫步 Python 代码的编写。

（一）任务要求

学习掌握 NumPy 多维数组的操作和矢量计算，具体任务包括：

- NumPy 多维数组对象。
- 数组索引。
- 通用函数：快速的元素级数组函数。
- 利用数组进行数据处理。
- 用于数组的文件输入输出。
- 线性代数。

（二）学习目标

知识目标	能熟悉 NumPy 多维数组对象 能描述 NumPy 数组的 3 种索引类型：切片索引、布尔型索引及花式索引 能了解 NumPy 数组转置和轴对换应用 能理解数组通用函数
技能目标	能定义并操作 NumPy 多维数组对象 能使用 NumPy 通用函数 能利用数组进行数据处理 能使用数组的文件输入输出 能使用 NumPy 进行线性代数计算
思政目标	培养踏实严谨的工作作风 树立勇于探索的创新精神 培养不轻言放弃的职业素养

（三）实施路径

NumPy 多维数组操作处理实施路径如图 5-1 所示。

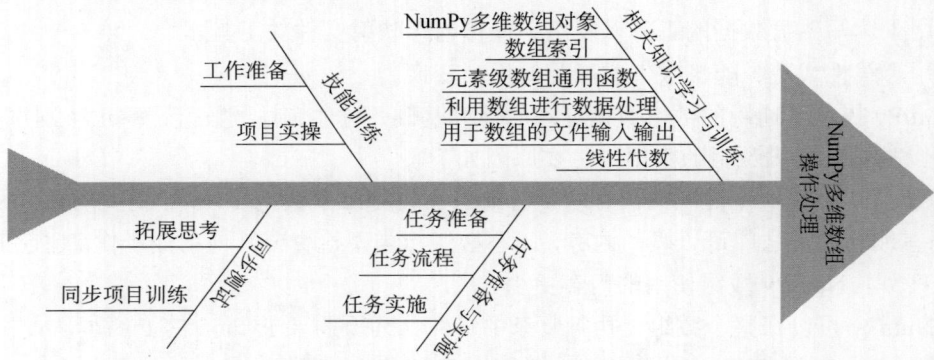

图 5-1　NumPy 多维数组操作处理实施路径

二、相关知识学习与训练

（一）NumPy 多维数组对象

NumPy 最重要的一个特点就是其 *n* 维数组对象（ndarray），该对象是一个快速而灵活的大数据集容器。可以利用这种数组对整块数据执行一些数学运算，其语法和标量元素之间的运算一样。

那么 Python 是如何利用与标量值类似的语法进行批次计算的呢？先引入 NumPy，然后生成一个包含随机数据的小数组，代码如下。

```
import numpy as np

#生成一些随机数据
data = np.random.randn(2, 3)
data
```

输出结果如下。

```
array([[-0.2047,  0.4789, -0.5194],
       [-0.5557,  1.9658,  1.3934]])
```

接着对 data 进行数学运算：所有的元素都乘以 10；每个元素都与自身相加。Python 代码如下。

```
data * 10
data + data
```

ndarray 是一个通用的同构数据多维容器，也就是说，其中的所有元素必须是相同类型的。每个数组都有一个 shape（一个用于查看数组各维度大小的元组）和一个 dtype（一个用于说明数组数据类型的对象，代码如下。

```
In [17]: data.shape
Out[17]: (2, 3)

In [18]: data.dtype
Out[18]: dtype('float64')
```

1. 创建 ndarray

创建数组最简单的办法就是使用 array()函数。它接收一切序列型的对象（包括其他组），然后产生一个新的含有传入数据的 NumPy 数组。以一个列表的转换为例。

```
In [19]: data1 = [6, 7.5, 8, 0, 1]
In [20]: arr1 = np.array(data1)
In [21]: arr1
Out[21]: array([ 6. ,  7.5,  8. ,  0. ,  1. ])
```

嵌套序列（如由一组等长列表组成的列表）将会被转换为一个多维数组。

```
In [22]: data2 = [[1, 2, 3, 4], [5, 6, 7, 8]]
In [23]: arr2 = np.array(data2)
In [24]: arr2
Out[24]:
array([[1, 2, 3, 4],
       [5, 6, 7, 8]])
```

data2 是列表的列表，NumPy 数组 arr2 的两个维度的 shape 是从 data2 引入的。可以用属性 ndim 和 shape 验证。

```
In [25]: arr2.ndim
Out[25]: 2
In [26]: arr2.shape
Out[26]: (2, 4)
```

np.array 会尝试为新建的这个数组推断出一个较为合适的数据类型。数据类型保存在一个特殊的 dtype 对象中。比如，在下面的两个例子中，arr1 和 arr2 的数据类型为 float64

和 int64。

```
In [27]: arr1.dtype
Out[27]: dtype('float64')
In [28]: arr2.dtype
Out[28]: dtype('int64')
```

除 np.array 外，还有一些函数也可以新建数组。比如，zeros 和 ones 分别可以创建指定长度或形状的全 0 或全 1 数组。empty 可以创建一个没有任何具体值的数组。要用这些方法创建多维数组，只需传入一个表示形状的元组即可。示例如下。

```
In [29]: np.zeros(10)
Out[29]: array([ 0.,  0.,  0.,  0.,  0.,  0.,  0.,  0.,  0.,  0.])
In [30]: np.zeros((3, 6))
Out[30]:
array([[ 0.,  0.,  0.,  0.,  0.,  0.],
       [ 0.,  0.,  0.,  0.,  0.,  0.],
       [ 0.,  0.,  0.,  0.,  0.,  0.]])
In [31]: np.empty((2, 3, 2))
Out[31]:
array([[[ 0.,  0.],
        [ 0.,  0.],
        [ 0.,  0.]],
       [[ 0.,  0.],
        [ 0.,  0.],
        [ 0.,  0.]]])
```

表 5-1 列出了一些数组创建函数。由于 NumPy 关注的是数值计算，因此，如果没有特别指定，数据类型基本都是 float64（浮点数）。

表 5–1　数组创建函数

函数	说明
array	将输入数据（列表、元组、数组或其他序列类型）转换为 ndarray。要么推断出 dtype，要么特别指定 dtype。默认直接复制输入数据
asarray	将输入转换为 ndarray，如果输入本身就是一个 ndarray，就不进行复制
arange	类似于内置的 range，但返回的是一个 ndarray 而不是列表
ones、ones_like	根据指定的形状和 dtype 创建一个全 1 数组。one_like 以另一个数组为参数，并根据其形状和 dtype 创建一个全 1 数组
zeros、zeros_like	类似于 ones 和 ones_like，只不过产生的是全 0 数组
empty、empty_like	创建新数组，只分配内存空间但不填充任何值
full、full_like	用 fill value 中的所有值，根据指定的形状和 dtype 创建一个数组。full_like 使用另一个数组，用相同的形状和 dtype 创建
eye、identity	创建一个正方形的 $n \times n$ 单位矩阵（对角线为 1，其余为 0）

2. ndarray 的数据类型

dtype 是 NumPy 灵活交互其他系统的源泉之一。多数情况下，它们直接映射到相应的机器表示，这使得读写磁盘上的二进制数据流以及集成低级语言代码（如 C、Fortran）等工作变得更加简单。数值型 dtype 的命名方式：一个类型名（如 float 或 int），后面跟一个用于表示各元素位长的数字。标准的双精度浮点值（Python 中的 float 对象）需要占用 8 个字节（64 位）。因此，该类型在 NumPy 中记作 float64。表 5-2 列出了 NumPy 所支持的全部数据类型。

表 5-2　NumPy 支持的全部数据类型

类型	类型代码	说明
int8、uint8	i1、u1	有符号和无符号的 8 位（1 个字节）整型
int16、uint16	i2、u2	有符号和无符号的 16 位（2 个字节）整型
int32、uint32	i4、u4	有符号和无符号的 32 位（4 个字节）整型
int64、uint64	i8、u8	有符号和无符号的 64 位（8 个字节）整型
float16	f2	半精度浮点数
float32	f4 或 f	标准的单精度浮点数。与 C 语言的 float 兼容
float64	f8 或 d	标准的双精度浮点数。与 C 语言的 double 和 Python 的 float 对象兼容
float128	f16 或 g	扩展精度浮点数
complex64、complex128、complex256	c8、c16、c32	分别用两个 32 位、64 位或 128 位浮点数表示的复数
bool	?	存储 True 和 False 值的布尔类型

可以通过 ndarray 的 astype()方法明确地将一个数组从一个 dtype 转换成另一个 dtype。

```
In [37]: arr = np.array([1, 2, 3, 4, 5])
In [38]: arr.dtype
Out[38]: dtype('int64')
In [39]: float_arr = arr.astype(np.float64)
In [40]: float_arr.dtype
Out[40]: dtype('float64')
```

在本例中，整数被转换成了浮点数。如果将浮点数转换成整数，则小数部分将会被截取删除。

```
In [41]: arr = np.array([3.7, -1.2, -2.6, 0.5, 12.9, 10.1])
In [42]: arr
Out[42]: array([ 3.7, -1.2, -2.6,  0.5, 12.9, 10.1])
In [43]: arr.astype(np.int32)
Out[43]: array([ 3, -1, -2,  0, 12, 10], dtype=int32)
```

如果某字符串数组表示的全是数字，也可以用 astype 将其转换为数值形式。

```
In [44]: numeric_strings = np.array(['1.25', '-9.6', '42'], dtype=np.string_)
In [45]: numeric_strings.astype(float)
Out[45]: array([ 1.25, -9.6 , 42.  ])。
```

3. NumPy 数组的运算

数组很重要，因为使用户不用编写循环即可对数据执行批量运算。NumPy 用户称其为矢量化（vectorization）。大小相等的数组之间的任何算术运算都会将运算应用到元素级。

```
In [51]: arr = np.array([[1., 2., 3.], [4., 5., 6.]])

In [52]: arr
Out[52]:
array([[ 1.,  2.,  3.],
       [ 4.,  5.,  6.]])

In [53]: arr * arr
Out[53]:
array([[  1.,   4.,   9.],
       [ 16.,  25.,  36.]])

In [54]: arr - arr
Out[54]:
array([[ 0.,  0.,  0.],
       [ 0.,  0.,  0.]])
```

数组与标量的算术运算会将标量值传播到各个元素。

```
In [55]: 1 / arr
Out[55]:
array([[ 1.    ,  0.5   ,  0.3333],
       [ 0.25  ,  0.2   ,  0.1667]])

In [56]: arr ** 0.5
Out[56]:
array([[ 1.    ,  1.4142,  1.7321],
       [ 2.    ,  2.2361,  2.4495]])
```

大小相同的数组之间的比较会生成布尔值数组。

```
In [57]: arr2 = np.array([[0., 4., 1.], [7., 2., 12.]])

In [58]: arr2
Out[58]:
array([[  0.,   4.,   1.],
       [  7.,   2.,  12.]])

In [59]: arr2 > arr
Out[59]:
array([[False,  True, False],
       [ True, False,  True]], dtype=bool)
```

互动练习 1

1.【单选】ndarray 中完成类型转换的函数为（　　　　）。

A. astype　　　　　B.vectorization　　　　　C. type　　　　　D. arange

2.【单选】以下函数不能创建数组的是（　　　　）。

A. shape　　　　　B. array　　　　　C. zeros　　　　　D. ones

（二）数组索引

NumPy 数组的索引是一个内容丰富的主题，因为选取数据子集或单个元素的方式有很多。一维数组很简单，从表面上看，它们和 Python 列表的功能差不多。

```
In [60]: arr = np.arange(10)

In [61]: arr
Out[61]: array([0, 1, 2, 3, 4, 5, 6, 7, 8, 9])

In [62]: arr[5]
Out[62]: 5

In [63]: arr[5:8]
Out[63]: array([5, 6, 7])

In [64]: arr[5:8] = 12

In [65]: arr
Out[65]: array([ 0,  1,  2,  3,  4, 12, 12, 12,  8,  9])
```

如上所示，当用户将一个标量值赋值给一个切片时（如 arr[5:8]=12），该值会自动传播（也就是后面将会讲到的"广播"）到整个选区。跟列表最重要的区别在于，数组切片是原始数组的视图。这意味着数据不会被复制，视图上的任何修改都会直接反映到源数组上。

作为例子，先创建一个 **arr** 的切片。

```
In [66]: arr_slice = arr[5:8]

In [67]: arr_slice
Out[67]: array([12, 12, 12])
```
此时若修改 arr_slice 中的值，变动也会体现在原始数组 arr 中。
```
In [68]: arr_slice[1] = 12345

In [69]: arr
Out[69]: array([ 0,  1,  2,  3,  4,    12, 12345,    12,    8,    9])
```

切片［:］会给数组中的所有值赋值。

```
In [70]: arr_slice[:] = 64

In [71]: arr
```

```
Out[71]: array([ 0,  1,  2,  3,  4, 64, 64, 64,  8,  9])
```

1. 切片索引

ndarray 的切片语法跟 Python 列表的一维对象差不多。

```
In [88]: arr
Out[88]: array([ 0,  1,  2,  3,  4, 64, 64, 64,  8,  9])

In [89]: arr[1:6]
Out[89]: array([ 1,  2,  3,  4, 64])
```

对于之前的二维数组 arr2d,其切片方式稍有不同。

```
In [90]: arr2d
Out[90]:
array([[1, 2, 3],
       [4, 5, 6],
       [7, 8, 9]])

In [91]: arr2d[:2]
Out[91]:
array([[1, 2, 3],
       [4, 5, 6]])
```

从上述代码可以看出,它是沿着第 0 轴(第 1 个轴)切片的。也就是说,切片是沿着一个轴向选取元素的。表达式 arr2d[:2]可以被认为是"选取 arr2d 的前两行"。

可以一次传入多个切片,就像传入多个索引那样。

```
In [92]: arr2d[:2, 1:]
Out[92]:
array([[2, 3],
       [5, 6]])
```

这样进行切片时,只能得到相同维数的数组视图。通过将整数索引和切片混合,可以得到低维度的切片。

2. 布尔型索引

来看这样一个例子,假设有一个用于存储数据的数组以及一个存储姓名的数组(含有重复项)。在这里,将使用 numpy.random 中的 randn()函数生成一些正态分布的随机数据。

```
In [98]: names = np.array(['Bob', 'Joe', 'Will', 'Bob', 'Will', 'Joe',
'Joe'])
In [99]: data = np.random.randn(7, 4)

In [100]: names
Out[100]:
array(['Bob', 'Joe', 'Will', 'Bob', 'Will', 'Joe', 'Joe'],dtype='<U4')

In [101]: data
Out[101]:
```

```
array([[ 0.0929,  0.2817,  0.769 ,  1.2464],
       [ 1.0072, -1.2962,  0.275 ,  0.2289],
       [ 1.3529,  0.8864, -2.0016, -0.3718],
       [ 1.669 , -0.4386, -0.5397,  0.477 ],
       [ 3.2489, -1.0212, -0.5771,  0.1241],
       [ 0.3026,  0.5238,  0.0009,  1.3438],
       [-0.7135, -0.8312, -2.3702, -1.8608]])
```

假设每个名字都对应 data 数组中的一行，而我们想要选出对应于名字"Bob"的所有行。与算术运算一样，数组的比较运算（如==）也是矢量化的。因此，对 names 和字符串"Bob"的比较运算将会产生一个布尔型数组。

```
In [102]: names == 'Bob'
Out[102]: array([ True, False, False,  True, False, False, False],
dtype=bool)
```

这个布尔型数组可用于数组索引。

```
In [103]: data[names == 'Bob']
Out[103]:
array([[ 0.0929,  0.2817,  0.769 ,  1.2464],
       [ 1.669 , -0.4386, -0.5397,  0.477 ]])
```

布尔型数组的长度必须跟被索引的轴长度一致。此外，还可以将布尔型数组跟切片、整数（或整数序列，稍后将对此进行详细讲解）混合使用。

```
In [103]: data[names == 'Bob']
Out[103]:
array([[ 0.0929,  0.2817,  0.769 ,  1.2464],
       [ 1.669 , -0.4386, -0.5397,  0.477 ]])
```

3. 花式索引

花式索引（fancy indexing）是一个 NumPy 术语，它指的是利用整数数组进行索引。假设有一个 8×4 的数组。

```
In [117]: arr = np.empty((8, 4))
In [118]: for i in range(8):
   .....:     arr[i] = i

In [119]: arr
Out[119]:
array([[ 0.,  0.,  0.,  0.],
       [ 1.,  1.,  1.,  1.],
       [ 2.,  2.,  2.,  2.],
       [ 3.,  3.,  3.,  3.],
       [ 4.,  4.,  4.,  4.],
       [ 5.,  5.,  5.,  5.],
       [ 6.,  6.,  6.,  6.],
       [ 7.,  7.,  7.,  7.]])
```

　　为了以特定顺序选取行子集，只需要传入一个用于指定顺序的整数列表或 ndarray 即可。

```
In [120]: arr[[4, 3, 0, 6]]
Out[120]:
array([[ 4.,  4.,  4.,  4.],
       [ 3.,  3.,  3.,  3.],
       [ 0.,  0.,  0.,  0.],
       [ 6.,  6.,  6.,  6.]])
```

　　使用负数索引将会从末尾开始选取行。

```
In [121]: arr[[-3, -5, -7]]
Out[121]:
array([[ 5.,  5.,  5.,  5.],
       [ 3.,  3.,  3.,  3.],
       [ 1.,  1.,  1.,  1.]])
```

　　一次传入多个索引数组时。它返回的是一个一维数组，其中的元素对应各个索引元组。

```
In [122]: arr = np.arange(32).reshape((8, 4))

In [123]: arr
Out[123]:
array([[ 0,  1,  2,  3],
       [ 4,  5,  6,  7],
       [ 8,  9, 10, 11],
       [12, 13, 14, 15],
       [16, 17, 18, 19],
       [20, 21, 22, 23],
       [24, 25, 26, 27],
       [28, 29, 30, 31]])

In [124]: arr[[1, 5, 7, 2], [0, 3, 1, 2]]
Out[124]: array([ 4, 23, 29, 10])
```

互动练习 2

1. 数组索引的主要形式有哪几种？

2.【单选】花式索引指的是利用（　　）进行索引。

A. 函数　　　　　　B. 整数数组　　　　　C. 布尔数组　　　D. 表达式

（三）元素级数组通用函数

　　通用函数（ufunc）是一种对 ndarray 中的数据执行元素级运算的函数。可以将其看作简单函数（接受一个或多个标量值，并产生一个或多个标量值）的矢量化包装器。

　　许多通用函数都是简单的元素级变体，如 sqrt 和 exp。

```
In [137]: arr = np.arange(10)
In [138]: arr
```

```
Out[138]: array([0, 1, 2, 3, 4, 5, 6, 7, 8, 9])

In [139]: np.sqrt(arr)
Out[139]:
array([ 0.    , 1.    , 1.4142, 1.7321, 2.    , 2.2361, 2.4495,
        2.6458, 2.8284, 3.    ])

In [140]: np.exp(arr)
Out[140]:
array([   1.    ,    2.7183,    7.3891,   20.0855,   54.5982,
        148.4132,  403.4288, 1096.6332, 2980.958 , 8103.0839])
```

这些都是一元（unary）通用函数。另外一些（如 add 或 maximum）接收 2 个数组［因此也叫二元（binary）通用函数］，并返回一个结果数组。

```
In [141]: x = np.random.randn(8)
In [142]: y = np.random.randn(8)
In [143]: x
Out[143]:
array([-0.0119, 1.0048, 1.3272, -0.9193, -1.5491, 0.0222, 0.7584,
       -0.6605])

In [144]: y
Out[144]:
array([ 0.8626, -0.01  , 0.05  , 0.6702, 0.853 , -0.9559, -0.0235,
       -2.3042])

In [145]: np.maximum(x, y)
Out[145]:
array([ 0.8626, 1.0048, 1.3272, 0.6702, 0.853 , 0.0222, 0.7584,
       -0.6605])
```

这里，运用 numpy.maximum 计算了 x 和 y 中元素级别最大的元素。

有些通用函数的确可以返回多个数组。modf 就是一个例子，它是 Python 内置函数 divmod 的矢量化版本，会返回浮点数数组的小数和整数部分。

```
In [146]: arr = np.random.randn(7) * 5

In [147]: arr
Out[147]: array([-3.2623, -6.0915, -6.663 , 5.3731, 3.6182, 3.45  ,
5.0077])

In [148]: remainder, whole_part = np.modf(arr)

In [149]: remainder
Out[149]: array([-0.2623, -0.0915, -0.663 , 0.3731, 0.6182, 0.45  ,
0.0077])

In [150]: whole_part
Out[150]: array([-3., -6., -6., 5., 3., 3., 5.])
```

ufuncs 可以接收一个 out 可选参数，这样就能在数组原地进行操作。

```
In [151]: arr
Out[151]: array([-3.2623, -6.0915, -6.663 ,  5.3731,  3.6182,  3.45  ,
5.0077])

In [152]: np.sqrt(arr)
Out[152]: array([    nan,     nan,     nan,  2.318 ,  1.9022,  1.8574,
2.2378])

In [153]: np.sqrt(arr, arr)
Out[153]: array([    nan,     nan,     nan,  2.318 ,  1.9022,  1.8574,
2.2378])

In [154]: arr
Out[154]: array([    nan,     nan,     nan,  2.318 ,  1.9022,  1.8574,
2.2378])
```

表 5-3 和表 5-4 分别列出了一些一元和二元通用函数。

表 5-3　一元通用函数

函数	说明
abs、fabs	计算整数、浮点数或复数的绝对值。对于非复数值，可以使用更快的 fabs
sqrt	计算各元素的平方根。相当于 arr**0.5
square	计算各元素的平方。相当于 arr** 2
exp	计算各元素的指数 e^x
log、log 10、log2、log1p	分别为自然对数（底数为 e）、底数为 10 的对数、底数为 2 的对数、底数为 1+x 的对数
sign	计算各元素的正负号：1（正数）、0（零）、-1（负数）
ceil	计算各元素的 ceiling 值，即大于或等于该值的最小整数
floor	计算各元素的 floor 值，即小于或等于该值的最大整数
rint	将各元素值四舍五入到最接近的整数，保留 dtype
modf	将数组的小数和整数部分以两个独立数组的形式返回
isnan	返回一个表示"哪些值是 NaN （这不是一个数字）"的布尔型数组
isfinite、isinf	分别返回一个表示"哪些元素是有穷的（非 inf、非 NaN）"或"哪些元素是无穷的"的布尔型数组
cos、cosh、sin、sinh、tan、tanh	普通型和双曲型三角函数

表 5-4　二元通用函数

函数	说明
add	将数组中对应的元素相加
subtract	从第一个数组中减去第二个数组中的元素
multiply	数组元素相乘

续表

函数	说明
divide、floor_divide	除法或向下圆整除法（丢弃余数）
power	对第一个数组中的元素 A，根据第二个数组中的相应元素 B，计算 A^B
maximum、fmax	元素级的最大值计算。fmax 将忽略 NaN
minimum、fmin	元素级的最小值计算。fmin 将忽略 NaN
mod	元素级的求模计算（除法的余数）
copysign	将第二个数组中值的符号复制给第一个数组中的值

互动练习 3

1.【单选】通用函数是一种对 ndarray 中的数据执行（　　　）运算的函数。

A. 集合级　　　　　　B. 元素级　　　　　　C. 数组级　　　　　　D. 矢量积

2.【单选】关于通用函数下列说法错误的是（　　　）。

A. 有些通用函数可以返回多个数组

B. 通用函数是一种对 ndarray 中的数据执行元素级运算的函数

C. modf 返回浮点数数组的小数和整数部分

D. 二元（binary）函数返回 2 个结果数组

（四）利用数组进行数据处理

NumPy 数组可以将许多种数据处理任务表述为简洁的数组表达式（否则需要编写循环）。用数组表达式代替循环的做法通常被称为矢量化。一般来说，矢量化数组运算要比等价的纯 Python 方式快上一两个数量级（甚至更多），尤其是各种数值计算。

作为简单的例子，假设想要在一组值（网格型）上计算函数 sqrt(x^2+y^2)。numpy.meshgrid 函数接收两个一维数组，并产生两个二维矩阵[对应于两个数组中所有的(x,y)对]。

```
In [155]: points = np.arange(-5, 5, 0.01) # 1000 equally spaced points

In [156]: xs, ys = np.meshgrid(points, points)
In [157]: ys
Out[157]:
array([[-5.  , -5.  , -5.  , ..., -5.  , -5.  , -5.  ],
       [-4.99, -4.99, -4.99, ..., -4.99, -4.99, -4.99],
       [-4.98, -4.98, -4.98, ..., -4.98, -4.98, -4.98],
       ...,
       [ 4.97,  4.97,  4.97, ...,  4.97,  4.97,  4.97],
       [ 4.98,  4.98,  4.98, ...,  4.98,  4.98,  4.98],
       [ 4.99,  4.99,  4.99, ...,  4.99,  4.99,  4.99]])
```

对该函数的求值运算可以把这两个数组当作两个浮点数编写表达式。

```
In [158]: z = np.sqrt(xs ** 2 + ys ** 2)
In [159]: z
Out[159]:
array([[ 7.0711,  7.064 ,  7.0569, ...,  7.0499,  7.0569,  7.064 ],
```

```
       [ 7.064 ,  7.0569,  7.0499, ...,  7.0428,  7.0499,  7.0569],
       [ 7.0569,  7.0499,  7.0428, ...,  7.0357,  7.0428,  7.0499],
       ...
       [ 7.0499,  7.0428,  7.0357, ...,  7.0286,  7.0357,  7.0428],
       [ 7.0569,  7.0499,  7.0428, ...,  7.0357,  7.0428,  7.0499],
       [ 7.064 ,  7.0569,  7.0499, ...,  7.0428,  7.0499,  7.0569]])
```

1. 将条件逻辑表述为数组运算

numpy.where 函数是三元表达式 x if condition else y 的矢量化版本。假设有一个布尔数组和两个值数组。

```
In [165]: xarr = np.array([1.1, 1.2, 1.3, 1.4, 1.5])
In [166]: yarr = np.array([2.1, 2.2, 2.3, 2.4, 2.5])
In [167]: cond = np.array([True, False, True, True, False])
```

假设想要根据 cond 中的值选取 xarr 和 yarr 的值：当 cond 中的值为 True 时，选取 xarr 的值，否则从 yarr 中选取。列表推导式的写法如下所示。

```
In [168]: result = [(x if c else y)
    .....:             for x, y, c in zip(xarr, yarr, cond)]
In [169]: result
Out[169]: [1.1000000000000001, 2.2000000000000002, 1.3, 1.3999999999999999,
2.5]
```

这有几个问题。第一，它对大数组的处理速度不快（因为所有工作都是由 Python 完成的）。第二，无法用于多维数组。若使用 numpy.where，则可以将该功能写得非常简洁。

```
In [170]: result = np.where(cond, xarr, yarr)

In [171]: result
Out[171]: array([ 1.1,  2.2,  1.3,  1.4,  2.5])
```

numpy.where 的第 2 个和第 3 个参数不必是数组，它们都可以是标量值。在数据分析工作中，where 通常用于根据另一个数组而产生一个新的数组。假设有一个由随机数据组成的矩阵，用户希望将所有正值替换为 2，将所有负值替换为 –2。若利用 numpy.where，则会非常简单。

```
In [172]: arr = np.random.randn(4, 4)

In [173]: arr
Out[173]:
array([[-0.5031, -0.6223, -0.9212, -0.7262],
       [ 0.2229,  0.0513, -1.1577,  0.8167],
       [ 0.4336,  1.0107,  1.8249, -0.9975],
       [ 0.8506, -0.1316,  0.9124,  0.1882]])

In [174]: arr > 0
Out[174]:
array([[False, False, False, False],
```

```
     [ True,  True, False,  True],
     [ True,  True,  True, False],
     [ True, False,  True,  True]], dtype=bool)

In [175]: np.where(arr > 0, 2, -2)
Out[175]:
array([[-2, -2, -2, -2],
     [ 2,  2, -2,  2],
     [ 2,  2,  2, -2],
     [ 2, -2,  2,  2]])
```

使用 np.where，可以将标量和数组结合起来。例如，可用常数 2 替换 arr 中所有正值。

```
In [176]: np.where(arr > 0, 2, arr) # set only positive values to 2
Out[176]:
array([[-0.5031, -0.6223, -0.9212, -0.7262],
     [ 2.    ,  2.    , -1.1577,  2.    ],
     [ 2.    ,  2.    ,  2.    , -0.9975],
     [ 2.    , -0.1316,  2.    ,  2.    ]])
```

传递给 where 的数组大小可以不相等，甚至可以是标量值。

2. 数学和统计方法

可以通过数组上的一组数学函数对整个数组或某个轴向的数据进行统计计算。sum、mean 以及标准差 std 等聚合计算[aggregation，通常叫作约简（reduction）]既可以当作数组的实例方法调用，也可以当作顶级 NumPy 函数使用。

这里生成了一些正态分布随机数据，并做了聚类统计。

```
In [177]: arr = np.random.randn(5, 4)

In [178]: arr
Out[178]:
array([[ 2.1695, -0.1149,  2.0037,  0.0296],
     [ 0.7953,  0.1181, -0.7485,  0.585 ],
     [ 0.1527, -1.5657, -0.5625, -0.0327],
     [-0.929 , -0.4826, -0.0363,  1.0954],
     [ 0.9809, -0.5895,  1.5817, -0.5287]])

In [179]: arr.mean()
Out[179]: 0.19607051119998253

In [180]: np.mean(arr)
Out[180]: 0.19607051119998253

In [181]: arr.sum()
Out[181]: 3.9214102239996507
```

mean 和 sum 这类函数可以接收一个 axis 选项参数，用于计算该轴向上的统计值，最终结果是一个一维数组。

```
In [182]: arr.mean(axis=1)
Out[182]: array([ 1.022 ,  0.1875, -0.502 , -0.0881, 0.3611])

In [183]: arr.sum(axis=0)
Out[183]: array([ 3.1693, -2.6345,  2.2381,  1.1486])
```

这里，arr.mean(1)是"计算行的平均值"，arr.sum(0)是"计算每列的和"。

其他如 cumsum 和 cumprod 之类的方法则不聚合，而是产生一个由中间结果组成的数组。

```
In [184]: arr = np.array([0, 1, 2, 3, 4, 5, 6, 7])

In [185]: arr.cumsum()
Out[185]: array([ 0,  1,  3,  6, 10, 15, 21, 28])
```

在多维数组中，累加函数（如 cumsum）返回的是一个同样大小的数组，但是会根据每个低维的切片沿着标记轴计算部分聚类。

```
In [186]: arr = np.array([[0, 1, 2], [3, 4, 5], [6, 7, 8]])

In [187]: arr
Out[187]:
array([[0, 1, 2],
       [3, 4, 5],
       [6, 7, 8]])

In [188]: arr.cumsum(axis=0)
Out[188]:
array([[ 0,  1,  2],
       [ 3,  5,  7],
       [ 9, 12, 15]])

In [189]: arr.cumprod(axis=1)
Out[189]:
array([[  0,   0,   0],
       [  3,  12,  60],
       [  6,  42, 336]])
```

3. 用于布尔型数组的方法

在上面的方法中，布尔值会被强制转换为 1（True）和 0（False）。因此，sum 经常被用来对布尔型数组中的 True 值进行计数。

```
In [190]: arr = np.random.randn(100)

In [191]: (arr > 0).sum() # Number of positive values
Out[191]: 42
```

另外还有两个方法 any 和 all，它们对布尔型数组非常有用。any 用于测试数组中是否存在一个或多个 True，而 all 则用于检查数组中所有值是否都是 True。

```
In [192]: bools = np.array([False, False, True, False])

In [193]: bools.any()
Out[193]: True

In [194]: bools.all()
Out[194]: False
```

这两个方法也能用于非布尔型数组，所有非 0 元素将会被当作 True。

4. 排序

跟 Python 内置的列表类型一样，NumPy 数组也可以通过 sort()方法就地排序。

```
In [195]: arr = np.random.randn(6)

In [196]: arr
Out[196]: array([ 0.6095, -0.4938,  1.24  , -0.1357,  1.43  , -0.8469])

In [197]: arr.sort()

In [198]: arr
Out[198]: array([-0.8469, -0.4938, -0.1357,  0.6095,  1.24  ,  1.43  ])
```

多维数组可以在任何一个轴向上进行排序，只需将轴编号传给 sort 即可。

```
In [199]: arr = np.random.randn(5, 3)

In [200]: arr
Out[200]:
array([[ 0.6033,  1.2636, -0.2555],
       [-0.4457,  0.4684, -0.9616],
       [-1.8245,  0.6254,  1.0229],
       [ 1.1074,  0.0909, -0.3501],
       [ 0.218 , -0.8948, -1.7415]])

In [201]: arr.sort(1)

In [202]: arr
Out[202]:
array([[-0.2555,  0.6033,  1.2636],
       [-0.9616, -0.4457,  0.4684],
       [-1.8245,  0.6254,  1.0229],
       [-0.3501,  0.0909,  1.1074],
       [-1.7415, -0.8948,  0.218 ]])
```

顶级方法 numpy.sort 返回的是数组的已排序副本，而就地排序则会修改数组本身。计算数组分位数最简单的办法是对其进行排序，然后选取特定位置的值。

```
In [203]: large_arr = np.random.randn(1000)

In [204]: large_arr.sort()
```

```
In [205]: large_arr[int(0.05 * len(large_arr))] # 5% quantile
Out[205]: -1.5311513550102103
```

更多关于 NumPy 排序方法以及诸如间接排序之类的高级技术，请参阅其他相关资料。在 Pandas 中还可以找到一些其他与排序有关的数据操作（如根据一列或多列对表格型数据进行排序）。

5. 唯一化以及其他的集合逻辑

NumPy 提供了一些针对一维 ndarray 的基本集合运算。最常用的可能就是 numpy.unique 了，它用于找出数组中的唯一值并返回已排序的结果。

```
In [206]: names = np.array(['Bob', 'Joe', 'Will', 'Bob', 'Will', 'Joe',
'Joe'])

In [207]: np.unique(names)
Out[207]:
array(['Bob', 'Joe', 'Will'],
      dtype='<U4')

In [208]: ints = np.array([3, 3, 3, 2, 2, 1, 1, 4, 4])

In [209]: np.unique(ints)
Out[209]: array([1, 2, 3, 4])
```

下面用与 numpy.unique 等价的纯 Python 代码来对比一下。

```
In [210]: sorted(set(names))
Out[210]: ['Bob', 'Joe', 'Will']
```

另一个函数 numpy.in1d 用于测试一个数组中的值在另一个数组中的成员资格，返回一个布尔型数组。

```
In [211]: values = np.array([6, 0, 0, 3, 2, 5, 6])

In [212]: np.in1d(values, [2, 3, 6])
Out[212]: array([ True, False, False,  True,  True, False,  True],
dtype=bool)
```

互动练习 4

1. NumPy 数组可以将许多种数据处理任务表述为简洁的数组表达式，否则需要
（　　）才能实现。

A. 自定义函数　　　　　B. 矢量运算　　　　　C. 编写循环语句

2. 关于 numpy.where 函数下列说法正确的是（　　）。

A. numpy.where 函数是三元表达式 x if condition else y 的矢量化版本

B. numpy.where 的第二个和第三个参数必须是数组

C. 传递给 where 的数组大小可以不相等

（五）用于数组的文件输入输出

NumPy 能够读写磁盘上的文本数据或二进制数据。numpy.save 和 numpy.load 是读写磁盘数组数据的两个主要函数。在默认情况下，数组是以未压缩的原始二进制格式保存在扩展名为.npy 的文件中的。

```
In [213]: arr = np.arange(10)

In [214]: np.save('some_array', arr)
```

如果文件路径末尾没有扩展名.npy，则该扩展名会被自动加上。然后就可以通过 numpy.load 读取磁盘上的数组。

```
In [215]: np.load('some_array.npy')
Out[215]: array([0, 1, 2, 3, 4, 5, 6, 7, 8, 9])
```

通过 numpy.savez 可以将多个数组保存到一个未压缩文件中，将数组以关键字参数的形式传入即可。

```
In [216]: np.savez('array_archive.npz', a=arr, b=arr)
```

加载.npz 文件时，用户会得到一个类似字典的对象，该对象会对各个数组进行延迟加载。

```
In [217]: arch = np.load('array_archive.npz')

In [218]: arch['b']
Out[218]: array([0, 1, 2, 3, 4, 5, 6, 7, 8, 9])
```

如果要将数据进行压缩，可以使用 numpy.savez_compressed。

```
In [219]: np.savez_compressed('arrays_compressed.npz', a=arr, b=arr)
```

互动练习 5

1. 默认情况下，数组保存的文件格式是（　　　）。

A. 未压缩的原始二进制格式

B. 文本格式

C. 压缩的原始二进制格式

D. 对象格式

2. 将数组进行压缩保存的函数是什么？

（六）线性代数

线性代数（如矩阵乘法、矩阵分解、行列式以及其他方阵数学等）是任何数组库的重要组成部分。不像某些语言（如 MATLAB），通过*对两个二维数组相乘得到的是一个元素级的积，而不是一个矩阵点积。因此，NumPy 提供了一个用于矩阵乘法的 dot() 函数（既是一个数组方法，也是 NumPy 命名空间中的一个函数）。

```
In [223]: x = np.array([[1., 2., 3.], [4., 5., 6.]])

In [224]: y = np.array([[6., 23.], [-1, 7], [8, 9]])

In [225]: x
Out[225]:
array([[ 1., 2., 3.],
       [ 4., 5., 6.]])

In [226]: y
Out[226]:
array([[ 6., 23.],
       [ -1., 7.],
       [ 8., 9.]])

In [227]: x.dot(y)
Out[227]:
array([[ 28., 64.],
       [ 67., 181.]])
x.dot(y)等价于np.dot(x, y)：

In [228]: np.dot(x, y)
Out[228]:
array([[ 28., 64.],
       [ 67., 181.]])
```

一个二维数组与一个大小合适的一维数组的矩阵点积运算会得到一个一维数组。

```
In [229]: np.dot(x, np.ones(3))
Out[229]: array([ 6., 15.])
```

@符（类似 Python 3.5）也可以用于中缀运算符，进行矩阵乘法。

```
In [230]: x @ np.ones(3)
Out[230]: array([ 6., 15.])
```

numpy.linalg 中有一组标准的矩阵分解运算以及诸如求逆和行列式之类的东西。它们跟 MATLAB 和 R 等语言所使用的是相同的行业标准线性代数库，如 BLAS、LAPACK、Intel MKL（Math Kernel Library，可能有，具体取决于用户的 NumPy 版本）等。

```
In [231]: from numpy.linalg import inv, qr

In [232]: X = np.random.randn(5, 5)
In [233]: mat = X.T.dot(X)

In [234]: inv(mat)
Out[234]:
array([[ 933.1189, 871.8258, -1417.6902, -1460.4005, 1782.1391],
       [ 871.8258, 815.3929, -1325.9965, -1365.9242, 1666.9347],
       [-1417.6902, -1325.9965, 2158.4424, 2222.0191, -2711.6822],
```

```
      [-1460.4005, -1365.9242,  2222.0191,  2289.0575, -2793.422 ],
      [ 1782.1391,  1666.9347, -2711.6822, -2793.422 ,  3409.5128]])

In [235]: mat.dot(inv(mat))
Out[235]:
array([[ 1.,  0., -0., -0., -0.],
       [-0.,  1.,  0.,  0.,  0.],
       [ 0.,  0.,  1.,  0.,  0.],
       [-0.,  0.,  0.,  1., -0.],
       [-0.,  0.,  0.,  0.,  1.]])
In [236]: q, r = qr(mat)
In [237]: r
Out[237]:
array([[-1.6914,  4.38  ,  0.1757,  0.4075, -0.7838],
       [ 0.   , -2.6436,  0.1939, -3.072 , -1.0702],
       [ 0.   ,  0.   , -0.8138,  1.5414,  0.6155],
       [ 0.   ,  0.   ,  0.   , -2.6445, -2.1669],
       [ 0.   ,  0.   ,  0.   ,  0.   ,  0.0002]])
```

表达式 X.T.dot(X)计算 X 和它的转置 X.T 的点积。

互动练习 6

1. 矩阵乘法的函数为（   ）。

A. *   B. dot   C. multiple   D. plus
2. Python 中提供矩阵运算的包是什么？

三、任务准备与实施

（一）任务准备

- 打开 Jupyter 编辑器。
- 熟悉 NumPy 基本语法。

（二）任务流程

本次训练通过模拟随机漫步来说明如何运用数组运算。本任务流程由生成随机漫步、随机漫步折线图、多次随机漫步生成、漫步路径统计、穿越时间统计 5 部分组成，如图 5-2 所示。

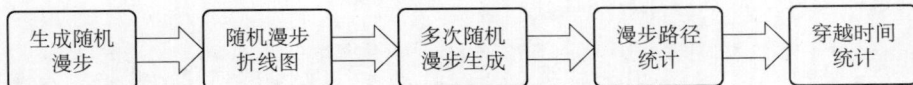

图 5-2 模拟随机漫步流程

（三）任务实施

步骤 1：生成随机漫步

通过模拟随机漫步来说明如何运用数组运算。先来看一个简单的随机漫步的例子：从

0 开始，步长 1 和–1 出现的概率相等。下面是一个通过内置的 random 模块实现 1000 步的随机漫步。

```
import random
position = 0
walk = [position]
steps = 1000
for i in range(steps):
    step = 1 if random.randint(0, 1) else -1
    position += step
    walk.append(position)
```

步骤 2：随机漫步折线图

根据前 100 个随机漫步值生成折线图，如图 5-3 所示。

```
plt.plot(walk[:100])
```

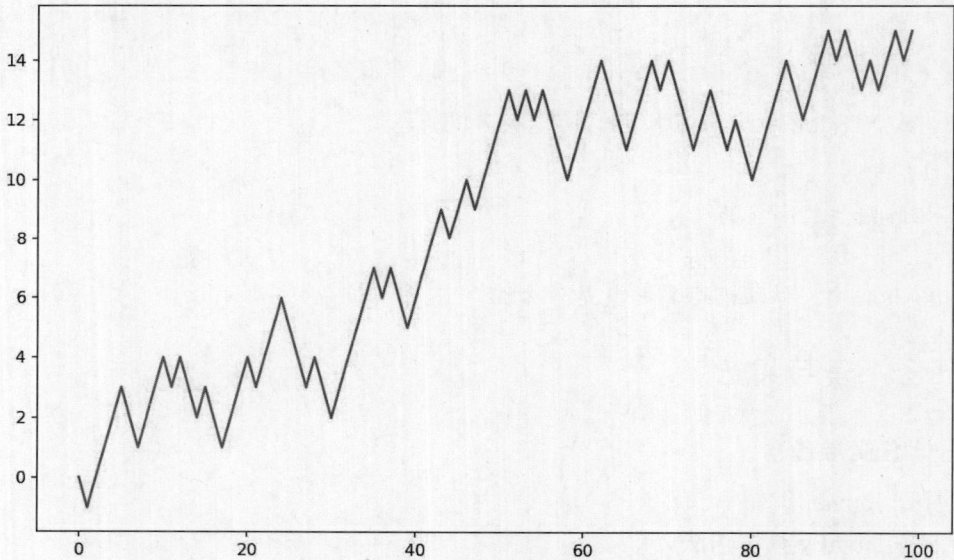

图 5-3　随机漫步折线图

步骤 3：多次随机漫步生成

用 np.random 模块一次性随机产生 1000 个"掷硬币"结果（两个数中任选一个），将其分别设置为 1 或–1，然后计算累计和。

```
nsteps = 1000
draws = np.random.randint(0, 2, size=nsteps)
steps = np.where(draws > 0, 1, -1)
walk = steps.cumsum()
```

步骤 4：漫步路径统计

有了步骤 3 的这些数据之后，就可以沿着漫步路径做一些统计工作了，比如求取最大值和最小值。

```
minValue=walk.min()
maxValue=walk.max()
```

步骤 5：穿越时间统计

首次穿越时间，即随机漫步过程中第一次到达某个特定值的时间。假设我们想要知道本次随机漫步需要多久才能距离初始 0 点至少 10 步远（任一方向均可）。np.abs(walk)>=10 可以得到一个布尔型数组，它表示的是距离是否达到或超过 10，而我们想要知道的是第一个 10 或−10 的索引。可以用 argmax 来解决这个问题，它返回的是该布尔型数组第一个最大值的索引（True 就是最大值）。

```
index=(np.abs(walk) >= 10).argmax()
```

四、技能训练

（一）工作准备

● 阅读项目目标任务和要求。
● 了解相关技术的使用方法。
● 在计算机内查看是否安装了 Python 并打开 Jupyter 编辑器。

（二）项目实操

● 实操引导 1：实现 1000 步随机漫步的 Python 代码如下：

_____

● 实操引导 2：根据前 100 个随机漫步值生成折线图的 Python 代码如下：

_____

● 实操引导 3：一次性随机产生 1000 个"掷硬币"结果（两个数中任选一个），将其分别设置为 1 或−1 的 Python 代码如下：

_____

然后计算累计和的 Python 代码如下：

_____

● 实操引导 4：求取最大值的 Python 代码如下：

_____

求取最小值的 Python 代码如下：

_____

● 实操引导 5：统计随机漫步需要多久才能距离初始 0 点至少 10 步远的 Python 代码如下：

_____

_____

五、同步测验

（一）拓展思考

如何创建数组？如何实现数组的转置？

（二）同步项目训练

如何通过对任务代码的简单修改实现模拟多个随机漫步过程（如 5000 个）？

物流大数据分析与挖掘	项目五　Python 数据分析 任务二　Matplotlib 的数据可视化 任务工单页	学生： 班级： 日期：

任务二　Matplotlib 的数据可视化

一、任务描述

信息可视化（也叫绘图）是数据分析中最重要的工作之一。它可能是探索过程的一部分，例如，帮助用户找出异常值、进行必要的数据转换、得出有关模型的方案等。另外，做一个可交互的数据可视化也许是工作的最终目标。Python 中有许多库可以进行静态或动态的数据可视化，但这里主要关注的是 Matplotlib（http://matplotlib.org/）和基于它的库。

Matplotlib 是一个用于创建出版质量图表的桌面绘图包（主要是 2D 方面）。该项目是由 John Hunter 于 2002 年启动的，其目的是为 Python 构建一个 MATLAB 式的绘图接口。Matplotlib 和 IPython 社区进行合作，简化了从 IPython shell（包括现在的 Jupyter notebook）进行交互式绘图的流程。Matplotlib 支持各种操作系统上许多不同的 GUI 后端，而且还能将图片导出为各种常见的矢量（vector）和光栅（raster）图，如 PDF、SVG、JPG、PNG、BMP、GIF 等。

随着时间的发展，Matplotlib 衍生出了多个数据可视化的工具集，它们使用 Matplotlib 作为底层。如 seaborn（http://seaborn.pydata.org/）。熟练掌握 Matplotlib 的数据可视化将为大数据分析打下良好的基础。通过本次任务的学习，可以熟练掌握 Matplotlib API 的使用方法，并能编写根据标准普尔 500 指数价格绘制一张曲线图的 Python 代码。

（一）任务要求

学习掌握 Matplotlib 的数据可视化，具体任务包括如下方面。

- 了解 matplotlib API。
- 掌握图形样式设置。
- 将图表保存到文件。
- 学习 Matplotlib 配置。

（二）学习目标

知识目标	能了解 Matplotlib API，理解 Figure 和 subplot 对象 能理解图形样式（标记、线形、图例、注解）的设置参数 能了解 Matplotlib 配置
技能目标	能使用 Matplotlib 生成图形 能操作 API 配置图形样式，包括标记、线形、图例、注解等 能将图表保存到文件中 能配置 Matplotlib
思政目标	培养精益求精的工匠精神 树立实事求是的科学精神

（三）实施路径

Matplotlib 的数据可视化实施路径如图 5-4 所示。

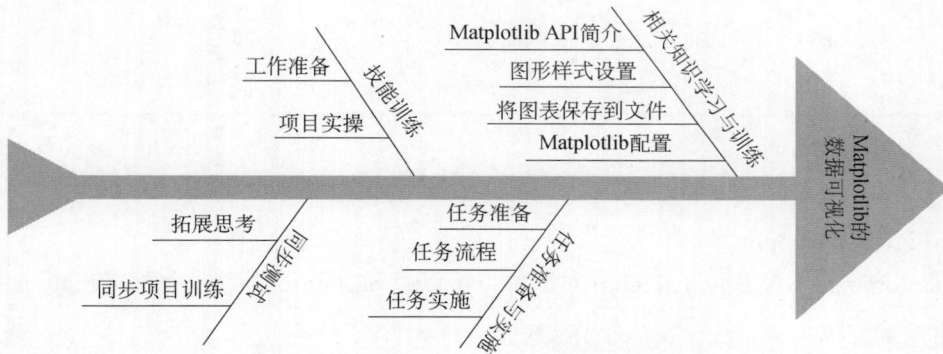

图 5-4　Matplotlib 的数据可视化实施路径

二、相关知识学习与训练

（一）Matplotlib API 简介

Matplotlib 的引入约定如下。

```
In [11]: import matplotlib.pyplot as plt
```

1. 创建图形

在 Jupyter 中运行%matplotlib notebook（或在 IPython 中运行%matplotlib），就可以创建一个简单的图形。如果一切设置正确，会得到如图 5-5 所示的图形。

```
In [12]: import numpy as np
In [13]: data = np.arange(10)
In [14]: data
Out[14]: array([0, 1, 2, 3, 4, 5, 6, 7, 8, 9])
In [15]: plt.plot(data)
```

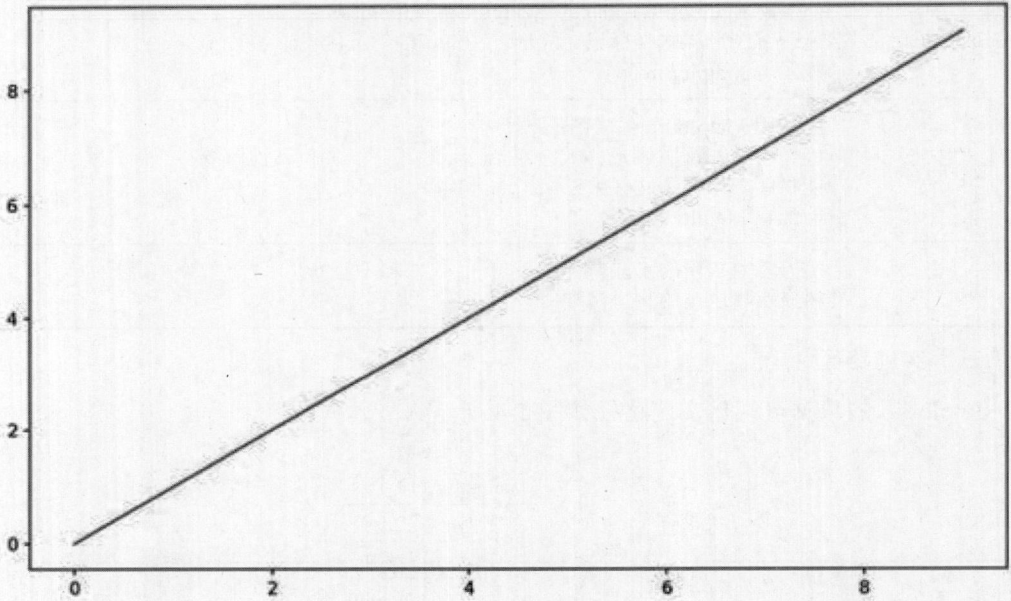

图 5-5　创建图形

2. Figure 和 subplot

Matplotlib 的图像都位于 Figure 对象中。可以用 plt.figure 创建一个新的 Figure。

```
In [16]: fig = plt.figure()
```

如果用的是 IPython，这时会弹出一个空窗口，但在 Jupyter 中，必须再输入更多命令才能看到。plt.figure 有一些选项，特别是 figsize，用于确保当图片保存到磁盘时具有一定的大小和纵横比。

不能通过空 Figure 绘图。必须用 add_subplot 创建一个或多个 subplot 才可以。

```
In [17]: ax1 = fig.add_subplot(2, 2, 1)
```

上述代码的意思如下：图像应该是 2×2 的（最多 4 张图），且当前选中的是 4 个 subplot 中的第一个（编号从 1 开始）。如果再把后面两个 subplot 也创建出来，最终得到的图像如

图 5-6 所示。

```
In [18]: ax2 = fig.add_subplot(2, 2, 2)
In [19]: ax3 = fig.add_subplot(2, 2, 3)
```

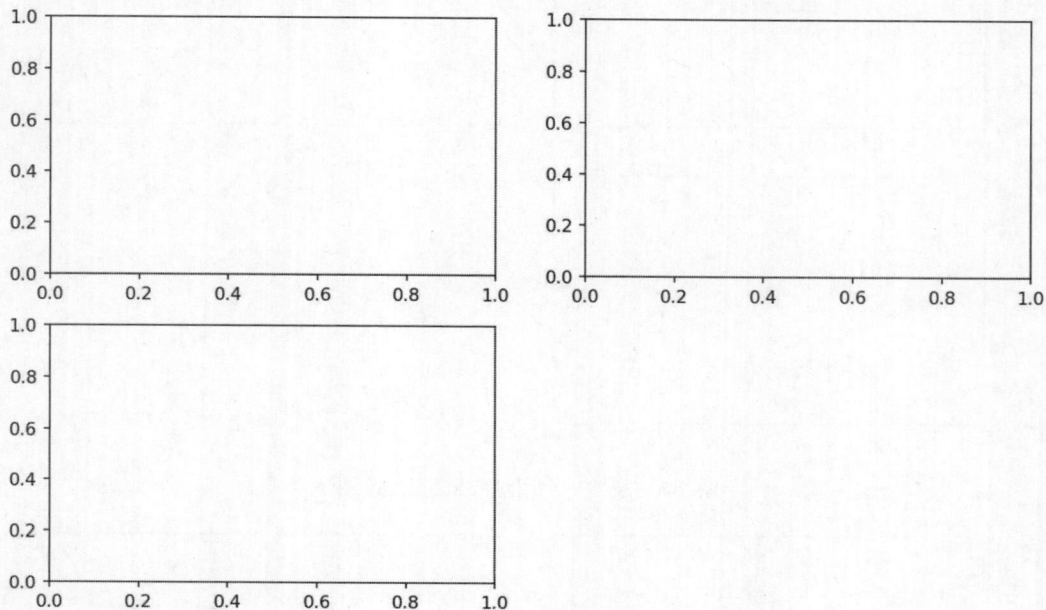

图 5-6 多个 subplot 图形

这里，运行同一个小窗里的所有命令。

```
fig = plt.figure()
ax1 = fig.add_subplot(2, 2, 1)
ax2 = fig.add_subplot(2, 2, 2)
ax3 = fig.add_subplot(2, 2, 3)
```

如果这时执行一条绘图命令（如 plt.plot([1.5, 3.5, -2, 1.6])），Matplotlib 就会在最后一个用过的 subplot（如果没有则创建一个）上进行绘制，隐藏创建 figure 和 subplot 的过程。因此，如果执行下列命令，就会得到如图 5-7 所示的结果。

```
In [20]: plt.plot(np.random.randn(50).cumsum(), 'k--')
```

"k--"是一个线型选项，用于告诉 Matplotlib 绘制黑色虚线图。上面那些由 fig.add_subplot 所返回的对象是 AxesSubplot 对象，直接调用它们的实例方法就可以在其他空格里绘图，如图 5-8 所示。

```
In [21]: ax1.hist(np.random.randn(100), bins=20, color='k', alpha=0.3)

In [22]: ax2.scatter(np.arange(30), np.arange(30) + 3 * np.random.randn(30))
```

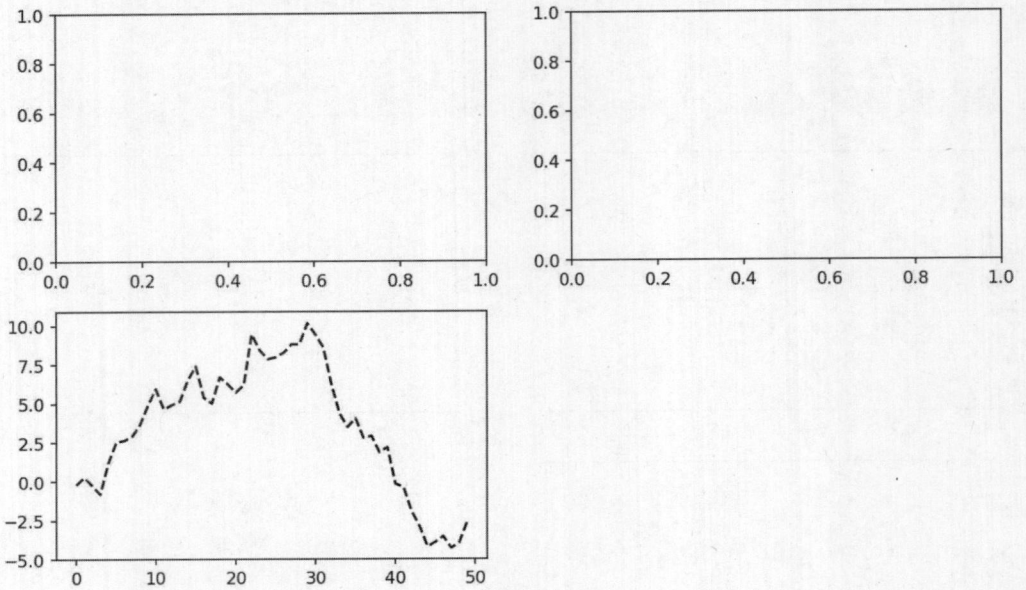

图 5-7　最后一个用过的 subplot 绘图

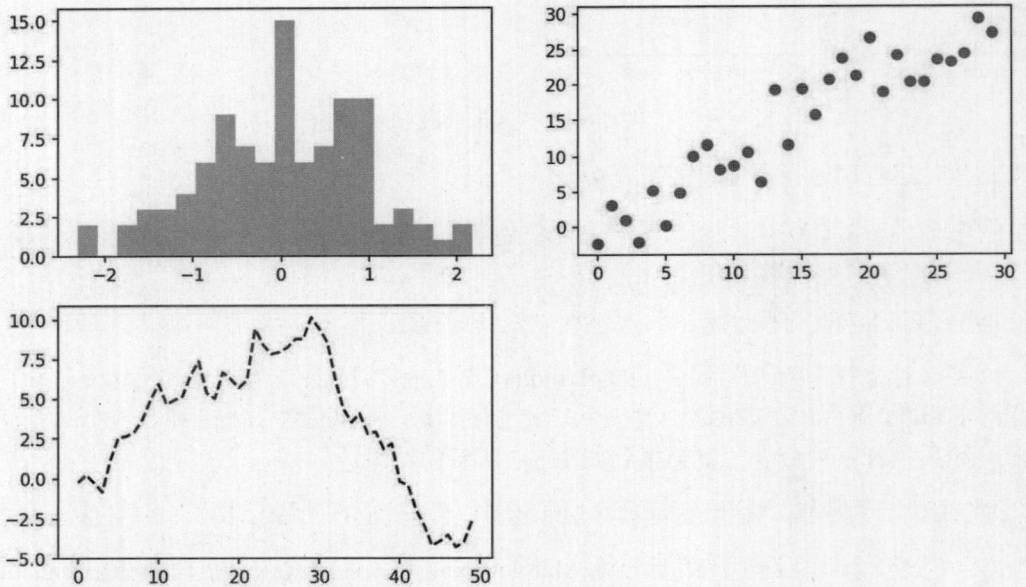

图 5-8　AxesSubplot 对象画图

可以在 Matplotlib 的文档中找到各种图表类型。

创建包含 subplot 网格的 Figure 是一个非常常见的任务，Matplotlib 有一个更为方便的方法 plt.subplots，它可以创建一个新的 Figure，并返回一个含有已创建的 subplot 对象的 NumPy 数组。

```
In [24]: fig, axes = plt.subplots(2, 3)

In [25]: axes
Out[25]:
array([[<matplotlib.axes._subplots.AxesSubplot          object        at
0x7fb626374048>,
       <matplotlib.axes._subplots.AxesSubplot object at 0x7fb62625db00>,
       <matplotlib.axes._subplots.AxesSubplot          object        at
0x7fb6262f6c88>],
       [<matplotlib.axes._subplots.AxesSubplot object at 0x7fb6261a36a0>,
       <matplotlib.axes._subplots.AxesSubplot object at 0x7fb626181860>,
       <matplotlib.axes._subplots.AxesSubplot          object        at
0x7fb6260fd4e0>]], dtype
=object)
```

这是非常实用的，因为可以轻松地对 axes 数组进行索引，就好像一个二维数组一样，如 axes[0,1]。还可以通过 sharex 和 sharey 指定 subplot 应该具有相同的 x 轴或 y 轴。在比较相同范围的数据时，这也是非常实用的，否则，Matplotlib 会自动缩放各图表的界限。有关该方法的更多信息，参见表 5-5。

表 5-5　subplot 的参数及说明

参数	说明
nrows	subplot 的行数
ncols	subplot 的列数
sharex	所有 subplot 应该使用相同的 x 轴刻度（调节 xlim 将会影响所有 subplot）
sharey	所有 subplot 应该使用相同的 y 轴刻度（调节 ylim 将会影响所有 subplot）
subplot_kw	用于创建各 subplot 的关键字字典
**fig_kw	创建 Figure 时的其他关键字，如 plt.subplots(2,2,figsize=(8,6))

（二）图形样式设置

1. 调整 subplot 周围的间距

默认情况下，Matplotlib 会在 subplot 外围留下一定的边距，并在 subplot 之间留下一定的间距。间距与图像的高度和宽度有关，因此，如果用户调整了图像大小（不管是编程还是手工），间距也会自动调整。利用 Figure 的 subplots_adjust 方法可以轻而易举地修改间距，此外，它也是一个顶级函数。

```
subplots_adjust(left=None, bottom=None, right=None, top=None,
            wspace=None, hspace=None)
```

wspace 和 hspace 用于控制宽度和高度的百分比，可以用作 subplot 之间的间距。下面是一个简单的例子，其中将间距收缩到了 0，如图 5-9 所示。

```
fig, axes = plt.subplots(2, 2, sharex=True, sharey=True)
for i in range(2):
    for j in range(2):
        axes[i,    j].hist(np.random.randn(500),    bins=50,    color='k',
alpha=0.5)
plt.subplots_adjust(wspace=0, hspace=0)
```

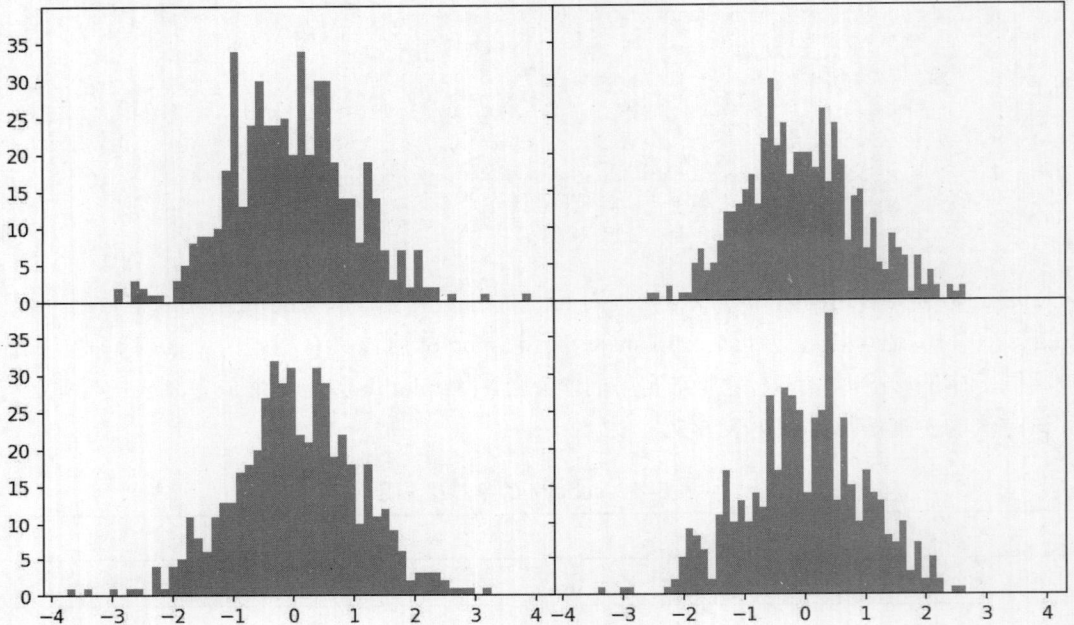

图 5-9　subplot 间距设置

不难看出，其中的轴标签重叠了。Matplotlib 不会检查标签是否重叠，所以对于这种情况，只能用户自己设定刻度位置和刻度标签。后面几节将会详细介绍该内容。

2. 颜色、标记和线型

Matplotlib 的 plot 函数接收一组 x 坐标和 y 坐标，还可以接收一个表示颜色和线型的字符串缩写。例如，要根据 x 和 y 绘制绿色虚线，可以执行如下代码。

```
ax.plot(x, y, 'g--')
```

这种在一个字符串中指定颜色和线型的方式非常方便。在实际中，如果是用代码绘图，用户可能不想通过处理字符串来获得想要的格式。通过下面这种更为明确的方式也能得到同样的效果。

```
ax.plot(x, y, linestyle='--', color='g')
```

常用的颜色可以使用颜色缩写，也可以指定颜色码（如'#CECECE'）。用户可以通过在 plot 的文档字符串查看所有线型的合集（在 IPython 和 Jupyter 中使用 plot?）。

线图可以使用标记强调数据点。因为 Matplotlib 可以创建连续线图，在点之间进行插值，所以有时可能不太容易看出真实数据点的位置。标记也可以放到格式字符串中，但标记类型和线型必须放在颜色后面，如图 5-10 所示。

```
In [30]: from numpy.random import randn

In [31]: plt.plot(randn(30).cumsum(), 'ko--')
```

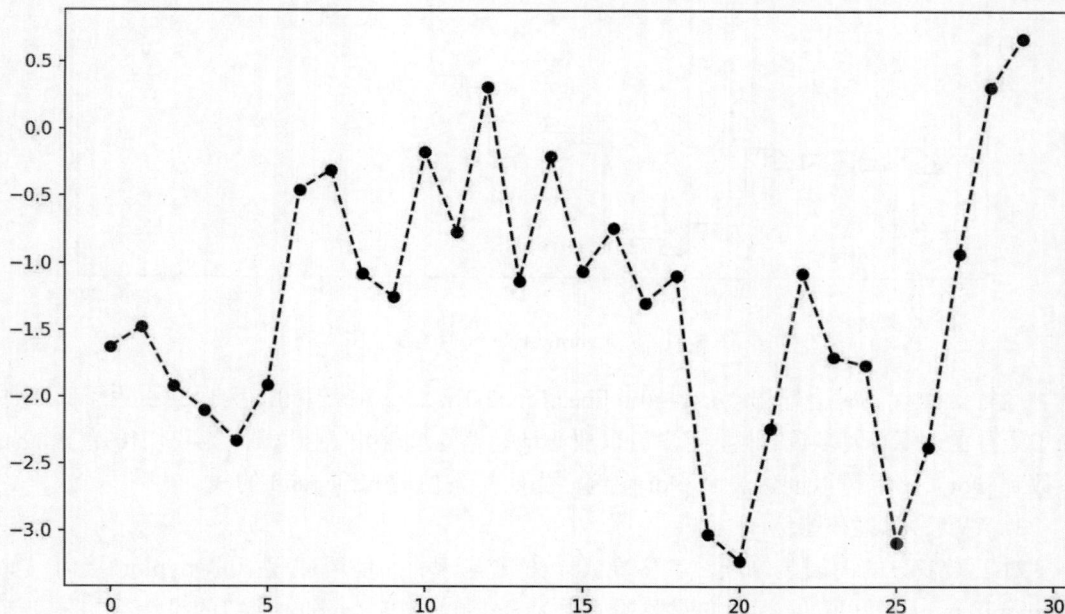

图 5-10   带有标记的线型图

还可以将其写成更为明确的形式。

```
plot(randn(30).cumsum(), color='k', linestyle='dashed', marker='o')
```

在线型图中，非实际数据点默认是按线性方式插值的。可以通过 drawstyle 选项进行，如图 5-11 所示。

```
In [33]: data = np.random.randn(30).cumsum()

In [34]: plt.plot(data, 'k--', label='Default')
Out[34]: [<matplotlib.lines.Line2D at 0x7fb624d86160>]

In [35]: plt.plot(data, 'k-', drawstyle='steps-post', label='steps-post')
Out[35]: [<matplotlib.lines.Line2D at 0x7fb624d869e8>]

In [36]: plt.legend(loc='best')
```

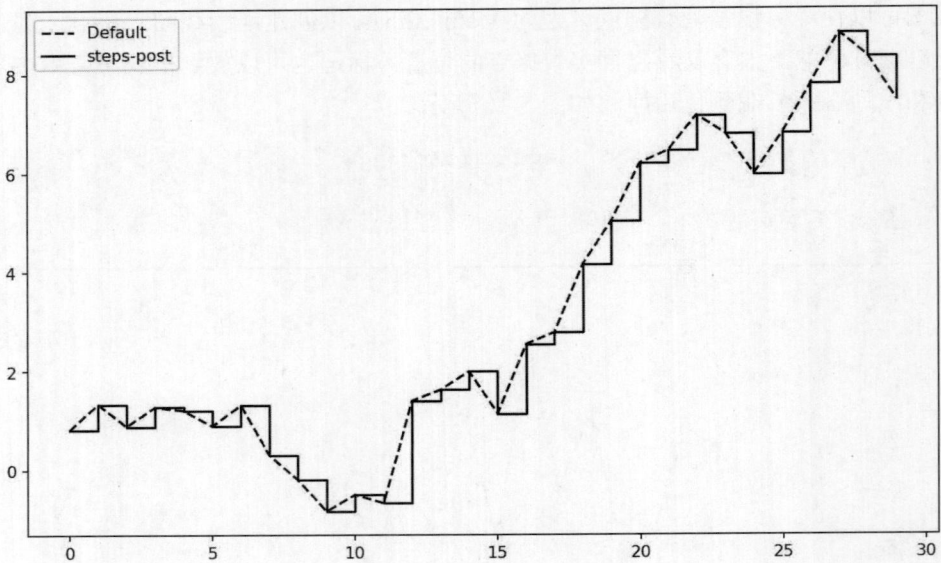

图 5-11　不同 drawstyle 选项的线型图

运行上面代码时会输出<matplotlib.lines.Line2D at ...>。Matplotlib 会返回引用了新添加的子组件的对象。大多数时候，用户可以放心地忽略这些输出。这里，因为我们传递了 label 参数到 plot，所以可以创建一个 plot 图例，指明每条使用 plt.legend 的线。

3. 刻度、标签和图例

对于大多数的图表装饰项，其主要实现方式有两种：使用过程型的 pyplot 接口（如 matplotlib.pyplot）以及更为面向对象的原生 Matplotlib API。pyplot 接口的设计目的是交互式使用，含有诸如 xlim、xticks 和 xticklabels 之类的方法。它们分别控制图表的范围、刻度位置、刻度标签等。其使用方式有以下两种。

若调用时不带参数，则返回当前的参数值（如 plt.xlim()返回当前的 x 轴绘图范围）。

若调用时带参数，则设置参数值（如 plt.xlim([0,10])会将 y 轴的范围设置为 0～10）。

所有这些方法都是对当前或最近创建的 AxesSubplot 起作用。它们各自对应 subplot 对象上的两个方法，以 xlim 为例，就是 ax.get_xlim 和 ax.set_xlim。推荐使用 subplot 的实例方法（因为这样比较明确，而且在处理多个 subplot 时也更清楚）。当然用户也可以选择自己觉得方便的那个。

4. 设置标题、轴标签、刻度以及刻度标签

为了说明自定义轴，将创建一个简单的图像并绘制一段随机漫步，如图 5-12 所示。

```
In [37]: fig = plt.figure()

In [38]: ax = fig.add_subplot(1, 1, 1)

In [39]: ax.plot(np.random.randn(1000).cumsum())
```

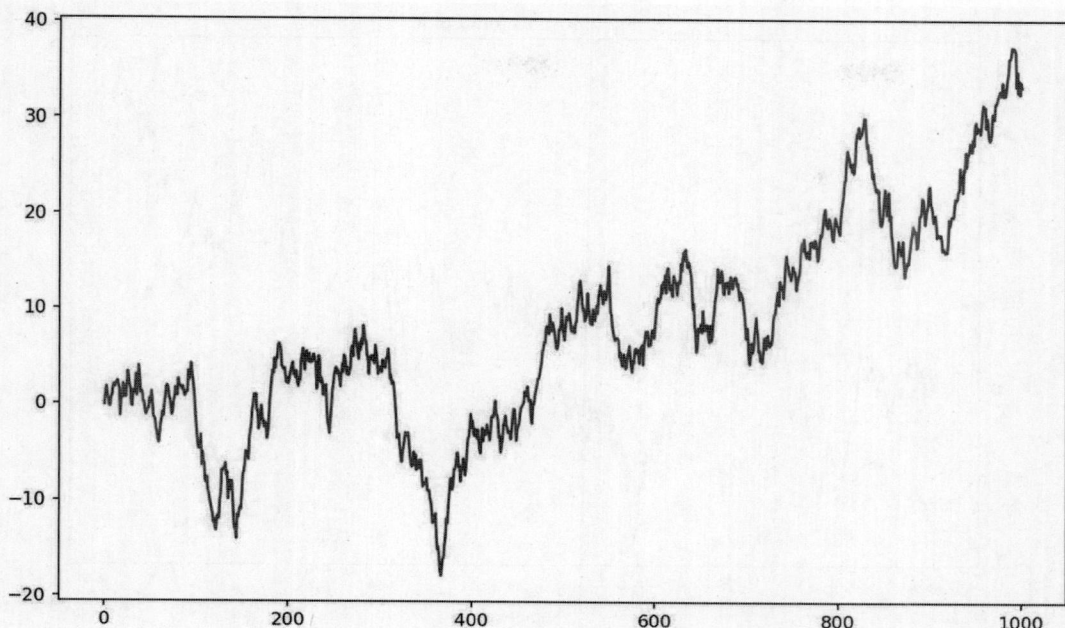

图 5-12　用于演示 xticks 的简单线型图（带有标签）

　　要改变 *x* 轴的刻度，最简单的办法是使用 set_xticks 和 set_xticklabels。前者告诉 Matplotlib 要将刻度放在数据范围中的哪些位置，默认情况下，这些位置也就是刻度标签。我们也可以通过 set_xticklabels 将任何其他的值用作标签。

```
In [40]: ticks = ax.set_xticks([0, 250, 500, 750, 1000])

In [41]: labels = ax.set_xticklabels(['one', 'two', 'three', 'four',
'five'],
   ....:                            rotation=30, fontsize='small')
```

rotation 选项设定 *x* 轴刻度标签倾斜 30°。最后，再用 set_xlabel 为 *x* 轴设置一个名称，并用 set_title 设置一个标题，如图 5-13 所示。

```
In [42]: ax.set_title('My first matplotlib plot')
Out[42]: <matplotlib.text.Text at 0x7fb624d055f8>

In [43]: ax.set_xlabel('Stages')
```

　　y 轴的修改方式与此类似，只需将上述代码中的 *x* 替换为 *y* 即可。轴的类有集合方法，可以批量设定绘图选项。前面的例子也可以写为如下形式。

```
props = {
    'title': 'My first matplotlib plot',
    'xlabel': 'Stages'
}
ax.set(**props)
```

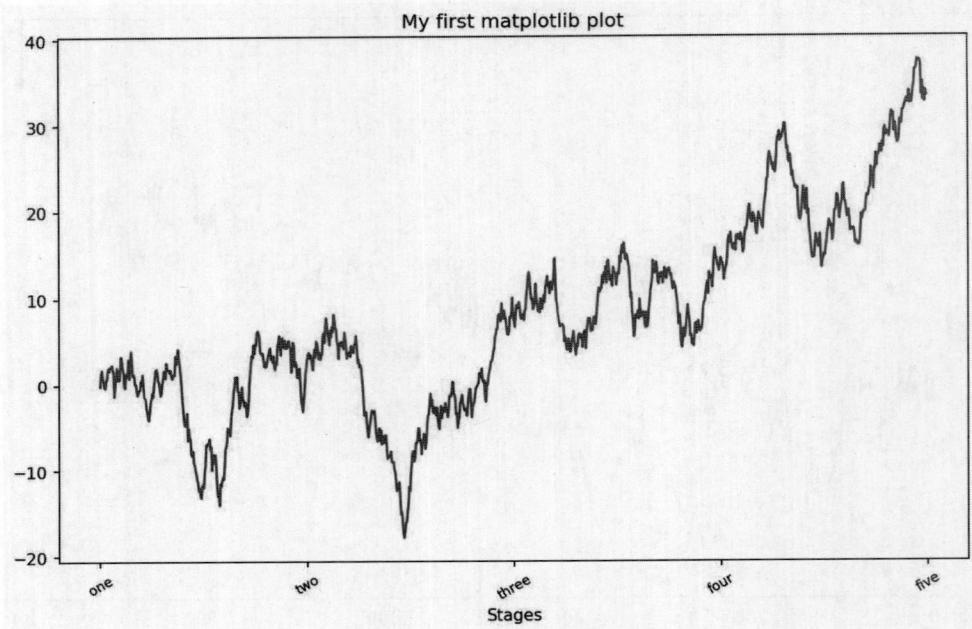

图 5-13　xticks 的简单线型图

5. 添加图例

图例（legend）是另一种用于标识图表元素的重要工具。添加图例的方式有多种。最简单的是在添加 subplot 的时候传入 label 参数。

```
In [44]: from numpy.random import randn

In [45]: fig = plt.figure(); ax = fig.add_subplot(1, 1, 1)

In [46]: ax.plot(randn(1000).cumsum(), 'k', label='one')
Out[46]: [<matplotlib.lines.Line2D at 0x7fb624bdf860>]

In [47]: ax.plot(randn(1000).cumsum(), 'k--', label='two')
Out[47]: [<matplotlib.lines.Line2D at 0x7fb624be90f0>]

In [48]: ax.plot(randn(1000).cumsum(), 'k.', label='three')
Out[48]: [<matplotlib.lines.Line2D at 0x7fb624be9160>]
```

在此之后，用户可以调用 ax.legend()方法或 plt.legend()方法来自动创建图例，结果如图 5-14 所示。

```
In [49]: ax.legend(loc='best')
```

legend()方法也包括其他的 loc 位置参数选项，请查看文档字符串（使用 ax.legend?）。loc 用于告诉 Matplotlib 要将图例放在哪里。如果用户不要求非常精准的话，"best"选项也是不错的选择，因为它会选择比较合适的位置。要从图例中删除一个或多个元素，只要不将其传入 label 或传入 label='nolegend'即可。

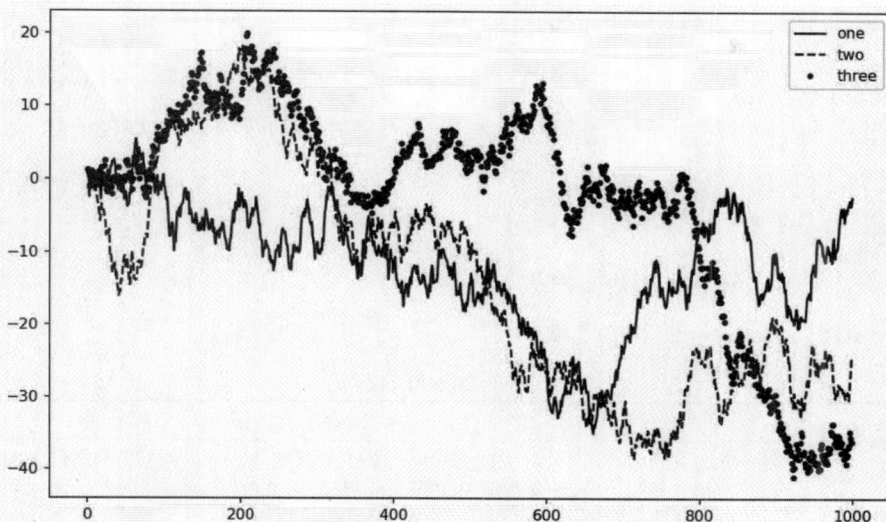

图 5-14　带有三条线以及图例的简单线型图

6. 注解以及在 Subplot 上绘图

除了标准的绘图类型，用户可能还希望绘制一些子集的注解，可能是文本、箭头或其他图形等。注解和文字可以通过 text、arrow 和 annotate 函数进行添加。text 可以将文本绘制在图表的指定坐标(x,y)，还可以加上一些自定义格式。

```
ax.text(x, y, 'Hello world!',
        family='monospace', fontsize=10)
```

注解中可以既含有文本也含有箭头。

互动练习 1

1. 如何快速创建一个新的 Figure，并返回 subplot 对象的 NumPy 数组？

2.【单选】关于 subplot 下列说法错误的是（　　　　）。

A. 默认情况下，Matplotlib 会在 subplot 外围留下一定的边距

B. 利用 Figure 的 subplots_adjust 方法可以修改间距

C. subplots_adjust 的 wspace 和 hspace 参数可以控制宽度和高度的百分比

D. Matplotlib 不会自动缩放各图表的界限，需要通过代码来设置

（三）将图表保存到文件

利用 plt.savefig 可以将当前图表保存到文件。该方法相当于 Figure 对象的实例方法 savefig。例如，要将图表保存为 SVG 文件，可以使用下面的代码。

```
plt.savefig('figpath.svg')
```

文件类型是通过文件扩展名推断出来的。因此，如果用户使用的是.pdf，就会得到一个 PDF 文件。在发布图片时最常用到两个重要的选项是 dpi（控制"每英寸点数"分辨率）和 bbox_inches（可以剪除当前图表周围的空白部分）。要得到一张带有最小白边且分辨率为

400dpi 的 PNG 图片，可以使用下面的代码。

```
plt.savefig('figpath.png', dpi=400, bbox_inches='tight')
```

savefig 并非一定要写入磁盘，它可以写入任何文件型的对象，比如 BytesIO。

```
from io import BytesIO
buffer = BytesIO()
plt.savefig(buffer)
plot_data = buffer.getvalue()
```

表 5-6 列出了 savefig 的其他选项。

表 5-6　savefig 的选项

参数	说明
fname	含有文件路径的字符串或 Python 的文件型对象。图像格式由文件扩展名推断得出，例如，.pdf 推断出 PDF，.png 推断出 PNG
dpi	图像分辨率（每英寸点数），默认为 100
facecolor、edgecolor	图像的背景色，默认为"w"（白色）
format	显示设置文件格式（png、pdf、svg、ps、eps……）
bbox_inches	图表需要保存的部分。如果设置为"tight"，则将尝试剪除图表周围的空白部分

（四）Matplotlib 配置

Matplotlib 自带一些配色方案，以及为生成出版质量的图片而设定的默认配置信息。幸运的是，几乎所有默认行为都能通过一组全局参数进行自定义，它们可以管理图像大小、subplot 边距、配色方案、字体大小、网格类型等。一种 Python 编程方式配置系统的方法是使用 rc 方法。例如，要将全局的图像默认大小设置为 10×10，代码如下。

```
plt.rc('figure', figsize=(10, 10))
```

rc 的第一个参数是希望自定义的对象，如'figure'、'axes'、'xtick'、'ytick'、'grid'、'legend'等。其后可以跟上一系列的关键字参数。一个简单的办法是将这些选项写成一个字典。

```
font_options = {'family' : 'monospace',
                'weight' : 'bold',
                'size'   : 'small'}
plt.rc('font', **font_options)
```

要了解全部的自定义选项，请查阅 Matplotlib 的配置文件 matplotlibrc（位于 matplotlib/mpl-data 目录中）。如果对该文件进行了自定义，并将其放在自己的.matplotlibrc 目录中，则每次使用 Matplotlib 时就会加载该文件。

互动练习 2

1. plt.savefig 可以将当前图表保存到文件，如何设置文件的格式？（　　　）

A. 指定参数

B. 无法设置图像格式

C. 通过文件扩展名推断

2. 如何将全局的图像默认大小设置为 20×20？

3. Matplotlib 的配置文件是什么？放在什么路径下？

三、任务准备与实施

（一）任务准备

打开 Jupyter 编辑器。

熟悉 Matplotlib API 的基本语法。

准备标准普尔 500 指数价格的数据文件"spx.csv"。

（二）任务流程

本次任务通过绘制标准普尔 500 指数价格曲线图来说明如何运用 Matplotlib API。本任务流程由创建图形、导入标普数据、绘制曲线、添加标注、设置数据范围及标题 5 部分组成，如图 5-15 所示。

创建图形　→　导入标普数据　→　绘制曲线　→　添加标注　→　设置数据范围及标题

图 5-15　标准普尔 500 指数价格曲线绘制流程

（三）任务实施

步骤 1：创建图形

用 plt.figure 创建一个新的 Figure 并用 add_subplot 创建一个 subplot。代码如下。

```
from datetime import datetime

fig = plt.figure()
ax = fig.add_subplot(1, 1, 1)
```

步骤 2：导入标普数据

为了导入数据，会引用到 Python 数据处理中另外一个重要的包 pandas，pandas 是专门为处理表格和混杂数据而设计的，基于 NumPy 实现，在随后的课程里会有更加详细的介绍。

```
import pandas as pd

data = pd.read_csv('examples/spx.csv', index_col=0, parse_dates=True)
spx = data['SPX']
```

步骤 3：绘制曲线

用 np.random 模块一次性随机产生 1000 个"掷硬币"结果（两个数中任选一个），将其分别设置为 1 或-1，然后计算累计和。

```
spx.plot(ax=ax, style='k-')
```

步骤 4：添加标注

利用 ax.annotate 方法可以在指定的 x 和 y 坐标轴绘制标签。代码如下。

```
crisis_data = [
    (datetime(2007, 10, 11), 'Peak of bull market'),
    (datetime(2008, 3, 12), 'Bear Stearns Fails'),
    (datetime(2008, 9, 15), 'Lehman Bankruptcy')
]

for date, label in crisis_data:
    ax.annotate(label, xy=(date, spx.asof(date) + 75),
                xytext=(date, spx.asof(date) + 225),
                arrowprops=dict(facecolor='black', headwidth=4, width=2,
                                headlength=4),
                horizontalalignment='left', verticalalignment='top')
```

步骤 5：设置数据范围及标题

使用 set_xlim 和 set_ylim 人工设定起始和结束边界，而不使用 Matplotlib 的默认方法。通过 ax.set_title 添加图标标题。代码如下。

```
#集中在 2007—2010 年
ax.set_xlim(['1/1/2007', '1/1/2011'])
ax.set_ylim([600, 1800])

ax.set_title('Important dates in the 2008-2009 financial crisis')
```

四、技能训练

（一）工作准备

- 阅读项目目标任务和要求。
- 理解相关技术的使用方法。
- 在计算机内查看是否安装了 Python 并打开 Jupyter 编辑器。
- 准备好标普数据的 CSV 文件。

（二）项目实操

- 实操引导 1：创建图形的 Python 代码如下：

- 实操引导 2：导入标普数据的 Python 代码如下：

- 实操引导 3：绘制曲线的 Python 代码如下：

● 实操引导 4：添加标注的 Python 代码如下：

_____

● 实操引导 5：设置数据范围的 Python 代码如下：

_____

设置标题的 Python 代码如下：

_____

五、同步测验

（一）拓展思考

如何自动创建图例？如何设置图例的位置？

（二）同步项目训练

如何在图表中添加一个图形，比如 Rectangle 和 Circle？

物流大数据分析与挖掘	项目五　Python 数据分析 任务三　Pandas 的数据分析与处理 任务工单页	学生： 班级： 日期：

任务三　Pandas 的数据分析与处理

一、任务描述

　　Pandas 是数据分析和数据处理的首选库，它含有使数据清洗和分析工作变得更快、更简单的数据结构和操作工具。Pandas 经常和其他工具一同使用，如数值计算工具 NumPy 和 SciPy，分析库 statsmodels 和 scikit-learn，以及数据可视化库 Matplotlib。Pandas 是基于 NumPy 数组构建的，特别是基于数组的函数和不使用 for 循环的数据处理。虽然 Pandas 采用了大量的 NumPy 编码风格，但二者最大的不同是 Pandas 是专门为处理表格和混杂数据设计的。而 NumPy 更适合处理统一的数值数组数据。自 2010 年 Pandas 开源以来，Pandas 逐渐成长为一个非常大的库。在数据分析和建模的过程中，相当多的时间要用在数据准备上：加载、清理、转换以及重塑。这些工作会占用分析师时间的 80% 或更多。有时，存储在文件和数据库中的数据的格式不适合某个特定的任务。许多研究者都选择使用通用编程语言（如 Python、Perl、R 语言或 Java）或 UNIX 文本处理工具（如 sed 或 awk）对数据格式进行专门的处理。Pandas 和内置的 Python 标准库提供了一组高级的、灵活的、快速的工具，可以轻松地将数据规整为想要的格式。通过本次任务的学习，可以熟练掌握运用 Pandas 进行数据处理的方法，并能够编写将分类变量（categorical variable）转换为"哑变量"或

"指标矩阵"的 Python 代码。

（一）任务要求

学习掌握 Pandas 的数据分析与处理，具体任务包括如下方面。
- Pandas 的数据结构。
- 汇总和统计计算。
- 数据加载存储与文件格式。
- 数据清洗。

（二）学习目标

知识目标	能理解 Pandas 的数据结构，包括 Series 和 DataFrame 能了解 Pandas 汇总和统计计算 能掌握数据加载与数据存储方法，包括文本格式、二进制及从数据库加载 能理解数据清洗过程
技能目标	能掌握使用 Series、DataFrame 及对象的索引、选取与过滤的使用方法 能操作 Pandas 实现数据汇总及统计计算 能加载文本文件、二进制文件及数据库中的数据 能进行数据缺失值处理、数据转换等
素质目标	能培养学生编程能力，使用 Python 实现数据的分析与处理
思政目标	培养实事求是的工作态度 培养团结协作的职业素养

（三）实施路径

Pandas 的数据分析与处理实施路径如图 5-16 所示。

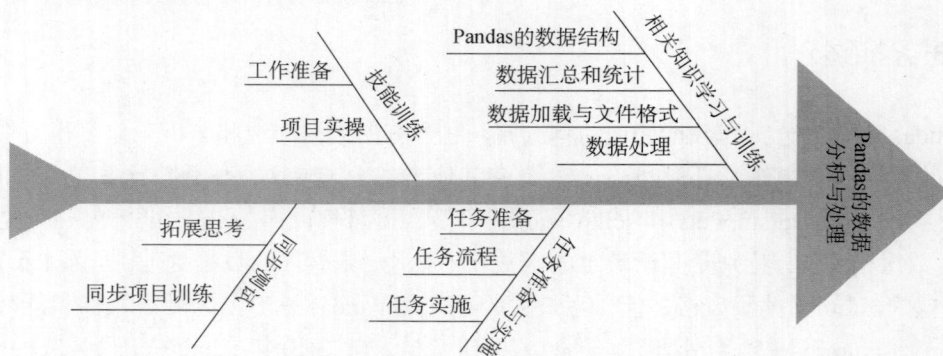

图 5-16　Pandas 的数据分析与处理实施路径

二、相关知识学习与训练

（一）Pandas 的数据结构

1. Series

Series 是一种类似于一维数组的对象，它由一组数据（各种 NumPy 数据类型）以及一组与之相关的数据标签（索引）组成。仅由一组数据即可产生最简单的 Series。

```
In [11]: obj = pd.Series([4, 7, -5, 3])

In [12]: obj
Out[12]:
0    4
1    7
2   -5
3    3
dtype: int64
```

Series 的字符串表现形式：索引在左边，值在右边。由于没有为数据指定索引，于是会自动创建一个 0 到 *n*-1（*n* 为数据的长度）的整数型索引。可以通过 Series 的 values 和 index 属性获取其数组表示形式和索引对象。

```
In [13]: obj.values
Out[13]: array([ 4,  7, -5,  3])

In [14]: obj.index  # like range(4)
Out[14]: RangeIndex(start=0, stop=4, step=1)
```

通常用户希望所创建的 Series 带有一个可以对各个数据点进行标记的索引。

```
In [15]: obj2 = pd.Series([4, 7, -5, 3], index=['d', 'b', 'a', 'c'])

In [16]: obj2
Out[16]:
d    4
b    7
a   -5
c    3
dtype: int64
In [17]: obj2.index
Out[17]: Index(['d', 'b', 'a', 'c'], dtype='object')
```

与普通 NumPy 数组相比，可以通过索引的方式选取 Series 中的单个或一组值。

```
In [18]: obj2['a']
Out[18]: -5
In [19]: obj2['d'] = 6
In [20]: obj2[['c', 'a', 'd']]
Out[20]:
c    3
a   -5
d    6
dtype: int64
```

['c', 'a', 'd']是索引列表，即使它包含的是字符串而不是整数。

使用 NumPy 函数或类似 NumPy 的运算（如根据布尔型数组进行过滤、标量乘法、应用数学函数等）都会保留索引值的链接。

```
In [21]: obj2[obj2 > 0]
Out[21]:
d    6
b    7
c    3
dtype: int64
In [22]: obj2 * 2
Out[22]:
d    12
b    14
a   -10
c     6
dtype: int64
In [23]: np.exp(obj2)
Out[23]:
d     403.428793
b    1096.633158
a       0.006738
c      20.085537
dtype: float64
```

还可以将 Series 看成一个定长的有序字典，因为它是索引值到数据值的一个映射。它可以用在许多需要字典参数的函数中。

```
In [24]: 'b' in obj2
Out[24]: True

In [25]: 'e' in obj2
Out[25]: False
```

如果数据被存放在一个 Python 字典中，那么可以直接通过这个字典来创建 Series。

```
In [26]: sdata = {'Ohio': 35000, 'Texas': 71000, 'Oregon': 16000, 'Utah': 5000}

In [27]: obj3 = pd.Series(sdata)

In [28]: obj3
Out[28]:
Ohio      35000
Oregon    16000
Texas     71000
Utah       5000
dtype: int64
```

如果只传入一个字典，则 Series 中的索引就是原字典的键（有序排列）。可以传入排好序的字典的键以改变顺序。

```
In [29]: states = ['California', 'Ohio', 'Oregon', 'Texas']
```

```
In [30]: obj4 = pd.Series(sdata, index=states)

In [31]: obj4
Out[31]:
California        NaN
Ohio         35000.0
Oregon       16000.0
Texas        71000.0
dtype: float64
```

在这个例子中，sdata 中与 states 索引相匹配的那 3 个值会被找出来并放到相应的位置上，但由于"California"所对应的 sdata 值找不到，所以其结果就为 NaN［"非数字"（not a number），在 Pandas 中，它用于表示缺失或 NA 值］。因为'Utah'不在 states 中，它会被从结果中删除。

通常使用缺失（missing）或 NA 表示缺失数据。Pandas 的 isnull 函数和 notnull 函数可用于检测缺失数据。

```
In [32]: pd.isnull(obj4)
Out[32]:
California     True
Ohio          False
Oregon        False
Texas         False
dtype: bool

In [33]: pd.notnull(obj4)
Out[33]:
California     False
Ohio           True
Oregon         True
Texas          True
dtype: bool
```

Series 也有类似的实例方法。

```
In [34]: obj4.isnull()
Out[34]:
California     True
Ohio          False
Oregon        False
Texas         False
dtype: bool
```

对于许多应用而言，Series 最重要的一个功能是，它会根据运算的索引标签自动对齐数据。

```
In [35]: obj3
Out[35]:
Ohio     35000
```

```
Oregon     16000
Texas      71000
Utah        5000
dtype: int64

In [36]: obj4
Out[36]:
California        NaN
Ohio          35000.0
Oregon        16000.0
Texas         71000.0
dtype: float64

In [37]: obj3 + obj4
Out[37]:
California         NaN
Ohio           70000.0
Oregon         32000.0
Texas         142000.0
Utah               NaN
dtype: float64
```

Series 对象本身及其索引都有一个 name 属性，该属性与 Pandas 其他的关键功能关系非常密切。

```
In [38]: obj4.name = 'population'

In [39]: obj4.index.name = 'state'

In [40]: obj4
Out[40]:
state
California        NaN
Ohio          35000.0
Oregon        16000.0
Texas         71000.0
Name: population, dtype: float64
```

Series 的索引可以通过赋值的方式就地修改。

```
In [41]: obj
Out[41]:
0    4
1    7
2   -5
3    3
dtype: int64

In [42]: obj.index = ['Bob', 'Steve', 'Jeff', 'Ryan']
```

```
In [43]: obj
Out[43]:
Bob      4
Steve    7
Jeff    -5
Ryan     3
dtype: int64
```

2. DataFrame

DataFrame 是一个表格型的数据结构，它含有一组有序的列，每一列可以是不同的值类型（如数值、字符串、布尔值等）。DataFrame 既有行索引也有列索引，它可以被看作由 Series 组成的字典（共用同一个索引）。DataFrame 中的数据是以一个或多个二维块存放的（而不是列表、字典或其他一维数据结构）。创建 DataFrame 的办法有很多，最常用的一种是直接传入一个由等长列表或 NumPy 数组组成的字典。

```
data = {'state': ['Ohio', 'Ohio', 'Ohio', 'Nevada', 'Nevada', 'Nevada'],
        'year': [2000, 2001, 2002, 2001, 2002, 2003],
        'pop': [1.5, 1.7, 3.6, 2.4, 2.9, 3.2]}
frame = pd.DataFrame(data)
```

结果 DataFrame 会自动加上索引（与 Series 一样），且全部列会被有序排列。

```
In [45]: frame
Out[45]:
   pop    state  year
0  1.5     Ohio  2000
1  1.7     Ohio  2001
2  3.6     Ohio  2002
3  2.4   Nevada  2001
4  2.9   Nevada  2002
5  3.2   Nevada  2003
```

结果使用的是 Jupyter notebook，Pandas DataFrame 对象会以对浏览器友好的 HTML 表格的方式呈现。对于特别大的 DataFrame，head()方法会选取前 5 行。

```
In [46]: frame.head()
Out[46]:
   pop    state  year
0  1.5     Ohio  2000
1  1.7     Ohio  2001
2  3.6     Ohio  2002
3  2.4   Nevada  2001
4  2.9   Nevada  2002
```

如果指定了列序列，则 DataFrame 的列就会按照指定顺序进行排列。

```
In [47]: pd.DataFrame(data, columns=['year', 'state', 'pop'])
Out[47]:
   year    state  pop
```

```
0  2000   Ohio  1.5
1  2001   Ohio  1.7
2  2002   Ohio  3.6
3  2001 Nevada  2.4
4  2002 Nevada  2.9
5  2003 Nevada  3.2
```

如果传入的列在数据中找不到，就会在结果中产生缺失值。

```
In [48]: frame2 = pd.DataFrame(data, columns=['year', 'state', 'pop',
'debt'],
   ....:                         index=['one', 'two', 'three', 'four',
                                        'five', 'six'])

In [49]: frame2
Out[49]:
      year   state  pop debt
one   2000    Ohio  1.5  NaN
two   2001    Ohio  1.7  NaN
three 2002    Ohio  3.6  NaN
four  2001  Nevada  2.4  NaN
five  2002  Nevada  2.9  NaN
six   2003  Nevada  3.2  NaN
In [50]: frame2.columns
Out[50]: Index(['year', 'state', 'pop', 'debt'], dtype='object')
```

通过类似字典标记的方式或属性的方式，可以将 DataFrame 的列获取为一个 Series。

```
In [51]: frame2['state']
Out[51]:
one       Ohio
two       Ohio
three     Ohio
four    Nevada
five    Nevada
six     Nevada
Name: state, dtype: object

In [52]: frame2.year
Out[52]:
one     2000
two     2001
three   2002
four    2001
five    2002
six     2003
Name: year, dtype: int64
```

注意，返回的 Series 拥有与原 DataFrame 相同的索引，且其 name 属性也已经被相应地设置好了。行也可以通过位置或名称的方式进行获取，比如用 loc 属性。

```
In [53]: frame2.loc['three']
Out[53]:
year     2002
state    Ohio
pop      3.6
debt     NaN
Name: three, dtype: object
```

列可以通过赋值的方式进行修改。例如，可以给空列"debt"赋上一个标量值或一组值。

```
In [54]: frame2['debt'] = 16.5

In [55]: frame2
Out[55]:
       year    state  pop  debt
one    2000     Ohio  1.5  16.5
two    2001     Ohio  1.7  16.5
three  2002     Ohio  3.6  16.5
four   2001   Nevada  2.4  16.5
five   2002   Nevada  2.9  16.5
six    2003   Nevada  3.2  16.5
In [56]: frame2['debt'] = np.arange(6.)

In [57]: frame2
Out[57]:
       year    state  pop  debt
one    2000     Ohio  1.5   0.0
two    2001     Ohio  1.7   1.0
three  2002     Ohio  3.6   2.0
four   2001   Nevada  2.4   3.0
five   2002   Nevada  2.9   4.0
six    2003   Nevada  3.2   5.0
```

将列表或数组赋值给某个列时，其长度必须与 DataFrame 的长度相匹配。如果赋值的是一个 Series，就会精确匹配 DataFrame 的索引，所有的空位都将被填上缺失值。

```
In [58]: val = pd.Series([-1.2, -1.5, -1.7], index=['two', 'four', 'five'])

In [59]: frame2['debt'] = val

In [60]: frame2
Out[60]:
       year    state  pop  debt
one    2000     Ohio  1.5   NaN
two    2001     Ohio  1.7  -1.2
three  2002     Ohio  3.6   NaN
four   2001   Nevada  2.4  -1.5
five   2002   Nevada  2.9  -1.7
```

```
six    2003 Nevada 3.2   NaN
```

为不存在的列赋值会创建一个新列。关键字 del 用于删除列。作为 del 的例子，先添加一个新的布尔值的列，表示 state 是否为'Ohio'。

```
In [61]: frame2['eastern'] = frame2.state == 'Ohio'

In [62]: frame2
Out[62]:
      year    state  pop  debt  eastern
one   2000    Ohio   1.5  NaN    True
two   2001    Ohio   1.7  -1.2   True
three 2002    Ohio   3.6  NaN    True
four  2001  Nevada   2.4  -1.5   False
five  2002  Nevada   2.9  -1.7   False
six   2003  Nevada   3.2  NaN    False
```

注意：不能用 frame2.eastern 创建新的列。del()方法可以用来删除列。

```
In [63]: del frame2['eastern']

In [64]: frame2.columns
Out[64]: Index(['year', 'state', 'pop', 'debt'], dtype='object')
```

注意：通过索引方式返回的列只是相应数据的视图而已，并不是副本。因此，对返回的 Series 所做的任何就地修改全都会反映到源 DataFrame 上。通过 Series 的 copy()方法即可指定复制列。另一种常见的数据形式是嵌套字典。

```
In [65]: pop = {'Nevada': {2001: 2.4, 2002: 2.9},
....:          'Ohio': {2000: 1.5, 2001: 1.7, 2002: 3.6}}
```

如果将嵌套字典传给 DataFrame，Pandas 就会被解释为：外层字典的键作为列，内层键则作为行索引。

```
In [66]: frame3 = pd.DataFrame(pop)
In [67]: frame3
Out[67]:
      Nevada  Ohio
2000    NaN   1.5
2001    2.4   1.7
2002    2.9   3.6
```

也可以使用类似 NumPy 数组的方法，对 DataFrame 进行转置（交换行和列）。

```
In [68]: frame3.T
Out[68]:
        2000  2001  2002
Nevada   NaN   2.4   2.9
Ohio     1.5   1.7   3.6
```

内层字典的键会被合并、排序以形成最终的索引。如果明确指定了索引，则不会这样。

```
In [69]: pd.DataFrame(pop, index=[2001, 2002, 2003])
Out[69]:
      Nevada  Ohio
2001     2.4   1.7
2002     2.9   3.6
2003     NaN   NaN
```

由 Series 组成的字典也基本是一样的用法。

```
In [70]: pdata = {'Ohio': frame3['Ohio'][:-1],
....:           'Nevada': frame3['Nevada'][:2]}

In [71]: pd.DataFrame(pdata)
Out[71]:
      Nevada  Ohio
2000     NaN   1.5
2001     2.4   1.7
```

如果设置了 DataFrame 的 index 和 columns 的 name 属性，则这些信息也会被显示出来。

```
In [72]: frame3.index.name = 'year'; frame3.columns.name = 'state'

In [73]: frame3
Out[73]:
state Nevada  Ohio
year
2000     NaN   1.5
2001     2.4   1.7
2002     2.9   3.6
```

与 Series 一样，values 属性也会以二维 ndarray 的形式返回 DataFrame 中的数据。

```
In [74]: frame3.values
Out[74]:
array([[ nan,  1.5],
       [ 2.4,  1.7],
       [ 2.9,  3.6]])
```

如果 DataFrame 各列的数据类型不同，则值数组的 dtype 就会选用能兼容所有列的数据类型。

```
In [75]: frame2.values
Out[75]:
array([[2000, 'Ohio', 1.5, nan],
       [2001, 'Ohio', 1.7, -1.2],
       [2002, 'Ohio', 3.6, nan],
       [2001, 'Nevada', 2.4, -1.5],
       [2002, 'Nevada', 2.9, -1.7],
       [2003, 'Nevada', 3.2, nan]], dtype=object)
```

3. 索引对象

Pandas 的索引对象负责管理轴标签和其他元数据（如轴名称等）。构建 Series 或 DataFrame 时，所用到的任何数组或其他序列的标签都会被转换成一个 Index。

```
In [76]: obj = pd.Series(range(3), index=['a', 'b', 'c'])
In [77]: index = obj.index
In [78]: index
Out[78]: Index(['a', 'b', 'c'], dtype='object')
In [79]: index[1:]
Out[79]: Index(['b', 'c'], dtype='object')
```

Index 对象是不可变的，因此用户不能对其进行修改。

```
index[1] = 'd'  # TypeError
```

不可变特性可以使 Index 对象在多个数据结构之间安全共享。

```
In [80]: labels = pd.Index(np.arange(3))

In [81]: labels
Out[81]: Int64Index([0, 1, 2], dtype='int64')

In [82]: obj2 = pd.Series([1.5, -2.5, 0], index=labels)

In [83]: obj2
Out[83]:
0    1.5
1   -2.5
2    0.0
dtype: float64

In [84]: obj2.index is labels
Out[84]: True
```

虽然用户不需要经常使用 Index 的功能，但是因为一些操作会生成包含被索引化的数据，理解它们的工作原理是很重要的。除了类似于数组，Index 的功能也类似于一个固定大小的集合。

```
In [85]: frame3
Out[85]:
state  Nevada  Ohio
year
2000     NaN   1.5
2001     2.4   1.7
2002     2.9   3.6
In [86]: frame3.columns
Out[86]: Index(['Nevada', 'Ohio'], dtype='object', name='state')

In [87]: 'Ohio' in frame3.columns
Out[87]: True
```

```
In [88]: 2003 in frame3.index
Out[88]: False
```

与 Python 的集合不同，Pandas 的 Index 可以包含重复的标签。

```
In [89]: dup_labels = pd.Index(['foo', 'foo', 'bar', 'bar'])

In [90]: dup_labels
Out[90]: Index(['foo', 'foo', 'bar', 'bar'], dtype='object')
```

选择重复的标签，会显示所有的结果。每个索引都有一些方法和属性，它们可用于设置逻辑并回答有关该索引所包含的数据的常见问题。

4. 索引、选取和过滤

Series 索引（obj[...]）的工作方式类似于 NumPy 数组的索引，只不过 Series 的索引值不只是整数。下面是几个例子。

```
In [117]: obj = pd.Series(np.arange(4.), index=['a', 'b', 'c', 'd'])
In [118]: obj
Out[118]:
a    0.0
b    1.0
c    2.0
d    3.0
dtype: float64

In [119]: obj['b']
Out[119]: 1.0

In [120]: obj[1]
Out[120]: 1.0
In [121]: obj[2:4]
Out[121]:
c    2.0
d    3.0
dtype: float64
In [122]: obj[['b', 'a', 'd']]
Out[122]:
b    1.0
a    0.0
d    3.0
dtype: float64

In [123]: obj[[1, 3]]
Out[123]:
b    1.0
d    3.0
dtype: float64
```

```
In [124]: obj[obj < 2]
Out[124]:
a    0.0
b    1.0
dtype: float64
```

利用标签的切片运算与普通的 Python 切片运算不同，其末端是包含的。

```
In [125]: obj['b':'c']
Out[125]:
b    1.0
c    2.0
dtype: float64
```

用切片可以对 Series 的相应部分进行设置。

```
In [126]: obj['b':'c'] = 5

In [127]: obj
Out[127]:
a    0.0
b    5.0
c    5.0
d    3.0
dtype: float64
```

用一个值或序列对 DataFrame 进行索引其实就是获取一个或多个列。

```
In [128]: data = pd.DataFrame(np.arange(16).reshape((4, 4)),
   .....:                      index=['Ohio', 'Colorado', 'Utah', 'New
York'],
   .....:                      columns=['one', 'two', 'three', 'four'])

In [129]: data
Out[129]:
          one  two  three  four
Ohio        0    1      2     3
Colorado    4    5      6     7
Utah        8    9     10    11
New York   12   13     14    15
In [130]: data['two']
Out[130]:
Ohio         1
Colorado     5
Utah         9
New York    13
Name: two, dtype: int64

In [131]: data[['three', 'one']]
Out[131]:
        three  one
```

```
Ohio           2    0
Colorado       6    4
Utah          10    8
New York      14   12
```

这种索引方式有几个特殊的情况。第一种是通过切片或布尔型数组选取行数据,选取行数据的语法十分简单,在[]通过行号进行切片或传入一个布尔型数组即可。例如 data[:2] 是选取前两行数据,data[data['three'] > 5]则通过布尔型数据,选取"three"列的值大于 5 的所有行,如下例所示。

```
In [132]: data[:2]
Out[132]:
        one   two   three   four
Ohio      0     1       2      3
Colorado  4     5       6      7

In [133]: data[data['three'] > 5]
Out[133]:
        one   two   three   four
Colorado  4     5       6      7
Utah      8     9      10     11
New York 12    13      14     15
```

选取行的语法 data[:2]十分简便。向[]传递单一的元素或列表,就可选择列。另一种用法是通过布尔型 DataFrame 进行索引,通过这种方式,可以对整个 DataFrame 进行条件筛选。下面的例子展示了如何使用 DataFrame 来选取 data 中所有值小于 5 的数据,并将这些数据设置为0。

```
In [134]: data < 5
Out[134]:
          one     two   three    four
Ohio      True   True    True    True
Colorado  True  False   False   False
Utah     False  False   False   False
New York False  False   False   False

In [135]: data[data < 5] = 0

In [136]: data
Out[136]:
        one   two   three   four
Ohio      0     0       0      0
Colorado  0     5       6      7
Utah      8     9      10     11
New York 12    13      14     15
```

5. DataFrame 和 Series 之间的运算

与不同维度的 NumPy 数组一样,DataFrame 和 Series 之间的算术运算也是有明确规定的。先来看一个具有启发性的例子，计算一个二维数组与其某行之间的差。

```
In [175]: arr = np.arange(12.).reshape((3, 4))

In [176]: arr
Out[176]:
array([[  0.,   1.,   2.,   3.],
       [  4.,   5.,   6.,   7.],
       [  8.,   9.,  10.,  11.]])

In [177]: arr[0]
Out[177]: array([ 0., 1., 2., 3.])

In [178]: arr - arr[0]
Out[178]:
array([[ 0.,  0.,  0.,  0.],
       [ 4.,  4.,  4.,  4.],
       [ 8.,  8.,  8.,  8.]])
```

当从 arr 中减去 arr[0] 时，每一行都会执行这个操作。这就叫作广播（broadcasting）。DataFrame 和 Series 之间的运算基本也是如此。

```
In [179]: frame = pd.DataFrame(np.arange(12.).reshape((4, 3)),
    .....:                     columns=list('bde'),
    .....:                     index=['Utah', 'Ohio', 'Texas', 'Oregon'])

In [180]: series = frame.iloc[0]

In [181]: frame
Out[181]:
          b     d     e
Utah    0.0   1.0   2.0
Ohio    3.0   4.0   5.0
Texas   6.0   7.0   8.0
Oregon  9.0  10.0  11.0

In [182]: series
Out[182]:
b    0.0
d    1.0
e    2.0
Name: Utah, dtype: float64
```

默认情况下，DataFrame 和 Series 之间的算术运算会将 Series 的索引匹配到 DataFrame 的列，然后沿着行一直向下广播。

```
In [183]: frame - series
Out[183]:
        b    d    e
Utah  0.0  0.0  0.0
```

```
Ohio    3.0  3.0  3.0
Texas   6.0  6.0  6.0
Oregon  9.0  9.0  9.0
```

如果某个索引值在 DataFrame 的列或 Series 的索引中找不到，则参与运算的两个对象就会被重新索引以形成并集。

```
In [184]: series2 = pd.Series(range(3), index=['b', 'e', 'f'])

In [185]: frame + series2
Out[185]:
          b    d     e   f
Utah    0.0  NaN   3.0  NaN
Ohio    3.0  NaN   6.0  NaN
Texas   6.0  NaN   9.0  NaN
Oregon  9.0  NaN  12.0  NaN
```

如果希望匹配行且在列上广播，则必须使用算术运算方法。

```
In [186]: series3 = frame['d']

In [187]: frame
Out[187]:
          b     d     e
Utah    0.0   1.0   2.0
Ohio    3.0   4.0   5.0
Texas   6.0   7.0   8.0
Oregon  9.0  10.0  11.0

In [188]: series3
Out[188]:
Utah      1.0
Ohio      4.0
Texas     7.0
Oregon   10.0
Name: d, dtype: float64

In [189]: frame.sub(series3, axis='index')
Out[189]:
          b    d    e
Utah   -1.0  0.0  1.0
Ohio   -1.0  0.0  1.0
Texas  -1.0  0.0  1.0
Oregon -1.0  0.0  1.0
```

传入的轴号就是希望匹配的轴。在本例中，目的是匹配 DataFrame 的行索引（axis='index'或 axis=0）并进行广播。

互动练习 1

1. 如何利用一组数据创建 Series 对象？

2.【单选】关于 DataFrame，下列说法错误的是（　　　）。

A. DataFrame 是一个表格型的数据结构

B. DataFrame 每列可以是不同的值类型（数值、字符串、布尔值等）

C. DataFrame 中的数据是以一个或多个二维块存放的

D. 将列表或数组赋值给某个列时，其长度可以与 DataFrame 的长度不匹配

（二）数据汇总和统计

1. 汇总和统计方法介绍

Pandas 对象拥有一组常用的数学和统计方法。它们大部分都属于约简和汇总统计，用于从 Series 中提取单个值（如 sum 或 mean）或从 DataFrame 的行或列中提取一个 Series。与对应的 NumPy 数组方法相比，它们都是基于没有缺失数据的假设而构建的。下面来看一个简单的 DataFrame。

```
In [230]: df = pd.DataFrame([[1.4, np.nan], [7.1, -4.5],
   .....:                     [np.nan, np.nan], [0.75, -1.3]],
   .....:                    index=['a', 'b', 'c', 'd'],
   .....:                    columns=['one', 'two'])

In [231]: df
Out[231]:
    one   two
a  1.40   NaN
b  7.10  -4.5
c   NaN   NaN
d  0.75  -1.3
```

调用 DataFrame 的 sum()方法将会返回一个含有列的和的 Series。

```
In [232]: df.sum()
Out[232]:
one    9.25
two   -5.80
dtype: float64
```

传入 axis='columns'或 axis=1 将会按行进行求和运算。

```
In [233]: df.sum(axis=1)
Out[233]:
a    1.40
b    2.60
c     NaN
d   -0.55
```

NA 值会被自动排除，除非整个切片（这里指的是行或列）都是 NA。通过 skipna 选项可以禁用该功能。

```
In [234]: df.mean(axis='columns', skipna=False)
Out[234]:
```

```
a      NaN
b    1.300
c      NaN
d   -0.275
dtype: float64
```

有些方法（如 idxmin 和 idxmax）返回的是间接统计（如达到最小值或最大值的索引）。

```
In [235]: df.idxmax()
Out[235]:
one    b
two    d
dtype: object
```

另一些方法则是累计型的。

```
In [236]: df.cumsum()
Out[236]:
    one   two
a  1.40   NaN
b  8.50  -4.5
c   NaN   NaN
d  9.25  -5.8
```

还有一种方法，它既不是约简型也不是累计型。describe 就是一个例子，主要用于一次性产生多个汇总统计。

```
In [237]: df.describe()
Out[237]:
            one       two
count  3.000000  2.000000
mean   3.083333 -2.900000
std    3.493685  2.262742
min    0.750000 -4.500000
25%    1.075000 -3.700000
50%    1.400000 -2.900000
75%    4.250000 -2.100000
max    7.100000 -1.300000
```

对于非数值型数据，describe 会产生另外一种汇总统计。

```
In [238]: obj = pd.Series(['a', 'a', 'b', 'c'] * 4)

In [239]: obj.describe()
Out[239]:
count     16
unique     3
top        a
freq       8
dtype: object
```

表 5-7 列出了所有与描述统计相关的方法。

表 5-7 统计方法列表

方法	说明
count	统计非 NA 值的数量
describe	针对 Series 或各 DataFrame 列计算汇总统计
min、max	计算最小值和最大值
argmin、argmax	计算能够获取到最小值和最大值的索引位置（整数）
idxmin、idxmax	计算能够获取到最小值和最大值的索引值
quantile	计算样本的分位数（0~1）
sum	计算值的总和
mean	计算值的平均数
median	计算值的算术中位数（50%分位数）
mad	计算根据平均值计算平均绝对离差
var	计算样本值的方差
std	计算样本值的标准差
skew	计算样本值的偏度（三阶矩）
kurt	计算样本值的峰度（四阶矩）
cumsum	计算样本值的累计和
cummin、cummax	计算样本值的累计最大值和累计最小值
cumprod	计算样本值的累计积
diff	计算一阶差分（对时间序列很有用）
pct change	计算百分数变化

2. 相关系数与协方差

有些汇总统计（如相关系数和协方差）是通过参数对计算出来的。来看几个 DataFrame，它们的数据来自 Yahoo!Finance 的股票价格和成交量，使用的是 pandas-datareader 包（可以用 conda 或 pip 安装）。

```
conda install pandas-datareader
```

使用 pandas_datareader 模块下载了一些股票数据。

```
import pandas_datareader.data as web
all_data = {ticker: web.get_data_yahoo(ticker)
        for ticker in ['AAPL', 'IBM', 'MSFT', 'GOOG']}

price = pd.DataFrame({ticker: data['Adj Close']
            for ticker, data in all_data.items()})
volume = pd.DataFrame({ticker: data['Volume']
            for ticker, data in all_data.items()})
```

现在计算价格的百分数变化。

```
In [242]: returns = price.pct_change()

In [243]: returns.tail()
Out[243]:
              AAPL      GOOG       IBM      MSFT
Date
2016-10-17 -0.000680  0.001837  0.002072 -0.003483
2016-10-18 -0.000681  0.019616 -0.026168  0.007690
2016-10-19 -0.002979  0.007846  0.003583 -0.002255
2016-10-20 -0.000512 -0.005652  0.001719 -0.004867
2016-10-21 -0.003930  0.003011 -0.012474  0.042096
```

Series 的 corr()方法用于计算两个 Series 中重叠的、非 NA 的、按索引对齐的值的相关系数。与此类似，cov 用于计算协方差。

```
In [244]: returns['MSFT'].corr(returns['IBM'])
Out[244]: 0.49976361144151144

In [245]: returns['MSFT'].cov(returns['IBM'])
Out[245]: 8.8706554797035462e-05
```

因为 MSTF 是一个合理的 Python 属性，所以还可以用更简洁的语法选择列。

```
In [246]: returns.MSFT.corr(returns.IBM)
Out[246]: 0.49976361144151144
```

另一方面，DataFrame 的 corr()方法和 cov()方法将以 DataFrame 的形式分别返回完整的相关系数或协方差矩阵。

```
In [247]: returns.corr()
Out[247]:
         AAPL      GOOG       IBM      MSFT
AAPL  1.000000  0.407919  0.386817  0.389695
GOOG  0.407919  1.000000  0.405099  0.465919
IBM   0.386817  0.405099  1.000000  0.499764
MSFT  0.389695  0.465919  0.499764  1.000000

In [248]: returns.cov()
Out[248]:
         AAPL      GOOG       IBM      MSFT
AAPL  0.000277  0.000107  0.000078  0.000095
GOOG  0.000107  0.000251  0.000078  0.000108
IBM   0.000078  0.000078  0.000146  0.000089
MSFT  0.000095  0.000108  0.000089  0.000215
```

利用 DataFrame 的 corrwith()方法，可以计算其列或行与另一个 Series 或 DataFrame 之间的相关系数。传入一个 Series 将会返回一个相关系数值 Series（针对各列进行计算）。

```
In [249]: returns.corrwith(returns.IBM)
Out[249]:
```

```
AAPL    0.386817
GOOG    0.405099
IBM     1.000000
MSFT    0.499764
dtype: float64
```

传入一个 DataFrame 则会计算按列名配对的相关系数。这里，计算的是百分比变化与成交量的相关系数。

```
In [250]: returns.corrwith(volume)
Out[250]:
AAPL   -0.075565
GOOG   -0.007067
IBM    -0.204849
MSFT   -0.092950
dtype: float64
```

传入 axis='columns'即可按行进行计算。无论如何，在计算相关系数之前，所有的数据项都会按标签对齐。

3. 唯一值、值计数以及成员资格

还有一类方法可以从一维 Series 的值中抽取信息。看下面的例子。

```
In [251]: obj = pd.Series(['c', 'a', 'd', 'a', 'a', 'b', 'b', 'c', 'c'])
```

函数 unique 可以得到 Series 中的唯一值数组。

```
In [252]: uniques = obj.unique()
In [253]: uniques
Out[253]: array(['c', 'a', 'd', 'b'], dtype=object)
```

返回的唯一值是未排序的，如果需要排序的话，可以对结果再次进行排序（uniques.sort()）。相似地，value_counts 用于计算一个 Series 中各值出现的频率。

```
In [254]: obj.value_counts()
Out[254]:
c    3
a    3
b    2
d    1
dtype: int64
```

为了便于查看，结果 Series 是按值频率降序排列的。value_counts 还是一个顶级 Pandas 方法，可用于任何数组或序列。

```
In [255]: pd.value_counts(obj.values, sort=False)
Out[255]:
a    3
b    2
c    3
d    1
```

```
dtype: int64
```

isin 用于判断矢量化集合的成员资格，可用于过滤 Series 中或 DataFrame 列中数据的
子集。

```
In [256]: obj
Out[256]:
0    c
1    a
2    d
3    a
4    a
5    b
6    b
7    c
8    c
dtype: object

In [257]: mask = obj.isin(['b', 'c'])

In [258]: mask
Out[258]:
0     True
1    False
2    False
3    False
4    False
5     True
6     True
7     True
8     True
dtype: bool

In [259]: obj[mask]
Out[259]:
0    c
5    b
6    b
7    c
8    c
dtype: object
```

与 isin 类似的是 Index.get_indexer 方法，它可以创建一个索引数组，从可能包含重复
值的数组到另一个不同值的数组。

```
In [260]: to_match = pd.Series(['c', 'a', 'b', 'b', 'c', 'a'])
```

```
In [261]: unique_vals = pd.Series(['c', 'b', 'a'])

In [262]: pd.Index(unique_vals).get_indexer(to_match)
Out[262]: array([0, 2, 1, 1, 0, 2])
```

有时，希望得到 DataFrame 中多个相关列的一张柱状图。

```
In [263]: data = pd.DataFrame({'Qu1': [1, 3, 4, 3, 4],
     .....:                    'Qu2': [2, 3, 1, 2, 3],
     .....:                    'Qu3': [1, 5, 2, 4, 4]})

In [264]: data
Out[264]:
   Qu1  Qu2  Qu3
0   1    2    1
1   3    3    5
2   4    1    2
3   3    2    4
4   4    3    4
```

将 pandas.value_counts 传给该 DataFrame 的 apply() 函数，就可以统计每一列各个数出现的频率。

```
In [265]: result = data.apply(pd.value_counts).fillna(0)

In [266]: result
Out[266]:
   Qu1  Qu2  Qu3
1  1.0  1.0  1.0
2  0.0  2.0  1.0
3  2.0  2.0  0.0
4  2.0  0.0  2.0
5  0.0  0.0  1.0
```

这里，结果中的行标签是所有列的唯一值。后面的频率值是每个列中这些值的相应计数。

互动练习 2

1. 针对 Series 一次产生多个汇总统计的方法是什么？
2. 【单选】用于计算协方差的函数为（　　　）。

A. cov　　　　　　B. corr　　　　　　C. corrwith　　　　　　D. unique

（三）数据加载与文件格式

Pandas 提供了一些用于将表格型数据读取为 DataFrame 对象的函数。表 5-8 对其进行了总结，其中 read_csv 和 read_table 是用得最多的函数。

表 5-8　表格型数据读取函数及说明

函数	说明
read_csv	从文件、URL、文件型对象中加载带分隔符的数据。默认分隔符为逗号
read_table	从文件、URL、文件型对象中加载带分隔符的数据。默认分隔符为制表符（'\t'）
read_fwf	读取定宽列格式数据（也就是说，没有分隔符）
read_clipboard	读取剪贴板中的数据，可以看作 read_table 的剪贴板版本。在将网页转换为表格时很有用
read_excel	从 Excel XLS 或 XLSX file 读取表格数据
read_hdf	读取 Pandas 中的 HDF5 文件
read_html	读取 HTML 文档中的所有表格
read_json	读取 JSON（JavaScript Object Notation）字符串中的数据
read_msgpack	读取二进制格式编码的 Pandas 数据
read_pickle	读取 Python pickle 格式中存储的任意对象
read_sas	读取存储于 SAS 系统自定义存储格式的 SAS 数据集
read_sql	（使用 SQLAlchemy）读取 SQL 查询结果为 Pandas 的 DataFrame
read_stata	读取 Stata 文件格式的数据集
read_feather	读取 Feather 二进制文件格式

1. 文本格式数据读取

pandas.read_csv 函数具有类型推断功能，因为列数据的类型不属于数据类型。也就是说，不需要指定列的类型是数值、整数、布尔值，还是字符串。

首先来看一个以逗号分隔的（CSV）文本文件。

```
In [8]: !cat examples/ex1.csv
a,b,c,d,message
1,2,3,4,hello
5,6,7,8,world
9,10,11,12,foo
```

因为该文件以逗号分隔，所以可以使用 read_csv 将其读入一个 DataFrame 中。

```
In [9]: df = pd.read_csv('examples/ex1.csv')

In [10]: df
Out[10]:
   a   b   c   d message
0  1   2   3   4   hello
1  5   6   7   8   world
2  9  10  11  12     foo
```

还可以使用 read_table 读取，并指定分隔符。

```
In [11]: pd.read_table('examples/ex1.csv', sep=',')
Out[11]:
   a   b   c   d message
```

```
0  1   2   3   4   hello
1  5   6   7   8   world
2  9  10  11  12   foo
```

并不是所有文件都有标题行。看看下面这个文件。

```
In [12]: !cat examples/ex2.csv
1,2,3,4,hello
5,6,7,8,world
9,10,11,12,foo
```

读入该文件的办法有两个。可以让 Pandas 为其分配默认的列名，也可以自己定义
列名。

```
In [13]: pd.read_csv('examples/ex2.csv', header=None)
Out[13]:
   0   1   2   3      4
0  1   2   3   4  hello
1  5   6   7   8  world
2  9  10  11  12    foo

In [14]: pd.read_csv('examples/ex2.csv', names=['a', 'b', 'c', 'd',
'message'])
Out[14]:
   a   b   c   d message
0  1   2   3   4   hello
1  5   6   7   8   world
2  9  10  11  12     foo
```

假设希望将 message 列作为 DataFrame 的索引。可以明确表示要将该列放到索引 4 的
位置上，也可以通过 index_col 参数指定"message"。

```
In [15]: names = ['a', 'b', 'c', 'd', 'message']

In       [16]:        pd.read_csv('examples/ex2.csv',        names=names,
index_col='message')
Out[16]:
         a   b   c   d
message
hello    1   2   3   4
world    5   6   7   8
foo      9  10  11  12
```

如果希望将多个列作为一个层次化索引，只需传入由列编号或列名组成的列表即可。

```
In [17]: !cat examples/csv_mindex.csv
key1,key2,value1,value2
one,a,1,2
one,b,3,4
one,c,5,6
one,d,7,8
```

```
two,a,9,10
two,b,11,12
two,c,13,14
two,d,15,16

In [18]: parsed = pd.read_csv('examples/csv_mindex.csv',
    ....:                     index_col=['key1', 'key2'])

In [19]: parsed
Out[19]:
          value1  value2
key1 key2
one  a         1       2
     b         3       4
     c         5       6
     d         7       8
two  a         9      10
     b        11      12
     c        13      14
     d        15      16
```

在某些情况下，有些表格可能不是用固定的分隔符分隔字段（如用空格符或其他模式）。看看下面这个文本文件。

```
In [20]: list(open('examples/ex3.txt'))
Out[20]:
['          A         B         C\n',
 'aaa -0.264438 -1.026059 -0.619500\n',
 'bbb  0.927272  0.302904 -0.032399\n',
 'ccc -0.264273 -0.386314 -0.217601\n',
 'ddd -0.871858 -0.348382  1.100491\n']
```

可以手动对数据进行规整，这里的字段是被数量不同的空白字符间隔开的。这种情况下，也可以传递一个正则表达式作为 read_table 的分隔符。可以用正则表达式'\s+'，示例如下。

```
In [21]: result = pd.read_table('examples/ex3.txt', sep='\s+')

In [22]: result
Out[22]:
           A         B         C
aaa -0.264438 -1.026059 -0.619500
bbb  0.927272  0.302904 -0.032399
ccc -0.264273 -0.386314 -0.217601
ddd -0.871858 -0.348382  1.100491
```

这里，由于列名比数据行的数量少，所以 read_table 推断第一列应该是 DataFrame 的索引。这些解析器函数还有许多参数可以处理各种各样的异形文件格式（见表 5-9）。比如，可以用 skiprows 跳过文件的第一行、第三行和第四行。

```
In [23]: !cat examples/ex4.csv
# hey!
a,b,c,d,message
# just wanted to make things more difficult for you
# who reads CSV files with computers, anyway?
1,2,3,4,hello
5,6,7,8,world
9,10,11,12,foo
In [24]: pd.read_csv('examples/ex4.csv', skiprows=[0, 2, 3])
Out[24]:
   a   b   c   d message
0  1   2   3   4   hello
1  5   6   7   8   world
2  9  10  11  12     foo
```

表 5-9　read_csv/read_table 函数参数及说明

参数	说明
path	表示文件系统位置、URL、文件型对象的字符串
sep 或 delimiter	用于对行中各字段进行拆分的字符序列或正则表达式
header	用作列名的行号。默认为 0（第一行），如果没有 header 行就应该设置为 None
index_col	用作行索引的列编号或列名。可以是单个名称/数字或由多个名称/数字组成的列表（层次化索引）
names	用于结果的列名列表，结合 header=None 使用
skiprows	需要忽略的行数（从文件开始处算起），或需要跳过的行号列表（从 0 开始）
na_values	一组用于替换 NA 的值
comment	用于将注释信息从行尾拆分出去的字符（一个或多个）

缺失值处理是文件解析任务中的一个重要组成部分。缺失数据经常是要么没有（空字符串），要么用某个标记值表示。默认情况下，Pandas 会用一组经常出现的标记值进行识别，比如 NA 及 NULL。

```
In [25]: !cat examples/ex5.csv
something,a,b,c,d,message
one,1,2,3,4,NA
two,5,6,,8,world
three,9,10,11,12,foo
In [26]: result = pd.read_csv('examples/ex5.csv')

In [27]: result
Out[27]:
  something  a   b     c   d message
0       one  1   2   3.0   4     NaN
1       two  5   6   NaN   8   world
2     three  9  10  11.0  12     foo

In [28]: pd.isnull(result)
```

```
Out[28]:
   something     a      b      c      d message
0     False  False  False  False  False   True
1     False  False  False   True  False  False
2     False  False  False  False  False  False
```

na_values 可以用一个列表或集合的字符串表示缺失值。

```
In [29]: result = pd.read_csv('examples/ex5.csv', na_values=['NULL'])

In [30]: result
Out[30]:
  something a   b     c   d message
0       one 1   2   3.0   4     NaN
1       two 5   6   NaN   8   world
2     three 9  10  11.0  12     foo
```

字典的各列可以使用不同的 NA 标记值。

```
In [31]: sentinels = {'message': ['foo', 'NA'], 'something': ['two']}

In [32]: pd.read_csv('examples/ex5.csv', na_values=sentinels)
Out[32]:
something a   b     c   d message
0      one 1   2   3.0   4     NaN
1      NaN 5   6   NaN   8   world
2    three 9  10  11.0  12     NaN
```

2. 读取 Excel 文件

Pandas 的 ExcelFile 类或 pandas.read_excel 函数支持读取存储在 Excel 2003（或更高版本）中的表格型数据。这两个工具分别使用扩展包 xlrd 和 openpyxl 读取 XLS 和 XLSX 文件。可以用 pip 或 conda 安装这些扩展包。

要使用 ExcelFile，通过传递 xls 或 xlsx 路径创建一个实例。

```
In [104]: xlsx = pd.ExcelFile('examples/ex1.xlsx')
```

存储在表单中的数据可以使用 read_excel 读取到 DataFrame。

```
In [105]: pd.read_excel(xlsx, 'Sheet1')
Out[105]:
  a   b   c   d message
0 1   2   3   4   hello
1 5   6   7   8   world
2 9  10  11  12     foo
```

如果要读取一个文件中的多个表单，创建 ExcelFile 会更快，也可以将文件名传递给 pandas.read_excel。

```
In [106]: frame = pd.read_excel('examples/ex1.xlsx', 'Sheet1')
In [107]: frame
```

```
Out[107]:
   a   b   c   d message
0  1   2   3   4   hello
1  5   6   7   8   world
2  9  10  11  12     foo
```

如果要将 Pandas 数据写成 Excel 格式，则要首先创建一个 ExcelWriter，然后使用 Pandas 对象的 to_excel 方法将数据写入其中。

```
In [108]: writer = pd.ExcelWriter('examples/ex2.xlsx')

In [109]: frame.to_excel(writer, 'Sheet1')

In [110]: writer.save()
```

也可以不使用 ExcelWriter，而是将文件的路径传递给 to_excel。

```
In [111]: frame.to_excel('examples/ex2.xlsx')
```

3. 数据库数据读取

在商业场景下，大多数数据可能不是存储在文本或 Excel 文件中。基于 SQL 的关系型数据库（如 SQL Server、PostgreSQL 和 MySQL 等）使用非常广泛，其他一些数据库也很流行。数据库的选择通常取决于性能、数据完整性以及应用程序的伸缩性需求。

将数据从 SQL 加载到 DataFrame 的过程很简单，此外，Pandas 还有一些能够简化该过程的函数。例如，使用 SQLite 数据库（通过 Python 内置的 sqlite3 驱动器）插入数据。

```
In [121]: import sqlite3
In [122]: query = ''' ' '
   .....: CREATE TABLE test
   .....: (a VARCHAR(20), b VARCHAR(20),
   .....:  c REAL,        d INTEGER
   .....: );'' ' '
In [123]: con = sqlite3.connect('mydata.sqlite')
In [124]: con.execute(query)
Out[124]: <sqlite3.Cursor at 0x7f6b12a50f10>
In [125]: con.commit()
```

插入数据。

```
In [126]: data = [('Atlanta', 'Georgia', 1.25, 6),
   .....:         ('Tallahassee', 'Florida', 2.6, 3),
   .....:         ('Sacramento', 'California', 1.7, 5)]

In [127]: stmt = ''INSERT INTO test VALUES(?, ?, ?, ?)''

In [128]: con.executemany(stmt, data)
Out[128]: <sqlite3.Cursor at 0x7f6b15c66ce0>
```

从表中选取数据时，大部分 Python SQL 驱动器（如 PyODBC、psycopg2、MySQLdb、

pymssql 等）都会返回一个元组列表。

```
In [130]: cursor = con.execute('select * from test')
In [131]: rows = cursor.fetchall()

In [132]: rows
Out[132]:
[('Atlanta', 'Georgia', 1.25, 6),
 ('Tallahassee', 'Florida', 2.6, 3),
 ('Sacramento', 'California', 1.7, 5)]
```

可以将这个元组列表传给 DataFrame 构造器，但还需要列名（位于光标的 description
属性中）。

```
In [133]: cursor.description
Out[133]:
(('a', None, None, None, None, None, None),
 ('b', None, None, None, None, None, None),
 ('c', None, None, None, None, None, None),
 ('d', None, None, None, None, None, None))

In [134]: pd.DataFrame(rows, columns=[x[0] for x in cursor.description])
Out[134]:
            a           b     c  d
0      Atlanta     Georgia  1.25  6
1  Tallahassee     Florida  2.60  3
2   Sacramento  California  1.70  5
```

SQLAlchemy 项目是一个流行的 Python SQL 工具，它抽象出了 SQL 数据库中的许多
常见操作。Pandas 有一个 read_sql 函数，可以轻松地从 SQLAlchemy 连接读取数据。这里，
用 SQLAlchemy 连接 SQLite 数据库，并从之前创建的表中读取数据。

```
In [135]: import sqlalchemy as sqla
In [136]: db = sqla.create_engine('sqlite:///mydata.sqlite')
In [137]: pd.read_sql('select * from test', db)
Out[137]:
            a           b     c  d
0      Atlanta     Georgia  1.25  6
1  Tallahassee     Florida  2.60  3
2   Sacramento  California  1.70  5
```

互动练习 3

1. 读取一个用 "++" 分割的文本文件的方法为（　　　）。

A. pd.read_csv('examples/ex1.csv')

B. pd.read_table('examples/ex1.csv', sep='++')

C. pd.read_csv('examples/ex2.csv', header=None)

2. 如何将 Pandas 数据写成 Excel 格式？

3. Pandas 中操作 SQL 的包是什么？如何通过 SQL 语句来获取数据？

（四）数据处理

1. 缺失值处理

在许多数据分析工作中，缺失数据是经常发生的情况。Pandas 的目标之一就是尽量轻松地处理缺失数据。例如，Pandas 对象的所有描述性统计默认都不包括缺失数据。缺失数据在 Pandas 中呈现的方式并不完美，但对于大多数用户来说可以保证功能正常。对于数值数据，Pandas 使用浮点值 NaN（not a number）来表示缺失数据。称其为哨兵值，可以被方便地检测出来。

```
In [10]: string_data = pd.Series(['aardvark', 'artichoke', np.nan,
'avocado'])

In [11]: string_data
Out[11]:
0    aardvark
1    artichoke
2         NaN
3     avocado
dtype: object

In [12]: string_data.isnull()
Out[12]:
0    False
1    False
2     True
3    False
dtype: bool
```

在 Pandas 中，采用了 R 语言中的惯用方法，即将缺失值表示为 NA，它表示不可用（not available）。在统计应用中，NA 数据可能是不存在的数据或者虽然存在，但是没有被观察到（如数据采集中发生了问题）。当进行数据清洗以进行数据分析时，最好直接对缺失数据进行分析，以判断数据采集的问题或缺失数据可能导致的偏差。Python 内置的 None 值在对象数组中也可以作为 NA。

```
In [13]: string_data[0] = None

In [14]: string_data.isnull()
Out[14]:
0     True
1    False
2     True
3    False
dtype: bool
```

1）滤除缺失数据

过滤缺失数据的方法有很多种。可以通过 pandas.isnull 或布尔索引的手工方法，但 dropna 更实用一些。对于一个 Series，dropna 返回一个仅含非空数据和索引值的 Series。

```
In [15]: from numpy import nan as NA
In [16]: data = pd.Series([1, NA, 3.5, NA, 7])
In [17]: data.dropna()
Out[17]:
0    1.0
2    3.5
4    7.0
dtype: float64
```

等价于如下形式。

```
In [18]: data[data.notnull()]
Out[18]:
0    1.0
2    3.5
4    7.0
dtype: float64
```

dropna 默认丢弃任何含有缺失值的行。

```
In [19]: data = pd.DataFrame([[1., 6.5, 3.], [1., NA, NA],
   ....:                      [NA, NA, NA], [NA, 6.5, 3.]])

In [20]: cleaned = data.dropna()

In [21]: data
Out[21]:
     0    1    2
0  1.0  6.5  3.0
1  1.0  NaN  NaN
2  NaN  NaN  NaN
3  NaN  6.5  3.0

In [22]: cleaned
Out[22]:
     0    1    2
0  1.0  6.5  3.0
```

传入 how='all'将只丢弃全为 NA 的那些行。

```
In [23]: data.dropna(how='all')
Out[23]:
     0    1    2
0  1.0  6.5  3.0
1  1.0  NaN  NaN
3  NaN  6.5  3.0
```

用这种方式丢弃列，只需传入 axis=1 即可。

```
In [24]: data[4] = NA
```

```
In [25]: data
Out[25]:
     0    1    2    4
0  1.0  6.5  3.0  NaN
1  1.0  NaN  NaN  NaN
2  NaN  NaN  NaN  NaN
3  NaN  6.5  3.0  NaN

In [26]: data.dropna(axis=1, how='all')
Out[26]:
     0    1    2
0  1.0  6.5  3.0
1  1.0  NaN  NaN
2  NaN  NaN  NaN
3  NaN  6.5  3.0
```

另一个滤除 DataFrame 行的问题涉及时间序列数据。如果只想留下一部分观测数据，则可以用 thresh 参数实现。

```
In [27]: df = pd.DataFrame(np.random.randn(7, 3))

In [28]: df.iloc[:4, 1] = NA

In [29]: df.iloc[:2, 2] = NA

In [30]: df
Out[30]:
          0         1         2
0 -0.204708       NaN       NaN
1 -0.555730       NaN       NaN
2  0.092908       NaN  0.769023
3  1.246435       NaN -1.296221
4  0.274992  0.228913  1.352917
5  0.886429 -2.001637 -0.371843
6  1.669025 -0.438570 -0.539741

In [31]: df.dropna()
Out[31]:
          0         1         2
4  0.274992  0.228913  1.352917
5  0.886429 -2.001637 -0.371843
6  1.669025 -0.438570 -0.539741

In [32]: df.dropna(thresh=2)
Out[32]:
          0         1         2
2  0.092908       NaN  0.769023
3  1.246435       NaN -1.296221
4  0.274992  0.228913  1.352917
```

```
5  0.886429 -2.001637 -0.371843
6  1.669025 -0.438570 -0.539741
```

2）填充缺失数据

如果不想滤除缺失数据（有可能会丢弃与它有关的其他数据），而是希望通过其他方式填补那些"空洞"。大多数情况下，fillna()方法是最主要的函数。通过一个常数调用，fillna 就能将缺失值替换为调用的常数值。

```
In [33]: df.fillna(0)
Out[33]:
         0         1         2
0 -0.204708  0.000000  0.000000
1 -0.555730  0.000000  0.000000
2  0.092908  0.000000  0.769023
3  1.246435  0.000000 -1.296221
4  0.274992  0.228913  1.352917
5  0.886429 -2.001637 -0.371843
6  1.669025 -0.438570 -0.539741
```

若是通过一个字典调用 fillna，则可以实现对不同的列填充不同的值。

```
In [34]: df.fillna({1: 0.5, 2: 0})
Out[34]:
         0         1         2
0 -0.204708  0.500000  0.000000
1 -0.555730  0.500000  0.000000
2  0.092908  0.500000  0.769023
3  1.246435  0.500000 -1.296221
4  0.274992  0.228913  1.352917
5  0.886429 -2.001637 -0.371843
6  1.669025 -0.438570 -0.539741
```

fillna 默认会返回新对象，但也可以对现有对象进行就地修改。

```
In [35]: _ = df.fillna(0, inplace=True)
In [36]: df
Out[36]:
         0         1         2
0 -0.204708  0.000000  0.000000
1 -0.555730  0.000000  0.000000
2  0.092908  0.000000  0.769023
3  1.246435  0.000000 -1.296221
4  0.274992  0.228913  1.352917
5  0.886429 -2.001637 -0.371843
6  1.669025 -0.438570 -0.539741
```

对 reindexing 有效的那些插值方法也可用于 fillna。

```
In [37]: df = pd.DataFrame(np.random.randn(6, 3))
```

```
In [38]: df.iloc[2:, 1] = NA

In [39]: df.iloc[4:, 2] = NA

In [40]: df
Out[40]:
          0         1         2
0  0.476985  3.248944 -1.021228
1 -0.577087  0.124121  0.302614
2  0.523772       NaN  1.343810
3 -0.713544       NaN -2.370232
4 -1.860761       NaN       NaN
5 -1.265934       NaN       NaN

In [41]: df.fillna(method='ffill')
Out[41]:
          0         1         2
0  0.476985  3.248944 -1.021228
1 -0.577087  0.124121  0.302614
2  0.523772  0.124121  1.343810
3 -0.713544  0.124121 -2.370232
4 -1.860761  0.124121 -2.370232
5 -1.265934  0.124121 -2.370232

In [42]: df.fillna(method='ffill', limit=2)
Out[42]:
          0         1         2
0  0.476985  3.248944 -1.021228
1 -0.577087  0.124121  0.302614
2  0.523772  0.124121  1.343810
3 -0.713544  0.124121 -2.370232
4 -1.860761       NaN -2.370232
5 -1.265934       NaN -2.370232
```

可以利用 fillna 实现一些创新型的功能。例如，可以传入 Series 的平均值或中位数。

```
In [43]: data = pd.Series([1., NA, 3.5, NA, 7])
In [44]: data.fillna(data.mean())
Out[44]:
0    1.000000
1    3.833333
2    3.500000
3    3.833333
4    7.000000
dtype: float64
```

2. 数据转换

1）移除重复数据

DataFrame 中出现重复行有多种原因。下面就是一个例子。

```
In [45]: data = pd.DataFrame({'k1': ['one', 'two'] * 3 + ['two'],
   ....:                      'k2': [1, 1, 2, 3, 3, 4, 4]})

In [46]: data
Out[46]:
    k1  k2
0  one   1
1  two   1
2  one   2
3  two   3
4  one   3
5  two   4
6  two   4
```

DataFrame 的 duplicated()方法返回一个布尔型 Series，表示各行是否是重复行（前面出现过的行）。

```
In [47]: data.duplicated()
Out[47]:
0    False
1    False
2    False
3    False
4    False
5    False
6     True
dtype: bool
```

还有一个与此相关的 drop_duplicates()方法，它会返回一个移除了重复行的 DataFrame。

```
In [48]: data.drop_duplicates()
Out[48]:
    k1  k2
0  one   1
1  two   1
2  one   2
3  two   3
4  one   3
5  two   4
```

这两个方法默认会判断全部列，也可以指定部分列进行重复项判断。假设还有一列值，且只希望根据 k1 列过滤重复项。

```
In [49]: data['v1'] = range(7)

In [50]: data.drop_duplicates(['k1'])
Out[50]:
    k1  k2  v1
0  one   1   0
1  two   1   1
```

duplicated 和 drop_duplicates 默认保留的是第一个出现的值组合。传入 keep='last'则保留最后一个。

```
In [51]: data.drop_duplicates(['k1', 'k2'], keep='last')
Out[51]:
    k1  k2  v1
0  one   1   0
1  two   1   1
2  one   2   2
3  two   3   3
4  one   3   4
6  two   4   6
```

2）利用函数或映射进行数据转换

对于许多数据集，用户可能希望根据数组、Series 或 DataFrame 列中的值来实现数据转换工作。看看下面这组有关肉类的数据。

```
In [52]: data = pd.DataFrame({'food': ['bacon', 'pulled pork', 'bacon',
    ....:                              'Pastrami', 'corned beef', 'Bacon',
    ....:                              'pastrami', 'honey ham', 'nova lox'],
    ....:                      'ounces': [4, 3, 12, 6, 7.5, 8, 3, 5, 6]})

In [53]: data
Out[53]:
          food  ounces
0        bacon     4.0
1  pulled pork     3.0
2        bacon    12.0
3     Pastrami     6.0
4  corned beef     7.5
5        Bacon     8.0
6     pastrami     3.0
7    honey ham     5.0
8     nova lox     6.0
```

假设想要添加一列表示这些肉类食物来源的动物类型。先编写一个不同肉类到动物类型的映射。

```
meat_to_animal = {
  'bacon': 'pig',
  'pulled pork': 'pig',
  'pastrami': 'cow',
  'corned beef': 'cow',
  'honey ham': 'pig',
  'nova lox': 'salmon'
}
```

Series 的 map()方法可以接收一个函数或含有映射关系的字典型对象，但是这里有一个小问题，即一些肉类的首字母大写了，而另一些则没有。因此，还需要使用 Series 的

str.lower()方法将各个值转换为小写形式。

```
In [55]: lowercased = data['food'].str.lower()

In [56]: lowercased
Out[56]:
0        bacon
1    pulled pork
2        bacon
3      pastrami
4    corned beef
5        bacon
6      pastrami
7     honey ham
8      nova lox
Name: food, dtype: object

In [57]: data['animal'] = lowercased.map(meat_to_animal)

In [58]: data
Out[58]:
         food  ounces  animal
0        bacon    4.0     pig
1  pulled pork    3.0     pig
2        bacon   12.0     pig
3     Pastrami    6.0     cow
4  corned beef    7.5     cow
5        Bacon    8.0     pig
6     pastrami    3.0     cow
7    honey ham    5.0     pig
8     nova lox    6.0  salmon
```

也可以传入一个能够完成这些工作的函数。

```
In [59]: data['food'].map(lambda x: meat_to_animal[x.lower()])
Out[59]:
0       pig
1       pig
2       pig
3       cow
4       cow
5       pig
6       cow
7       pig
8    salmon
Name: food, dtype: object
```

使用 map 是一种实现元素级转换以及其他数据清理工作的便捷方式。

3）替换值

利用 fillna()方法填充缺失数据可以看作值替换的一种特殊情况。前面已经看到，map 可用于修改对象的数据子集，而 replace 则提供了一种实现该功能的更简单、更灵活的方式。来看看下面这个 Series。

```
In [60]: data = pd.Series([1., -999., 2., -999., -1000., 3.])

In [61]: data
Out[61]:
0       1.0
1    -999.0
2       2.0
3    -999.0
4   -1000.0
5       3.0
```

–999 这个值可能是一个表示缺失数据的标记值。要将其替换为 Pandas 能够理解的 NA 值，可以利用 replace 来产生一个新的 Series（除非传入 inplace=True）。

```
In [62]: data.replace(-999, np.nan)
Out[62]:
0      1.0
1      NaN
2      2.0
3      NaN
4  -1000.0
5      3.0
dtype: float64
```

如果希望一次性替换多个值，可以传入一个由待替换值组成的列表以及一个替换值。

```
In [63]: data.replace([-999, -1000], np.nan)
Out[63]:
0    1.0
1    NaN
2    2.0
3    NaN
4    NaN
5    3.0
dtype: float64
```

要想让每个值有不同的替换值，可以传递一个替换列表。

```
In [64]: data.replace([-999, -1000], [np.nan, 0])
Out[64]:
0    1.0
1    NaN
2    2.0
3    NaN
4    0.0
```

```
5    3.0
dtype: float64
```

传入的参数也可以是字典。

```
In [65]: data.replace({-999: np.nan, -1000: 0})
Out[65]:
0    1.0
1    NaN
2    2.0
3    NaN
4    0.0
5    3.0
dtype: float64
```

4）检测和过滤异常值

过滤或变换异常值（outlier）在很大程度上就是运用数组运算。来看一个含有正态分布数据的 DataFrame。

```
In [92]: data = pd.DataFrame(np.random.randn(1000, 4))

In [93]: data.describe()
Out[93]:
                0            1            2            3
count  1000.000000  1000.000000  1000.000000  1000.000000
mean      0.049091     0.026112    -0.002544    -0.051827
std       0.996947     1.007458     0.995232     0.998311
min      -3.645860    -3.184377    -3.745356    -3.428254
25%      -0.599807    -0.612162    -0.687373    -0.747478
50%       0.047101    -0.013609    -0.022158    -0.088274
75%       0.756646     0.695298     0.699046     0.623331
max       2.653656     3.525865     2.735527     3.366626
```

假设想要找出某列中绝对值超过 3 的值，示例如下。

```
In [94]: col = data[2]

In [95]: col[np.abs(col) > 3]
Out[95]:
41    -3.399312
136   -3.745356
Name: 2, dtype: float64
```

要选出全部含有"大于 3 或小于−3 的值"的行，可以在布尔型 DataFrame 中使用 any()方法。

```
In [96]: data[(np.abs(data) > 3).any(1)]
Out[96]:
            0          1          2          3
41   0.457246  -0.025907  -3.399312  -0.974657
```

```
60    1.951312   3.260383   0.963301   1.201206
136   0.508391  -0.196713  -3.745356  -1.520113
235  -0.242459  -3.056990   1.918403  -0.578828
258   0.682841   0.326045   0.425384  -3.428254
322   1.179227  -3.184377   1.369891  -1.074833
544  -3.548824   1.553205  -2.186301   1.277104
635  -0.578093   0.193299   1.397822   3.366626
782  -0.207434   3.525865   0.283070   0.544635
803  -3.645860   0.255475  -0.549574  -1.907459
```

根据这些条件，就可以对值进行设置。下面的代码可以将值限制在区间-3～3以内。

```
In [97]: data[np.abs(data) > 3] = np.sign(data) * 3

In [98]: data.describe()
Out[98]:
                  0            1            2            3
count  1000.000000  1000.000000  1000.000000  1000.000000
mean      0.050286     0.025567    '-0.001399    -0.051765
std       0.992920     1.004214     0.991414     0.995761
min      -3.000000    -3.000000    -3.000000    -3.000000
25%      -0.599807    -0.612162    -0.687373    -0.747478
50%       0.047101    -0.013609    -0.022158    -0.088274
75%       0.756646     0.695298     0.699046     0.623331
max       2.653656     3.000000     2.735527     3.000000
```

根据数据的值是正还是负，np.sign(data)可以生成1和-1。

```
In [99]: np.sign(data).head()
Out[99]:
     0    1    2    3
0 -1.0  1.0 -1.0  1.0
1  1.0 -1.0  1.0 -1.0
2  1.0  1.0  1.0 -1.0
3 -1.0 -1.0  1.0 -1.0
4 -1.0  1.0 -1.0 -1.0
```

5）排列和随机采样

利用 numpy.random.permutation 函数可以轻松完成对 Series 或 DataFrame 的列的排列工作（permuting，随机重排序）。通过需要排列的轴的长度调用 permutation，可产生一个表示新顺序的整数数组。

```
In [100]: df = pd.DataFrame(np.arange(5 * 4).reshape((5, 4)))
In [101]: sampler = np.random.permutation(5)

In [102]: sampler
Out[102]: array([3, 1, 4, 2, 0])
```

然后就可以在基于 iloc 的索引操作或 take 函数中使用该数组了。

```
In [103]: df
Out[103]:
    0   1   2   3
0   0   1   2   3
1   4   5   6   7
2   8   9  10  11
3  12  13  14  15
4  16  17  18  19

In [104]: df.take(sampler)
Out[104]:
    0   1   2   3
3  12  13  14  15
1   4   5   6   7
4  16  17  18  19
2   8   9  10  11
0   0   1   2   3
```

　　如果不想用替换的方式选取随机子集，可以在 Series 和 DataFrame 上使用 sample() 方法。

```
In [105]: df.sample(n=3)
Out[105]:
    0   1   2   3
3  12  13  14  15
4  16  17  18  19
2   8   9  10  11
```

　　要通过替换的方式产生样本（允许重复选择），可以将 replace=True 传递到 sample。

```
In [106]: choices = pd.Series([5, 7, -1, 6, 4])
In [107]: draws = choices.sample(n=10, replace=True)
In [108]: draws
Out[108]:
4   4
1   7
4   4
2  -1
0   5
3   6
1   7
4   4
0   5
4   4
dtype: int64
```

互动练习 4

1. DataFrame 如何去重？

2.【单选】在 Python 中缺失值表示为（　　　）。

A. NaN　　　　　　B. NA　　　　　　C. NULL　　　　　　D. NN

三、任务准备与实施

（一）任务准备

- 打开 Jupyter 编辑器。
- 熟悉 DataFrame 基本语法。
- 准备数据文件 movies.dat。

（二）任务流程

本次训练将分类变量转换为指标矩阵，掌握 Pandas 数据处理的流程及方法。本任务流程由读取数据文件、数据规整、构建指标 DataFrame、计算列索引、数据合并五部分组成，如图 5-17 所示。

```
┌──────┐    ┌──────┐    ┌──────────┐    ┌──────┐    ┌──────┐
│读取数据│ ⇒ │数据规整│ ⇒ │构建指标    │ ⇒ │计算列索引│ ⇒ │数据合并│
│文件  │    │      │    │DataFrame │    │      │    │      │
└──────┘    └──────┘    └──────────┘    └──────┘    └──────┘
```

图 5-17　分类变量转换为指标矩阵的流程

（三）任务实施

步骤 1：读取数据文件

读取 movies.dat 数据文件。

```
In [114]: mnames = ['movie_id', 'title', 'genres']

In [115]: movies = pd.read_table('datasets/movielens/movies.dat', sep='::',
   .....:                        header=None, names=mnames)

In [116]: movies[:10]
Out[116]:
   movie_id                              title                        genres
0        1                   Toy Story (1995)   Animation|Children's|Comedy
1        2                     Jumanji (1995)  Adventure|Children's|Fantasy
2        3            Grumpier Old Men (1995)                Comedy|Romance
3        4           Waiting to Exhale (1995)                  Comedy|Drama
4        5  Father of the Bride Part II (1995)                        Comedy
5        6                        Heat (1995)         Action|Crime|Thriller
6        7                     Sabrina (1995)                Comedy|Romance
7        8                Tom and Huck (1995)           Adventure|Children's
8        9                Sudden Death (1995)                        Action
9       10                   GoldenEye (1995)     Action|Adventure|Thriller
```

步骤 2：数据规整

要为每个 genre 添加指标变量就需要做一些数据规整操作。从数据集中抽取出不同的

genre 值。

```
n [117]: all_genres = []
In [118]: for x in movies.genres:
   .....:     all_genres.extend(x.split('|'))
In [119]: genres = pd.unique(all_genres)
In [120]: genres
Out[120]:
array(['Animation', ""Children's "", 'Comedy', 'Adventure', 'Fantasy',
      'Romance', 'Drama', 'Action', 'Crime', 'Thriller','Horror',
      'Sci-Fi', 'Documentary', 'War', 'Musical', 'Mystery', 'Film-Noir',
      'Western'], dtype=object)
```

步骤 3：构建指标 DataFrame

构建指标 DataFrame 的代码如下。

```
In [121]: zero_matrix = np.zeros((len(movies), len(genres)))
In [122]: dummies = pd.DataFrame(zero_matrix, columns=genres)
```

步骤 4：计算列索引

迭代每一部电影，并将 dummies 各行的条目设置为 1。使用 dummies.columns 计算每个类型的列索引。

```
In [123]: gen = movies.genres[0]
In [124]: gen.split('|')
Out[124]: ['Animation', ""Children's "", 'Comedy']
In [125]: dummies.columns.get_indexer(gen.split('|'))
Out[125]: array([0, 1, 2])
In [126]: for i, gen in enumerate(movies.genres):
   .....:     indices = dummies.columns.get_indexer(gen.split('|'))
   .....:     dummies.iloc[i, indices] = 1
```

步骤 5：数据合并

将其与 movies 数据合并。

```
In [127]: movies_windic = movies.join(dummies.add_prefix('Genre_'))

In [128]: movies_windic.iloc[0]
Out[128]:
movie_id                                1
title                     Toy Story (1995)
genres          Animation|Children's|Comedy
Genre_Animation                         1
Genre_Children's                        1
Genre_Comedy                            1
Genre_Adventure                         0
Genre_Fantasy                           0
Genre_Romance                           0
Genre_Drama                             0
                        ...
Genre_Crime                             0
```

```
Genre_Thriller                          0
Genre_Horror                            0
Genre_Sci-Fi                            0
Genre_Documentary                        0
Genre_War                               0
Genre_Musical                           0
Genre_Mystery                           0
Genre_Film-Noir                          0
Genre_Western                           0
Name: 0, Length: 21, dtype: object
```

四、技能训练

（一）工作准备

- 阅读项目目标任务和要求。
- 理解相关技术的使用方法。
- 查看计算机是否安装了 Python 并打开 Jupyter 编辑器。
- 准备数据文件 movies.dat。

（二）项目实操

- 实操引导 1：读取数据的 Python 代码如下：

- 实操引导 2：数据规整的 Python 代码如下：

- 实操引导 3：构建指标 DataFrame 的 Python 代码如下：

- 实操引导 4：计算列索引的 Python 代码如下：

- 实操引导 5：数据合并的 Python 代码如下：

五、同步测验

（一）拓展思考

如何计算 Series 和 DataFrame 的相关系数和协方差？

（二）同步项目训练

缺失值处理的方法有哪几种？这些方法分别会调用 DataFrame 的哪些函数来完成对缺失值的处理？

项目六　智能数据分析和可视化

【拓展阅读】

2023 年 Q1 数据泄露风险概况

捕获近 1000 起数据泄露事件，涉及 1204 家企业

威胁猎人正式发布《2023 年 Q1 数据资产泄露分析报告》，报告显示：2023 年 Q1（第一季度），威胁猎人情报平台监测和验证到的有效数据泄露事件高达 987 起。疫情结束后黑产更加活跃，相较 2022 年 Q1，本季度的数据泄露事件数上升了 42%，涉及企业多达 1204 家。

一月份是春节档期，绝大多数的黑产在休假，因此风险事件数量相对较少，到了二三月份，黑产逐渐"上岗"，风险事件数量也在逐月增加，如图 6-1 所示。

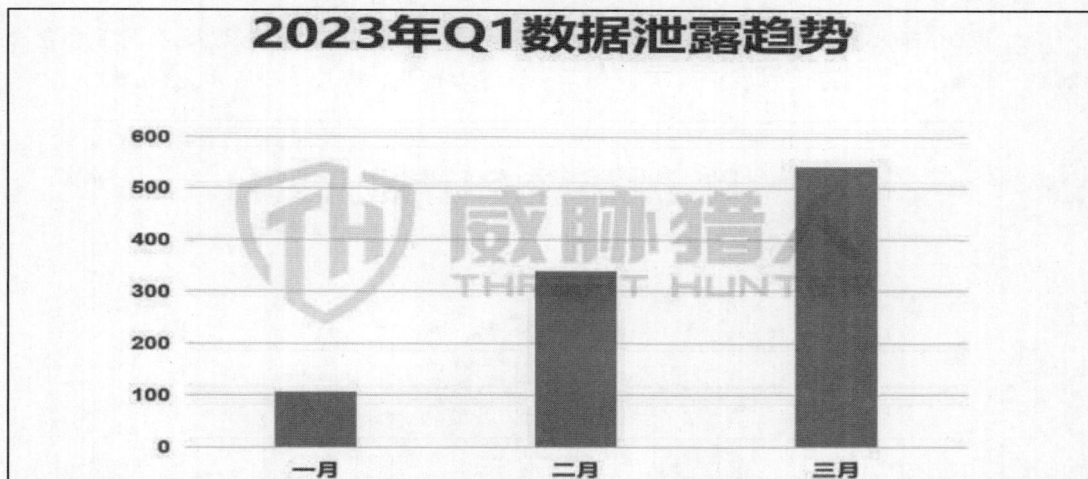

图 6-1　数据泄露趋势

威胁猎人对事件发布者进一步研究发现，其中有两个黑产在 Q1 发布了 244 个数据泄露事件，从过往发布的信息来看，其主要针对物流行业，据此推测，其应该与全国多家快递公司的快递员合作。

匿名社交软件 Telegram 是主要数据交易平台，多为二手转卖数据

从威胁猎人监控渠道上来看，2023 年 Q1 的数据泄露渠道主要集中在 Telegram、GitHub、暗网、网盘 4 个渠道，如图 6-2 所示。

其中，匿名社交软件 Telegram 因信息传输的私密性和便利性，成为数据交易和传播非法信息的理想平台，占比高达 82%。

经威胁猎人溯源，拥有一手数据的人为了保护自身安全，会找代理来推广和交易数据，因此传播数据大多数为二手转卖数据。

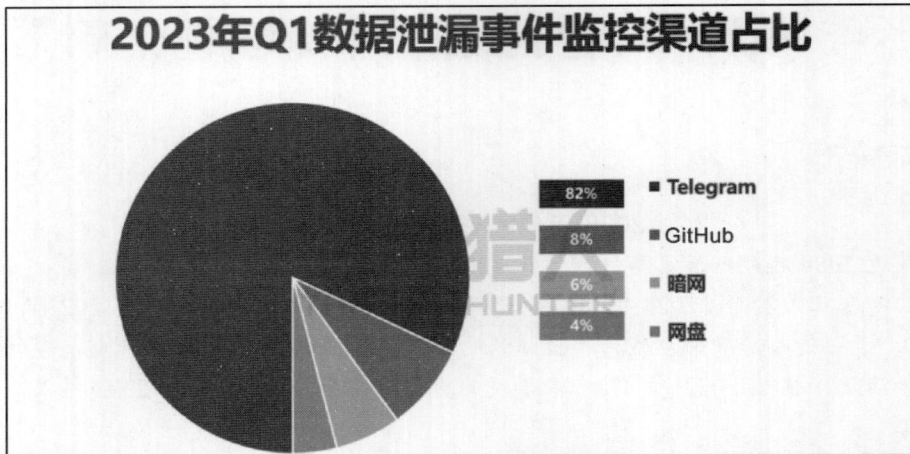

图 6-2　2023 年 Q1 数据泄露事件监控渠道占比

数据泄露遍布各行各业，涉及物流、金融、电子商务等行业

从行业分布来看，2023 年 Q1 的数据泄露事件遍布各行各业，涉及 38 个行业，包含物流、金融、电子商务、航空、招聘、教育、旅游等行业，如图 6-3 所示。

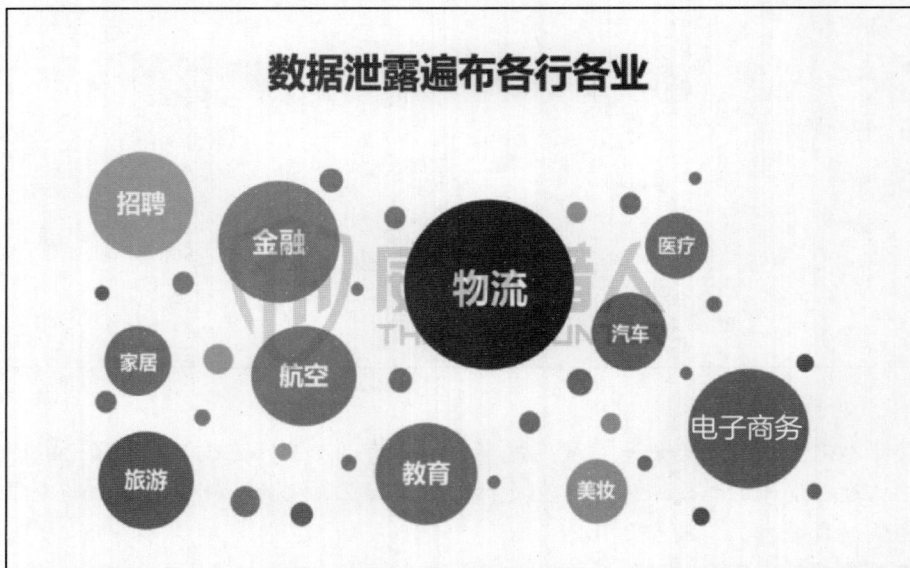

图 6-3　数据泄露遍布各行各业

人为拍摄与合作方泄露是主要泄露原因，涉及销售、快递等环节

从泄露原因来看，本季度人为拍摄信息导致数据泄露的占比最多，高达 42%，进一步研究发现：主要集中在物流行业，涉及销售、仓储、快递等环节的面单信息泄露（见图 6-4）；合作方泄露占比排第二，占比 34%，攻击者往往会攻击供应链上的中小企业，这类企业的安全成本投入低甚至没有，易被攻破，与之合作的企业的数据安全很难得到保障。

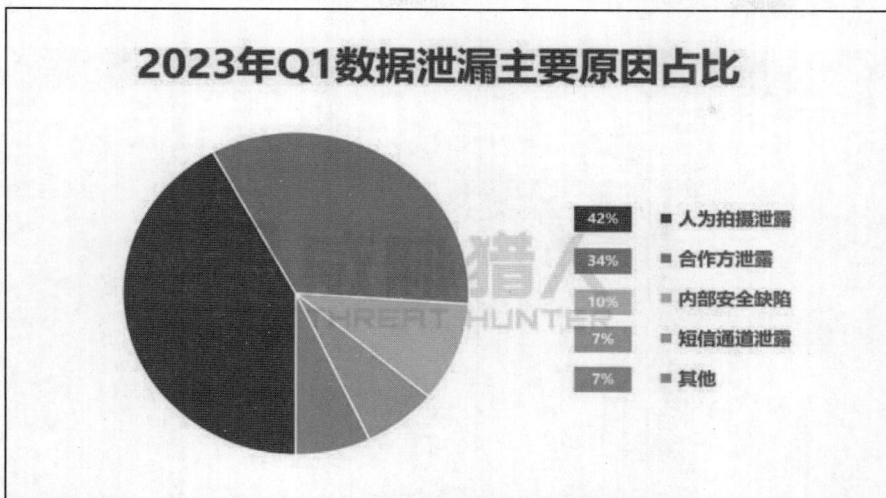

图 6-4　2023 年 Q1 数据泄露主要原因占比

值得关注的是内部安全缺陷泄露和短信通道泄露虽然占比不高，分别为 10%和 7%，但影响范围大，尤其是短信通道泄露。

威胁猎人在 2023 年 3 月 15 日捕获了一起短信泄露事件：涉及 1000 多家企业，其中一家企业被泄露的短信数量高达 1 亿多条，被黑产在 Telegram 上售卖。

护航数字经济，共话数字安全

大数据时代模糊了涉密数据和非涉密数据的绝对界限，碎片化数据、模糊化数据等在传统意义上被认为是安全的数据，但在大数据时代，将海量的碎片化、模糊化数据汇聚到一起，即使这些数据在公开之前经过了精心的脱密处理，通过深入的大数据关联分析，也可以洞察到隐藏在大数据表象背后的重要情报。数据安全在国家安全领域不仅仅体现在军事安全上，实际上，数据已经与政治安全、经济安全、文化安全共同成为国家安全的重要组成部分。

2022 年 7 月 21 日，由国家互联网信息办公室网络法治局、浙江省互联网信息办公室指导，中国网络空间安全协会、杭州市委宣传部主办，余杭区人民政府和相关互联网信息企业承办，中国互联网发展基金会支持的以"护航数字经济　共话数据安全"为主题的"2022数字安全与法治高峰论坛"在杭州举行。会上，中国网络空间安全协会发布了 2022 数据安全典型案例。中国网络空间安全协会副秘书长赵宏志主持发布环节，中国网络空间安全协会秘书长李欲晓和杭州市余杭区委常委、宣传部部长倪伟俊为入围单位代表颁发证书，如图 6-5 所示。

为促进我国数据要素市场健康有序发展，推动我国数据安全保护领域优秀案例的宣传推广，中国网络空间安全协会于 2022 年 6 月，面向会员单位及数据安全从业者等征集"2022 年数据安全典型案例"。本次征集涵盖电子政务、电子商务、人工智能、云计算、大数据、物联网、工业互联网、互联网医疗、互联网金融等方向，共 53 家单位参与申报。经专家评审，遴选出 18 个在创新性、实用性等方面表现突出，对产业发展和技术演进具有一定的参考价值及具有较强示范作用的典型案例。

图 6-5　2022 数字安全与法治高峰论坛

物流大数据分析与挖掘	项目六　智能数据分析和可视化 任务一　数据分析流程 任务工单页	学生： 班级： 日期：

任务一　数据分析流程

一、任务描述

　　大数据应用平台是一款基于工作流和云计算技术，为企业提供一站式数据管理、分析挖掘和应用服务的软件产品，它具有工作流、自助报告、应用中心和管理中心 4 大主要功能，能便捷高效地实现从数据源→大数据技术工具和算法→应用，全面覆盖数据分析过程中的各个环节，为用户提供数据分析及人工智能应用转化服务。工作流编辑器以积木式组件化形式提供了的数据分析组件库，使用者无须编程，可以像玩乐高玩具一样，通过拖曳组件图标构建分析工作流，可以完整保存分析思路，方便日后分析调整。

　　本任务基于 3 张电信企业的客户信息表，学习如何使用大数据平台的工作流编辑构建一个简单的数据分析流程，该分析流程主要是进行数据预处理工作，使用列派生、删除、过滤、表连接、表合并、列重排等预处理节点进行数据预处理，形成数据分析和挖掘时要使用的数据宽表。

（一）任务要求

　　根据某电信公司的客户数据进行整合分析，具体任务包括如下方面。

　　● 理解数据字段的含义，挑出关键的字段。

- 使用分组节点将月度通话信息进行数据汇总。
- 使用表连接节点将多张表合并成一张宽表。
- 使用列派生节点基于已有的变量定义新的变量。
- 使用删除、列重排等节点对数据进行整理。

（二）学习目标

知识目标	能熟悉大数据工作流平台的基本构成 能描述数据预处理的基本流程 能了解预处理节点的基本情况
技能目标	能使用数据导入功能导入数据 能灵活使用用户空间 能使用预处理中的常用节点 能使用预处理节点构建简单的数据分析流程
素质目标	能培养学生理解数据、分析数据的能力
思政目标	具备严谨、实事求是的工作态度 树立注重保护他人信息的工作常识 培养诚信服务、德法兼修的职业素养 具备勇于探索的创新精神

（三）实施路径

数据分析流程实施路径如图 6-6 所示。

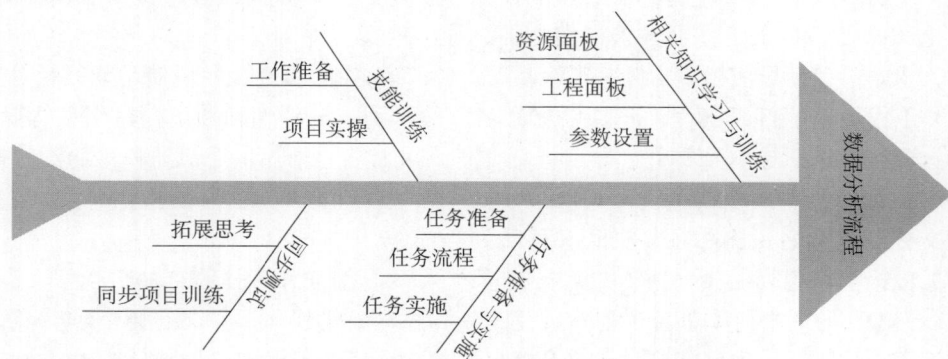

图 6-6　数据分析流程实施路径

二、相关知识学习与训练

工作流编辑器主要包括资源面板、工程面板和参数设置 3 部分。

（一）资源面板

资源面板主要包括用户空间、组件和任务 3 个部分，如图 6-7 所示。

1. 用户空间

用户空间以列表的形式存储用户的相关信息，包括用户文件夹、文件夹、报告工程、表格数据库标签、R 标签和模型等资源，同时可以对其中的文件进行相关操作。不同类型的文件操作功能各不相同。

（1）用户文件夹：主要包括新建工程、新建文件夹、新建数据库标签、新建安全书签、新建 R 标签、上传文件、导入数据、导入档案文件（仅支持 ZIP、KZ 格式的文件上传）和导出档案文件等操作，如图 6-8 所示。

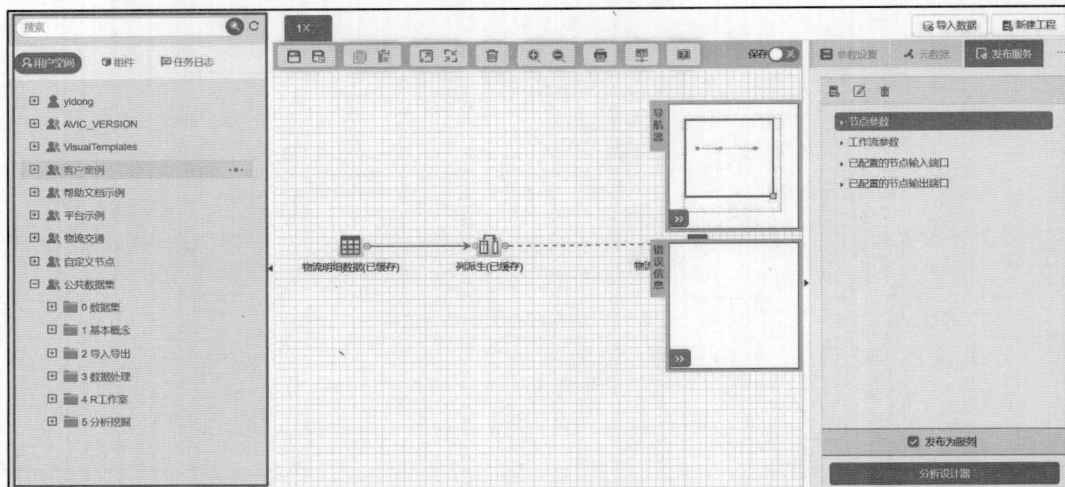

图 6-7　大数据工作流平台用户空间

（2）文件夹：包括新建工程、新建文件夹、新建数据库标签、新建安全书签、新建 R 标签、上传文件、导入数据、导入档案文件、导出档案文件等操作。

（3）报告：包括导出档案文件、删除、重命名、移动到、复制到、复制访问路径等操作。

（4）工程：包括打开工程、删除、重命名、移动到、复制到和导出档案文件等操作。

（5）表格：包括导出到文件、导出档案文件、重命名、删除、复制到和移动到等操作。

（6）数据库标签：包括编辑（进入"数据库标签管理器"，配置数据库标签参数）、导出档案文件、重命名、删除、复制到和移动到等操作。

（7）R 标签：包括编辑（进入"R 标签管理器"，配置 R 标签参数）、导出档案文件、重命名、删除、复制到和移动到等操作。

（8）模型：包括导出档案文件、重命名、删除、复制到和移动到等操作。

2. 组件

组件以树状结构展示，包括所有可用于创建工作流的组件节点，并按照其功能进行分类展示。包括导入导出、数据库、预处理、分析挖掘、脚本、控制流、文本挖掘、化学信息学、生物信息学、规划求解和自定义，如图 6-9（a）所示。

双击其中的节点，就可以查看该节点的帮助文件，了解该节点的基本信息。

其中预处理节点包括分组、列派生、列类型转换、列转向量、列重排、删除、去常数列、去空值、向量转列、折叠分配、抽样、

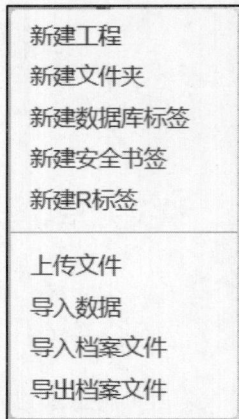

图 6-8　大数据工作流平台用户空间功能

排序、数据分割、替换、离散化、类别参数、线性缩放、行分割、行选择、表合并、表差异、表统计、表连接、过滤、透视表、重命名等，如图 6-9（b）所示。

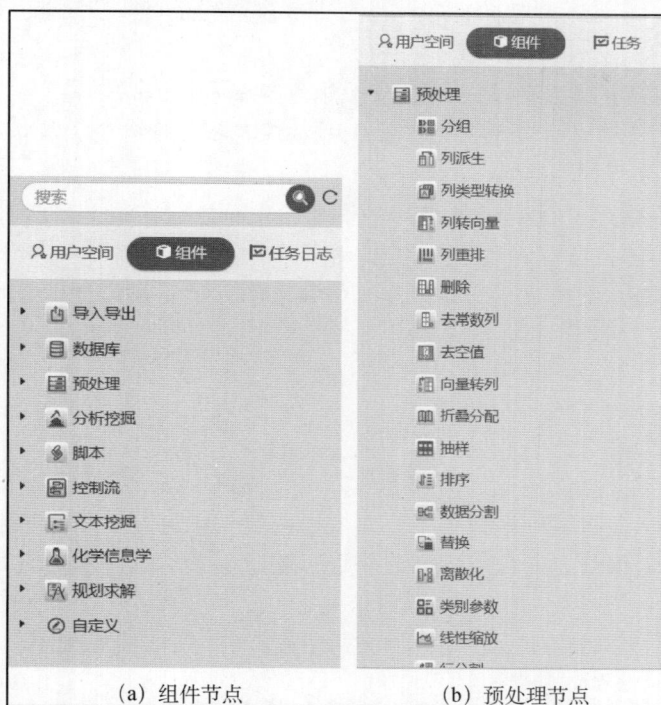

（a）组件节点　　　　　　　　（b）预处理节点

图 6-9　大数据工作流平台组件

3. 任务

任务主要提供用户控制和跟踪服务端上任务的执行进程，包括失败的任务和成功完成的任务，也可以对任务进行下载日志和打开工程的操作，如图 6-10 所示。

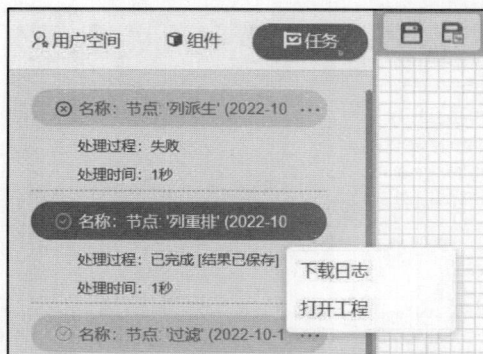

图 6-10　大数据工作流平台任务

- 下载日志：工作流日志被下载到本地，方便用户查看错误提示，以进行修正。
- 打开工程：在工程面板打开该任务所在的工作流工程。

互动练习 1

1.【单选】下面关于资源面板的说法，不正确的是（　　　）。

A. 用户空间以列表的形式存储用户的相关信息，包括用户文件夹、文件夹、工程、数据库标签、表格、报告、R 标签和模型

B. 用户空间中不同类型的文件的操作功能各不相同

C. 组件是用于存储工作流的组件节点，并按照其特征进行分类展示。包括导入导出、数据库、预处理、分析挖掘等

D. 任务主要提供用户控制和跟踪服务端上任务的执行进程，可以对任务进行下载日志和打开工程的操作

2.【单选】在用户空间中，选择"导入档案文件"功能将文件从本地导入用户空间，可以导入的文件类型包括（　　　）。

A. ZIP　　　　　　　B. KZ　　　　　　　C. RAR　　　　　　　D. Excel

（二）工程面板

工程面板是用户图形化构建、编辑和执行以工作流形式表示的数据分析任务的地方。用户通过拖曳的形式，将组件拖曳到工程面板以构建工作流。一个单独的功能组件代表对数据执行一个任务，组件之间使用定向箭头连接起来，表示组件之间的交互，来构成工作流用以执行任务。

工程面板除展示区之外，还包括工具栏、导航器和错误信息提示等区域，如图 6-11 所示。

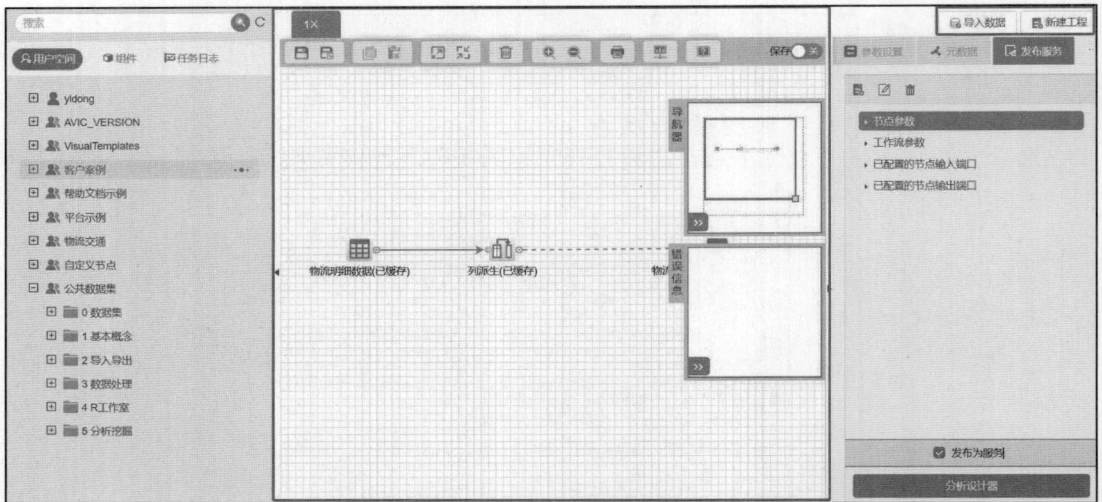

图 6-11　大数据工作流平台工程面板

1. 工具栏

工具栏主要为工作流及其中的节点提供相关的操作按钮，包括"保存""另存为""复制""粘贴""最大化""还原""删除""放大""缩小""打印""浏览""帮助"以及"新建工程"和"导入数据"等操作按钮。

其中，"导入数据"按钮可以将本地 Excel 和 CSV 格式的数据导入用户空间，单击"导入数据"按钮，弹出"表导入向导"面板，如图 6-12 所示。

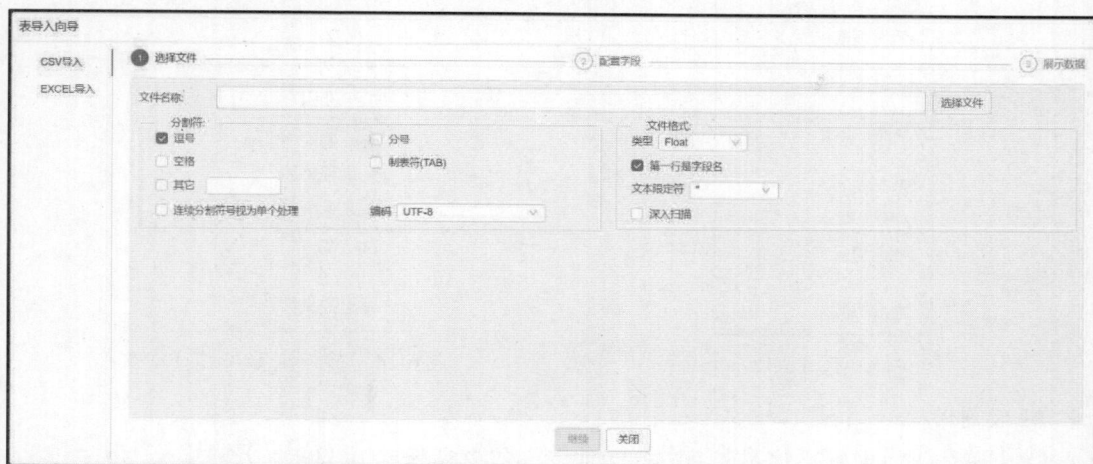

图 6-12　"表导入向导"面板

2. 导航器

导航器提供了当前活动工程的一个整体概览，也可用作该工程的快速导航。单击"导航器"按钮，可以隐藏或显示导航器。

3. 错误信息提示

错误信息是在节点运行过程中出现错误时的错误信息提示，提醒用户进行节点修改。当节点带有黄色三角形带感叹号标识时，表示节点运行出现错误，即"错误信息"区域中出现错误提示。

单击"错误信息"按钮，可以隐藏或显示错误信息。

4. 节点相关操作

选择要操作的节点，右击，在弹出的快捷菜单中进行相关操作，包括"执行""查看表格""构建缓存""配置""复制""删除""重命名"和"节点帮助"命令，如图 6-13 所示。

● 执行：可以自动执行该节点及之前所有节点。如果选择的是最后一个节点，则执行整个工作流程；如果执行工作流中的中间节点，则只执行工作流的一部分。已执行的节点带有"已缓存"的标识。同时，弹出保存路径，将执行结果以表格或模型的形式输出并保存在用户空间中。

● 构建缓存：与"执行"功能基本相同，不同之处在于，"构建缓存"不会弹出数据保存对话，运行完毕之后，已执行的节点也会带有"已缓存"的标识。

● 查看表格：以表格的形式查看该节点的结果。不是所有节点都有该按钮。

● 配置：主要用于发布设置，对参数、输入端口和输出端口进行配置。

● 节点帮助：可以查看该节点的帮助文件，了解该节点的基本信息。

构建缓存后，右击节点右侧的输出端口，在弹出的快捷菜单中，选择可视化工具，包括"执行端口""表格浏览器""交互浏览器""ROC 图""LIFT 图"和"导出到文件"等命令，如图 6-14 所示。

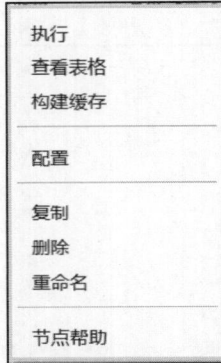

| 执行 |
| 查看表格 |
| 构建缓存 |
| 配置 |
| 复制 |
| 删除 |
| 重命名 |
| 节点帮助 |

图 6-13　右键快捷菜单

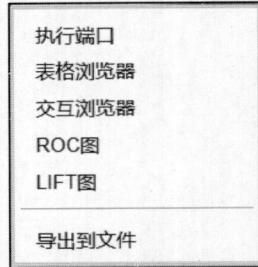

| 执行端口 |
| 表格浏览器 |
| 交互浏览器 |
| ROC图 |
| LIFT图 |
| 导出到文件 |

图 6-14　右击节点输出端口功能

互动练习 2

1.【多选】下面可以使用导入数据功能导入的数据格式有（　　　）。

A. CSV　　　　　　　B. TXT　　　　　　C. RAR　　　　　　D. Excel

2.【单选】下面说法中不正确的有（　　　）。

A. 工具栏主要为工作流及其中的节点提供保存、另存为、复制、粘贴、最大化、还原、删除、放大、缩小、打印、浏览等操作

B. 导航器提供了对当前活动工程的一个整体概览，也可用作该工程的快速导航

C. 错误信息是在节点运行过程中出现错误时的错误信息提示

D. 任务构建缓存后，右击节点输出端口，在弹出的快捷菜单中，可以选择"执行端口""表格浏览器""交互浏览器""ROC 图""LIFT 图"等命令

（三）参数设置

参数设置是检查、设置、编辑和储存在当前工程面板中所选节点的参数值。针对不同的节点，其参数设置内容也不同，如图 6-15 所示。

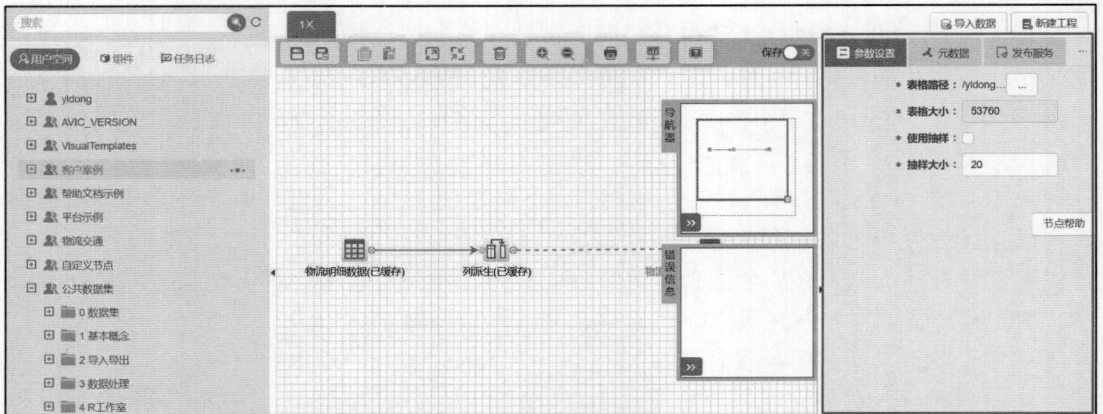

图 6-15　大数据工作流平台参数设置

三、任务准备与实施

（一）任务准备

本任务的样本数据集共涉及 3 张表，分别为客户基本信息表（见表 6-1）、客户通话情况表（见表 6-2）和话费方案表（见表 6-3）。其中客户基本信息表共 18 560 条，包含了客户编号、性别、年龄、在网时长、话费方案和手机品牌等共 6 个属性，数据集中变量的详细描述如表 6-1 所示；客户通话情况表共 111 300 条，包含了客户编号、高峰时期通话数、高峰时期通话时长、非高峰时期通话数、非高峰时期通话时长、周末通话数、周末通话时长、国际通话时长、国内通话话费和月份等共 10 个属性，数据集中变量的详细描述如表 6-2 所示；话费方案表共计 5 条，包含了话费方案、固定费用、免费时长、高峰时期单价、非高峰时期单价、周末单价和国际长途单价等共 7 个属性，数据集中变量的详细描述如表 6-3 所示。

表 6-1　客户基本信息表数据集字段说明表

变量名	详细说明
Customer_ID	客户编号
Gender	性别
Age	年龄
L_O_S	在网时长
Tariff	话费方案，包括 CAT 50、CAT 100、CAT 200、Play 100、Play 300
Handset	手机品牌，包括 ASAD170、ASAD90、BS110、BS210、CAS30、CAS60、S50、S80、SOP10、SOP20、WC95

表 6-2　客户通话情况表数据集字段说明表

变量名	详细说明
Customer_ID	客户编号
Peak_calls	高峰时期通话数
Peak_mins	高峰时期通话时长
OffPeak_calls	非高峰时期通话数
OffPeak_mins	非高峰时期通话时长
Weekend_calls	周末通话数
Weekend_mins	周末通话时长
International_mins	国际通话时长
Nat_call_cost	国内通话话费
Month	月份

表 6-3　话费方案表数据集字段说明表

变量名	详细说明
Tariff	话费方案

续表

变量名	详细说明
Fixed_cost	固定费用
Free_mins	免费时长
Peak_rate	高峰时期单价
OffPeak_rate	非高峰时期单价
Weekend_rate	周末单价
International_rate	国际长途单价

（二）任务流程

本任务分析流程的构建由数据汇总、数据整合、数据定义、数据整理、数据生成 5 部分组成，如图 6-16 所示。

图 6-16　电信企业数据分析流程

（1）数据汇总：将明细表中的数据，按照一定需求进行汇总处理。

（2）数据整合：将多张包含不同数据的表，按照一定的关联逻辑，选择关键字段，整合成一张包含所有所需数据的宽表。

（3）数据定义：利用已有的指标派生出新的指标。

（4）数据整理：将数据进行简单整理，比如删除不需要的列，按照一定逻辑重排列顺序。

（5）数据生成：生成最终需要的数据宽表，保存在用户空间，方便之后的模型构建和数据分析。

（三）任务实施

在大数据应用平台的工作流功能模块中，使用分析组件构建电信企业数据分析工作流，形成客户分析的数据宽表，分析流程如图 6-17 所示。

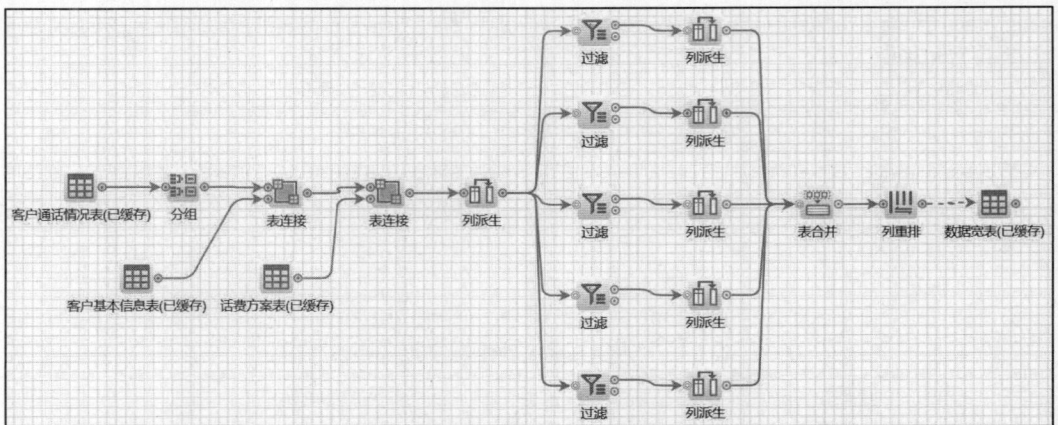

图 6-17　电信客户数据分析流程

步骤 1：数据汇总

客户通话情况表记录客户每月的通话详单，现将客户 6 个月的各类通话行为数据进行汇总。

在大数据应用平台中，可以使用"分组"节点来实现，在"分组"节点参数设置中，参数分组列选择"Customer_ID"，总和中选择"Peak_calls""Peak_mins""OffPeak_calls""OffPeak_mins""Weekend_calls""Weekend_mins""International_mins""Nat_call_cost"，即可得到客户 6 个月的各类通话行为的汇总数据。经过"分组"节点，数据集由原来的 111 300 条变为 18 550 条。"分组"节点的参数设置如图 6-18 所示。

步骤 2：数据整合

用于进行数据分析的表格有多张，为了更方便进行后续的数据建模，可将多张表按照一定的关联逻辑进行合并。现将客户基本信息表和话费方案表与之前"分组"节点汇总得到的表进行合并，形成一张既包含客户通话行为数据，又包含客户基本信息和话费方案的数据宽表。

在平台中，可以使用"表连接"节点来实现。在与客户基本信息表进行连接时，"表连接"节点参数设置中，连接列，即参数左表连接列和右表连接列都选择"Customer_ID"，连接类型选择"全外连接"，也就是通过客户编号字段实现两张表的关联，形成的表既包含客户通话行为的数据，也包含客户性别、年龄、在网时长、话费方案和手机品牌等基本信息数据。与客户基本信息表关联的"表连接"节点的参数设置如图 6-19 所示。

图 6-18　"分组"节点的参数设置

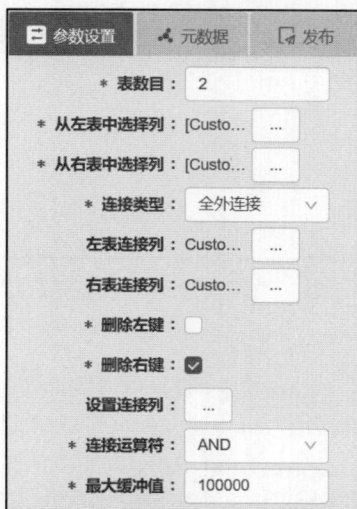

图 6-19　与客户基本信息表关联的"表连接"节点的参数设置

在与话费方案表进行连接时,"表连接"节点参数设置中, 连接列, 即参数左表连接列和右表连接列都选择"Tariff", 连接类型选择"全外连接", 也就是通过话费方案字段实现两张表的关联, 即形成的表既包含客户通话行为的数据和客户基本信息, 也包含固定费用、免费时长、高峰时期单价、非高峰时期单价、周末单价和国际长途单价等话费方案数据。与话费方案表关联的"表连接"节点的参数设置如图 6-20 所示。

步骤 3: 数据定义

数据定义是指按照现有数据衍生出其他数据, 以适用于挖掘任务的需要。现想要了解每个客户 6 个月的平均通话情况, 在平台中可以使用"列派生"节点来实现新属性的构造。

将"列派生"节点与之前的节点相连接, 在"派生的列"面板中定义各新变量的计算公式, 如图 6-21 所示。

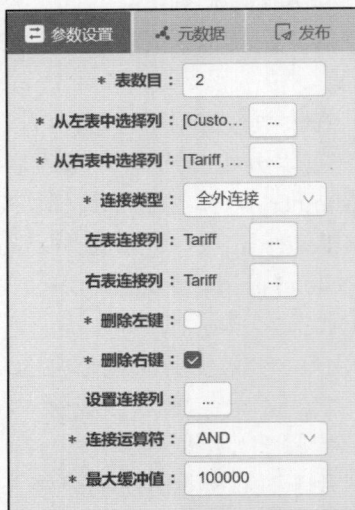

图 6-20　与话费方案表关联的"表连接"节点的参数设置

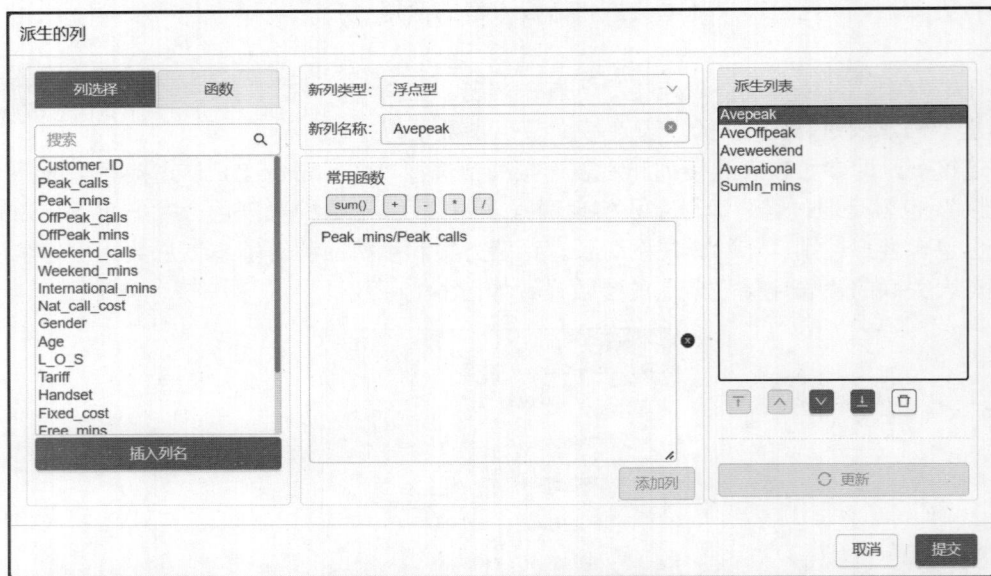

图 6-21　"列派生"节点的参数设置

其他几个指标与变量的对应关系如下。

● Avepeak=Peak_mins/Peak_calls: 高峰时期每次通话时长。

● AveOffpeak=OffPeak_mins/OffPeak_calls: 非高峰时期平均每次通话时长。

● Aveweekend=Weekend_mins/Weekend_calls: 周末时期平均每次通话时长。

● Avenational=(Peak_mins+OffPeak_mins+Weekend_mins)/(Peak_calls+OffPeak_calls+

Weekend_calls)：国内通话的平均每次通话时长。

● SumIn_mins=Peak_mins+OffPeak_mins+Weekend_mins：国内通话的总通话时长。

由于每种通话方案的计费方式不同，即固定费用、免费时长、高峰时期单价、非高峰时期单价、周末单价和国际长途单价等因素都会影响最终的话费金额，不同用户会选择不同的话费方案，因此需要计算出该用户使用该方案的话费金额以便进行比较分析。在平台中，可以使用"过滤"节点来区分不同的话费方案，然后使用"列派生"节点来实现新属性的构造。现在使用"过滤"节点来过滤话费方案为"Play 100"的数据信息，得到 2792 条数据，过滤条件设置如图 6-22 所示。

图 6-22　"过滤"节点的参数设置

然后使用"列派生"节点，根据话费方案表来实现新属性的构造，国内通话话费金额（不包含固定话费）：Actual_Call_Cost=Peak_mins×25+OffPeak_mins×5+Weekend_mins*5，即高峰时期通话时长×高峰时期单价+非高峰时期通话时长×非高峰时期单价+周末时期通话时长×周末单价，如图 6-23 所示。

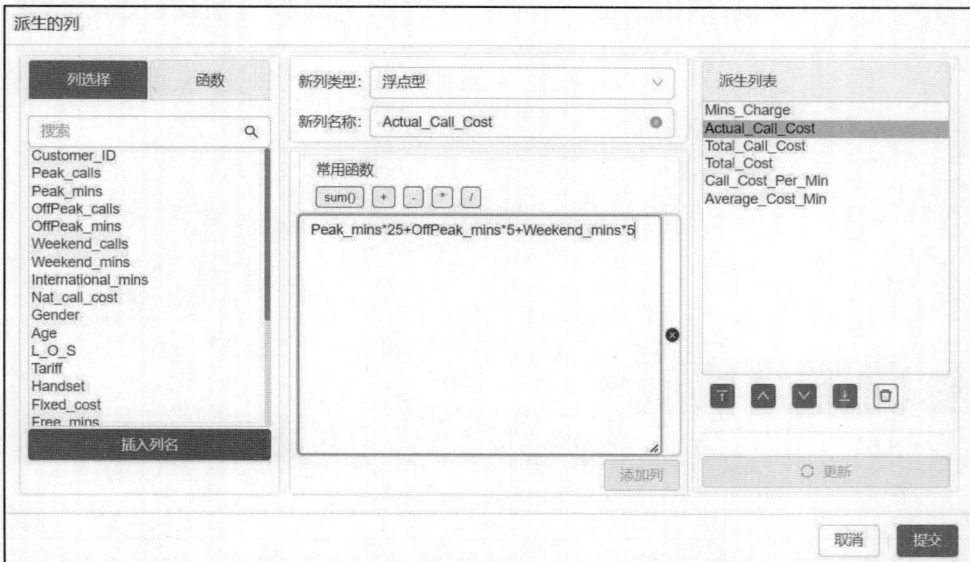

图 6-23　"列派生"节点的参数配置

其他几个指标与变量的对应关系如下。

● Mins_Charge=SumIn_mins+International_mins：总通话时长。

● Total_Call_Cost=(Peak_mins*25+OffPeak_mins*5+Weekend_mins*5)+International_mins*40：总通话话费金额（不包括固定费用）。

● Total_Cost=(Peak_mins*25+OffPeak_mins*5+Weekend_mins*5)+International_mins*40+9.99：总通话话费金额（包括固定费用）。

● Call_Cost_Per_Min=(Peak_mins*25+OffPeak_mins*5+Weekend_mins*5+International_mins*40)/(SumIn_mins+International_mins)：平均每分钟通话金额（不包括固定费用）。

● Average_Cost_Min=(Peak_mins*25+OffPeak_mins*5+Weekend_mins*5+International_mins*40+9.99)/(SumIn_mins+International_mins)：平均每分钟通话金额（包括固定费用）。

步骤 4：数据整理

按照不同类型的话费方案进行数据定义后，形成了 5 张表，采用"表合并"节点将这 5 张表联合成一张表，然后对数据进行简单整理，比如删除不需要的列，按照一定逻辑重排列顺序。

在平台上，使用"表合并"节点，在不改变表结构的前提下将这 5 张表各行合并成一张表，并对该节点的参数进行设置，如图 6-24 所示。

执行"表合并"节点，可以得到数据宽表，数据集的大小为 18 560 条数据。对得到的表进行简单的数据处理，通过"列重排"节点，删除没有定义顺序的列，并对现存的列，按照一定的逻辑，改变各列的显示顺序，也可以直接通过"删除"节点删除不需要的列。

在"列重排"节点参数设置中，将不需要的列留在左侧框架中，将需要的列迁移到右侧，并通过右侧的上下移动按钮，重新排列列的顺序。"列重排"节点的参数设置如图 6-25 所示。

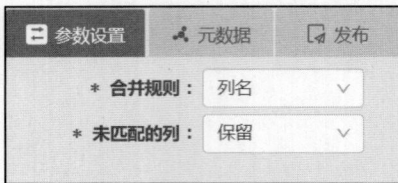

图 6-24　表合并节点的参数设置　　　　　图 6-25　"列重排"节点参数设置

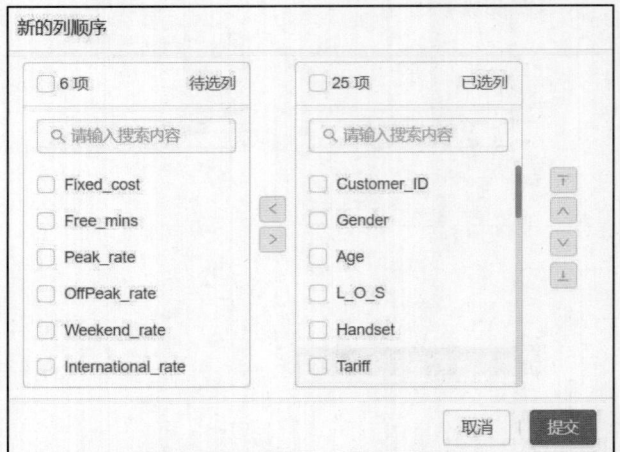

步骤 5：数据生成

使用工作流的数据生成功能，最终形成数据分析的数据宽表。右击"列重排"节点的输出端口，选择"执行端口"命令，或者直接右击"列重排"节点，选择"执行"命令，即可弹出"保存路径"对话框，选择保存路径，输入条目名称，然后就可以将生成的数据保存到用户空间。

四、技能训练

（一）工作准备

- 阅读项目目标任务和要求。
- 理解相关技术的使用方法。
- 登录大数据应用平台。

（二）项目实操

- 实操引导 1：打开"大数据应用平台"，输入用户账号和密码，单击工作流菜单，将客户通话情况表拖入工程面板，如何用"分组"节点得到客户 6 个月的各类通话行为的月度汇总数据？数据集大小的变化如下：

- 实操引导 2：如何用"表连接"节点与客户基本信息表和话费方案表相连接，组成的数据表的列如下：

- 实操引导 3：如何用"列派生"节点进行数据定义？新变量的含义和表达式如下：

- 实操引导 4：如何用"列派生"和"过滤"节点进行数据筛选和数据定义，筛选出符合条件的样本？筛选的表达式以及新变量的含义和表达式如下：

- 实操引导 5：如何用"表合并"和"列重排"节点进行数据合并？得到的数据集的大小和列如下：

五、同步测验

（一）拓展思考

简述"分组"节点、"列重排"节点和"表联合"节点的含义。

（二）同步项目训练

随着竞争的日益激烈，商家希望能够利用 2010-12-01 到 2011-12-09 日的在线零售业务交易数据表分析改善企业的经营状况，并通过分析会员交易数据达到如下两个目标。

（1）目标 1：将交易明细表进行数据清理，剔除不合理的数据。

（2）目标 2：将交易明细表进行汇总分析，按消费者和产品分别分析商品交易的退货率。

物流大数据分析与挖掘	项目六　智能数据分析与可视化 任务二　数据可视化 任务工单页	学生： 班级： 日期：

任务二　数据可视化

一、任务描述

自助报告是技术人员根据用户需求提前定义设计好报表模板，用户使用时在页面端基于已有的模板对数据进行查询、打印、导出等操作。采用所见即所得的方式进行自助式数据探索，形成分析报告，具有强大的可视化能力，灵活构建可交互的数据分析报告，高效响应业务变化，很好地满足了相对固定的报表需求。

面对日益激烈的竞争，零售行业希望采用交互式数据分析对销售数据进行应用，帮助管理者从日期、门店、区域、商品等不同维度深入分析商品情况，让数据价值清晰可见，强化数据和业务管理的联系，提升销售业绩。

（一）任务要求

根据零售行业门店销售数据进行分析挖掘，具体任务包括如下方面：

- 了解自助报告模块的功能。
- 理解数据字段的含义以便构建自助报告。
- 使用图表组件、过滤组件构建可视化报告。
- 使用钻取、关联等功能构建自助报告。
- 对图表结果进行解释。

（二）学习目标

知识目标	能熟悉自助报告的基本构成和使用方法 能掌握常用图表组件的使用方法 能掌握钻取等功能的使用方法 能对结果进行解读
技能目标	能使用筛选组件构建自助报告 能使用指示卡、柱图、饼图、线图、组合图等构建自助报告 能运用钻取功能构建自助报告
思政目标	培养精益求精的工匠精神 发扬勇于探索的创新精神 培养具体问题具体分析的科学精神

（三）实施路径

数据可视化实施路径如图 6-26 所示。

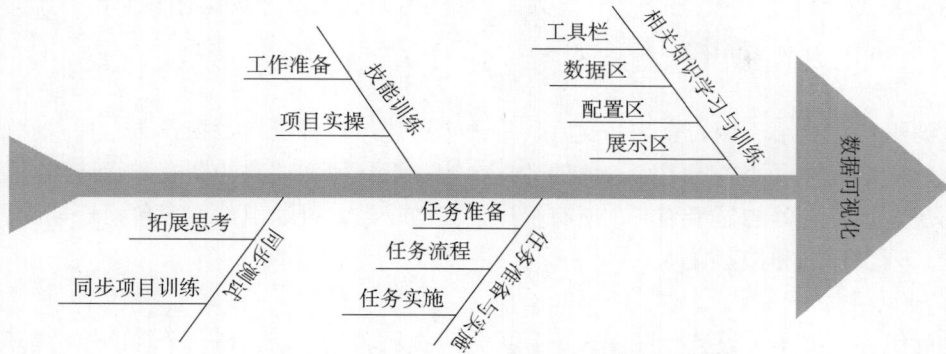

图 6-26 数据可视化实施路径

二、相关知识学习与训练

用户登录大数据应用平台，单击"自助报告"按钮，进入自助报告模块；单击"新建报告"按钮，选择数据集，在用户空间的公共数据集中选择需要展示报告的表格数据集；进入报告编辑界面，即可进行自助报告编辑。自助报告编辑页面主要包括工具栏、数据区、配置区和展示区，如图 6-27 所示。

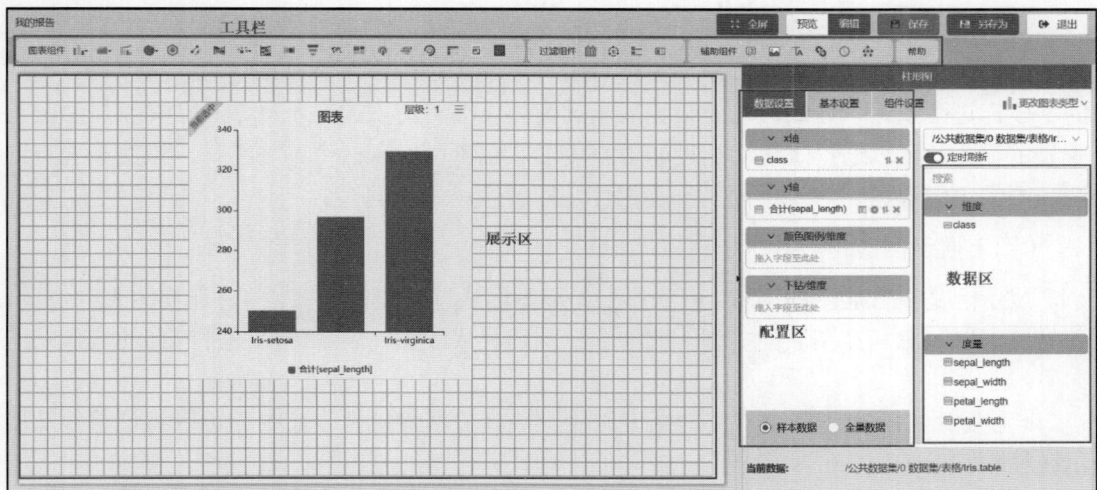

图 6-27 自助报告展示

（一）工具栏

工具栏主要用于显示可添加至画布上的各类组件，包括图表组件、过滤组件、辅助组件。

1. 图表组件

图表组件主要包括柱图（柱形图、堆积柱形图、百分比堆积柱形图、条形图、堆积条形图、百分比堆积条形图、极坐标柱形图、极坐标堆积柱形图)、线图（折线图、堆积折线图、面积图、堆积面积图)、组合图和饼图（基本饼图、圆环图、南丁格尔图)、平行线图、桑基图、散点图、气泡图、热力图、盒须图、漏斗图、地图、矩阵树图、油量图、词云图、树图、交叉表、指标卡和动态图表等。

2. 过滤组件

过滤组件主要用于图表查询和交互，每一个过滤组件都配有数据设置、基本设置两个标签页。数据设置页面决定了筛选器的数据内容、默认值、关联的图表和筛选器。基本设置页面决定了筛选器的显示细节，所有筛选器参数一致。过滤组件主要包括日期筛选、范围筛选、列表筛选和搜索文本。

3. 辅助组件

辅助组件主要用于设置一些图表展示报告时提供辅助功能，每一个辅助组件都配有各自的设置页面。

辅助组件作为单独的页面层添加在展示区，可以叠加在图表组件和过滤组件上。目前支持的辅助组件包括注释框、图片框、文本框、URL 地址和时间器。

（二）数据区

数据区可以在数据集选择区内切换已有的数据集，并且每一个数据集的数据类型都会按照系统的预设，将字段分别列在维度和度量列表中。用户可以根据数据图表所提供的数据要素，在列表中选择需要的维度和度量字段拖到配置区。

（三）配置区

配置区是在画布上选中已添加的图表组件时显示该组件配置项的区域，用户将数据区的字段拖进配置区以绘制图表。根据展示的需要，编辑图表的显示标题、布局和显示图例等显示样式。可以通过过滤功能过滤数据内容，也可以插入一个筛选组件，以交互式查询图表中的关键数据。对于不同的交互组件，配置区也不相同。

（四）展示区

展示区是报告展示的区域，可以在报告展示区通过拖曳的方式，随意调换图表的位置，并且还可以随意切换图表的类型，比如将柱图切换成线图。展示区的图片组件的操作功能如下。

● 移除组件：单击图表右侧的拓展符号，选择"移除组件"命令，可以将该组件从展示区移除。

● 复制组件：单击图表右侧的拓展符号，选择"复制组件"命令，可以将该组件在展示区复制。

● 联动设置：单击图表右侧的拓展符号，选择"联动设置"命令，在"联动设置"选择框内选择相应的图表，可以与其联动，如图 6-28 所示。

● 导出为图片：单击图表右侧的拓展符号，选择"导出为图片"命令，可以将该组件导出到本地。

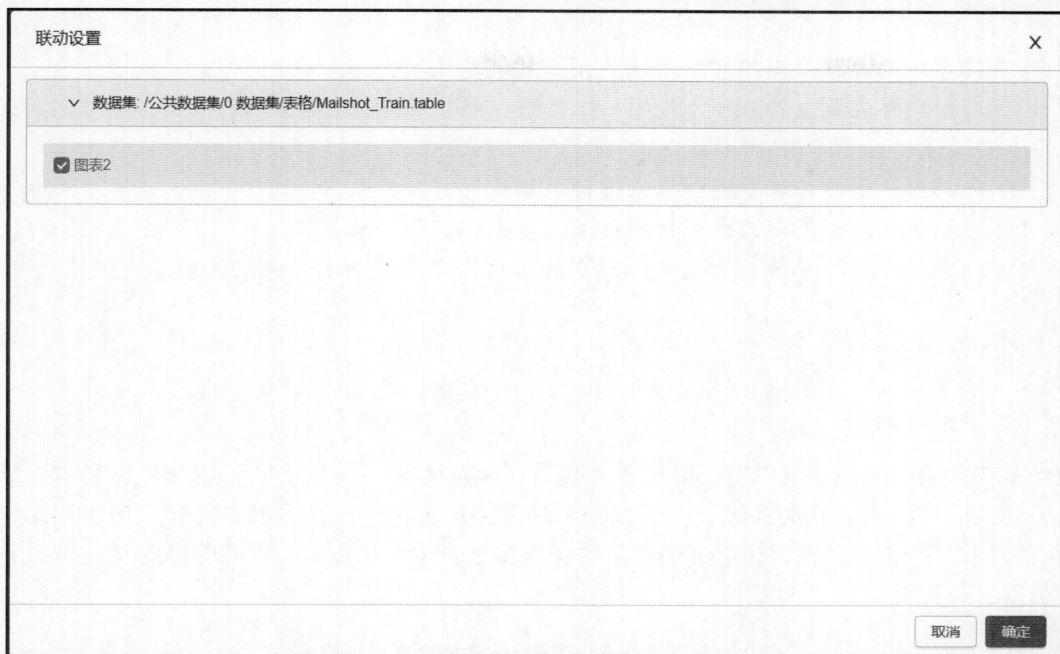

图 6-28　联动设置展示

● 切换图表组件：针对选中的组件，单击"更改图表类型"按钮，选择相应的其他可选图表类型进行切换。不同图表可更改的图表类型不同。一般有在柱图（柱形图、堆积柱形图、百分比堆积柱形图、条形图、堆积条形图、百分比堆积条形图、极坐标柱形图、极坐标堆积柱形图）、线图（折线图、堆积折线图、面积图、堆积面积图）、组合图和饼图（基本饼图、圆环图、南丁格尔图），如图 6-29 所示。

图 6-29　　更改图表类型

互动练习

【多选】下面关于自助报告的说法，不正确的有（　　　）。

A. 图形组件主要包括柱图、线图、组合图、平行线图、桑基图、散点图、气泡图、热力图、交叉表、指标卡等

B. 可将配置区的字段拖进数据区进行数据设置

C. 每一个过滤组件都只配有数据设置、基本设置两个标签页

D. 辅助组件作为单独的页面层添加在展示区，可以叠加在图表组件和过滤组件上

三、任务准备与实施

（一）任务准备

本任务的样本数据集共计 5000 条，包含了所属大区、所属小区、店号、店名、店风格、店性质、类别、品类描述、品牌编码、品牌描述、销售额、毛利、月份、销售日期和购买日期，共 15 个属性，数据集中变量的详细描述如表 6-4 所示。我们的目的是对这些零售数据进行分析。

表 6–4　零售行业_门店销售数据集字段说明表

变量名	详细说明
所属大区	
所属小区	
店号	店铺编码
店名	
店风格	分为时尚馆和生活馆
店性质	分为自有店和管理店
类别	商品品类编码
品类描述	销售品类名称
品牌编号	销售品牌编码
品牌描述	销售品牌名称
销售额	工作地城市
毛利	销售额-成本
月份	销售月份
销售日期	工作地所在国家
购买日期	商品购入日期

（二）任务流程

本任务的自助报告构建由范围筛选、指标卡、面积图、柱图、线图和组合图 6 部分组

成，如图 6-30 所示。

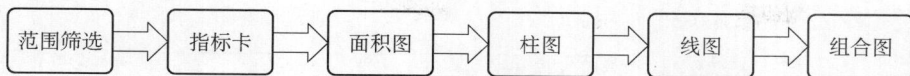

图 6-30　自助报告构建分析流程

（1）范围筛选：对数据做范围筛选，随时切换数据范围。

（2）指标卡：清楚展示销售额和毛利，对销售数据进行直观的总体认识。

（3）面积图：一般用于展示总费用或金额中的各个部分构成比例情况按照相应的查询口径，展示相应口径的组成构成占比情况。

（4）柱图：通过柱形图直观展示各门店的销售业绩。

（5）线图：通过折线图对比展示不同类别的商品销售情况。

（6）组合图：通过同时展示柱形图和折线图来反映趋势变化。

（三）任务实施

在大数据应用平台的自助报告功能模块中，使用自助报告编制零售行业_门店销售数据统计图表，实现零售行业门店销售情况分析，如图 6-31 所示。

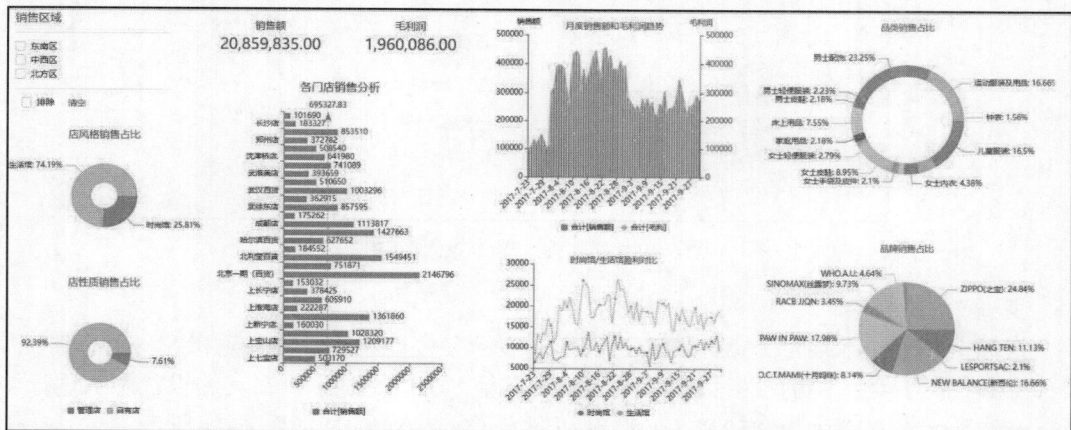

图 6-31　零售行业_门店销售数据统计分析报告

步骤 1：范围筛选

在进行销售分析时，会按照所属大区对数据筛选，对一个或多个大区进行分析查看。因此可以通过过滤组件中的列表筛选器进行操作。将工具栏过滤组件中的列表筛选器拖曳到展示区。一个列表筛选器对应一个维度字段。列表筛选器在编辑状态下编辑，在预览状态或者阅览状态下可以交互查询使用。

（1）数据设置：主要是将配置区的维度拖曳到数据区进行设置。只可以拖入一个字符类型字段，其他类型无法拖入。这里将"所属大区"维度拖曳到数据区的"字段"中。图表关联为列表"多选"，包括本页面所有图表名称，如图 6-32 所示。

（2）基本设置：包括位置尺寸和标题。

（3）组件设置：包括筛选器样式（操作方式和选择方式）和跨页面联动。筛选器样式包括选择器"多选"、选择器"单选"、列表"多选"、列表"单选"和按钮"单选"。本例选择列表"多选"，如图 6-33 所示。

图 6-32　列表筛选器的数据设置

步骤 2：指标卡

指标卡用于显示某一个指标值（度量值）。展示零售行业的销售总额和毛利润总额，需要将工具栏图表组件中的"指标卡"拖曳到展示区，选中指标卡，在其编辑状态下进行编辑，最终显示销售额为 20 859 835.00；毛利润为 1 960 086.00，如图 6-34 所示。

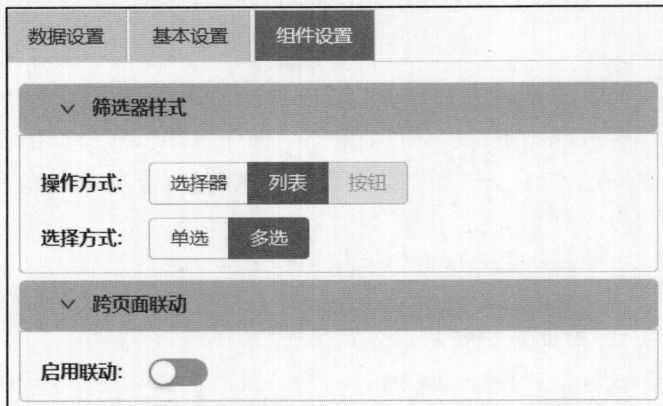

图 6-33　　列表筛选器的组件设置

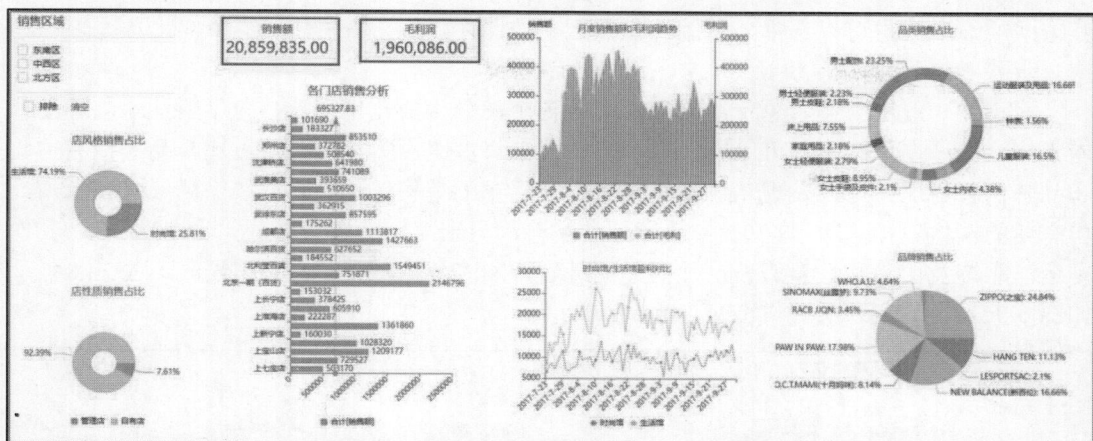

图 6-34　指标卡显示

（1）数据设置：主要是将配置区的维度拖曳到数据区进行设置，只可以拖入一个字段。这里将"销售额"或"毛利"维度拖曳到数据区的"指标"中，聚合方式选择"合计"，如图 6-35 所示。

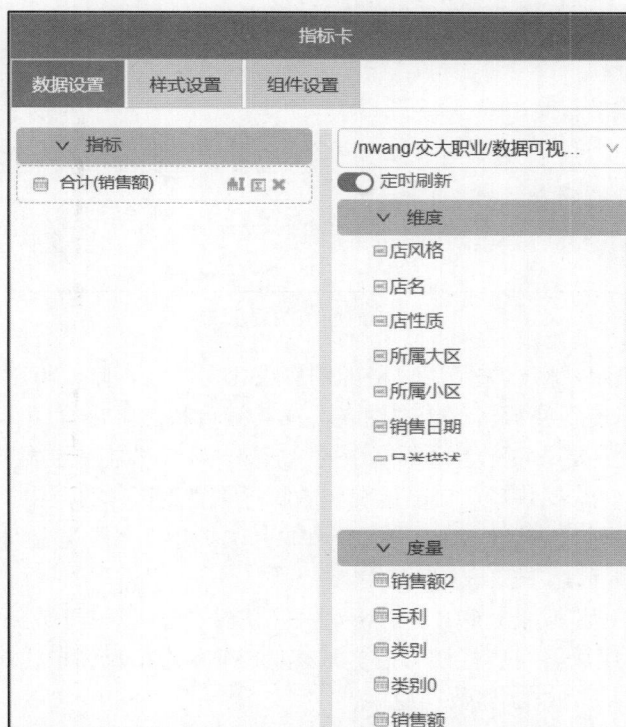

图 6-35　指标卡的数据设置

（2）基本设置：包括位置/尺寸、背景、标题和边框设置。

（3）组件设置：包括指标和图片。指标主要是对指标卡中的指标金额样式、背景和对其方式的设置。也可以选择显示图片，然后上传图片。

步骤3：面积图

面积图一般用于展示总费用或金额中的各个部分构成比例情况，包括饼图、圆环图和南丁格尔图。在本例中，可以用于展示店风格销售占比、店性质销售占比、品类销售占比和品牌销售占比。可以发现从店风格来看，生活馆的销售较佳，占 74.19%；从店性质看，自有馆的销售较佳，占 92.39%；从商品品类看，男士配饰的销售较佳，占 23.25%，其次是运动服饰及用品和儿童服装；从商品品牌看，ZIPPO（之宝）的销售较佳，占 24.84%，如图 6-36 所示。

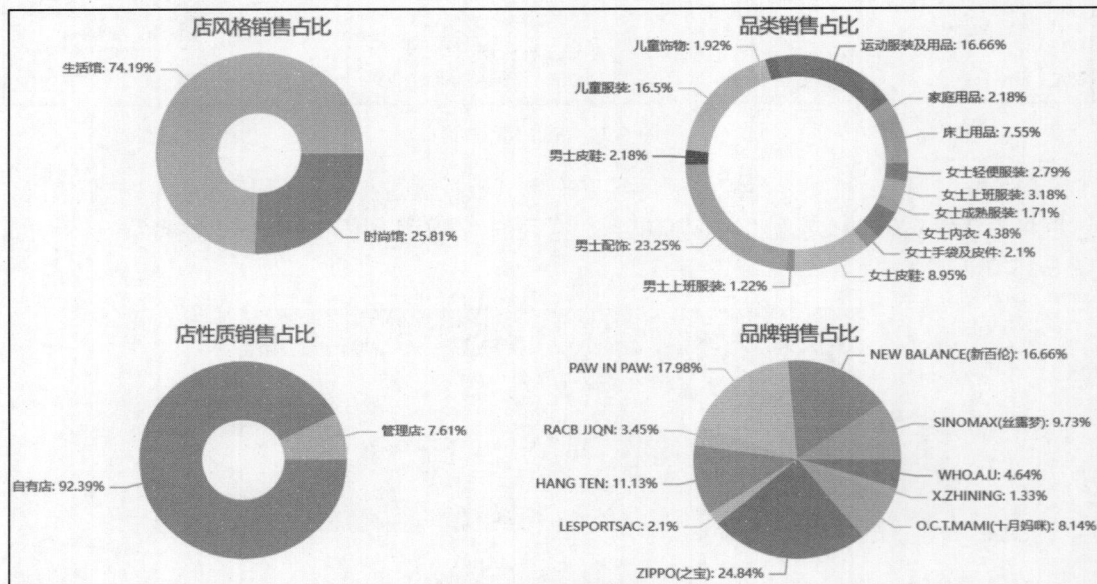

图 6-36　面积图展示图

在自助报告模块中，构建关于店风格的销售占比面积图，则要将工具栏图表组件中的面积图中任意一种拖曳到展示区，选中图表，在其编辑状态下进行编辑。

（1）数据设置：主要是将配置区维度中的"店风格"字段拖曳到数据区的"扇区标签"中，将配置区度量中的"销售额"字段拖曳到数据区的"扇区角度"中，聚合方式选择"合计"。将配置区维度中的"店风格""店性质"和"品类描述"字段拖曳到数据区的"下钻/维度"中，如图 6-37 所示。

其中，"下钻/维度"功能可以一层一层往下钻取数据，以挖掘数据背后的关联关系。本案例中，数据沿着店风格→店性质→品类描述的钻取路径，只需单击报表中的相应模块，就可以直接跳转，实现多维立体数据挖掘。

在"店风格销售占比"图中，生活馆占比 74.19%，时尚馆占比 25.81%。单击图中"生活馆"图表，得到在生活馆中店性质销售占比分析图。可以看到，自有店占比 95.29%，管理店占比 4.71%，如图 6-38 所示。

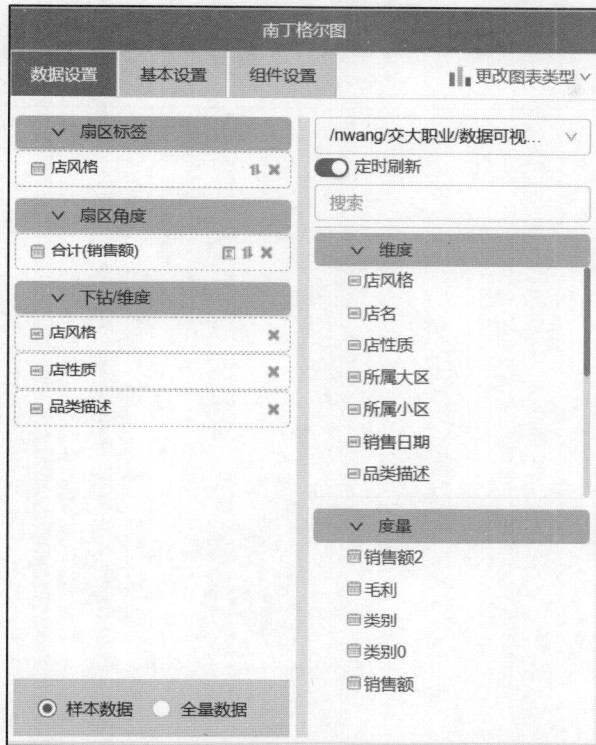

图 6-37 南丁格尔图的数据设置

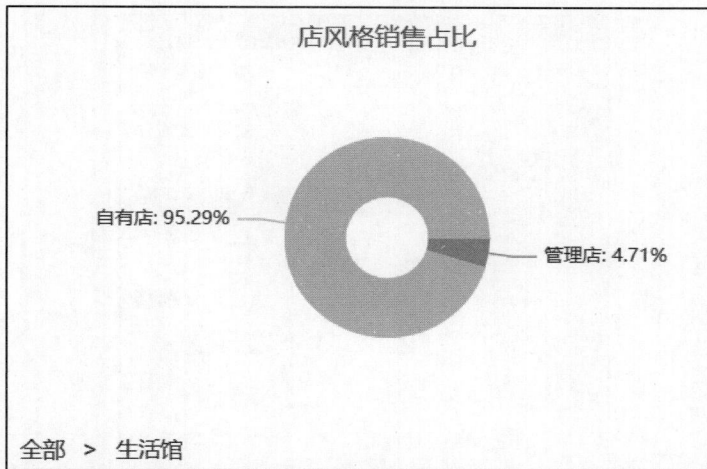

图 6-38 生活馆中店性质销售占比

接着单击"自有店"图表，得到生活馆中自有店的各商品品类的销售占比分析图。其中男士配饰的销售占比最高，为 22.85%，如图 6-39 所示。

（2）基本设置：包括位置/尺寸、背景、标题和边框设置。

（3）组件设置：包括提示、位置/半径、图例、动画、标签和可视化设置。可以通过"图例"设置，选择是否显示图例以及显示图例的位置；可以通过"标签"设置，选择是否显示标签以及标签的显示内容和位置；可以通过"可视化"设置，选择图表的显示样式，如图 6-40 所示。

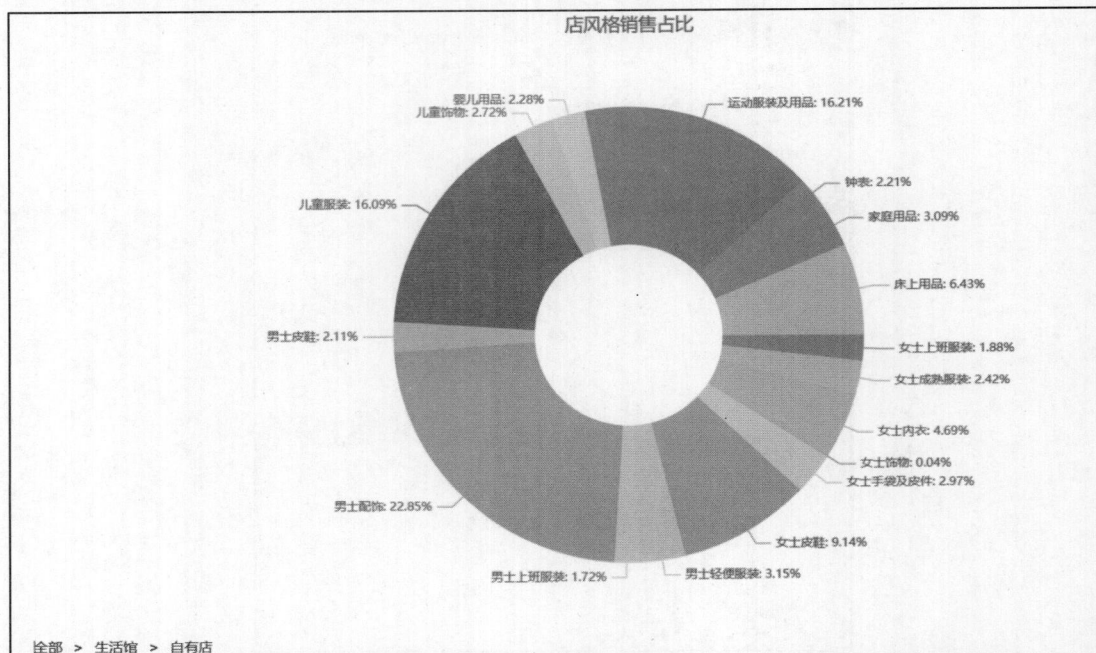

图 6-39　生活馆中自有店的各商品品类销售占比

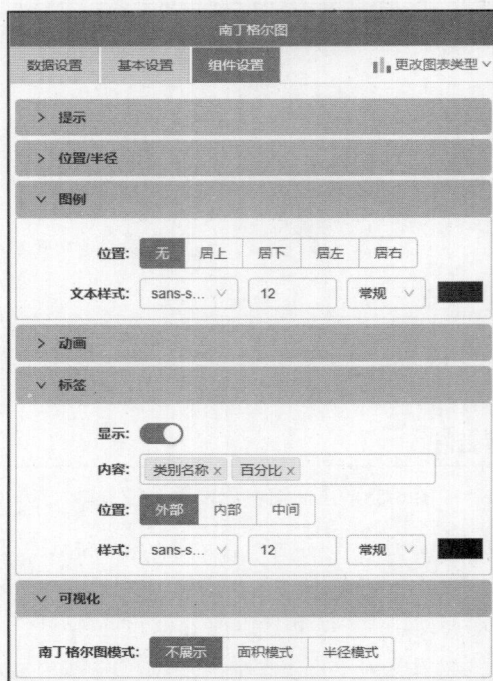

图 6-40　南丁格尔图组件设置

步骤 4：柱图

柱图包含柱形图、堆积柱形图、百分比堆积柱形图、条形图、堆积条形图、百分比堆积条形图、极坐标柱形图和极坐标堆积柱形图。在本例中，使用条形图分析各门店的销售情况，可以发现北京一期（百货）的销售额最高，如图 6-41 所示。

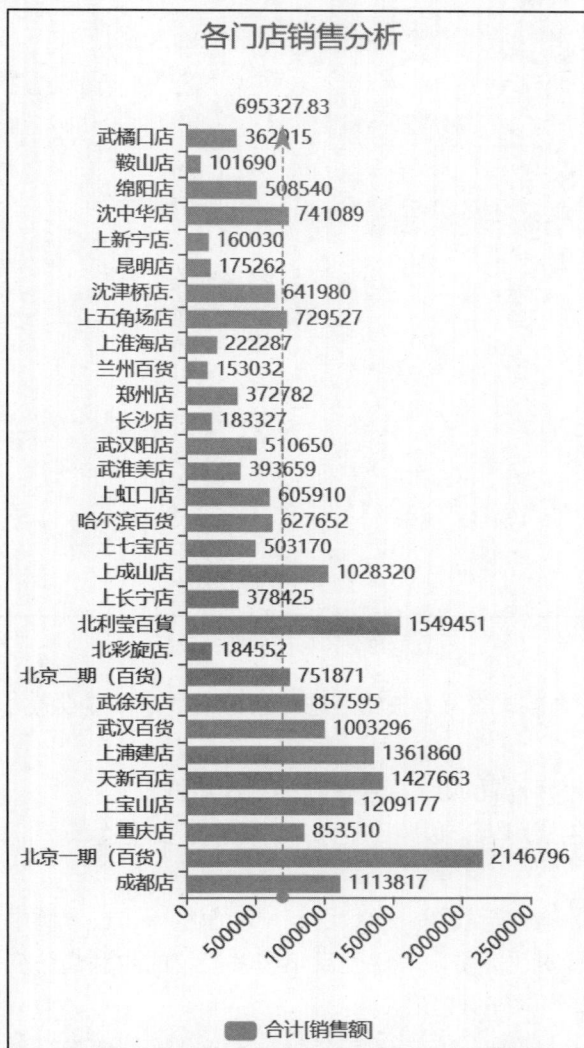

各门店销售分析

店名	销售额
武橘口店	362015
鞍山店	101690
绵阳店	508540
沈中华店	741089
上新宁店.	160030
昆明店	175262
沈津桥店.	641980
上五角场店	729527
上淮海店	222287
兰州百货	153032
郑州店	372782
长沙店	183327
武汉阳店	510650
武淮美店	393659
上虹口店	605910
哈尔滨百货	627652
上七宝店	503170
上成山店	1028320
上长宁店	378425
北利莹百货	1549451
北彩旋店.	184552
北京二期（百货）	751871
武徐东店	857595
武汉百货	1003296
上浦建店	1361860
天新百店	1427663
上宝山店	1209177
重庆店	853510
北京一期（百货）	2146796
成都店	1113817

695327.83

合计[销售额]

图 6-41　柱图展示

在自助报告模块中，构建各门店销售分析，则要将工具栏图表组件柱图中的"条形图"拖曳到展示区，选中图表，在其编辑状态下进行编辑。

（1）数据设置：主要是将配置区维度中的"店名"字段拖曳到数据区的"y 轴"中，将配置区度量中的"销售额"字段拖曳到数据区的"x 轴"中，聚合方式选择"合计"，如图 6-42 所示。

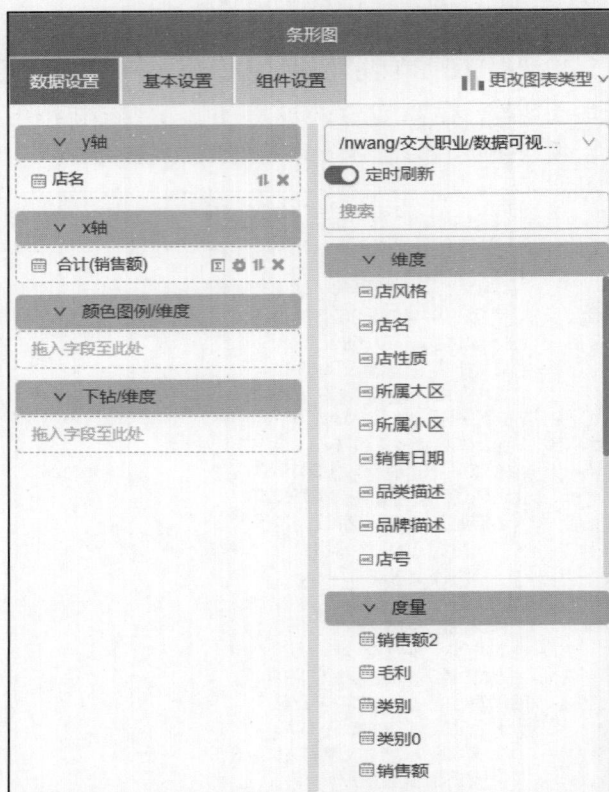

图 6-42 条形图的数据设置

单击"x 轴"中的"样式设置"按钮，进行条形设置、标签设置、标柱设置、标线设置和其他设置。

（2）基本设置：包括位置/尺寸、背景、标题和边框设置。

（3）组件设置：包括图例、边距、提示、x 轴和 y 轴设置。

步骤 5：线图

线图包含折线图、堆积折线图、面积图和堆积面积图。在本例中，使用折线图对生活馆和时尚馆的毛利进行对比分析，发现生活馆和时尚馆的盈利趋势变化基本一致，其中生活馆盈利高于时尚馆，如图 6-43 所示。

在自助报告模块中，构建时尚馆/生活馆盈利对比图，则要将工具栏图表组件线图中的"折线图"拖曳到展示区，选中图表，在其编辑状态下进行编辑。

（1）数据设置：主要是将配置区维度中的"销售日期"字段拖曳到数据区的"y 轴"中；将配置区度量中的"毛利"字段拖曳到数据区的"x 轴"中，聚合方式选择"合计"；将配置区维度中的"店风格"字段拖曳到数据区的"颜色图例/维度"中，通过颜色区分实现对比分析，如图 6-44 所示。

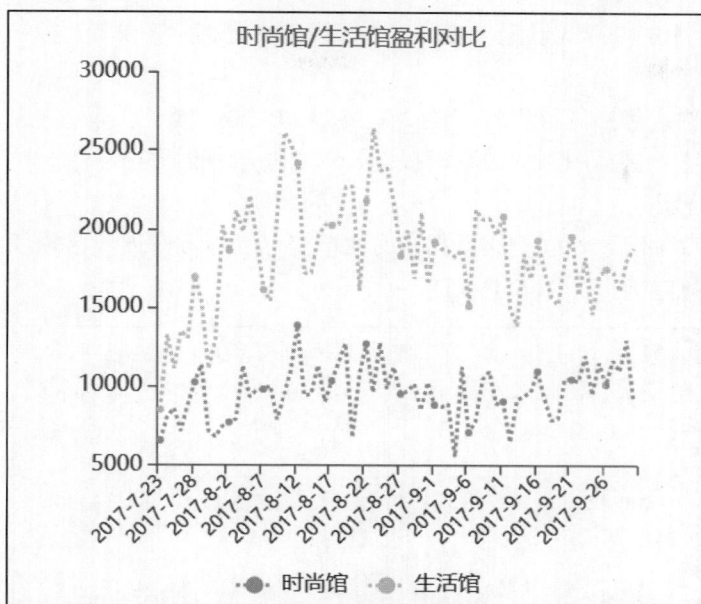

图 6-43　线图展示

图 6-44　折线图的数据设置

单击"y轴"中的"样式设置"按钮，进行线条设置、标签设置、标柱设置、标线设置和其他设置。

（2）基本设置：包括位置/尺寸、背景、标题和边框设置。

（3）组件设置：包括图例、边距、提示、x轴和y轴设置。

步骤 6：组合图

组合图支持双轴展示不同量级数据，即在单坐标轴下同时展示常规线图和柱图，以展示不同项目的变化趋势，如图 6-45 所示。

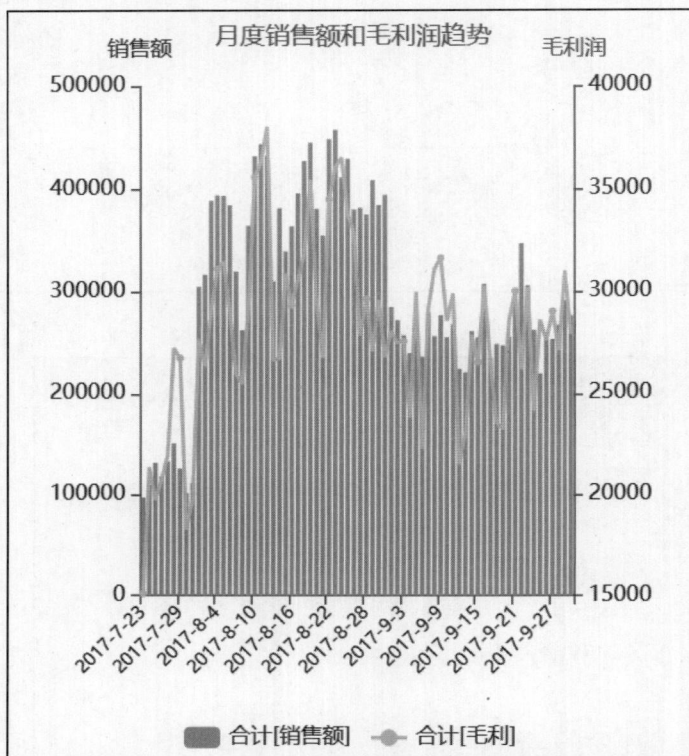

图 6-45　组合图展示

在自助报告模块中，构建月度销售额和毛利润的趋势。则要将工具栏图表组件柱图中的"组合图"拖曳到展示区，选中图表，在其编辑状态下进行编辑。

（1）数据设置：主要是将配置区维度中的"销售日期"字段拖曳到数据区的"x轴"中，将配置区度量中的"销售额"和"毛利"字段分别拖曳到数据区的"左y轴"和"右y轴"中，聚合方式都选择"合计"，图形分别选择柱形和线性；并对"左y轴"和"右y轴"进行"样式设置"，如图 6-46 所示。

（2）基本设置：包括位置/尺寸、背景、标题和边框设置。

（3）组件设置：包括图例、边距、提示、x轴、左y轴和右y轴设置。

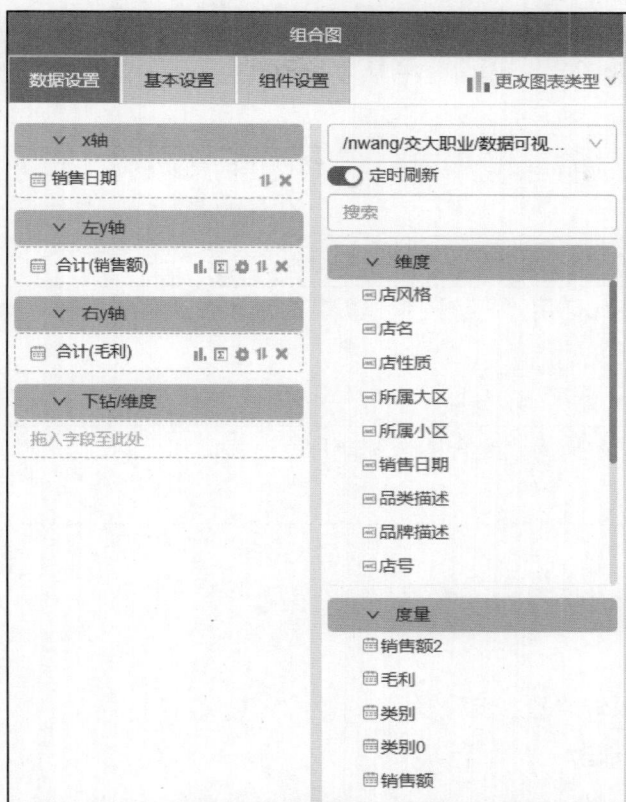

图 6-46　组合图的数据设置

四、技能训练

（一）工作准备

- 阅读项目目标任务和要求。
- 理解相关技术的使用方法。
- 登录大数据应用平台。

（二）项目实操

- 实操引导 1：打开"大数据应用平台"，输入用户账号密码，单击自助报告菜单，单击新建报告，选择数据集"零售行业_门店销售数据统计表"，如何用"列表筛选"组件对所属大区进行过滤？包含的大区如下：

- 实操引导 2：如何用"指标卡"图表组件显示销售额和毛利？得到的销售额和毛利分别如下：

● 实操引导 3：如何用"饼图/圆环图/南丁格尔图"分别按店风格、店性质、品类和品牌显示其销售占比情况？生活馆中自有店中销售额最大的 5 种品类如下：

● 实操引导 4：如何用"条形图"统计各门店的销售情况？销售额最大的 5 个门店如下：

● 实操引导 5：如何用"折线图"分析时尚馆和生活馆的盈利对比情况？最大的差额如下：

● 实操引导 6：如何用"组合图"统计月度销售额和毛利趋势？趋势变化如下：

五、同步测验

（一）拓展思考

简述构建自助报告的基本步骤。

（二）同步项目训练

某商家希望对 2020-12-01 到 2021-12-09 日的在线零售数据表进行交互式查询，以便直观地查看商家的经营状况。该商家希望通过自助报告达到如下两个目标。

（1）目标 1：可以从总体上了解销售经营状况。

（2）目标 2：可以从时间、销量等维度深入分析在各国的商品销售状况。

项目七　新零售智能销售数据分析

【拓展阅读】

对于一个企业来说，企业的经营需要企业负责人做出决策，而决策一般会涉及企业的投资决策、营销决策和管理决策。三方面相辅相成，贯穿企业的整个发展阶段。企业的经营决策是指要为企业决定做什么和如何去做，其中投资决策决定了企业要做什么，销售和管理决策要解决如何去做的问题。数据分析在这个过程中承担着极其重要的作用，将企业的目标进行量化，用数据的形式加以分析，为企业提供科学合理的决策依据。

企业从某一个项目的战略分析，数据采集、整理，到预测分析，编制财务分析报表、进行财务数据分析，最后对项目的风险进行评估，提出规避风险的方案，这一系列的工作是运用数据分析模型、程序、软件、图表等对项目把脉，为企业管理者提供决策参考的依据。

营销数据分析作为企业某一项目中重要的技术，主要运用于识别市场机会、规避市场风险、企业诊断及对营销效果进行评估等方面，为企业产品营销提供科学合理的决策依据，使企业在不断变化的市场环境中发现业务新亮点，避免损失，获取利益。数据分析技术贯穿企业营销决策的全过程。

数据分析技术在企业管理决策中的应用同在投资、营销决策中的应用一样重要，涉及企业管理中的多项问题，大到企业目标设置、组织机构设置等问题，小到企业岗位设置、流程制度的制定、工作标准的制定等方面。

数据分析技术帮助企业对投资或项目经营过程中的决策点进行分析，可以对准确评估项目风险收益、带动企业发展平稳运行起到良好的保障作用。事实上，无论是在国家政府部门还是企事业单位中，数据分析工作都是进行决策和做出工作决定之前至关重要的一个环节。数据分析工作质量的高低直接决定着一个企业管理决策的成败与效果的好坏，可以说，数据分析技术是一把让企业通向成功之门的金钥匙。

现某企业针对新产品进行精准营销，其中采取不同的模型会达到不同的效果，并在进行决策树剪枝等操作后优化算法，以得到更精准的结果。因此在本项目学习过程中，我们需要学会不断优化自己的职业技能，为公司决策提供可靠的依据，树立坚定的职业理想信念与脚踏实地的工匠精神。

物流大数据分析与挖掘	项目七　新零售智能销售数据分析 任务一　产品精准营销 任务工单页	学生： 班级： 日期：

任务一　产品精准营销

一、任务描述

　　某企业的市场部门需要对公司的某款新产品展开营销推广，公司的客户数据库有200多万个客户的信息，若对所有客户都进行触达，营销成本会超出预算。因此，营销人员希望借助数据分析和挖掘的方法，给他们提供营销名单，将信息推送给那些最有可能响应的客户，将产品和服务推荐给真正需要的客户，提高公司营销活动的客户响应率以及收益。

　　本任务将根据前一轮小范围营销测试回收的客户响应数据，采用数据挖掘的分析方法，建立营销响应预测模型，然后根据营销响应预测模型，对公司的客户数据库进行扫描，预测客户对营销活动的响应概率。根据客户的响应概率，锁定目标人群，辅助下一轮大范围营销活动的展开，以提高营销的命中率，降低营销成本，提高投资回报率，避免地毯式"轰炸"，维护良好的客户关系，提升客户的满意度。

（一）任务要求

　　根据某企业收集的数据集进行分析挖掘，具体任务包括如下方面：
- 理解数据字段的含义，分析各自变量对客户响应的影响。
- 使用决策树算法构建客户响应预测模型。
- 将客户响应预测模型应用到客户数据库上，预测客户对营销活动的响应概率。

（二）学习目标

知识目标	能理解监督学习的概念 能熟悉常用的分类和回归算法 能理解决策树算法 能理解分类模型性能评估的方法
技能目标	能使用自助报告进行自变量和因变量之间的相关性分析 能运用决策树节点进行客户响应预测模型的构建 能使用应用节点对新数据进行预测
素质目标	能培养学生理解数据、分析数据的能力
思政目标	树立坚定的职业理想信念与脚踏实地的工匠精神

（三）实施路径

　　产品精准营销实施路径如图7-1所示。

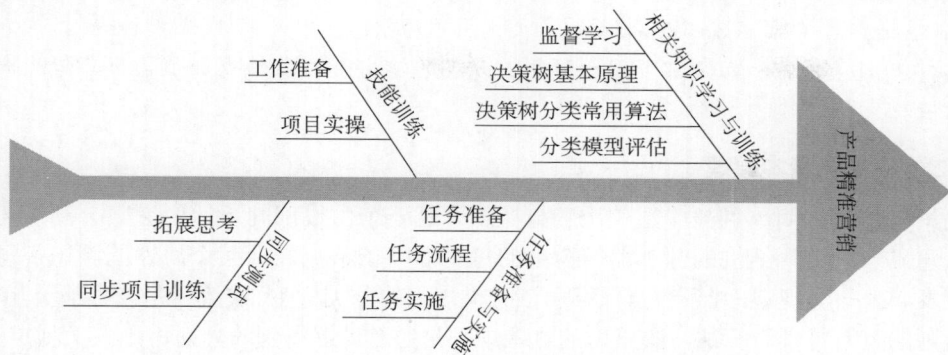

图 7-1　产品精准营销实施路径

二、相关知识学习与训练

（一）监督学习

监督学习是指从给定的一组带标签的数据中学习输入（特征变量）和输出（目标变量）的映射关系，当得到新的数据时，可以根据这个映射关系预测新数据的结果。监督学习需要有明确的目标，即清楚自己想要什么结果。按目标变量的类型，监督学习又可以分为分类和回归。

（1）分类：当预测目标是离散型时，即预测类别，学习任务为分类任务。例如，预测一位企业的员工是否会离职，常用的算法是分类算法，如决策树分类、朴素贝叶斯分类、逻辑回归等。

（2）回归：当预测目标是连续型时，即预测值的大小，学习任务为回归任务。例如，预测一辆新型的汽车价格，常用的算法就是回归算法，如线性回归、岭回归等。

有些机器学习的算法，如神经网络、决策树、随机森林、K-近邻等，既适用于连续型目标变量，也适用于离散型目标变量。

互动练习 1

1.【多选】数据挖掘的预测建模任务主要包括几大类问题？（　　　）

A. 分类　　　　　　B. 回归　　　　　　C. 模式发现　　　　　D. 模式匹配

2.【单选】下列描述中正确的是？（　　　）

A. 分类和聚类是有监督学习

B. 分类和聚类是无监督学习

C. 分类是有监督学习，聚类是无监督学习

D. 分类是无监督学习，聚类是有监督学习

3.【单选】以下哪些算法是分类算法？（　　　）

A. DBSCAN　　　B. 决策树　　　　C. K-Mean　　　　D. 线性回归

4.【单选】建立一个模型，通过这个模型可以根据已知变量的值来预测其他某个变量的值，这属于数据挖掘的哪一类任务？（　　　）

A. 根据内容检索　　B. 建模描述　　　C. 预测建模　　　D. 寻找模式和规则

5. 【判断】分类和回归都可用于预测，分类的输出是离散的类别值，而回归的输出是连续数值。（　　　）

（二）决策树基本原理

决策树是一种简单且被广泛使用的分类器，是一个由根部向下运用递归分割子树的算法，以建立一个树形结构的分类器。树上的每个非叶子节点表示某个属性的测试，每一个分支代表一个分类规则，叶子节点保存着该分类规则的分类标签。决策树是一种基于 if-then-else 规则的有监督学习算法，决策树的这些规则是通过训练得到的，而不是人工制定的。

下面介绍一个典型的决策树模型：判断在哪些天气条件下适合外出运动，如图 7-2 所示。该决策树首先判断天气类型，如果天气是阴或多云，则答案为"适合"，则可以外出运动；如果天气是晴天，则接着判断其湿度是否正常，如果湿度正常，则答案为"适合"，即适合外出运动；如果湿度高，则不适合外出运动。如果天气是雨天，则接着判断有没有风，如果没有风，则答案为"适合"，即可以外出运动，如果有风，则不适合外出运动。

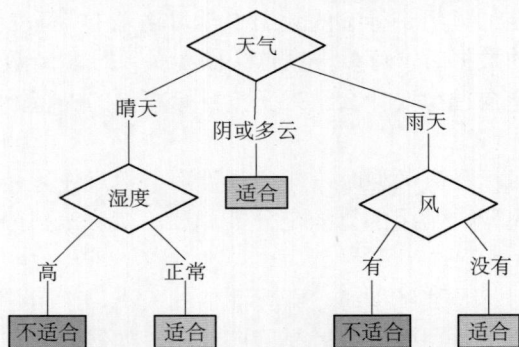

图 7-2　不同天气条件下适合外出运动的决策树分析

决策树模型中的节点可以分为父节点和子节点、根节点和叶节点。父节点和子节点是相对的，子节点由父节点根据某一规则分裂而来，然后子节点作为新的父节点继续分裂，直至不能分裂为止。根节点则和叶节点是相对的，根节点是没有父节点的节点，即初始节点，包含样本的全集。叶节点则是没有子节点的节点，即最终节点，代表决策的结果。决策树模型的关键在于如何选择合适的节点进行分裂。

在图 7-2 中，天气是初始节点，即根节点，也是父节点，它分裂成 3 个子节点，包括"晴天""阴或多云"和"雨天"。这些子节点又是下面分裂节点的父节点；而子节点"合适"及"不合适"因为不再分裂出子节点，所以它们是叶节点。

决策树的概念并不复杂，主要是通过连续的逻辑判断得出最后的结论，其关键在于如何建立这样一棵"树"。例如，根节点应该选择哪一个特征，选择"天气"或选择"湿度"作为根节点，会有不同的效果。

互动练习 2

1. 【单选】决策树中不包含以下哪种节点？（　　　）

A. 根节点（root node)　　　　　B. 内部节点（internal node）

C. 外部节点（external node）　　D. 叶节点（leaf node）

2.【多选】下列描述正确的是（　　　）。

A. 根节点包含样本的全集

B. 内部节点表示某一特征属性的测试

C. 叶节点代表决策的结果

D. 内部节点是非叶节点

3. 某银行要用机器学习算法来确定是否给客户发放贷款，为此需要考察客户的年收入、是否有房产两个指标。判断规则如下：

首先判断客户的年收入指标。如果大于 20 万，可以贷款；否则继续判断。然后判断客户是否有房产。如果有房产，可以贷款；否则不能贷款。

请根据以上信息，尝试绘制决策树图。

（三）决策树分类常用算法

决策树算法是一种贪心算法，它以自顶向下递归的划分方式构造树结构。算法的基本策略如下。

（1）树以代表训练样本的单个节点开始。

（2）如果样本都在同一个类中，则该节点称为叶节点，并用该类标记。

（3）否则，算法选择最有分类能力的属性作为决策树的当前节点。

（4）根据当前决策节点属性的每个已知的值，将每个取值形成一个分支，有几个取值就形成几个分支，并据此划分训练样本，将数据划分为若干子集。

（5）针对上一步得到的每一个子集，使用同样的过程算法，递归地形成每个划分样本上的决策树。一旦一个属性出现在一个节点上，就不必在该节点的任何后代上考虑它。

（6）递归划分步骤仅当下列条件之一成立时停止。

① 给定节点的所有样本属于同一类。

② 没有剩余属性可以用来进一步划分样本。在这种情况下，使用多数表决，将给定的节点转换成树叶，并以样本中占比最多的类别作为该节点的类别标记，同时可以存放该节点样本的类别分布。

③ 给定节点没有样本，则利用该节点的父节点来判断分类标记，并将该节点转换成叶节点。

④ 某节点中的样本数低于给定的阈值。在这种情况下，使用多数表决，确定该节点的类别标记，并将该节点转换成叶节点。

在决策树算法中，最主要的一个任务是选择一个最具分类能力的属性，那么如何度量一个属性是最有分类能力的呢？不同的度量指标形成了不同的决策树算法，下面介绍几种常用的决策树算法。

1. ID3 算法

ID3 算法采用"信息增益"来选择分裂属性。信息增益表示由于特征 A 而使得对数据 S 的分类的不确定性减少的程度。设 S 为由 s 个样本组成的数据集，若 S 的类标号属性有 m 个不同的取值，即定义了 m 个不同的类 $C_i(i=1,2,\cdots,m)$。设属性类 C_i 的样本的个数为 s_i，

那么数据集 S 的熵为

$$H(S) = -\sum_{i=1}^{m} p_i \log_2(p_i) \tag{7-1}$$

其中，p_i 为任意样本属于类别 C_i 的概率，用 s_i/s 来估计，s_i 是数据集 S 中属于类 C_i 的样本数。

属性 A 具有 v 个不同的值，根据属性 A 将数据集 S 划分为 v 个不同的子集 $\{S_1, S_2, \cdots, S_v\}$，任意一个子集 S_j 的熵为

$$H(S_j) = -\sum_{i=1}^{m} p_{ij} \log_2(p_{ij}) \tag{7-2}$$

其中，$p_{ij} = s_{ij}/|S_j|$，为子集 S_j 中的样本属于类别 C_i 的概率，s_{ij} 是子集中 S_j 属于类 C_i 的样本数，$|S_j|$ 为子集 S_j 的样本数。

S 按照属性 A 划分出的 v 个不同的子集的熵的加权和称为属性 A 的条件熵，计算公式为

$$H_A(S) = -\sum_{i=1}^{v} \frac{|S_i|}{|S|} \times H(S_i) \tag{7-3}$$

$H(S_i)$ 为属性 A 划分后各子集的信息熵，$|S|$ 为总样本个数，$|S_i|$ 为划分后的子集的样本量。

按照属性 A 把数据集 S 分划，所得的信息增益等于分划前和分划后的熵的差值，即数据集 S 的熵减去各子集的熵的加权和。信息增益值越大，说明分划后的系统混乱程度越低，即分类越准确。信息增益的计算公式为

$$\text{Gain}(A) = H(S) - H_A(S) \tag{7-4}$$

下面举例说明，有一份记录了 14 天的天气条件以及是否适合外出运动的数据集，如表 7-1 所示。

表 7-1　适合外出运动的数据集

Outlook	Temperature	Humidity	Windy	Play
sunny	hot	high	false	No
sunny	hot	high	true	No
overcast	hot	high	false	Yes
rainy	mild	high	false	Yes
rainy	cool	normal	false	Yes
rainy	cool	normal	true	No
overcast	cool	normal	true	Yes
sunny	mild	high	false	No
sunny	cool	normal	false	Yes
rainy	mild	normal	false	Yes
sunny	mild	normal	true	Yes
overcast	mild	high	true	Yes
overcast	hot	normal	false	Yes
rainy	mild	high	true	No

从表 7-1 中可知，Play 列中有 9 天适合外出运动（Yes），5 天不适合外出运动（No），按照熵的计算公式可以算出整个系统的信息熵：

$$H(\text{Play}) = H([9,5]) = -\frac{9}{14} \times \log_2\left(\frac{9}{14}\right) - \frac{5}{14} \times \log_2\left(\frac{5}{14}\right) = 0.940 \tag{7-5}$$

现在我们计算在哪个属性上进行分划是最佳的。此时需要计算每个属性的信息增益。哪个属性的信息增益值最大，就选择哪个属性进行分划。图 7-3 显示了每个属性的分划情况。

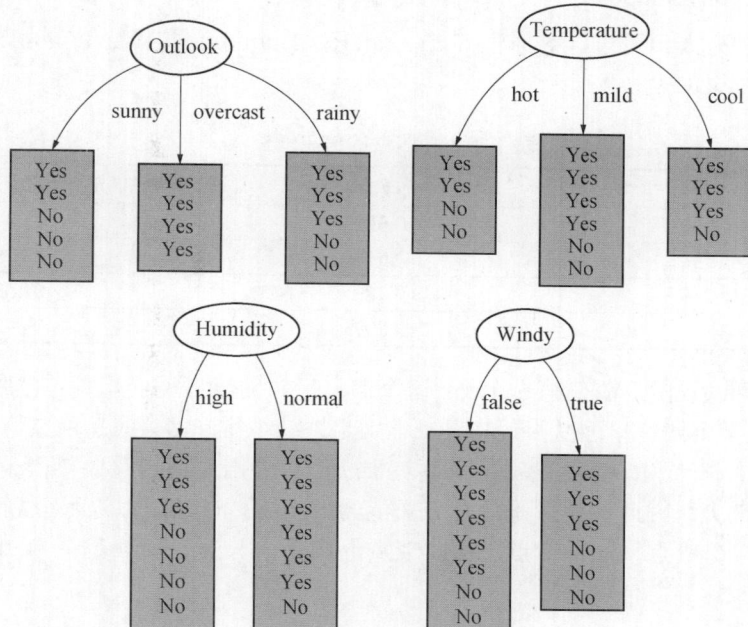

图 7-3　各属性的分划情况

下面是 Outlook 的信息增益的计算过程。

（1）Outlook = sunny 的信息熵。

Outlook = sunny 分支形成的数据子集中，有 2 个 Yes，3 个 No，因此 Outlook=sunny 的信息熵为

$$H(\text{Outlook} = \text{sunny}) = H([2,3]) = -\frac{2}{5} \times \log_2\left(\frac{2}{5}\right) - \frac{3}{5} \times \log_2\left(\frac{3}{5}\right) = 0.971 \tag{7-6}$$

（2）Outlook = overcast 的信息熵。

Outlook = overcast 分枝形成的数据子集中，有 4 个 Yes，0 个 No，因此 Outlook=overcast 的信息熵为

$$H(\text{Outlook} = \text{overcast}) = H([4,0]) = -\frac{4}{4} \times \log_2\left(\frac{4}{4}\right) - \frac{0}{4} \times \log_2\left(\frac{0}{4}\right) = 0 \tag{7-7}$$

（3）Outlook = rainy 的信息熵。

Outlook = rainy 分枝形成的数据子集中，有 3 个 Yes，2 个 No，因此 Outlook=rainy 的信息熵为

$$H\left(\text{Outlook} = \text{rainv}\right) = H\left(\left[3,2\right]\right) = -\frac{3}{5} \times \log_2\left(\frac{3}{5}\right) - \frac{2}{5} \times \log_2\left(\frac{2}{5}\right) = 0.971 \qquad (7\text{-}8)$$

（4）按照 Outlook 划分后的信息熵，即条件熵的计算公式可得

$$H_{\text{Outlook}}\left(\text{Play}\right) = \frac{5}{14} \times 0.971 + \frac{4}{14} \times 0 + \frac{5}{14} \times 0.971 = 0.693 \qquad (7\text{-}9)$$

（5）Outlook 的信息增益。

$$\text{Gain}\left(\text{Outlook}\right) = H\left(\text{Play}\right) - H_{\text{Outlook}}\left(\text{Play}\right) = 0.940 - 0.693 = 0.247 \qquad (7\text{-}10)$$

按照同样的方式，可以计算属性 Temperature、Humidity 和 Windy 的信息增益值，所有属性的计算结果如表 7-2 所示。

表 7-2　各属性的信息增益值

属性	条件熵	信息增益
Outlook	0.693	0.247
Temperature	0.911	0.029
Humidity	0.788	0.152
Windy	0.892	0.048

从表 7-2 可以看出，在获得 Outlook 这个信息后，"能否外出运动"信息的不确定性减少了 0.247，是 4 个属性里面减少最多的。不确定性减少得越多，信息增益值越大，对能否外出运动的判断越有利，越能说明该属性对推断能否外出运动越重要。由于属性 Outlook 的信息增益值最大，因此该属性是最有分类能力的属性，在该属性进行分划是最佳的。选择 Outlook 为当前节点，即根节点，在此节点上构建 3 分支。后续基于 Outlook 分划的子集继续构造决策树。

2. C4.5 算法

C4.5 算法是 ID3 算法的进一步优化，它不是直接使用信息增益，而是引入"信息增益比"指标作为特征的选择依据。

信息增益的缺点是当特征变量 A 有较多的属性值时会产生偏差。为解决信息增益的不足，在计算信息增益的同时，考虑变量 A 的分划信息值来调整，A 的分划信息值为

$$\text{SplitInfo}\left(A\right) = -\sum_{i=1}^{v} \frac{\left|S_i\right|}{\left|S\right|} \times \log_2\left(\frac{\left|S_i\right|}{\left|S\right|}\right) \qquad (7\text{-}11)$$

定义信息增益比如下：

$$\text{GainRatio}\left(A\right) = \text{Gain}\left(A\right)/\text{SplitInfo}\left(A\right) \qquad (7\text{-}12)$$

当特征变量 A 具有较多类别值时，它自己的信息熵会增大，而对应的信息增益比不会随之增大，从而消除类别数目带来的影响。

下面是 Outlook 的信息增益比的计算过程。

（1）属性 Outlook 的分划信息值为

$$\text{SplitInfo}\left(\text{Outlook}\right) = -\frac{5}{14} \times \log_2\left(\frac{5}{14}\right) - \frac{4}{14} \times \log_2\left(\frac{4}{14}\right) - \frac{5}{14} \times \log_2\left(\frac{5}{14}\right) \qquad (7\text{-}13)$$

$$= 1.577$$

（2）属性 Outlook 的信息增益比为

$$\text{GainRatio}(\text{Outlook}) = \frac{\text{Gain}(\text{Outlook})}{\text{SplitInfo}(\text{Outlook})} = \frac{0.247}{1.577} = 0.156 \qquad (7\text{-}14)$$

按照同样的方式，可以计算属性 Temperature、Humidity 和 Windy 的信息增益比，所有属性的计算结果如表 7-3 所示。

表 7-3 各属性的信息增益比

属性	信息熵	信息增益比
Outlook	1.577	0.156
Temperature	1.362	0.021
Humidity	1.000	0.152
Windy	0.985	0.049

从表 7-3 可以看出，属性 Outlook 的信息增益比最大，因此该属性是最有分类能力的属性，在该属性进行分划是最佳的。

3. CART 算法

CART 算法采用"基尼系数"来选择分裂属性。熵的计算涉及对数运算比较耗时，基尼系数在简化计算的同时保留了熵的优点。基尼系数代表模型的不纯度，基尼系数越小，纯度越高，选择该特征进行分划也越好。这和信息增益（比）正好相反。

设 S 为由 s 个样本组成的数据集，若 S 的类标号属性有 m 个不同的取值，那么数据集 S 的基尼系数的计算公式为

$$\text{gini}(\text{S}) = 1 - \sum_{i=1}^{m} p_i^2 \qquad (7\text{-}15)$$

其中 p_i 为类别 C_i 出现的频率，即类别 C_i 的样本占总样本个数的比率，Σ 为求和符号，即对所有的 p_i^2 进行求和。

当引入某个用于分类的变量 A 时，假设属性 A 有 v 个不同的值，则变量 A 划分后的基尼系数的计算公式为

$$\text{gini}_A(\text{S}) = \sum_{i=1}^{v} \frac{|\text{S}_i|}{|\text{S}|} \times \text{gini}(\text{S}_i) \qquad (7\text{-}16)$$

$\text{gini}(\text{S}_i)$ 为按属性 A 分划后的各子集的基尼系数，$|\text{S}|$ 为总样本个数，$|\text{S}_i|$ 为划分后的各类的样本量。

继续使用计算信息增益中的例子，下面是 Outlook 的基尼系数的计算过程。

（1）Outlook = sunny 的基尼系数。

Outlook = sunny 分支形成的数据子集中，有 2 个 Yes，3 个 No，因此 Outlook=sunny 的基尼系数为

$$\text{gini}(\text{Outlook} = \text{sunny}) = 1 - \left(\frac{2}{5} \times \frac{2}{5} + \frac{3}{5} \times \frac{3}{5} \right) = 0.48 \qquad (7\text{-}17)$$

（2）Outlook=overcast 的基尼系数。

Outlook=overcast 分枝形成的数据子集中，有 4 个 Yes，0 个 No，因此 Outlook=overcast

的基尼系数为

$$\text{gini}(\text{Outlook} = \text{overcast}) = 1 - \left(\frac{4}{4} \times \frac{4}{4} + \frac{0}{4} \times \frac{0}{4} \right) = 0 \tag{7-18}$$

（3）Outlook = rainy 的基尼系数。

Outlook = rainy 分支形成的数据子集中，有 3 个 Yes，2 个 No，因此 Outlook=rainy 的基尼系数为

$$\text{gini}(\text{Outlook} = \text{rainy}) = 1 - \left(\frac{3}{5} \times \frac{3}{5} + \frac{2}{5} \times \frac{2}{5} \right) = 0.48 \tag{7-19}$$

（4）按照 Outlook 划分后的基尼系数，可得

$$\text{gini}(\text{Outlook}) = \frac{5}{14} \times 0.48 + \frac{4}{14} \times 0 + \frac{5}{14} \times 0.48 = 0.343 \tag{7-20}$$

按照同样的方式，可以计算属性 Temperature、Humidity 和 Windy 的基尼系数，所有属性的计算结果如表 7-4 所示。

表 7-4　各属性的基尼系数

属性	基尼系数
Outlook	0.343
Temperature	1.362
Humidity	1.000
Windy	0.985

从表 7-4 可以看出，属性 Outlook 的基尼系数最小，因此该属性是最有分类能力的属性，在该属性进行分划是最佳的。

互动练习 3

1. 【单选】以下关于决策树的说法中错误的是？（　　　）

A. 冗余属性不会对决策树的准确率造成不利的影响

B. 子树可能在决策树中重复多次

C. 决策树算法对于噪声的干扰非常敏感

D. 寻找最佳决策树是 NP 完全问题

2. 计算按照属性 A 和属性 B 划分时的信息增益。决策树算法将会选择哪个属性？

属性 A 和属性 B 的事件表如表 7-5 和表 7-6 所示。

表 7-5　属性 A 的事件表

类别	A = T	A = F
是	4	0
否	3	3

表 7-6　属性 B 的事件表

类别	B = T	B = F
是	3	1
否	1	5

计算按照属性 A 和属性 B 划分时的基尼系数。决策树归纳算法将会选择哪个属性？

（四）分类模型评估

分类模型常用的几个评估指标都是基于混淆矩阵构建的。混淆矩阵如表 7-7 所示。

表 7-7 混淆矩阵

预测值	实际值	
	正例	反例
正例	真正例（TP）	假正例（FP）
反例	假反例（FN）	真反例（TN）

- 真正例（TP）：模型成功将正例预测为正例。
- 真反例（TN）：模型成功将反例预测为反例。
- 假反例（FN）：模型将正例错误预测为反例。
- 假正例（FP）：模型将反例错误预测为正例。

1. 准确率（accuracy）

准确率是一个描述模型总体准确情况的百分比指标，主要用来说明模型的总体预测准确情况，计算公式如下。

$$准确率=（真正例+真反例）/N \qquad (7-21)$$

准确率虽然可以判断总体的正确率，但是在样本严重不平衡的情况下，它并不能作为很好的指标来衡量结果。比如有一个预测客户流失的模型，数据集有 84 335 条是不流失客户，2672 条为流失客户，该模型把所有客户都判断为不流失客户，即没有发现任何流失客户，这时准确率为 84335/(84335+2672)＝96.92%。虽然这时的准确率很高，但是该模型没有发现流失客户，所以该模型其实很糟糕。

2. 查准率（precision）

对于预测问题来说，往往关注的并不是模型的准确率。例如，对于客户流失问题，我们更多地关注预测流失且实际流失的那部分人。即提供的预测流失名单中最后有多少客户真正流失了。查准率用来反映提供名单的精准性，也叫精准率。它是所有预测为正例的样本中，实际为正例的样本所占的比例，计算公式如下。

$$查准率=真正例/（真正例+假正例） \qquad (7-22)$$

查准率表示对正例样本结果中的预测准确程度，而准确率是对所有样本结果的预测准确程度。查准率适用的场景是需要尽可能地把所需的类别检测准确，而不在乎这些类别是否都被检测出来。

3. 查全率（recall）

只是查准率高似乎也不够，还是以客户流失问题为例，假设通过数据挖掘模型只给出了一个 20 人的流失名单，结果该名单中有 16 个人确实流失了，这个模型的查准率达到了 80%，相当不错，可是问题是最终有 200 个人流失，而模型只发现了其中的 16 个，这样的模型性能显然是不会被认可的。因此就需要使用查全率，查全率也称召回率或命中率，英文名称为 sensitivity 或 true positive rate，主要是反映正例的覆盖程度，它是实际为正例的样本中，被正确预测为正例的样本所占的比例，计算公式如下。

$$查全率=真正例/（真正例+假反例） \qquad (7-23)$$

查全率适用的场景是需要尽可能地把所需的类别检测出来，而不在乎结果是否准确。在现实中，人们往往对查全率和查准率都有要求，但是会根据应用场景，调整对查准率和查全率的重视程度。如在推荐系统中，为了尽可能少地打扰用户，更希望推荐的内容确是用户感兴趣的，此时查准率更重要；而在客户流失预测中，更希望尽可能少地漏掉有可能流失的客户，此时查全率更重要。

4. F1 值

由于查全率和查准率之间具有互逆的关系，当查准率高的时候，查全率一般很低；而当查全率高时，查准率一般很低。使用单一指标会导致一定的片面性，因此可以使用查准率和查全率的调和平均值来评估模型性能，计算公式如下。

$$F1=2×查全率×查准率/（查全率+查准率）\tag{7-24}$$

当两个指标都较高时，才能得到较高的 F1 值。

5. ROC 曲线

对于一个优秀的客户流失预警模型来说，命中率（true positive rate，TPR）应尽可能高，即能尽量揪出潜在流失客户，同时假警报率（false positive rate，FPR）应尽可能低，即不要把未流失客户误判为流失客户。

$$命中率=真正例/（真正例+假反例）\tag{7-25}$$

$$假警报率=假正例/（真反例+假正例）\tag{7-26}$$

然而二者往往成正相关，因为如果调高阈值，如认为流失概率超过 90% 才认定为流失，那么会导致假警报率很低，而且命中率也很低；而如果调低阈值，如认为流失概率超过 10% 就认定为流失，那么命中率就会很高，而且假警报率也会很高。因此，为了衡量一个模型的优劣，数据科学家根据不同阈值下的命中率和假警报率绘制了 ROC 曲线，如图 7-4 所示，其中横坐标为假警报率（FPR），纵坐标为命中率（TPR）。

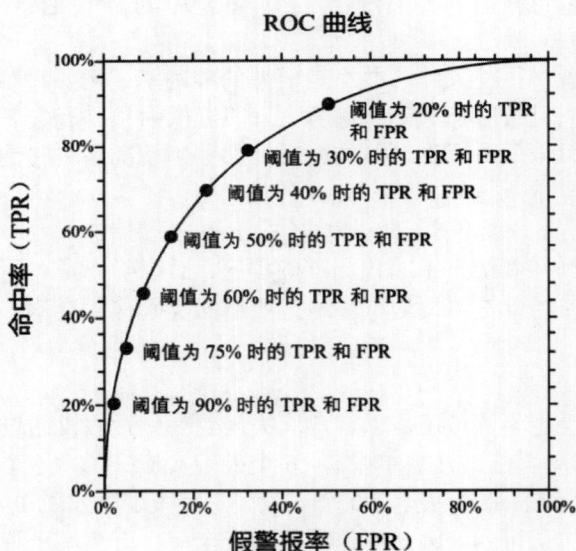

图 7-4　ROC 曲线

● 曲线越靠近左上角，说明在相同的阈值条件下，命中率越高，假警报率越低，模型越完善。

● 若一个学习器的 ROC 曲线被另一个学习器的 ROC 曲线完全“包住”，那么可以断言后者的性能优于前者。

● 若两个学习器的 ROC 曲线发生交叉，则难以一般性地断言二者孰优孰劣，较为合理的判断依据就是比较 ROC 曲线下的面积，即 AUC，AUC 值越大，对应的学习器越优越。

互动练习 4

1.【单选】以下两种描述分别对应哪两种分类算法的评价标准？（　　　）

① 警察抓小偷，描述警察抓的人中有多少个是小偷的标准。

② 描述有多少比例的小偷被警察抓了的标准。

A. 查准率，查全率　　　　　　　　B. 查准率，查全率

C. 查准率，准确率　　　　　　　　D. 查询率，ROC

2.【多选】评价分类模型性能的度量方法有如下哪几种？（　　　）

A. ROC　　　B. 查全率　　　C. 准确率　　　D. 查准率

3.【判断】若两个分类学习器的 ROC 曲线发生交叉，可以比较 ROC 曲线下的面积（AUC），通过面积大小来判断分类学习器的性能。（　　　）

三、任务准备与实施

（一）任务准备

本任务使用的样本数据共有 600 组，其中，274 组为有响应数据，326 组为无响应数据。数据集中变量的详细描述如表 7-8 所示，表格中的"Buyer"列为目标变量，剩下的字段为特征变量。我们的目的就是根据这些历史数据搭建营销响应预测模型，帮助新产品展开营销活动，提高命中率，节约营销成本，维护良好的客户关系。

表 7-8　营销响应回收表

变量名称	变量说明	详细说明	取值范围
Buyer	是否购买	离散型变量，共 2 个水平	YES-购买，NO-未购买
Age	年龄	客户的具体年龄	
Gender	性别	离散型变量，共 2 个水平	FEMALE-女，MALE-男
Marital_status	婚姻状况	离散型变量，共 2 个水平	YES-已婚，NO-未婚
Dependents	子女个数	单位：个	0~3
City	城市	离散型变量，共 4 个水平	上海、苏州、宁波、杭州
Salary	薪资	单位：元	
Role	工作性质	离散型变量，共 3 个水平	管理人员、技术人员、服务人员
House_owner	是否有房	离散型变量，共 2 个水平	YES-有，NO-无
Credit_card	是否有信用卡	离散型变量，共 2 个水平	YES-有，NO-无

（二）任务流程

本任务分析流程的构建由响应客户的特征探索、数据分割、模型构建、模型评估和模型应用这 5 部分组成，如图 7-5 所示。

图 7-5　营销响应预测的分析流程

（1）响应客户的特征探索：分析对营销活动有响应的客户具有什么样的特征。

（2）数据分割：将数据分割成训练集和测试集两部分。

（3）模型构建：基于训练集，使用决策树节点构建营销响应预测模型。

（4）模型评估：基于测试集评估回归模型的效果。

（5）模型应用：将营销响应预测模型应用于新数据集，预测客户的响应概率。

（三）任务实施

步骤 1：响应客户的特征探索

响应客户特征探索主要用于分析对营销活动有响应的客户有哪些特点。可以采用百分比堆积柱形图和箱形图探索离散变量和连续变量与购买的关系，在自助报告中，选择"营销响应回收表"，将"百分比堆积柱形图"和"箱形图"拖入画图区，设置图形参数，绘制所有自变量与"是否响应"的图形，如图 7-6 所示。

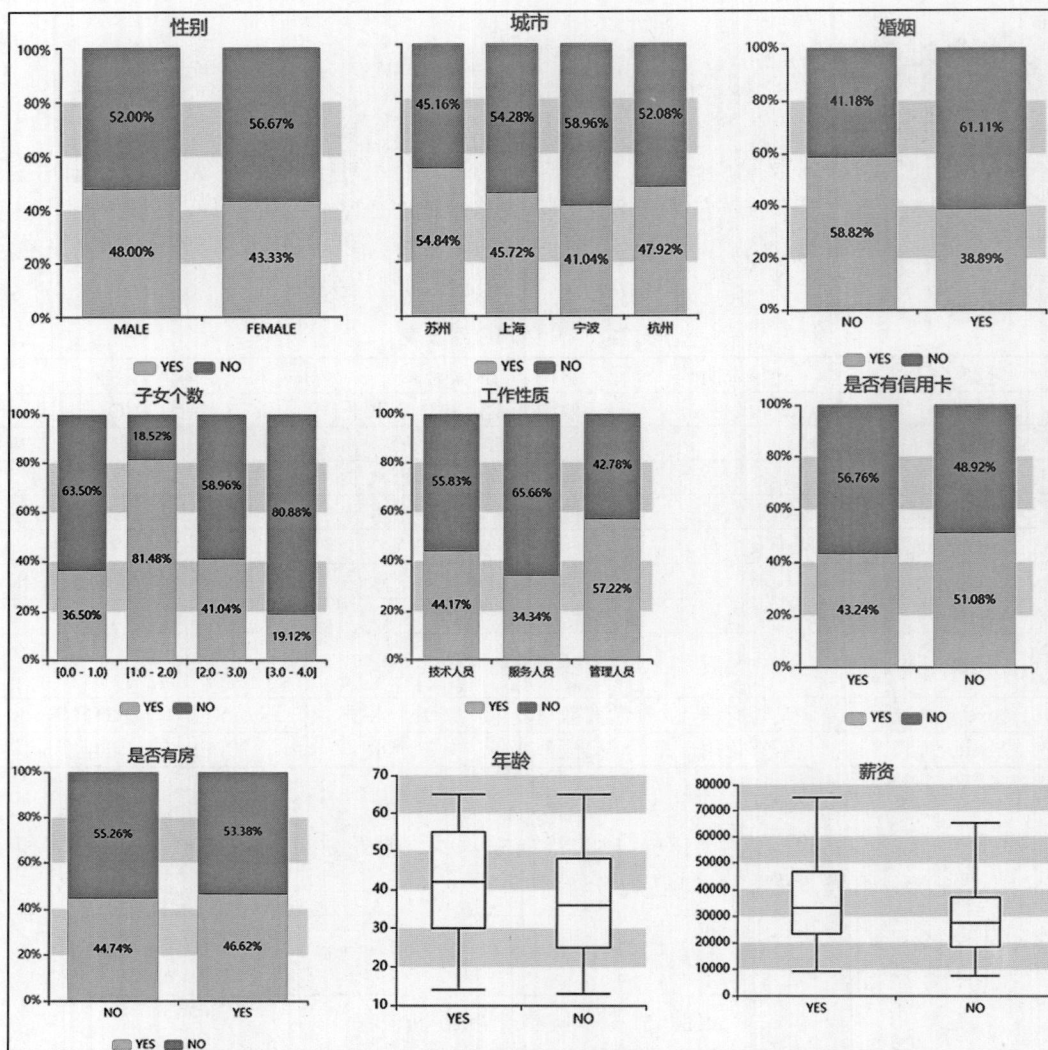

图 7-6 对营销活动有响应的客户特征分析

　　从图 7-6 中可以看到，未婚人群比已婚人群的响应率高，管理人员更愿意购买，子女个数为 1 的更会购买，年龄越大越会购买，薪资越高越会购买。另外，性别、城市、是否有房这 3 个变量的不同属性值的响应与不响应的比例基本接近，因此这些变量对目标变量是否购买的影响比较小。

步骤 2：数据分割

　　经过步骤 1 的分析，了解了各自变量与客户是否响应的关系，接下来可以使用决策树算法挖掘各自变量与是否响应之间的规则，并在测试集上使用评估指标来评估模型性能。

　　在大数据应用平台的工作流功能模块中，先使用"数据分割"节点将数据分割为训练集和测试集，然后使用"决策树"组件在训练集上构建分类模型，最后使用"分类评估"节点在测试集上评估算法的性能，营销响应预测模型构建和评估的分析流程如图 7-7 所示。

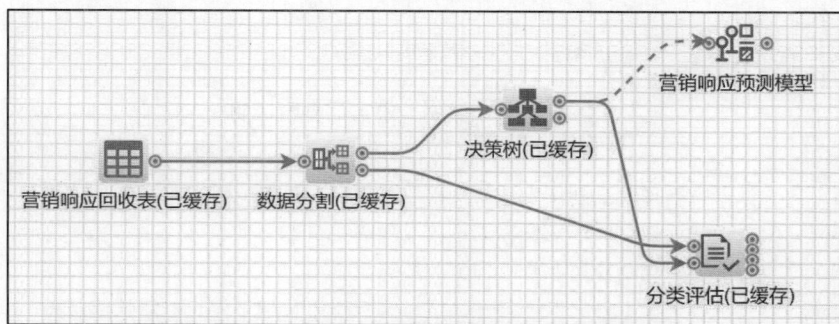

图 7-7　营销响应预测模型构建与评估分析流程

　　使用"数据分割"节点将数据集分成两个互相排斥的子集：训练集和测试集。该节点有两个输出端口，一个是训练集，另一个是测试集。数据分割有两种不同的方式：百分比和固定大小。每种分割方式又可以采用系统抽样或者随机抽样进行。如果需要在两个子集中均保留目标变量的各类别的原始分布，可在节点的参数设置中定义一列"分层列"，然后算法将根据分层列中各类别的样本比例，对数据进行分划。"数据分割"节点所有参数如表 7-9 所示。

表 7-9　"数据分割"节点参数说明

参数名称	描述
分割方法	定义数据的分割方法，有两种可选项："百分比"和"固定大小"
测试集百分比	分割方法选择"百分比"时，该变量可见，用于定义测试数据集占全数据集的比例
测试集大小	分割方法选择"固定大小"时，该变量可见，用于定义测试数据集的具体行数
抽样方法	设置抽样方法，将数据分成两部分，有两种可选项： ● 线性：测试集按相等间隔对全部数据进行抽样，即系统抽样； ● 随机：测试集是随机抽样产生的，即随机抽样
随机种子数	设置随机种子数，除非改变这个参数，否则每次节点执行时将产生相同的分划结果
选择用于分层的列	如果这个选项被选中，则"选择分层列"参数被打开
选择分层列	设置分层列，算法将根据分层列中各类别的样本比例，对数据进行分划，使得两个子集中均保留分层列的原始分布，即分层抽样

　　本案例中，将"数据分割"节点与"过滤节点"通过端口相连接，"数据分割"节点的参数设置如图7-8所示。

　　本任务的600组数据并不算多，因此设定"测试集百分比"为20，即按8∶2的比例来划分训练集和测试集，抽样方法选择"随机"，同时选择"Buyer"列为分层列，以便在两个子集中保留目标变量的各类别的原始分布。数据分割后，训练集共480条，用于进行模型训练；测试集共120条，用于检验模型性能的优劣。

图7-8　"数据分割"节点参数设置

步骤3：模型构建

　　在训练集上，采用"决策树"算法建立营销响应预测模型。将"数据分割"节点的训练集输出端口与"决策树"节点相连接，并设置"决策树"节点的参数。"决策树"节点的参数说明如表7-10所示。

表7-10　"决策树"节点的参数说明

参数名称	描述
预测变量	从表中选择若干列作为预测变量，可以接收数值或者字符型的列
目标变量	从表中选择一列作为目标变量，只接收字符型的列
权重	用于平衡类别分布非常不均衡的数据集
最小节点数目	此参数是树生长的停止条件，值越大，树生长越早停止，默认值是10
最大树深度	此参数是树生长的停止条件，值越小，树生长越早停止，默认值是20
剪枝置信度	此参数控制剪枝的水平，该值越低表示树被剪枝得越简化，默认值是25%

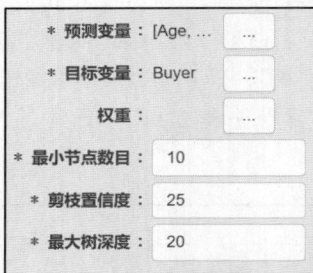

图7-9　"决策树"节点的参数设置

　　在任务中，目标变量为"Buyer"，预测变量选择除"Buyer"外的所有列，最小节点数目设置为10，其余参数为默认值。决策树节点的参数设置如图7-9所示。

　　"决策树"节点可以归纳出一组决策规则，将预测模型保存到用户空间，这个模型可以应用到新数据集，用于预测客户的营销响应概率。

步骤4：模型评估

　　构建好决策树模型之后，还需要使用测试集对决策树算法的性能进行评估。大数据应用平台提供"分类评估"节点对算法性能进行评估，该节点有两个输入：模型和表格数据，输出包括错误率、混淆矩阵、ROC图等评估结果。将"数据分割"节点的测试集输出端口和"分类评估"节点的表格输入端口相连接。同时，将"决策树"节点的模型输出端口和"分类评估"节点的模型输入端口相连接。执行"分类评估"节点，得到评估结果。执行"模型"端口→"文本查看器"命令，可以查看分类评估报告，如图7-10所示。

　　该决策树算法构建的营销响应预测模型，在测试集上总体错误率为15.833%，总体准确率为84.17%。对于预测问题来说，我们往往关注的并不是模型的准确率。而是预测响应且实际有响应的那部分员工所占的比率，即查准率。从评估报告中，可以看到有响应（类名=YES）的查准率等于 81.03%，这说明提供的预测可能会响应的名单中最后有 81.03% 的客户最后真的购买了商品。另外，我们还需要关注提供的名单是不是尽可能地覆盖了所有可能会购买的客户名单，即查全率，也叫命中率。从评估报告中可以看到，提供的预测有响应（类别=YES）的客户人数占所有会响应的客户人数的 85.45%，查全率比较高。因此，模型在测试集上的预测效果还不错，提供的对新产品有响应的名单在准确性和覆盖度上都比较好，可以保存该决策树模型到用户空间，便于在模型应用阶段在新数据集上使用。

分类评估报告

总体评价

总测试样本数	120.0
分类错误样本数	19.0
总错误率	15.833%

混淆矩阵

实际值	预测值	
	NO	YES
NO	0000054 83.077%	0000011 16.923%
YES	0000008 14.545%	0000047 85.455%

指标评估

类名	准确率	查准率	查全率	F1值	AUC
NO	0.8416666666666667	0.8709677419354839	0.8307692307692308	0.8503937007874016	0.9054545491912982
YES	0.8416666666666667	0.8103448275862069	0.8545454545454545	0.831858407079646	0.9054545449215423

图 7-10　决策树模型的分类评估报告

步骤 5：模型应用

利用"应用"节点，基于训练好的营销响应预测模型，对公司数据库中的所有客户进行预测，预测用户响应的概率。根据用户的响应概率和限定条件对每个可营销客户进行选择，精准筛选目标客户群，节约营销成本，提高投资回报率以及客户满意度。其中限定条件可以考虑如下几种情况。

● 考虑"禁电销、禁邮件营销、禁短信营销"名单。

● 参考营销黑名单。

● 考虑客户价值等级。

"应用"节点有两个输入端口：数据表和模型，将训练好的决策数据模型和新数据表与"应用"节点相连接，如图 7-11 所示。

执行该节点，它会在原始数据的基础上增加新的两列，一列为目标变量的预测值（Predicted_Class），另一列为概率值（Confidence_Value），即可信度，如图 7-12 所示。

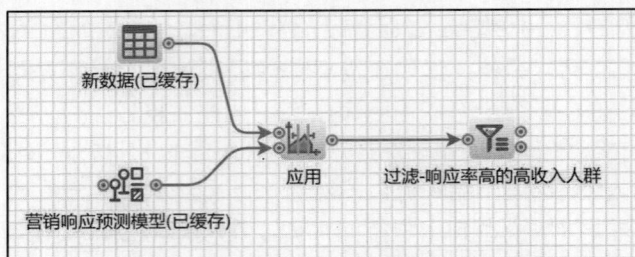

图 7-11　营销响应预测模型应用于新数据集

表格浏览器:应用								
CustID	Dependents	City	Salary	Role	House_owner	Credit_card	Predicted_Class	Confidence_Value
C5901	1.0	苏州	35454	技术人员	NO	YES	YES	0.9397590361445783
C5904	3.0	苏州	33606	管理人员	YES	YES	NO	0.8035714285714286
C5907	2.0	苏州	43068	管理人员	YES	NO	YES	0.9397590361445783
C5910	1.0	上海	10189	服务人员	NO	NO	NO	0.8421052631578947
C5913	1.0	上海	63418	管理人员	NO	YES	YES	0.9397590361445783
C5916	2.0	杭州	12425	服务人员	NO	NO	NO	0.8970588235294118
C5919	3.0	上海	33091	管理人员	NO	NO	NO	0.8035714285714286
C5922	1.0	宁波	37288	技术人员	YES	YES	YES	0.9397590361445783
C5925	0.0	宁波	41522	技术人员	NO	YES	YES	0.6666666666666666
C5928	0.0	宁波	30056	技术人员	YES	YES	NO	0.8854166666666666
C5931	0.0	宁波	32068	技术人员	NO	YES	YES	0.6666666666666666
C5934	0.0	上海	25937	技术人员	NO	NO	NO	0.7083333333333334
C5937	0.0	上海	9594	技术人员	NO	NO	YES	0.6666666666666666
C5940	0.0	上海	44438	技术人员	YES	YES	NO	0.8854166666666666

每页 1000条　　共 90 条数据　 K < 当前第1页 共1页 > >| 到 1　跳转

关闭

图 7-12　应用节点的预测结果

　　本任务通过决策树算法构建了营销响应预测模型，该模型可以预测客户对营销活动的响应情况，根据客户的响应概率，锁定目标人群名单，辅助下一轮大范围营销活动的展开，提高营销的命中率，避免地毯式"轰炸"，维护良好的客户关系。

四、技能训练

（一）工作准备

● 阅读项目目标任务和要求。

● 理解相关技术的使用方法。

● 登录大数据应用平台。

（二）项目实操

● 实操引导 1：　打开"大数据应用平台"，输入用户账号和密码，单击自助报告菜单，新建报告，选择"营销响应回收表"，如何用"百分比堆积柱形图"和"箱形图"探索各离散型变量和连续型变量与目标变量"Buyer"的相关关系？分析结论如下：

● 实操引导 2：如何用"数据分割"节点进行数据分划？训练集和测试集的作用分别如下：

● 实操引导 3：如何用"决策树"和"分类评估"节点进行营销响应预测模型的构建和评估？营销响应预测模型的模型评估结果如下：

● 实操引导 4：如何用"应用"节点将构建好的营销响应预测模型应用于新数据集？通过哪一列可以查看客户的响应概率值？

五、同步测验

（一）拓展思考
简述决策树分类的主要步骤。

（二）同步项目训练
葡萄牙一家银行机构想要通过电话直接营销订购定期存款活动，想要知道哪些客户会订购定期存款业务。现有样本数据共 25 317 组，数据集中变量的详细描述如表 7-11 所示，表格中的"y"列为目标变量（因变量），剩下的字段除"ID"外均为特征变量（自变量）。

表 7-11　市场营销数据表

变量名称	变量说明	变量名称	变量说明
ID	客户唯一标识	contact	与客户联系的沟通方式
age	客户年龄	day	最后一次联系的时间（几号）
job	客户的职业	month	最后一次联系的时间（月份）
marital	婚姻状况	duration	最后一次联系的交流时长
education	受教育水平	campaign	在本次活动中，与该客户交流过的次数
default	是否有违约记录	pdays	距离上次活动最后一次联系该客户，过去了多久（999 表示没有联系过）
balance	每年账户的平均余额	previous	在本次活动之前，与该客户交流过的次数
housing	是否有住房贷款	poutcome	上一次活动的结果
loan	是否有个人贷款	y	预测客户是否会订购定期存款业务

请根据这些历史数据完成以下项目研究。
（1）相关性探索：使用自助报告功能，分析哪些因素与客户是否订购有关。
（2）数据分割：将数据分割成训练集和测试集两部分。
（3）模型构建：使用决策树节点建立一个响应率预测模型，用于区分客户是否会订购。

（4）模型评估：基于测试集，使用分类评估节点评估模型性能。

（5）模型应用：基于决策树模型和新数据，使用应用节点预测新数据的客户响应概率。

物流大数据分析与挖掘	项目七　新零售智能销售数据分析 任务二　基于 K-均值的客户分群 任务工单页	学生： 班级： 日期：

任务二　基于 K-均值的客户分群

一、任务描述

随着互联网的快速发展，企业营销的重点从原来的以产品为中心逐渐转向以客户为中心，因此对客户关系的管理就逐渐被重视起来。客户关系管理的核心是客户分群，通过客户分群，区分客户价值，如高价值客户、低价值客户、无价值客户等。企业针对不同类型的客户实施个性化的服务方案。针对高价值客户和潜在高价值客户，有限的资源集中于这部分客户群体，能实现企业利润的最大化。

面对激烈的市场竞争，各航空公司都推出了更优惠的营销方式来吸引更多的客户，国内某航空公司希望通过数据挖掘技术建立合理的客户价值评估模型，对客户进行分群，分析不同客户群的客户价值，并制订具有针对性的营销策略，提供更加贴切的个性化服务。

（一）任务要求

根据某航空公司的客户数据进行分析挖掘，具体任务包括如下方面：

- 理解客户分群的含义和应用场景。
- 理解数据字段的含义，找出关键字段。
- 使用数据清洗和属性变换等方法进行数据预处理。
- 使用 K-均值算法进行客户分群。
- 对分群结果进行解释。

（二）学习目标

知识目标	能熟悉聚类分析的概念及分类 能描述 K-均值算法步骤 能了解 K-均值算法的优缺点 能对分群结果进行解读
技能目标	能使用自助报告进行数据探索、分析 能使用预处理节点进行数据整理 能运用 K-均值节点进行客户分群的构建 能使用自助报告对客户分群进行特征刻画
素养目标	能培养学生理解数据、分析数据的能力
思政目标	具备严谨且实事求是的工作态度 具有注重保护他人信息的工作意识 培养诚信服务、德法兼修的职业素养 具备勇于探索的创新精神

（三）实施路径

基于 K-均值的客户分群实施路径如图 7-13 所示。

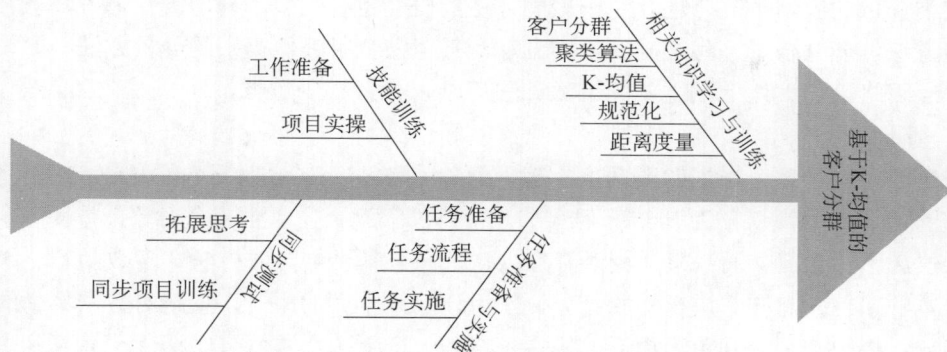

图 7-13　基于 K-均值的客户分群实施路径

二、相关知识学习与训练

（一）客户分群

客户分群（客户细分）是从客户角度出发，根据客户的基本属性、客户发生的业务行为、消费习惯、使用特征、客户偏好和动因等数据，将客户划分为若干个不同的群体，并依据分群结果进行客户群体特征刻画的方法。客户分群的目标是使同一群体内的客户特征非常相似，不同群体间客户特征差异较大。

客户分群的主要应用如下。

● 识别核心客户群，作为客户维系工作的重点目标对象，合理分配服务资源。

● 根据不同客户群的特征制订具有针对性的营销策略，提供更加贴切的个性化服务。

● 优化已有产品方案或设立新的产品方案。

常用的客户分群的方法有单变量法、多变量法、RFM 法和聚类分析法。

（二）聚类算法

在现实的生产环境中，大量数据处于没有标注的状态，也就是没有"参考答案"，要使这些数据发挥作用，就需要使用无监督学习。无监督学习没有预测目标，是用历史数据描述当前数据潜在的特征、分布和规则的一类算法。聚类分析是一种典型的无监督学习，用于对未知类别的样本进行划分，将它们按照一定的规则划分成若干个类簇，把相似（距离相近）的样本聚在同一个类簇中，把不相似的样本分为不同类簇，从而揭示样本之间内在的性质以及相互之间的联系规律。但聚类算法不会提供每个类簇的解释，这部分需要由分析人员进行归纳总结。

聚类算法在银行、零售、保险、医学、军事等诸多领域有着广泛的应用。在商业上，聚类能帮助市场分析人员从客户基本库中发现不同的客户群，并且用购买模式来刻画不同的客户群的特征。在生物学上，聚类能用于推导植物和动物的分类，对基因进行分类，获得对种群中固有结构的认识。聚类也能用于对 Web 上的文档进行分类，以发现信息。

聚类分析的应用十分广泛，对于聚类方法的研究也有很多，有些方法原理比较简单，而有些方法可能融合了几种不同的聚类方法，甚至融合了其他类别的分析方法，如统计理论、神经网络等。大体上，主要的聚类算法可以划分为如下几类。

1. 基于划分的方法

给定一个包含 n 个样本的数据集，基于划分的方法（partitioning method）就是将 n 个样本按照特定的度量划分为 k 个簇（$k \leqslant n$），使得每个簇至少包含一个对象，并且每个对象属于且仅属于一个簇，而且簇之间不存在层次关系。基于划分的方法大多数是基于距离来划分样本的，首先对样本进行初始划分，然后计算样本间的距离，重新对数据集中的样本进行划分，将样本划分到距离更近的簇中，得到一个新的样本划分，迭代计算直到聚类结果满足用户指定的要求。典型的算法有 K-均值算法和 K-Medoids 算法。

2. 基于层次的方法

基于层次的方法（hierarchical method）基于聚类的过程可分为自底向上的凝聚方法和自顶向下的分裂方法。凝聚方法将初始数据集中的每个样本独立当作一个簇，然后根据距离等度量方法，逐步将样本合并，直到将所有的样本都合并到一个簇中。分裂方法将初始数据集中的所有样本点都当作一个簇，在迭代过程中逐步将上层的簇进行分解以得到更小的新簇，直到所有的簇中都只包含一个单独的样本，或满足特定的算法终止条件。在应用过程中，可以根据需求对指定层数的聚类结果进行截取。

3. 基于密度的方法

上面介绍的两类聚类算法采用距离度量来对数据集进行划分，在球状的数据集中能够正确划分，但是在非球状的数据集中则无法对样本进行正确聚类，并且受到数据集中的噪声数据影响较大，基于密度的方法（density-based method）可以克服这两个弱点。基于密度的方法提出"密度"的思想，即给定邻域中样本点的数量，当邻域中密度达到或超过密度阈值时，将邻域内的样本包含到当前的簇中。若邻域的密度不满足阈值要求，则当前的簇划分完成，对下一个簇进行划分。基于密度的方法可以对数据集中的离群点进行检测和过滤。典型的算法有 DBSCAN 和 OPTICS。

4. 基于网格的方法

基于网格的方法（grid-based method）将数据集空间划分为有限个网格单元，形成一个网络结构，在后续的聚类过程中，以网格单元为基本单位进行聚类，而不是以样本为单位。由于算法处理时间与样本数量无关，只与网格单元数量有关，因此这种方法在处理大数据集时效率很高。基于网格的方法可以在网格单元划分的基础上，与基于密度的方法、基于层次的方法等结合使用。

5. 基于模型的方法

基于模型的方法（model-based method）假定数据集满足一定的分布模型，找到这样的分布模型，就可以对数据集进行聚类。基于模型的方法主要包括基于统计和基于神经网络两大类，前者以高斯混合模型（Gaussian Mixture Model，GMM）为代表，后者以自组织映射（Self-Organizing Map，SOM）网络为代表。目前以基于统计模型的方法为主。

互动练习 1

1.【单选】K-均值是聚类算法中比较简单的一种基础算法，它是一种（　　　）的聚类算法。

　　A. 基于划分　　　　B. 基于层次　　　　C. 基于密度　　　　D. 基于模型

2.【单选】当不知道数据所带标签时，可以使用（　　　）技术促使带同类标签的数据与带其他标签的数据相分离。

　　A. 分类　　　　　　B. 聚类　　　　　　C. 关联分析　　　　D. 隐马尔可夫链

3.【多选】聚类算法在诸多领域有着广泛的应用，包括（　　　）。

　　A. 银行　　　　　　B. 零售　　　　　　C. 保险　　　　　　D. 医学

4.【多选】能够对球状数据集正确划分的聚类算法有（　　　）。

　　A.基于划分　　　　B.基于层次　　　　C.基于密度　　　　D.基于网格

5.【多选】以下属于聚类算法的是（　　　）。

　　A. K-均值　　　　　B. DBSCAN　　　　C. Apriori　　　　　D. FP-growth

6. 什么是聚类？简单描述如下聚类方法：基于划分的方法、基于层次的方法、基于密度的方法、基于网格的方法以及基于模型的方法。并为每类方法给出例子。

（三）K-均值

K-均值算法是聚类算法中比较简单的一种基础算法，它是一种基于划分的聚类算法。通过计算样本点与类簇中心的距离，将与类簇中心相近的样本点划分为同一类簇。K-均值中样本间的相似度是由它们之间的距离决定的，距离越近，说明相似度越高；反之，则说明相似度越低。通常用距离的倒数表示相似度的值，其中常见的距离计算方法有欧氏距离和曼哈顿距离等，欧氏距离更为常用，欧氏距离的公式定义如下。

$$D_{ij} = \left(\sum_{l=1}^{d} \left| x_{il} - x_{jl} \right|^2 \right)^{\frac{1}{2}} \tag{7-27}$$

K-均值算法聚类步骤如下。

（1）首先随机选取 K 个样本点作为初始聚类中心。

（2）针对剩余的每个样本点，计算它们到各个聚类中心的欧氏距离，并将其归入与之距离最小的聚类中心所在的簇。

（3）在所有样本点都划分完毕后，根据划分情况重新计算各个新簇的聚类中心。

（4）重复第（2）步和第（3）步，直到迭代计算后，所有样本点的划分情况保持不变，或者满足终止条件，此时说明 K-均值算法已经得到了最优解，将运行结果输出。

K-均值算法原理如图 7-14 所示，图中解释了 K-均值算法如何将 9 个点聚成 2 个类别。

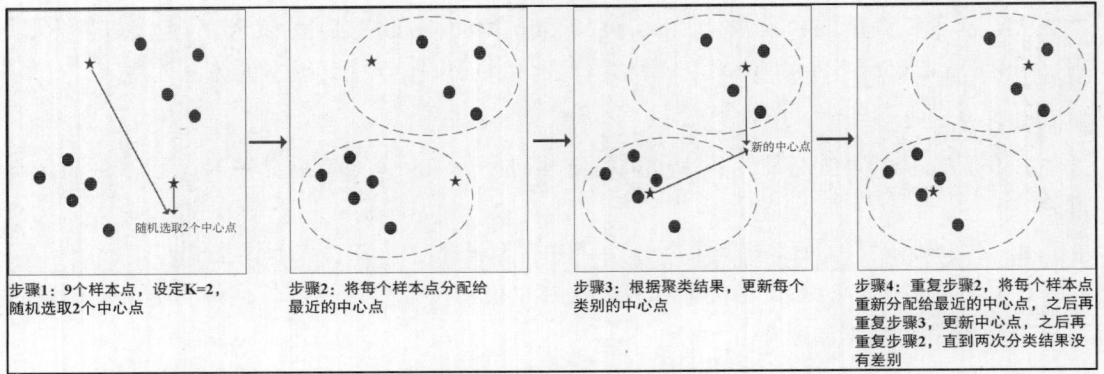

图 7-14　K-均值算法原理

K-均值算法原理简单，实现容易，能够很快地实现部署；聚类过程中只涉及求均值运算，不需要进行其他太复杂的运算，执行效率较高，而且往往能取得较好的聚类效果。因此遇到聚类问题，不妨首先选择使用 K-均值算法，可能很快就能把问题解决了，而且原理也容易说清楚。

K-均值算法也是存在缺点的，最明显的问题就是需要先验地设置 K 值，也就是根据外部经验人为地设置聚类的簇的个数。同时，由于需要求均值，这就要求数据集的维度属性类型是数值类型。此外，K-均值算法使用随机选择的方法初始化聚类中心，不同的随机选择可能对最终的聚类结果产生明显影响，增加了不可控因素。最后，K-均值中的"均值"也会带来一些原生的问题，如果数据集中出现一些孤立点，也就是远离其他数据集点的数据点时，会对聚类结果产生非常明显的扰动。

互动练习 2

1.【单选】下列关于 K-均值算法的说法，不正确的有（　　　）。

A. K-均值中样本间的相似度是由它们之间的距离决定的，距离越近，相似度越高

B. K-均值中样本间的相似度的值由距离来表示

C. 常见的距离计算方法有欧氏距离和曼哈顿距离

D. K-均值是聚类算法中比较简单的基础算法

2. 假设聚类分析的任务是将如下 8 个点（用 (x,y) 代表位置）聚类为三个类。

8 个点分别为：A1(2,10),A2(2,5),A3(8,4),B1(5,8),B2(7,5),B3(6,4),C1(1,2),C2(4,9)。距离函数是 Euclidean 函数。假设初始选择 A1、B1 和 C1 为每个聚类的中心，用 K-均值算法来给出如下结果。

（1）在第一次循环执行后的 3 个聚类中心。

（2）最后 3 个簇的样本点。

（四）规范化

规范化主要是因为数据中不同属性的量纲可能不一致，数值间的差别可能很大，不进行处理可能会影响到数据分析的结果。因此，需要对数据按照一定比例进行缩放，使之落在一个特定的区域，便于进行综合分析。特别是基于距离的挖掘方法，如 K-均值、K-近邻、

支持向量机等，一定要做规范化处理。

常用的规范化方法有总和规范化、Z-Score 规范化、最小-最大规范化、极大值规范化和对数变换规范化。假设数据变量 j 的数据样本数为 m，$X_j = \{x_{1j}, x_{2j}, x_{3j}, \ldots, x_{mj}\}$，各规范化方法的定义如下。

1. 总和规范化

总和规范化处理后的数据值之和为 1。总和规范化的公式如下所示。

$$x'_{ij} = \frac{x_{ij}}{\sum\limits_{i=1}^{m} x_{ij}} \tag{7-28}$$

经过总和规范化处理后所得的新数据的总和为 1。

2. Z-Score 规范化

Z-Score 规范化使用原始数据的均值（mean）和标准差（standard deviation）进行数据的规范化，同时不改变原始数据的分布。它可以去除数据的单位限制，将其转化为无量纲的纯数值，便于不同单位或量级的指标能够进行比较和加权。Z-Score 规范化的公式如下所示。

$$x'_{ij} = \frac{x_{ij} - x_j}{S_j} \tag{7-29}$$

其中各变量的计算公式如下。

$$x_j = \frac{1}{m} \sum\limits_{i=1}^{m} x_{ij} \tag{7-30}$$

$$S_j = \sqrt{\frac{1}{m} \sum\limits_{i=1}^{m} \left(x_{ij} - x_j \right)^2} \tag{7-31}$$

经过 Z-Score 规范化处理后所得到的新数据的平均值为 0，标准差为 1。如果数据中有离群点，对数据进行 Z-Score 规范化的效果并不好，这时可以由中位数（median）取代平均值，用平均绝对离差（AAD）或中值绝对离差（MAD）取代标准差来修正。

平均绝对离差（Average Absolute Deviation，AAD）的公式如下。

$$AAD = \frac{1}{m} \sum\limits_{i=1}^{m} \left| x_{ij} - x_j \right| \tag{7-32}$$

中值绝对离差（Median Absolute Deviation，MAD）是用原数据减去中位数后得到的新数据的绝对值的中位数，计算公式如下。

$$MAD = median\left\{ \left| x_{1j} - median\left(x_{ij} \right) \right|, \left| x_{2j} - median\left(x_{ij} \right) \right|, \ldots, \left| x_{mj} - median\left(x_{ij} \right) \right| \right\} \tag{7-33}$$

3. 最小-最大规范化

最小-最大规范化的公式如下所示。

$$x'_{ij} = \frac{x_{ij} - min\left\{ x_{ij} \right\}}{max\left\{ x_{ij} \right\} - min\left\{ x_{ij} \right\}} \tag{7-34}$$

经过最小-最大规范化处理后的新数据，各元素的最大值为 1，最小值为 0，其余数值均在 0 与 1 之间，即将数据缩放到 $[0,1]$ 范围内。这里的 $\min\{x_{ij}\}$ 和 $\max\{x_{ij}\}$ 指的是和 x_{ij} 在同一列的最小值和最大值。

最小-最大规范化方法可以避免数据的分布太过广泛，但是这种方法有一个缺点，就是其容易受到异常值的影响，一个异常值可能会将变换后的数据变为偏左或者偏右的分布，因此在做规范化之前一定要去除相应的异常值。

4. 极大值规范化

极大值规范化的公式如下所示。

$$x_{ij}' = \frac{x_{ij}}{\max\{x_{ij}\}} \tag{7-35}$$

经过极大值规范化后的新数据的最大值为 1，其余各项都小于 1。对稀疏数据进行中心化会破坏稀疏数据的结构，这样做没有什么意义，但可以对稀疏数据进行极大值标准化，极大值标准化就是为稀疏数据设计的。

5. 对数变换规范化

对数变换能够缩小数据的绝对范围，其目的是让变换后的数据符合我们所做的假设（如服从正态分布），使我们能够在已有理论上对其进行分析。对数变换规范化的公式如下所示。

$$x_{ij}' = \log(x_{ij}) \tag{7-36}$$

互动练习 3

给定对如下年龄变量的度量值：18,22,25,42,28,43,33,35,56,28。通过如下方法进行变量标准化。

（1）计算年龄的平均绝对离差。

（2）计算前面 4 个值的 Z-Score。

（五）距离度量

衡量样本之间距离的方法包括明氏距离（Minkowski Distance）、欧氏距离（Euclidean Distance）、曼氏距离（Manhattan Distance）和皮尔森距离（Pearson Distance）等。

1. 明氏距离

$$D_{ij} = \left(\sum_{l=1}^{d} \left|\boldsymbol{x}_{il} - \boldsymbol{x}_{jl}\right|^n\right)^{\frac{1}{n}} \tag{7-37}$$

x_i, x_j 向量中如果在某一特征上的差异很大，会导致它占据了在其他特征上的差异。

2. 欧氏距离

$$D_{ij} = \left(\sum_{l=1}^{d} \left|\boldsymbol{x}_{il} - \boldsymbol{x}_{jl}\right|^2\right)^{\frac{1}{2}} \tag{7-38}$$

这是最常用的一种距离方法，是明氏距离 $n=2$ 的特例。

3. 曼氏距离

$$D_{ij} = \sum_{l=1}^{d} \left|\boldsymbol{x}_{il} - \boldsymbol{x}_{jl}\right| \tag{7-39}$$

这是明氏距离 $n=1$ 的特例。

4. 皮尔森距离

$$D_{ij} = \left(1 - r_{ij}/2\right) \tag{7-40}$$

$$r_{ij} = \frac{\sum_{l=1}^{d}\left(x_{il} - \overline{x_i}\right)\left(x_{jl} - \overline{x_j}\right)}{\sqrt{\sum_{l=1}^{d}\left(x_{il} - \overline{x_i}\right)^2}\sqrt{\sum_{l=1}^{d}\left(x_{il} - \overline{x_j}\right)^2}} \tag{7-41}$$

样本间距离的计算易受量纲级别的影响。如果特征中的某一个特征值特别大，会使得距离几乎就是由这个特征主导，其他特征由于数值相对较小，几乎不发挥作用，从而会导致结果出现较大误差。因此，当特征变量的量纲级别相差较大且在建模时相互影响时，我们通常会先对数据进行预处理，可以使用数据规范化手段消除量纲级别差异带来的影响，否则可能会导致预测结果出现较大的误差。

互动练习 4

给定两个对象，分别表示为（22,1,42,10）和（20,0,36,8），完成如下计算。

（1）计算两个对象之间的欧氏距离。

（2）计算两个对象之间的曼氏距离。

（3）计算两个对象之间的明氏距离，其中 $n=3$。

三、任务准备与实施

（一）任务准备

本任务的样本数据集共计 62 988 条，包含了会员卡号、入会时间、第一次飞行日期、性别、会员卡级别、工作地城市、工作地所在省份、工作地所在国家、年龄等共 30 个属性，数据集中变量的详细描述如表 7-12 所示。我们的目的是根据这些历史数据创建航空客户价值评估，用来将客户分成不同类型的群体。

表 7-12 航空客户数据集字段说明表

变量名称	详细说明
MEMBER_NO	会员卡号
FFP_DATE	入会时间
FIRST_FLIGHT_DATE	第一次飞行日期
GENDER	性别
FFP_TIER	会员卡级别
WORK_CITY	工作地城市
WORK_PROVINCE	工作地所在省份
WORK_COUNTRY	工作地所在国家
AGE	年龄
LOAD_TIME	观测窗口的结束时间

续表

变量名称	详细说明
FLIGHT_COUNT	飞行次数
BP_SUM	观测窗口总基本积分
SEG_km_SUM	观测窗口总飞行千米数
WEIGHTED_SEG_KM	观测窗口总加权飞行千米数
LAST_FLIGHT_DATE	末次飞行日期
AVG_FLIGHT_COUNT	观测窗口季度平均飞行次数
AVG_BP_SUM	观测窗口季度平均基本积分累积
BEGIN_TO_FIRST	观察窗口内第一次乘机时间至 MAX（观察窗口始端，入会时间）时长
LAST_TO_END	最后一次乘机时间至观察窗口末端时长
AVG_INTERVAL	平均乘机时间间隔
MAX_INTERVAL	观察窗口内最大乘机间隔
ADD_POINTS_SUM_YR_1	观测窗口中第 1 年其他积分（合作伙伴、促销、外航转入等）
ADD_POINTS_SUM_YR_2	观测窗口中第 2 年其他积分（合作伙伴、促销、外航转入等）
EXCHANGE_COUNT	积分兑换次数
AVG_DISCOUNT	平均折扣系数
P1Y_Flight_Count	第 1 年乘机次数
L1Y_Flight_Count	第 2 年乘机次数
P1Y_BP_SUM	第 1 年里程积分
L1Y_BP_SUM	第 2 年里程积分
month_count	会员入会时间距观测时间结束的月数=观测结束时间−入会时间，单位是月份数

（二）任务流程

本任务分析流程的构建由数据清洗、分群指标选择、属性变换、客户分群、特征刻画和结果解释 6 部分组成，如图 7-15 所示。

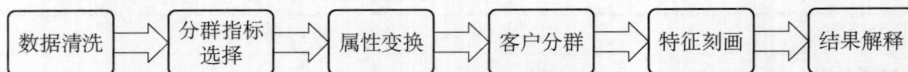

数据清洗 → 分群指标选择 → 属性变换 → 客户分群 → 特征刻画 → 结果解释

图 7-15 客户分群的分析流程

（1）数据清洗：将数据进行简单处理，比如过滤掉错误数据、修正格式错误数据、根据业务要求处理异常数据等。

（2）分群指标选择：这一过程是从众多的分群指标中选择有一定的代表性的指标子集。

（3）属性变换：利用已有的指标派生出新的指标，并使用标准化方法消除量纲带来的影响。

（4）客户分群：使用 K-均值进行客户分划，从客户群和聚类中心查看分群结果的合理性。

（5）特征刻画：借助可视化手段，刻画各个客户群的特征。

（6）结果解释：对各个分群特征进行解释，与业务相结合，制订相应的客户服务策略。

（三）任务实施

在大数据应用平台的工作流功能模块中，使用分析组件构建航空客户分群分析工作流，实现航空客户价值识别模型的构建，模型构建的分析流程如图 7-16 所示。

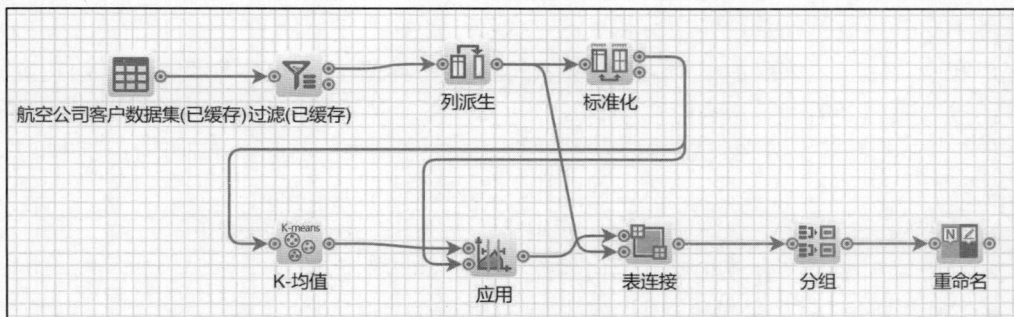

图 7-16　航空客户分群分析流程

步骤 1：数据清洗

通过数据探索分析，发现数据中存在缺失值。由于原始数据量大，这类数据所占比例较小，直接删除这些数据对于分析结果影响不大，因此对其进行删除处理，具体处理方法如下。

（1）删除票价为空的记录。

（2）删除票价为 0，但平均折扣系数不为 0 和总飞行里程大于 0 的记录。

在平台中，我们可以使用"过滤"节点来实现，在"过滤"节点参数设置中输入过滤表达式，即可筛选出符合条件的记录。经过"过滤"节点，数据集由原来的 62 988 条变为 62 044 条。"过滤"节点的参数设置如图 7-17 所示。

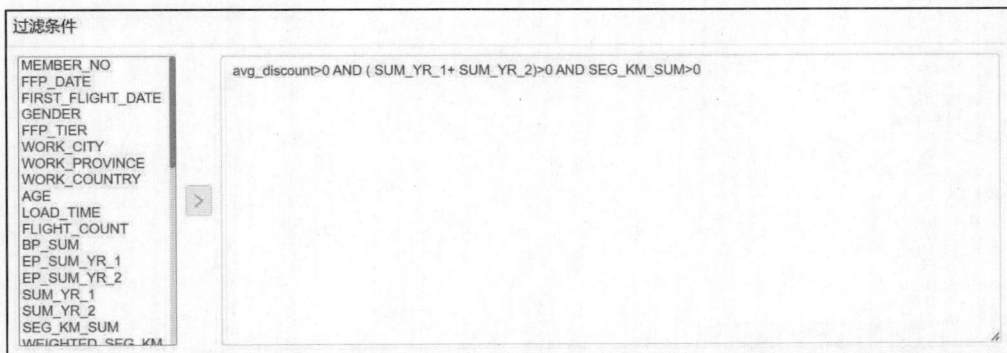

图 7-17　"过滤"节点的参数设置

步骤 2：分群指标选择

用于进行客户分群的指标体系可能非常庞大且复杂，因此在进行客户分群时，应该选择哪些具体指标就显得尤为重要，分群指标要有一定的代表性和有效性才能对生产销售起积极作用。本任务的目标是客户价值识别，即通过航空公司客户数据识别不同价值的客户。

识别客户价值最常用的 3 个指标是最近消费时间间隔（R）、消费频率（F）、消费金额（M），以进行客户细分，识别出高价值客户。

由于航空票价受到运输距离、舱位等级等多种因素影响，相同消费金额的不同旅客对航空公司的价值是不同的。例如，一位购买长航线、低等级舱位票的旅客与一位购买短航线、高等级舱位票的旅客相比，后者对于航空公司的价值可能更高。因此，消费金额这个指标并不适合航空公司客户价值分析。我们选择客户在一定时间内累积的飞行里程（M）和客户在一定时间内乘坐舱位所对应的折扣系数的平均值（C）这两个指标代替消费金额。此外，考虑航空公司会员入会时间的长短在一定程度上影响客户价值，所以将客户关系长度（L）也加入到航空公司识别客户价值模型中。本任务用于客户分群的指标说明如下。

- 客户关系长度（L）：会员入会时间距观测窗口结束的月份。
- 消费时间间隔（R）：客户最近一次乘坐公司飞机距观测窗口结束的月数。
- 消费频率（F）：客户在观测窗口内乘坐公司飞机的次数。
- 飞行里程（M）：客户在观测窗口内飞行里程。
- 折扣系数的平均值（C）：客户在观测窗口内乘坐舱位所对应的折扣系数的平均值。

步骤 3：属性变换

数据变换是将数据转换成"适当的"格式，以适用于挖掘任务及算法。本任务中主要采用的数据变换方式为属性构造和数据标准化。

对于模型所需的 LRFMC 5 个指标，由于原始数据没有直接给出 L 这个指标，所以需要通过原始数据构建这个指标，L= LOAD_TIME - FFP_DATE，即会员入会时长=观测结束时间－入会时间。在平台中，我们可以使用"列派生"节点来实现新属性的构造，表达式为"daysbetween(FFP_DATE,LOAD_TIME)"，如图 7-18 所示。

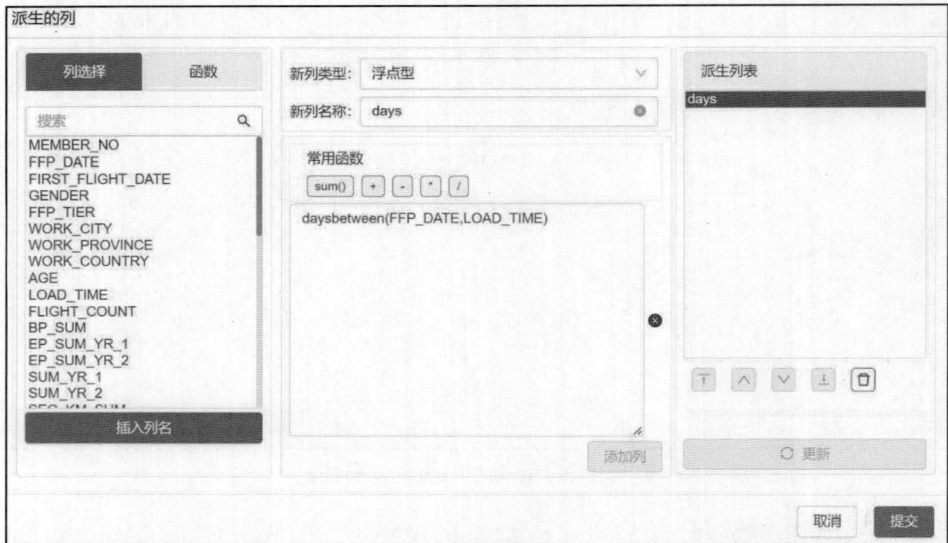

图 7-18　列派生节点的参数设置

其他 4 个指标与变量的对应关系如下。

（1）R= LAST_TO_END：客户最近一次乘坐本公司飞机距观测窗口结束的月数

（2）F= FLIGHT_COUNT：客户在观测窗口内乘坐本公司飞机的次数

（3）M= SEG_KM_SUM：客户在观测窗口内在本公司累计飞行里程

（4）C= AVG_DISCOUNT：客户在观测窗口内乘坐舱位所对应的折扣系数的平均值

对这 5 个指标进行分析，发现这 5 个指标取值范围数据差异较大，为了消除量纲带来的影响，需要对数据进行标准化处理。在平台中，我们可以使用"标准化"节点并采用 Z-Score 的方法进行数据标准化，该节点的参数配置如图 7-19 所示。

图 7-19　"标准化"节点的参数配置

步骤 4：客户分群

标准差标准化处理后，采用 K-均值聚类算法对客户数据进行客户分群。客户分群（客户细分）是从客户角度出发，根据客户的基本属性、客户发生的业务行为、消费习惯、使用特征、客户偏好和动因等数据，将客户划分为若干个不同的群体，并依据分群结果进行客户群体特征刻画的方法。客户分群的目标是使得同一群体内的客户特征非常相似，不同群体间的客户特征差异较大。

在平台上，将"K-均值"节点与"标准化"节点相连接，并对该节点的参数进行设置，如图 7-20 所示。

● 输入列：从输入表中选择用来聚类的列，这里选择 LRFMC 对应的 5 个指标。

● 数值型距离方法：用来计算数值型数据点之间距离的方法，有欧氏距离、曼式距离等。这里使用欧式距离。

● 字符型距离方法：用来计算字符型数据点之间距离的方法，有二进制距离、汉明距离。由于选中的列没有字符型，因此这个选项不启用。

图 7-20　K-均值节点的参数配置

● 初始化聚类中心方法：用于初始化聚类中心的方法，有"First-K"和"随机"两种。这里使用"随机"方法初始化聚类中心。

● 聚类数目：设置合理的聚类数目。这里设置 K=4。

● 最大迭代次数：设置迭代的最大次数，一旦算法的迭代次数超过这个值，迭代就自动停止。这里使用默认值 50。

● Gamma：如输入列中既有离散型又有字符型，该值用于设置计算数据点之间的距离时离散型变量和连续型变量的权重比。值小于 1 时将赋予连续型变量较大的权重，相反，值大于 1 时将赋予离散型变量较大的权重。

　　● 随机初始化聚类中心的种子数：随机选择初始聚类的中心时产生的伪随机数种子。当使用同一个种子数值时，每次生成的行都是一样的。如果需要修改选择的行，则要选择一个新的随机种子。

　　● 计算评估指标值：是否需要计算衡量聚类质量的指标值。

　　● 评估指标：在计算评估指标值时可选的指标，包括分离度、紧密度和轮廓系数 3 种评估指标。

　　执行"K-均值"节点，可以得到聚类结果，此时得到的聚类中心是标准化后的特征结果。要得到标准化前的各特征聚类中心值，可以先使用"应用"节点得到各样本的聚类标签，然后通过"表连接"节点得到标准化前的变量值，最后通过"分组"节点，按照各样本聚类标签对各特征变量分组统计，得到标准化前的各特征聚类中心值，如图 7-21 所示。

类别	总乘坐次数	总飞行里程	最近乘坐过本公司航班	平均折扣系数	入会时长	人数
Cluster_0	46.25228	67305.28165	28.04208	0.79268	1894.45479	5585
Cluster_1	9.56593	13730.81574	98.52619	0.69706	897.78616	26272
Cluster_2	3.89932	6041.20531	474.03119	0.71901	1226.29399	12922
Cluster_3	10.58378	15059.76166	106.23186	0.73998	2452.99803	17265

图 7-21　4 个分群的聚类中心

步骤 5：特征刻画

使用平台的自助报告功能，使用雷达图，绘制 4 个分群的聚类中心，如图 7-22 所示。

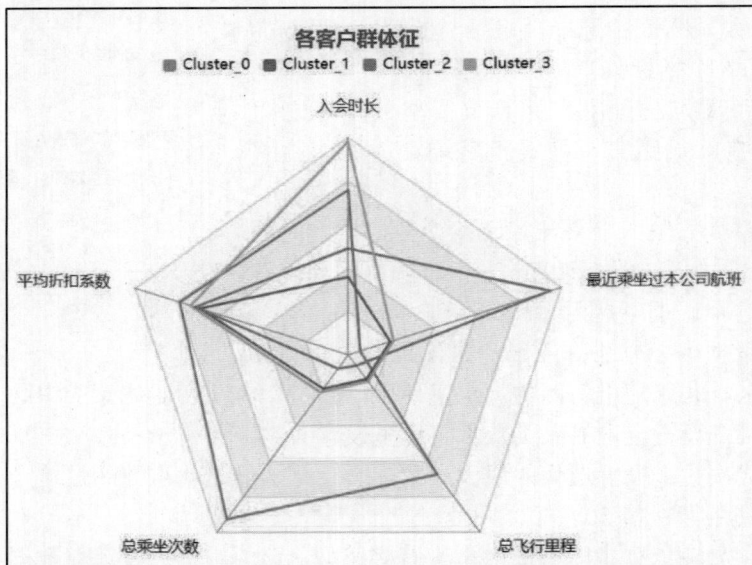

图 7-22　4 个分群聚类中心的雷达

如图 7-22 所示，我们根据聚类结果对不同的客户群进行特征分析，分析结果如下。

- 客户群 0：在总乘坐次数（F 指标）、总飞行里程（M 指标）、平均折扣系数（C 指标）上值最大，在最近乘坐过本公司航班（R 指标）上值最小。
- 客户群 1：在平均折扣系数（C 指标）和入会时长（L 指标）上值最小。
- 客户群 2：在最近乘坐过本公司航班（R 指标）上值最大，而在总乘坐次数（F 指标）、总飞行里程（M 指标）上值最小。
- 客户群 3：在入会时长（L 指标）上值最大。

步骤 6：结果解释

基于 LRMFC 模型和上述的特征分析，我们将上述客户群定义为 4 个客户级别：重要保持客户、重要发展客户，重要挽留客户、一般客户或低价值客户。不同的客户群应采取不同的服务策略，具体如下。

- 重要保持客户（客户群 0，9%）：这类客户的平均折扣系数（C）高（一般所乘航班的舱位等级较高），乘坐的次数（F）和里程（M）高，最近乘坐过本公司航班（R）低。他们是航空公司的高价值客户，是最为理想的客户类型，对航空公司的贡献最大，所占比例也是最小的。公司可以优先将资源投放到他们身上，对他们进行差异化管理，提供一对一的服务，提高客户的忠诚度和满意度，尽可能延长客户的生命周期。
- 重要发展客户（客户群 1，42.34%）：这类客户的最近乘坐过本公司航班（R）较低，客户入会时长（L）短，乘坐次数（F）或乘坐里程（M）较低。他们是航空公司的潜在高价值客户。虽然他们当前价值不高，但却非常有潜力。公司应努力增加这类客户在公司的消费次数，同时提升客户的满意度，以防客户转向竞争对手，使他们逐渐成为公司的忠诚客户。
- 重要挽留客户（客户群 3，27.83%）：这类客户过去所乘航班的平均折扣率（C）、乘坐次数（F）或者里程（M）较高，入会时间是最长的，但是较长时间已经没有乘坐本公司的航班（R）或是乘坐频率变小。由于客户衰退的原因各不相同，因此掌握客户的最新消息，维持与客户的互动就显得尤为重要。公司应根据客户最近的消费时间、消费次数的变化，推测客户消费的异动状况，并列出客户名单对其进行重点联系，采取一定的营销手段来延长客户的生命周期。
- 一般客户或低价值客户（客户群 2，20.83%）：这类客户所乘航班的平均折扣率（C）很低，较长时间没有乘坐过本公司航班（R），乘坐的次数（F）或里程（M）较低，入会时长（L）短。这类客户是低价值客户，可以发送促销短信进行一般维护即可。

四、技能训练

（一）工作准备

- 阅读项目目标任务和要求。
- 理解相关技术的使用方法。
- 登录大数据应用平台。

（二）项目实操

● 实操引导 1： 打开"大数据应用平台"，输入用户账号和密码，单击工作流菜单，将"航空公司客户数据集"拖入工程面板，如何用"表统计"节点探索数据集的统计分布？数据分布的结论如下：

● 实操引导 2：如何用"过滤"节点进行数据筛选，筛选出符合条件的样本？筛选的表达式和数据集大小的变化如下：

● 实操引导 3：如何用"列派生"和"标准化"节点进行数据转换？新变量的含义和表达式如下：

● 数据标准化后的数据集的特点如下：

● 实操引导 4：如何用"K-均值""应用""表连接""分组"节点进行客户分群并得到聚类中心？各客户群的大小如下：

● 实操引导 5：如何用自助报告中的蛛网图对得到的聚类中心进行可视化？各客户群的特征和业务解释如下：

五、同步测验

（一）拓展思考

简述 K-均值算法的优缺点。

（二）同步项目训练

随着竞争的日益激烈，淘宝卖家张三希望能够利用会员数据库中的数据改善店铺的经营状况，他希望通过分析会员交易数据达到如下两个目标。

（1）目标 1：筛选出优先考虑的促销名单，发送促销信息。

（2）目标 2：将客户细分，然后根据不同群体的购买特征，进一步制订差异化的营销方案，现有样本数据共 17 517 组，数据集中变量的详细描述如表 7-13 所示。

表 7-13　客户交易数据表

变量名称	变量说明
basket_id	订单号
buyer_id	会员号

续表

变量名称	变量说明
goods_id	商品编号
pur_time	购买时间
price	单价
shipcost	邮费
cases	数量

请根据这些历史数据完成以下项目研究。

（1）数据预处理：使用分组节点，统计出每个会员的购买总金额（单价×数量）和购买次数（订单号个数），使用列派生节点计算出最近一次购买距今的时间，可以使用表达式：daysbetween(购买时间, currentdate())。

（2）客户分群：基于购买总金额、购买次数和最近一次购买距今的时间 3 个指标，使用 K-均值算法进行客户分划，从客户群和聚类中心查看分群结果的合理性。

（3）特征刻画：借助可视化手段，刻画各个客户群的特征。

（4）结果解释和应用：对各个分群特征进行解释，与业务相结合，制订相应的客户服务策略，并筛选出优先考虑的促销名单，发送促销信息。

项目八　物流运输路线规划

【拓展阅读】

2020年12月8日13时，由天津货运航空公司执飞的HT3825全货机航班，满载临沂和周边地区的电子零部件、药品和电子商务包装材料等货物，由临沂机场起飞直达韩国仁川机场。这是临沂机场首条国际货运航线，标志着临沂市正式打通国际航空物流通道，临沂机场自此跻身国际货运空港行列，是临沂民航发展历程中具有里程碑意义的事件。

作为全国闻名的商贸物流名城、南北方和东西部之间经济贸易联系的重要节点和国家级"全国综合运输服务示范城市"，临沂在商贸物流发展方面始终秉持靠前发展的战略规划。临沂机场开通首条国际货运航线，对进一步促进临沂市对外贸易发展，放大航空口岸开放效应，加快区域性进出口商品分拨中心建设具有重要意义，也将成为贸易发展新的增长极。自此以后，临沂直达韩国仁川机场的物流运输时间缩短至2个小时以内，将货物由仁川机场转运至世界各地的物流效率也大幅提高。

下一步，临沂机场将按照省机场管理集团和临沂市委、市政府的工作部署，积极推进航空物流园区建设，早日开通至日本、东南亚的货运航班，为临沂经济社会发展贡献机场力量。

物流大数据分析与挖掘	项目八　物流运输路线规划 任务　物流运输路线规划 任务工单页	学生： 班级： 日期：

任务　物流运输路线规划

一、任务描述

高效率且合理的配送是物流系统顺利运行的保证，配送线路安排的合理与否对配送速度、成本、效益影响很大。正确合理地安排车辆的配送路线，实现合理的线路运输，可以有效地节约运输时间，增加车辆利用率，从而降低运输成本，提高企业经济效益与客户服务水平，使企业达到科学化的物流管理。

本章节的主要任务是完成物流运输路线规划，一个好的物流运输路线规划不仅可以大幅减少运输时间，还能降低运输成本。中国快递行业的发展与民族的崛起息息相关，运输路线的优化则是人类科技发展的结果。通过本章节的训练，培养学生爱国爱党，致力于用自己的专业知识造福社会与人类的高尚品格。

本任务先学习3种路线选择的基本类型：起终点不同的单一路径规划；起终点重合的路径规划；多起点、多终点的路径规划。然后要能正确地制订合理的运输路线，完成起终点不同的单一路径规划和多起点、多终点的路径规划两个任务实施案例。

（一）任务要求

- 完成基于最短路径法的起终点不同的单一路径规划。
- 完成基于图上作业法的多起点、多终点的路径规划。

（二）学习目标

知识目标	能熟悉不合理运输的表现形式 能熟悉确定运输路线的原则 能熟悉 3 种基本路线类型 能理解最短路径法的原理 能理解图上作业法的原理
技能目标	能使用最短路径法制定起终点不同的单一路径规划 能基于图上作业法制定多起点、多终点的路径规划
素养目标	能培养学生理解数据、分析数据的能力
思政目标	培养学生爱党爱国，致力于用自己的专业知识造福社会与人类的高尚品格

（三）实施路径

物流运输路线规划实施路径如图 8-1 所示。

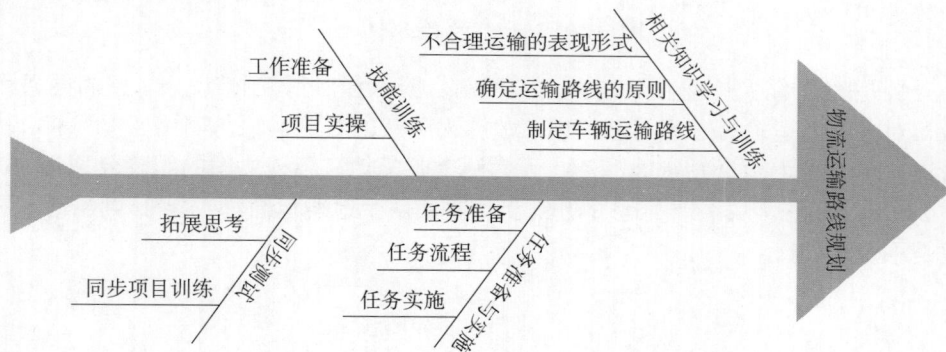

图 8-1　物流运输路线规划实施路径

二、相关知识学习与训练

（一）不合理运输的表现形式

物流运输路线优化是指在保证货物流向合理的前提下，在整个运输过程中，确保运输质量，以最少的运输环节，最佳的运输线路，最低的运输费用将货物运至目的地。

运输优化的过程就是避免不合理运输出现的过程，因为不合理运输是对运力的浪费，会造成运输费用不必要的增加，从而造成运输费用和运输服务失衡。以下是不合理运输的表现形式，也是运输优化所要解决的问题。

1. 空驶运输

空驶运输指空车或无货载行驶，是不合理运输的最严重形式。在实际运输组织中，有时候必须调运空车，从管理上不能将其看成不合理运输。但是，因调运不当、货源计划不周、不采用运输社会化而形成的空驶运输，则是不合理运输的表现。

2. 对流运输

对流运输又称相向运输、交错运输。凡属同一种货物或可以相互替代的货物，在同一条运输线路或相互平行的两条运输线路上，采取相对方向的运输，而与对方运程的全部或一部分发生重叠交错的现象，即称对流运输。对流运输有两种类型，一种是明显的对流运输，即在同一路线上的对流运输，如图 8-2 所示。从图 8-2 中可以看出某种货物从甲地经过乙地运至丙地，同时又从丁地经过丙地运至乙地。这样，在乙地与丙地之间就产生了对流运输。

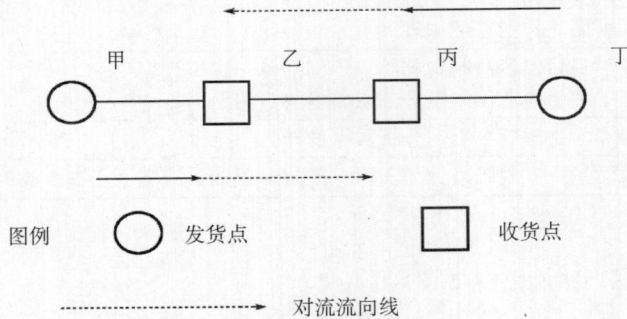

图 8-2　明显的对流运输

另一种是隐蔽的对流运输，即同一种货物在违反近产近销的情况下，沿着两条平行的路线做相对方向的运输。它不易被发现，故称为隐蔽的对流运输，如图 8-3 所示。从图中可以看出，甲、丁为两个发货地，乙、丙为两个收货地。各地之间的距离分别是 40km、30km、20km、10km。从丁地发运货物 2t 到丙地，从甲地发运同种货物 2t 到乙地。这种运输路线是不合理的。

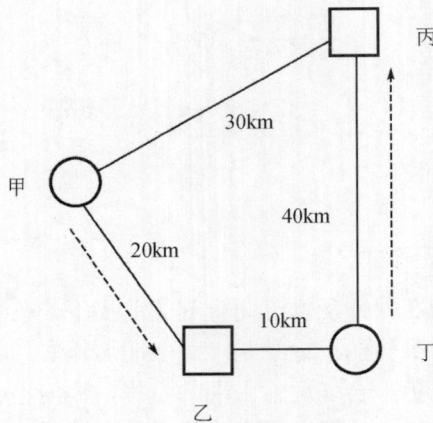

图 8-3　隐蔽的对流运输

3. 迂回运输

迂回运输是指货物绕道而行的运输现象，即本可以选取路程较短的路线进行运输，却选择路程较长的路线进行运输的一种不合理形式，如图 8-4 所示。在交通图成圈时，由于表示调运方向的箭头要按调运方向画在交通线的右边，因此在流向图中，有些流向就在圈外，称为外圈流向；有些流向就在圈内，称为内圈流向。如果流向图中内圈流向的总长（简称内流长）或外圈流向的总长（简称外流长）超过整个圈长的一半，就称为迂回运输。

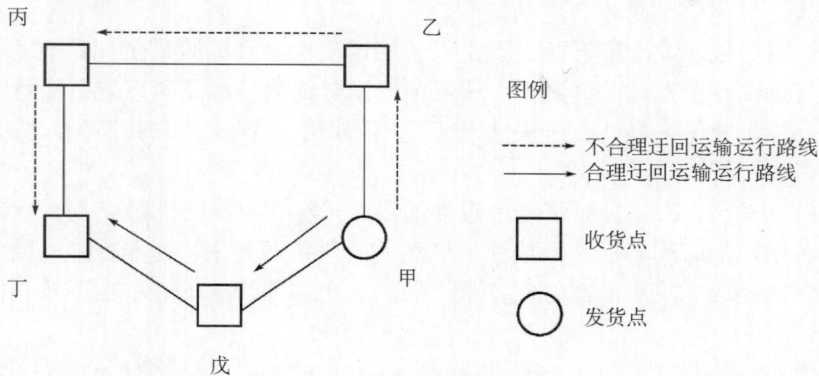

图 8-4　迂回运输

迂回运输有一定的复杂性，不能简单处之，根据不同的情况分为不合理的迂回运输和合理的迂回运输。只有因计划不周、地理不熟、组织不当而发生的迂回才属于不合理运输。如果路程为最短线路但交通阻塞、道路情况不好，或对噪声、排气等有特殊限制时所发生的迂回不能称为不合理运输。

从图 8-4 可以看出，由甲地发运货物经过乙、丙地至丁地，在甲、乙、丙、丁各地之间便发生了迂回运输。正确的运输路线应该从甲地经过戊地至丁地。

4. 重复运输

重复运输是指一种货物本可直达目的地，但由于某种原因而在中途停歇、重复装运的不合理运输现象。重复运输一般虽未延长运输里程，但增加了中间装卸环节，延长了货物在途时间，增加了装卸搬运费用，而且会降低运输工具使用效率，影响其他货物运输。

（二）确定运输路线的原则

确定运输路线可以采取各种数学方法以及在数学方法基础上发展和演变出来的经验方法。无论采用何种方法，首先都应建立试图达到的目标，再考虑实现此目标的各种限制因素，在有约束的条件下寻找最佳方案，实现目标。

1. 确定目标

目标的选择根据配送的具体要求、配送中心的水平、实力及客观条件而定，可以有以下几种。

（1）效益最高。在选择效益为目标时，一般是以企业当前的效益为主要考虑因素，同时兼顾长远的效益。效益是企业整体经营活动的综合体现，可以用利润来表示，因此，在计算时以利润的数值最大化为目标值。

（2）成本最低。计算成本比较困难，但成本和运送路线之间有密切关系，在成本对最终效益起决定作用时，选择成本最低为目标实际上就是选择了效益最高为目标，并有所简化，比较实用，因此是可以采用的。

（3）路程最短。如果成本和路程相关性较强，而和其他因素相关性较弱时，可以采取路程最短的目标，这样可以大大简化计算，而且也可以避免许多不易计算的影响因素。需要注意的是，有时路程最短并不见得成本就最低，如果道路条件、道路收费影响了成本，单以最短路程为最优解则是不合适的。

（4）吨千米最低。吨千米最低通常是以长途运输作为目标的，在有多个发货站和多个收货站，且又是在整车发运的情况下，选择吨千米最低为目标是可以取得满意结果的。在配送路线选择中，吨千米最低在一般情况下是不适用的，但在采取共同配送方式时，也可用吨千米最低为目标。

（5）准时性最高。准时性是配送中重要的服务指标，以准时性最高为目标确定配送路线就是要将各用户的时间要求和路线先后到达的安排协调起来，这样有时难以顾及成本问题，甚至需要牺牲成本来满足准时性要求。当然，在这种情况下成本也不能失控，应有一定限制。

（6）运力利用最合理。在运力非常紧张，运力与成本或效益又有一定关系时，为节约运力，充分发挥现有运力的作用，而无须外租车辆或新购车辆，此时也可以运力安排为目标，确定配送路线。

（7）劳动消耗最低。以油耗最低、司机人数最少、司机工作时间最短等劳动消耗为目标确定配送路线也有所应用，这主要是指在特殊情况下（如供油异常紧张、油价非常高、意外事故引起人员减员、某些因素限制了配送司机人数等）必须选择的目标。

2. 确定运输路线的约束条件

以上目标在实现时都受到许多条件的约束，必须在满足这些约束条件的前提下取得成本最低或吨千米最低的结果。一般的运输约束条件有以下几项。

（1）满足所有收货人对货物品种、规格、数量的要求。

（2）满足收货人对货物到达时间范围的要求。

（3）在交通管制允许通行的时间（如城区公路白天不允许货车通行）内进行运送。

（4）各运输路线的货物量不得超过车辆容积及载重量的限制。

（5）在承运单位现有运力允许的范围之内。

（三）制定车辆运输路线

运输路线的选择影响到运输设备的利用和人员安排，正确地制定合理的运输线路可以降低运输成本，因此运输线路的选择优化也是运输合理化的一个具体的重要内容。物流运输线路，从起点到终点，常见的有不成圈的直线、丁字线、交叉线和分支线，还有形成闭合回路的环形线路，环形线路包括一个圈的和多个圈的。尽管线路的类型颇多，但主要可以归纳为3个基本类型：起终点不同的单一路径规划；起终点重合的路径规划；多起点、多终点的路径规划。

1. 起终点不同的单一路径规划

起终点不同是指从始发点开始途径多个节点到达终点卸货，途径节点不卸货，从起点满载到达终点，起点和终点不重合是此类型的主要特点。该类型物流运输路线的规划最简单、直接的方法就是最短路线法。

最短路线问题是图论理论的一个经典问题。运输网络由节点和线组成，各节点之间由线连接，线代表节点与节点之间的运行成本（距离、时间或距离和时间的加权平均）。寻找最短路径就是在指定网络中两个节点间找一条距离最短的路。最短路不仅仅指一般地理意义上的距离最短，还可以引申到其他的度量，如时间、费用、线路容量等。

最初，除始发点外，其他所有的节点都被认为是未经求解的，即没有通过各个节点的明确的路线。始发点作为已解的节点，计算从原点开始。计算方法如下。

（1）第 n 次迭代的目标。寻求第 n 个距始发点最近的节点，重复 $n=1,2,\dots$，直到所找出的最近节点是终点。

（2）第 n 次迭代的输入值。在前面的迭代过程中，找出 $n-1$ 个距始发点最近的节点和其距起点最短的路线和距离。这些节点和始发点统称为已解的节点，其余的称为未解的节点。

（3）第 n 个最近节点的候选点。每个已解的节点直接和一个或多个未解的节点相连接，这些未解的节点以最短路线连接的便是候选点。

（4）第 n 个最近的节点的计算。将每个已解的节点及其候选点之间的距离和从始发点到该已解点之间的距离加起来，总距离最短的候选点即是第 n 个最近的节点，也就可以得到始发点到达该点最短距离的路径。

在节点很多时，用人工计算是很烦琐的，如果把网络的节点和连接的有关数据存入数据库中，最短路线法就可以用计算机求解，基于图论的常用算法有 Dijkstra 算法和 Floyd 算法，也可以将最短路线转换为线性规划的数学模型，然后使用单纯形方法求解。绝对的最短距离路径并不说明穿越网络的最短时间，因为该方法没有考虑各条路线的运行质量。因此，对运行时间和距离都要设定权数，以得出比较具有实际意义的线路。

2. 起终点重合的路径规划

在物流运输实践中，自有车辆运输时，车辆往往要回到起点；或者是某物流中心送货到配送中心后返回物流中心的线路；或者某配送中心送货上门后返回，这就是起终点重合的情况。如图 8-5 所示，从 V_1 经过 V_2、V_3、V_4、V_5 和 V_6 回到 V_1，V_1 即是起点，也是终点。始发点和终点相重合的路线选择问题通常被称为"旅行推销员"问题、货郎问题或者中国邮递员邮路问题。

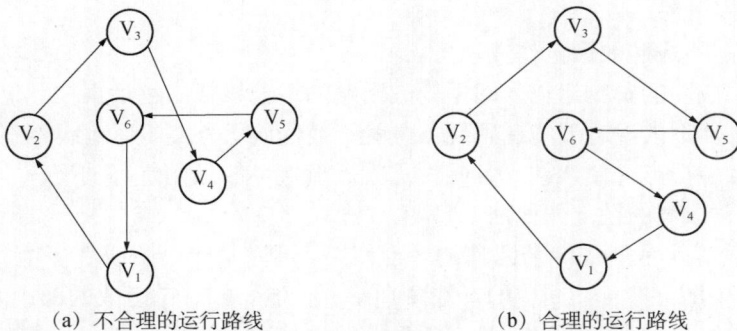

（a）不合理的运行路线　　　　　　　（b）合理的运行路线

图 8-5　运行路线示意图

　　该类型物流运输路线的选择优化目标是找到一个可以走遍所有地点的最佳顺序，使运输车辆必须经过所有站点并且总距离或运输时间最短。这一类问题没有固定的解题思路，在实践中通常是根据实际情况的不同，结合经验寻找适合的方法。经验表明：合理的经停线路中各条线路之间是不交叉的，并且只要是可能路径就会呈菱形或水滴状。

　　按照"线路不交叉"和"菱形或水滴状"两条原则，图 8-5 所示为通过各点的运行路线示意图，这两个图都是经过所有站点，但是先后次序不同，即路线不同，其中图 8-5（a）是不合理的运行路线，图 8-5（b）是合理的运行路线。

　　当然，如果各停车点之间的空间关系不能代表实际的运行时间或距离，或者有关卡、单行线或交通拥堵等复杂的情况，则经验试探法略显逊色，利用计算机模型方法比较好。

　　3. 多起点、多终点的路径规划

　　多起点、多终点问题的物流运输线路在物流运输实践中经常存在，如多个供应商供应给多个工厂的情况；或者把不同工厂生产的同一产品分配到不同用户的情况。在这些情况下，起点和终点都不是单一的，各供应点的供应量往往也是有限制的。

　　有多个货源地服务于多个目的地时，物流运输线路选择优化的任务可以运用一类特殊的线性规划方法即物资调运问题的图上作业法进行求解。

　　图上作业法是在运输图上求解线性规划运输模型的方法，是我国物资流通部门在实际工作中创作出来的一种物资运输规划的方法。它在一张运输交通图上通过一定步骤的规划和计算来完成物资调运计划的编制工作，可以帮助避免物资调运工作中的对流和迂回现象，提高运输过程中的里程利用率、减少空驶、增加运量、充分利用现有运输设备等，是一个有效的方法。这种方法使用图解的形式，直观、易操作、计算简单，效果显著、应用相当广泛。

　　图上作业法适用于交通线路呈树状、圈状，而且对畅销地点的数量没有严格限制的情况。图上作业法的基本规则：对于不成圈状的交通路线图，从各断点开始，按就近供应的原则和先支线后干线的基本要领，绘制出没有对流的调运方案图，就是所要控制的最优调运方案；对于形成圈状的交通线路图，且发点与收点交错迂回的，就比较复杂，则必须以"内圈和外圈流向总路程分别小于或等于该圈总路程的一半"的定理为准则，设计出所需要控制的最优方案。下面将逐一介绍不含回路的图上作业法和含有回路的图上作业法的设计步骤。

　　1）运输线路不成圈的图上作业法

　　对于线路不成圈的货物运输，即不构成回路的运输线路，包括直线、丁字线、交叉线和分支线等，只要不出现对流和迂回现象，就是最优调运方案。运输线路不成圈的图上作业法较简单，从各端点开始，按"各站供需就近调拨"的原则进行调配。

　　2）运输线路成圈的图上作业法

　　运输线路成圈就是形成闭合回路的环形线路，可以是一个圈或者多个圈。如图 8-6 所示，图中包含了两个圈，一个是由①、②、③、④、⑤、⑥、⑦组成的圈；另一个是由③、④、⑧、⑥、⑤组成的圈。圈可以是三角形、四边形和多边形。图 8-6 中的两个圈都是多边形。起运站（目的地）之间的线路旁括号内标注的数字表示两点之间的距离。

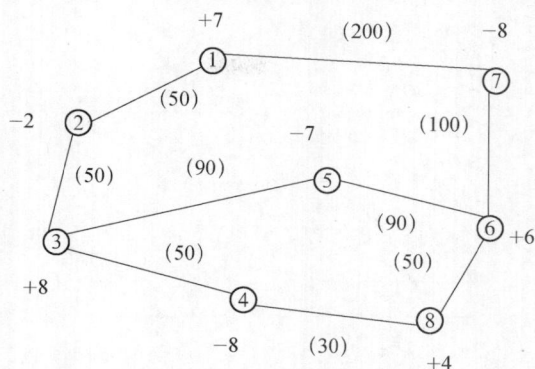

图 8-6　成圈的运输线路

对于成圈运输线路的图上作业法，可以按照如下 3 个步骤求解，直到寻求到最优方案。成圈的线路流向图要同时达到既无对流现象，又无迂回现象的要求才是最优流向图，所对应的方案为最优运输方案。

（1）去线破圈，确定初始运输方案。在成圈的线路中，先假设某两点的线路"不通"，去掉这段线路，把成圈的线路转化为不成圈的线路，即破圈；然后按照运输线路不成圈的图上作业法，即可得到初始运输方案。

（2）检查有无迂回现象。因为流向箭头都统一画在线路右边，所以圈内和圈外都画有一些流向。分别检查每个小圈，如果内圈和外圈流向的总长度都不超过全圈总长的 1/2，那么，全圈就没有迂回现象，这个线路流向图就是最优的，对应的方案就是最优运输方案。否则，转向步骤（3）。

顺时针方向的流向必须画在圈的内侧，称为内圈流向；逆时针方向的流向必须画在圈的外侧，称为外圈流向。

（3）重新去线破圈，调整流向。在超过全圈总长 1/2 的里（外）圈各段流向线上减去最小运量，然后在相反方向的外（里）圈流向线上和原来没有流向线的各段上加上所减的最小运量，这样可以得到一个新的线路流向图，然后转到第（2）步骤检查有无迂回现象。如此反复，直至得到最优线路流向图。

如果线路图存在两个及两个以上的圈，则需分别对各圈进行有无迂回线路的检查，如果各圈的里、外圈都不超过全圈总线长的 1/2，则不存在迂回现象，此方案为最优运输方案。

互动练习

1.【多选】不合理的运输形式有（　　）。

A. 对流运输　　　B. 迂回运输　　　C. 空驶运输　　　D. 重复运输

2.【单选】下列说法正确的是（　　）。

A. 迂回运输是一种舍近求远的运输方式

B. 迂回运输都是不合理的

C. 对流运输都是明显的

D. 对流运输不会造成运力浪费和运费增加

3. 【单选】下面图形属于外圈流向的是（　　　）。

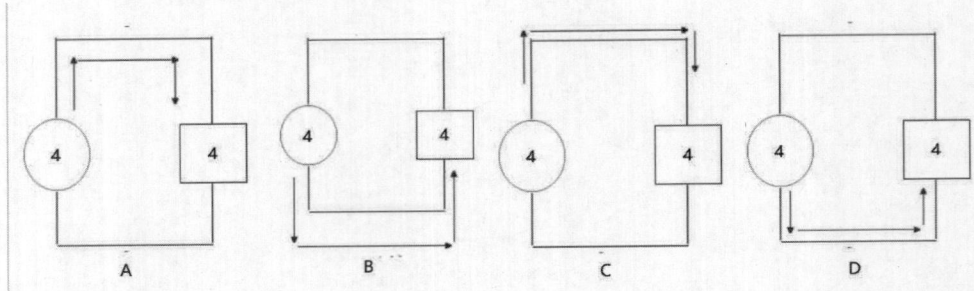

A　　　　　　　B　　　　　　　C　　　　　　　D

三、任务准备与实施

（一）任务准备

任务 1：起终点不同的单一路径规划

图 8-7 所示为一张公路运输网络的示意图，其中 a 为起点，j 为终点，b、c、d、e、f、g、h、i 是网络中的节点，节点与节点之间以路线连接，路线上标明了两个节点之间的距离，以运行时间（分钟）表示。要确定一条从起点 a 到终点 j 的最短运输路线。

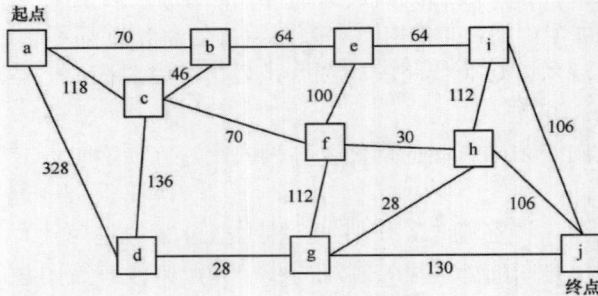

图 8-7　公路运输网络示意图

任务 2：多起点、多终点的路径规划

1. 不含回路的图上作业法

设某种商品运输到 4 个起运站 A1、A2、A3、A4（图 8-8 中以圆圈表示起运站），供应量（吨）分别用圈内数字表示；另有 4 个目的地（运输终点）B1、B2、B3、B4（图 8-8 中以方块表示），需求量（吨）分别用方块内数字表示；线段上的数字表示各点之间的距离（千米）。各点间的交通图如图 8-8 所示，求能使得总的吨千米数最小的配送方案。

2. 含有回路的图上作业法

如图 8-9 所示，3 个工厂 A1、A2、A3（用圆圈表示）向 4 个市场 B1、B2、B3、B4（用方块表示）配送货物。圈内数字表示工厂的供应量（吨），方块内数字表示市场的需求量（吨），线段上的数字表示各点之间的距离（千米），求解最佳的配送方案以及配送的最小吨千米数。

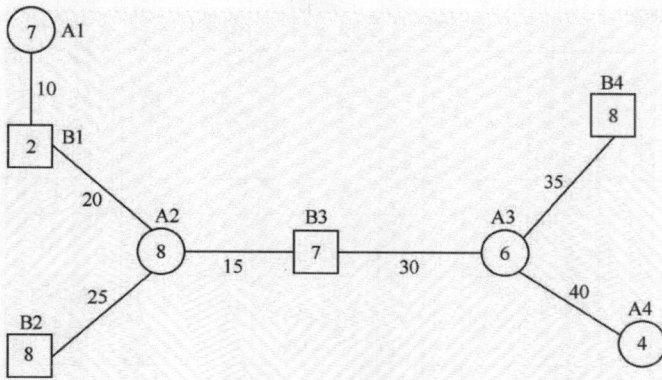

图 8-8　运输交通图

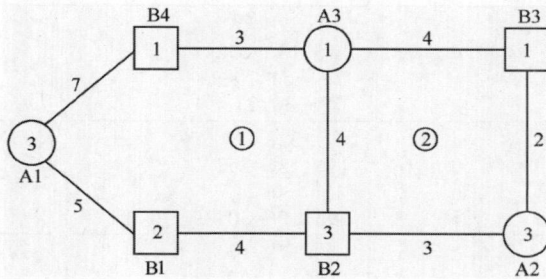

图 8-9　配送货物图

（二）任务流程

本任务分析流程由基于最短路径法的起终点不同的单一路径规划，基于图上作业法的多起点、多终点的路径规划 2 部分组成，如图 8-10 所示。

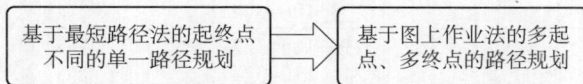

图 8-10　物流运输路线优化的工作流程

（三）任务实施

任务 1：基于最短路径法的起终点不同的单一路径规划

从图 8-7 可以看出，该运输图是起终点不同的运输路线优化问题，可以采用最短路线法求解。从 a 地到 j 地，有很多条线路可以选择，运输线路优化的任务就是要找出使总路程的运行时间最短的线路，对于节点比较少的运输图，可以使用最短运输线路计算表分步骤地计算。通过比较，选择走最优的路线。

首先，列出一张如表 8-1 所示的最短线路法计算表。装货点 a 即起点，是第一个已解的节点。与 a 直接连接的、未解的节点有 b、c 和 d，从图 8-7 中可以看出 b 点是距 a 点最近的节点，记为 ab，这是第一步。由于 b 点是唯一的选择，因此现在它也成为已解的节点。

表 8-1　最短路线法计算表

步骤	直接连接到未解节点的已解节点	与其直接连接的最近的未解节点	相关总成本（分钟）	第 n 个最近节点	最小成本（分钟）	最新连接（第 n 个最近节点的上一点与其的连接）
1	a	b	70	b	70	ab*
2	a b	c c	118 70+46=116	c	116	bc
3	a b c	d e f	328 70+64=134 116+70=186	e	134	be*
4	a c e	d f i	328 116+70=186 134+64=198	f	186	cf
5	a c e f	d d i h	328 116+136=252 134+64=198 186+30=216	i	198	ei*
6	a c f i	d d h j	328 116+136=252 186+30=216 198+106=304	h	216	fh
7	a c f h i	d d g g j	328 116+136=252 186+112=298 216+28=244 198+106=304	g	244	hg
8	a c h g i	d d j j j	328 116+136=252 216+106=322 244+130=374 198+106=304	d	252	cd
9	h g i	j j j	216+106=322 244+130=374 198+106=304	i	304	ij*

随后，找出距离 a 点和 b 点最近的未解的节点，我们找到是 c 点，这样就有 ac 和 bc，记为第二步。这里请注意：从起点通过已解节点到某一节点所需的时间，应该等于到达这个已解节点与未解节点之间的时间。即从 a 点经过 b 点到达 c 点的所需时间为 ab + bc =70 + 46 = 116 分钟，而从 a 点直接到达 c 点的时间为 118 分，现在 c 点就成了已解节点。

第三次迭代要找到与各已解节点直接连接的最近的未解节点。如表 8-1 所示，有 d、e、f 3 个候选点，从起点到 d、e、f 所需的时间相应为 328 分钟、134 分钟、186 分钟，其中连接 be 的时间最短为 134 分钟，因此 e 点就是第三次迭代的结果。

继续重复上述过程直到到达终点 j，即第九步。最小的路线时间为 304 分钟，在第九步的最新连接 ij 的 j 后标注*，然后向上寻找到第五步的 ei，在 i 后标注*，依次向上标注，得到最优路线 a—b—e—i—j。

任务 2：基于图上作业法的多起点、多终点的路径规划

1．不含回路的图上作业法

从图 8-8 可以看出，具体调运方案是从 A1 开始，把 7 吨的物资供给 B1，B1 只需要
2 吨，这样将剩余的 5 吨物资再供给 A2；B2 所需的 8 吨物资由 A2 供给；A2 还剩余 5
吨的物资可以供给 B3，B3 还需 2 吨的物资；A4 的 4 吨物资可以供给 A3；B4 的 8 吨物
资由 A3 供给；这时 A3 剩余 2 吨的物资刚好满足 B3 还需 2 吨的需求。具体步骤如图 8-11
所示。

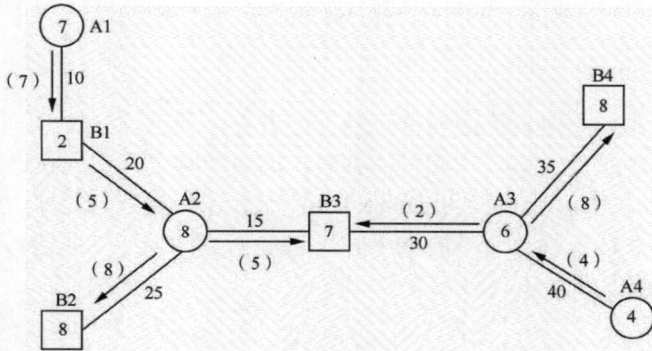

图 8-11　不含回路的调运方案

根据图 8-9 所示，计算出总的吨千米数为

$$总吨千米数=7×10+5×20+8×25+5×15+2×30+8×35+4×40=945$$

2．含有回路的图上作业法

含有回路的图上作业法按照如下 3 个步骤进行求解。

第一步，去线破圈，确定初始运输方案。从图 8-9 中可以看出这个运输网络有两个回
路，即圈①和圈②，它们是闭合的，所以哪里是起点、哪里是终点无从得知，我们需要让
这个回路变成一条线段，这样就有了起点和终点。将圈①中距离最长的线段 A1B4 去除，
圈②中距离最大的线段有两条，即 A3B2 和 A3B3，由于 A3B2 是两个圈的公共线，所以我
们去除 A3B3。这样原图就变成了不含回路的情况，按照不含回路的图上作业法求得调运
方案。如图 8-12 所示，箭头走向都是配送点向需求点方向，画在线路的右边。

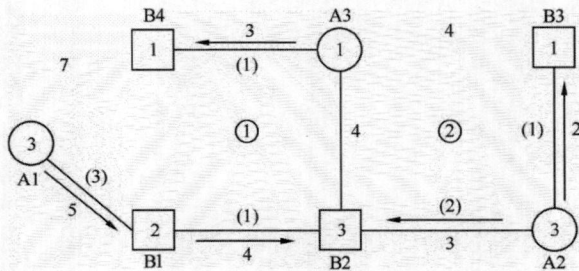

图 8-12　初始运输方案

第二步，检查有无迂回现象。分别检查每个圈，如果各圈的内圈流向的路线长和外圈

流向的路线长都小于各圈总长的一半，即各圈总长的一半大于等于各圈的内圈流向的路线长和外圈流向的路线长，那么，这个回路上就不存在迂回现象，此方案就是最佳的运输方案。验证：

圈①总长度的一半=（7+5+4+4+3）/2=11.5

圈①外圈长=5+4+3=12>11.5

所以不是最优方案。

圈②总长度的一半=（4+4+2+3）/2=6.5

圈②内圈长=3<6.5

圈②外圈长=2<6.5

是最优方案。

由于圈①不是最优方案，因此要修正圈①的方案，转到第三步。

第三步，修正圈①的方案。在圈①的各段流向线上减去最小的配送量 1，即圈外的配送量 A1B1=3-1=2，B1B2=1-1=0，A3B4=1-1=0；然后在相反方向的外（里）圈流向线上和原来没有流向线的各段上加上所减的最小的配送量 1，即未走过路线上 A3B2=1，A1B4=1，此时最佳运输方案图如图 8-13 所示。

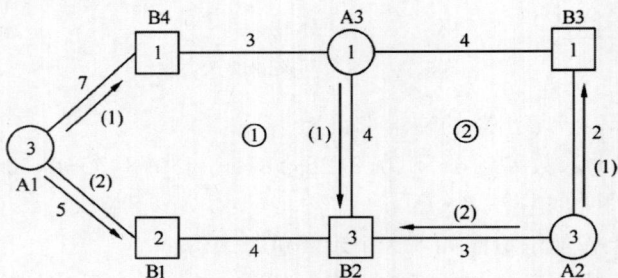

图 8-13　最佳运输方案

修正圈①后，检查有无迂回现象，即重复第二步的验证步骤。

验证：

圈①总长度的一半=（7+5+4+4+3）/2=11.5

圈①内圈长=7+4=11<11.5

圈①外圈长=5<11.5

则是最优方案。

圈②总长度的一半=（4+4+2+3）/2=6.5

圈②内圈长=3<6.5

圈②外圈长=2+4=6<6.5

则是最优方案。

现在圈①和圈②的方案都是最优方案，故此方案是最优方案。

此方案配送的最小吨千米数为

最小吨千米数=1×7+2×5+1×4+1×2+2×3=29

四、技能训练

（一）工作准备

- 阅读项目目标任务和要求。
- 理解相关技术的使用方法。

（二）项目实操

- 实操引导 1：　对于任务 1，请使用最短路线法得到计算表，由计算表得到的最短路径如下：

_____

- 实操引导 2：对于任务 2，不含回路的图上作业法得到的最优调用方案如下：

_____

- 实操引导 3：对于任务 2 中含有回路的图上作业法，去线破圈并确定初始运输方案如下：

_____

此时得到的运输方案是最佳方案吗？为什么？

_____

如何修正初始运输方案使之成为最佳方案？

_____

五、同步测验

（一）拓展思考

简述图上作业法的步骤。

（二）同步项目训练

1. 图 8-14 所示为一张公路网络示意图，其中 1 是出发点，10 是终点，2、3、4、5 等是网络中的节点，节点与节点之间以线路连接，线路上标明了两个节点之间的距离，以运行时间（分钟）表示。求确定一条从起点到终点的最短运输路线。

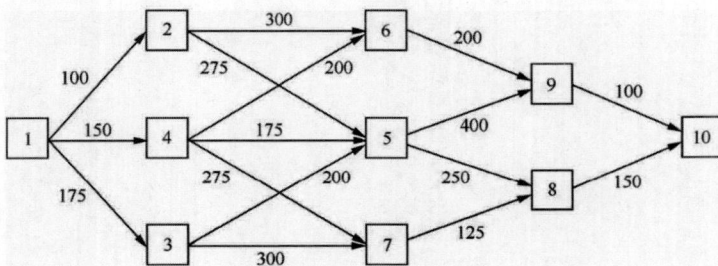

图 8-14　公路网络示意图

2. 如图 8-15 所示，4 个工厂 A1、A2、A3、A4（用圆圈表示）向 4 个市场 B1、B2、B3、B4（用方块表示）配送货物。圈内数字表示工厂的供应量（吨），方块内数字表示市场的需求量（吨）。线段上的数字表示各个点之间的距离（千米）。求解最佳的配送方案以及配送的最小吨千米数。

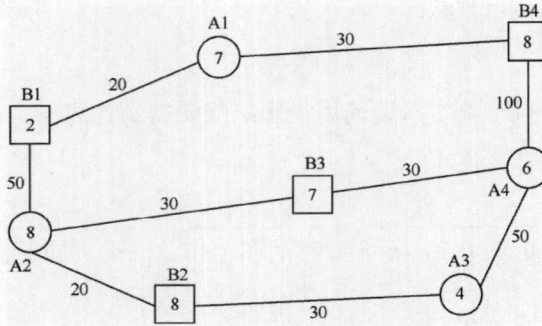

图 8-15　运输路线图

项目九　价格预测

【拓展阅读】

随着我国国力的不断提高和经济的高速发展，我国的汽车产业也迅速发展壮大，成为全球最重要的汽车产业之一。在这场蓬勃发展的历程中，我国汽车行业一直在稳步增长、实现飞跃。

我国的汽车产业始于 20 世纪 80 年代，1984 年，第一辆"桑塔纳"轿车在上海生产线下线。此后，我国汽车工业的发展逐渐加速。我国汽车市场的扩大和市场需求的变化，催生了国内汽车制造的需求。2009 年，我国成为全球最大的汽车生产国和汽车销售国。

根据中国汽车工业协会统计数据，2009—2021 年，伴随着我国经济的快速增长和汽车市场整体的蓬勃发展，国内乘用车整体需求增长较快，产销量由 2009 年的 1038.38 万辆和 1033.13 万辆提高至 2021 年的 2140.80 万辆和 2148.20 万辆，复合增长率达到 6.21% 和 6.29%，如图 9-1 所示。

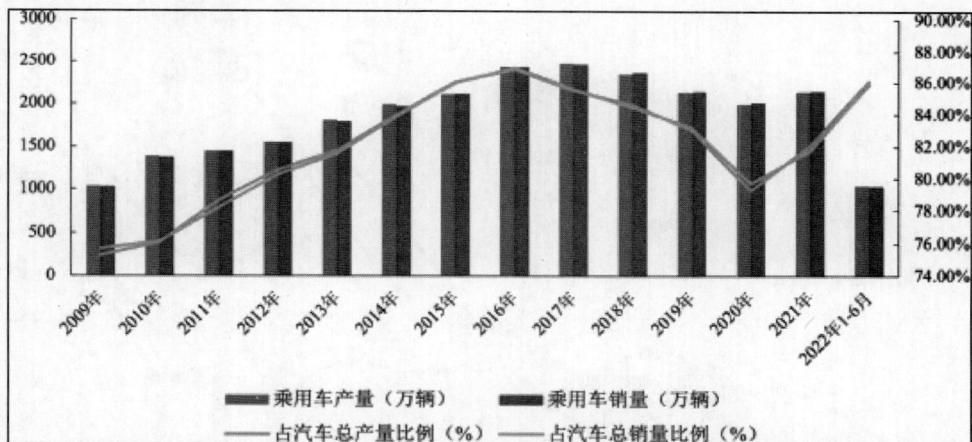

图 9-1　2009 年至 2022 年 1—6 月全国乘用车产销量及占比

数据来源：中国汽车工业协会

截至 2022 年年底，我国汽车保有量为 3.19 亿辆，同比增长 5.63%，创历史新高。根据数据 GO 于 2023 年 1 月 18 日发布的《中国人口趋势图》可知，2022 年年底，我国人口数为 14.1175 亿，据此测算，我国人均汽车保有量为 0.23 辆，如图 9-2 所示。

我国一直都没有停下技术进步的脚步，相较于外国品牌，国内汽车厂商部分技术与性能异于那些国际品牌，此时国内汽车企业需要通过开发新的技术和不断改进技术，以提高国产汽车的竞争力。

图 9-3 是我国从 2003 年到 2022 年中国市场头部自主品牌的销售趋势，从图中可以看出，从 2003 到 2022 年国产品牌汽车销售量整体呈现上升的趋势，每几年都有国产自主品

牌脱颖而出，2021 年到 2022 年的比亚迪涨势十分迅猛，2022 年销售量直达国产品牌中第一名。

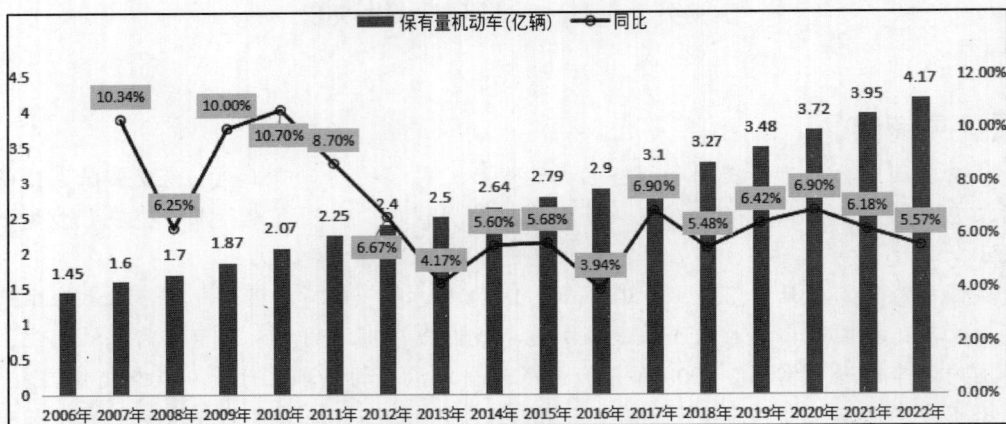

图 9-2　2006 年至 2022 年全国乘用车保有量及增长率

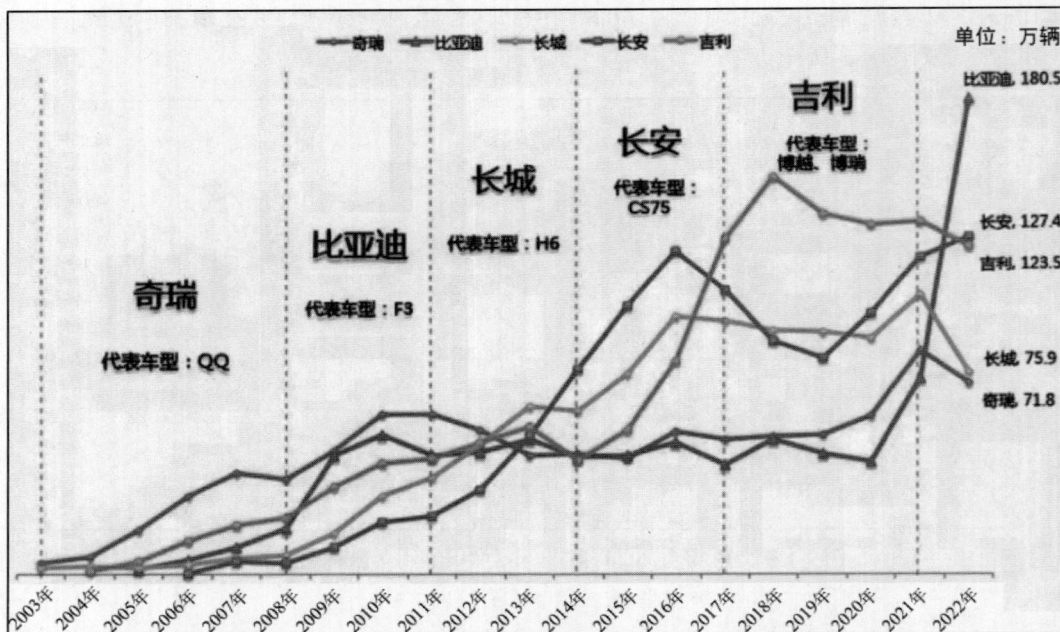

图 9-3　2003—2022 年中国市场头部自主品牌销量趋势

（数据来自中汽协、盖世汽车）

　　我国新能源汽车产业经过 20 多年的发展，产销规模在 2022 年突破 650 万辆，我国成为全球最重要的新能源汽车市场。自 2001 年我国正式启动"863"计划电动汽车重大专项至今，行业经历了战略规划期（2001—2008 年）、导入期（2009—2015 年）、成长期（2016年至今）3 个发展阶段。2009 年我国启动"十城千辆"工程，开始了新能源汽车的推广，新能源汽车产业在国家政策的支持下，经过多年培育，在动力电池、驱动电机、整车控制系统以及整车集成匹配等关键技术方面已取得重大突破，产业链日趋成熟，规模化推广应用正逐步展开。2022 年，在《新能源汽车产业发展规划（2021—2035 年）》的大力推动下，新能源汽车成为行业最大亮点，产销量连续 8 年蝉联世界第一，累计销售达 1500 余万辆。2022 年新能源汽车销量为 688.67 万辆，同比增长 95.62%，占汽车总销量的 25.64%。其中纯电动汽车销售 535.31 万辆，同比增长 84.55%，如图 9-4 所示。

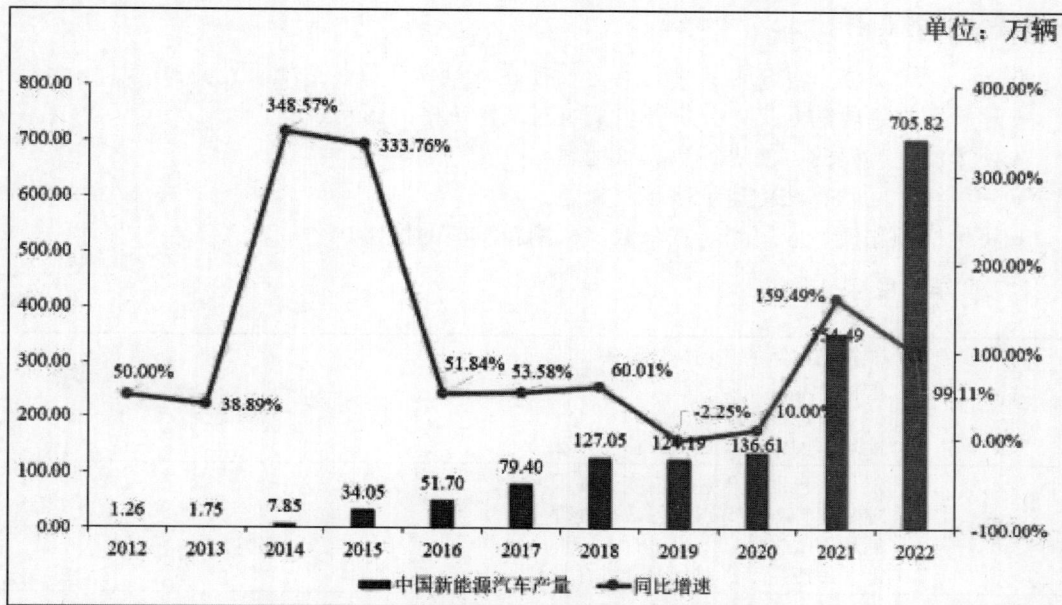

图 9-4　2012—2022 年中国新能源汽车销量走势

数据来源：中国汽车工业协会

　　随着我国经济的发展，消费者的需求也不断增长，我国市场对于汽车的需求逐年增加。汽车品牌厂家通过更好地理解消费者的需求，进行了更好的产品创新和提高产品质量，这也在一定程度上促进了我国汽车产业的增长。本章节的主要任务是汽车价格预测，通过本章的学习，不仅能锻炼学生在数据分析上的实际应用能力，更能培养学生的科技自信和民族自信，培养学生的爱国主义情怀，激发学生的学习热情和创新意识。

物流大数据分析与挖掘	项目九　价格预测 任务　汽车价格预测 任务工单页	学生： 班级： 日期：

任务　汽车价格预测

一、任务描述

　　一家中国汽车公司计划在美国设立生产部门并在当地生产汽车，进入美国市场。因此，他们希望了解汽车定价所依赖的因素。他们想了解影响美国市场汽车定价的主要因素，因为这些因素可能与中国市场有很大不同。

根据各种市场调查，该公司收集了整个美国市场上不同类型汽车的大量数据集。通过数据集中可用的变量对汽车价格进行分析和建模，可以了解价格随自变量的确切变化情况。依据分析结果来操纵汽车的设计和商业策略等，以达到期望的价格水平。

（一）任务要求

根据某汽车公司收集的数据集进行分析挖掘，具体任务包括如下方面。
- 理解数据字段的含义，分析各自变量对汽车价格的影响。
- 使用属性编码的方法进行数据预处理。
- 使用线性回归算法构建价格预测模型。
- 将价格预测模型应用到新汽车上，预测新汽车的价格。

（二）学习目标

知识目标	能熟悉常用的几种属性编码 能理解线性回归算法 能了解最小二乘法的原理 能理解回归模型效果评估的方法
技能目标	能使用自助报告进行自变量和因变量之间的相关分析 能使用预处理节点进行数据处理 能运用线性回归节点进行汽车价格预测模型的构建 能使用应用节点对新数据进行预测
素质目标	能培养学生理解数据、分析数据的能力
思政目标	增强学生的科技自信和民族自信，厚植爱国主义情怀 激发学生的学习热情和创新意识

（三）实施路径

汽车价格预测实施路径如图 9-5 所示。

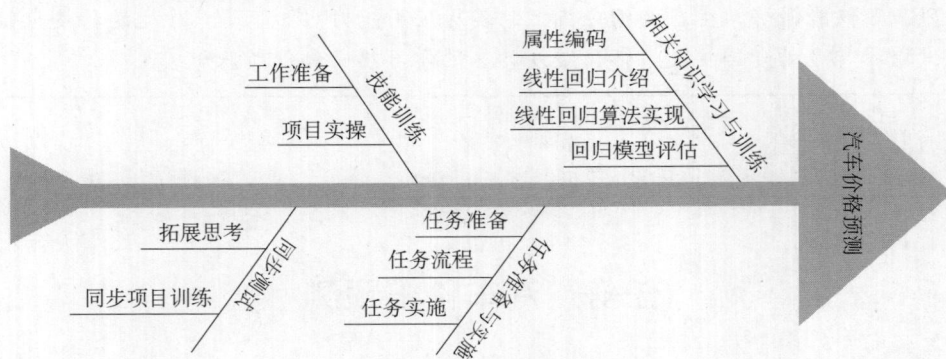

图 9-5　汽车价格预测实施路径

二、相关知识学习与训练

（一）属性编码

有些算法比如线性回归，输入的变量通常需要是数值型的，所以需要将非数值型变量转换为数值型变量，如性别、职业、收入水平、国家、汽车使用品牌等。属性编码是直接对原始离散变量自身进行变量编码，完成数值化的过程。常用的方法包括标签编码、One-Hot 编码和哑变量编码等。

1. 标签编码

离散变量分为可排序变量和不可排序变量。可排序是指变量间存在等级差异，比如，岗位等级分为普通级、专员级、经理级、总监级、首席级等，有明显的等级顺序，即变量之间的距离是不相等的；而不可排序变量是不存在等级差异的，比如性别分为男、女，本质上男与女是没有差异的，即变量之间的距离是相等的。

在离散变量中，可排序变量进行数值化转换时，如果希望保留等级大小关系，则需要用标签编码（Label 编码）来完成。如离散变量收入水平，其取值为{低收入，中等收入，高收入}。很明显，低收入<中等收入<高收入，并且不同收入间的收入差距也是不相同的，即高收入与低收入、中等收入的收入差距是不同的。

一种简单的标签编码方法是从 1 开始赋予属性的每一个取值一个整数值。对于有序类别型属性，按照属性取值从小到大进行整数编码，可以保证编码后的数据保留原有的次序关系。

例如，原属性，收入水平={低收入，中等收入，高收入}；编码后，收入水平={1，2，3}，值越大表示收入水平越高。

这样的数值顺序具有业务含义，更精细的标签编码需要结合业务确定编码后的映射结果，而不是简单地进行数值映射，比如，{低收入：1，中等收入：5，高收入：12}。

对于不可排序的离散型属性，上述标签编码方法可能会产生一些问题。例如，汽车品牌={路虎，吉利，奥迪，大众，奔驰}，经过标签编码后转换成汽车品牌={1，2，3，4，5}。在使用编码后的数据进行分析时，相当于给原本不存在次序关系的"汽车品牌"特征引入了次序关系。这可能会导致后续的建模分析产生错误的结果。例如，吉利与路虎之间的距离比奔驰与路虎之间的距离较小。为了避免上述误导性的结果，对于离散型特征（特别是不可排序的离散型特征），可以使用另外一种编码方法，即 One-Hot 编码。

2. One-Hot 编码

One-Hot 编码又称为独热编码，它将包含 M 个取值的离散型特征转换成 M 个二元特征，一位代表一种状态，有多少个状态就有多少个位，且只有该状态所在位为 1，其他位都为 0。

例如，上例"汽车品牌"特征一共包含 5 个不同的值。可以将其编码为 5 个特征 f1、f2、f3、f4 和 f5，这 5 个特征与原始特征"汽车品牌"的取值一一对应。当原始特征取不同值时，转换后的特征的取值如表 9-1 所示。

表 9-1　独热编码后的特征值

原始特征取值	f1	f2	f3	f4	f5
路虎	1	0	0	0	0
吉利	0	1	0	0	0
奥迪	0	0	1	0	0
大众	0	0	0	1	0
奔驰	0	0	0	0	1

　　通过 One-Hot 编码之后，离散变量的每一个维度都可以看成一个连续变量。编码后变量的数值范围已经在 $[0,1]$，这与变量归一化效果一致。在线性回归模型中，对离散型特征进行 One-Hot 编码的效果通常比标签编码的效果要好。One-Hot 编码对包含离散型特征的分类模型的效果有很好的提升。

　　3. 哑变量编码

　　与 One-Hot 编码类似，哑变量（dummy variable）编码也是一种无监督编码方式，同样采用二进制编码的方式来表示变量的值。不同的是，哑变量编码用较小的维度来表示变量的取值。如果离散变量的种类有 M 个，哑变量编码只用 M-1 维就可以表示 M 种可能出现的取值。

　　对于一个包含 M 个取值的离散型特征，通常需要选取 1 个分类作为参照，将其转换成 $M-1$ 个哑变量。当所有 $M-1$ 个哑变量取值都为 0 的时候，即为该变量的第 M 类属性，我们将这类属性作为参照。例如，特征"汽车品牌"一共包含 5 个不同的取值，将"奔驰"选为参照，我们可以将其编码为 4 个二元特征，转换后的特征取值如表 9-2 所示。

表 9-2　哑变量编码后的特征值

原始特征取值	f1	f2	f3	f4
路虎	1	0	0	0
吉利	0	1	0	0
奥迪	0	0	1	0
大众	0	0	0	1
奔驰	0	0	0	0

　　与 One-hot 编码相比，哑变量编码可以用更小的空间表示离散变量的值，但当离散变量较稀疏时，编码后依然存在与 One-hot 编码相同的编码矩阵过于稀疏的问题。此外，不可排序变量哑变量编码后不能保持原有变量的距离相等的性质。因此，不可排序变量在数值化的过程中，如果希望保持这种等距特性，推荐使用 One-Hot 编码方法完成离散变量数值化。

　　互动练习 1

　　1. 特征变量汽车品牌={路虎，吉利，奥迪，大众，奔驰}，是否可以采用标签编码？

为什么？

2. 特征变量车身类型={两厢车，三厢车，旅行轿车，硬顶车，敞篷车}，经过 One-Hot 编码和哑变量编码后的特征值分别是什么？

（二）线性回归介绍

线性回归是处理回归任务最常用的算法之一，是利用回归方程（函数）在一个或多个自变量和因变量之间进行函数拟合以便探寻数据背后规律的一种分析方式。线性回归常用于连续值的预测。例如，预测具有 10 年工作经验的大学毕业生的工资，预测一种新产品的销售价格等业务场景。

线性回归算法是最简单的回归形式，主要用于研究因变量（响应变量，目标变量，被预测变量）和自变量（预测变量）之间的关系，随着自变量的变化，因变量也会随之发生变化。当数据分析中只有一个自变量和一个因变量时，二者的关系会表示为一条直线，称为一元线性回归。线性函数关系表示为

$$y = \alpha + \beta x \tag{9-1}$$

其中，y 是因变量，x 是自变量，α 是回归常数，β 为回归系数，α 和 β 分别表示直线在 y 轴的截距和直线的斜率。斜率 β 表示 x 每变动一单位，平均而言，y 将变动 β 单位。当 $\beta > 0$ 时，则表示 y 随 x 的增大而增大；当 $\beta < 0$ 时，表示 y 随 x 的增大而减小。例如，通过"工龄"来预测因变量"薪水"，就属于一元线性回归。

当数据分析中有至少两个的自变量时，称为多元线性回归。自变量和因变量之间的线性函数关系可以表示为

$$y = \beta_0 + \beta_1 x_1 + \beta_2 x_2 + \cdots + \beta_p x_p + \varepsilon \tag{9-2}$$

其中，y 是因变量；$x_1, x_2, \cdots, x_p$ 为不同的自变量；β_1，β_2，$\cdots$，β_p 则为这些自变量前的回归系数；β_0 为回归常数；ε 为残差。例如，通过"工龄""行业""所在城市"等多个自变量来预测因变量"薪水"，就属于多元线性回归。

对于实际问题，获得 n 组观测数据 $(x_{i1}, \ x_{i2}, \cdots, \ x_{ip})$，其中 $i = 1, 2, \cdots, n$，则多元线性回归模型可以表示为

$$\begin{cases} y_1 = \beta_0 + \beta_1 x_{11} + \beta_2 x_{12} + \ldots + \beta_p x_{1p} + \varepsilon_1 \\ y_2 = \beta_0 + \beta_1 x_{21} + \beta_2 x_{22} + \ldots + \beta_p x_{2p} + \varepsilon_2 \\ \vdots \\ y_n = \beta_0 + \beta_1 x_{n1} + \beta_2 x_{n2} + \ldots + \beta_p x_{np} + \varepsilon_n \end{cases} \tag{9-3}$$

写成矩阵形式为 $y = X\beta + \varepsilon$，式中

$$y = \begin{bmatrix} y_1 \\ y_2 \\ \vdots \\ y_n \end{bmatrix} \quad X = \begin{bmatrix} 1 & x_{11} & x_{12} & \ldots & x_{1p} \\ 1 & x_{21} & x_{22} & \ldots & x_{2p} \\ & & \vdots & & \\ 1 & x_{n1} & x_{n2} & \ldots & x_{np} \end{bmatrix} \quad \beta = \begin{bmatrix} \beta_0 \\ \beta_1 \\ \vdots \\ \beta_p \end{bmatrix} \tag{9-4}$$

X 是 $n \times (p+1)$ 阶矩阵，是自变量的样本矩阵。

互动练习 2

1.【单选】建立一个模型，通过这个模型根据已知的变量值来预测其他某个变量值属于数据挖掘的哪一类任务？（　　　）

A. 根据内容检索　　B. 建模描述　　C. 预测建模　　D. 寻找模式和规则

2.【单选】在回归分析中，被预测或被解释的变量称为（　　　）。

A. 自变量　　B. 因变量　　C. 随机变量　　D. 非随机变量

3.【单选】下面哪个回归方程表示 y 随着 x 的增大而增大？（　　　）

A. $y = 25 - 0.75x$　　B. $y = -120 + 0.86x$　　C. $y = 200 - 2.5x$　　D. $y = -24 - 3.6x$

4.【单选】对不同年份的产品成本拟合的直线方程为 $y = 280 - 1.75x$，y 表示产品成本，x 表示不同年份，则可知（　　　）。

A. 时间每增加一个单位，产品成本平均增加 1.75 个单位

B. 时间每增加一个单位，产品成本平均下降 1.75 个单位

C. 产品成本每变动一个单位，平均需要 1.75 年时间

D. 产品成本每减少一个单位，平均需要 1.75 年时间

（三）线性回归算法实现

以一元回归 $y = a + bx$ 为例，如图 9-6 所示，其中 y_2 为实际值，$\hat{y}_2$ 为预测值。一元线性回归的目的就是拟合出一条线来使得预测值和实际值尽可能接近，如果大部分点都落在拟合出来的线上，则该线性回归模型拟合得较好。

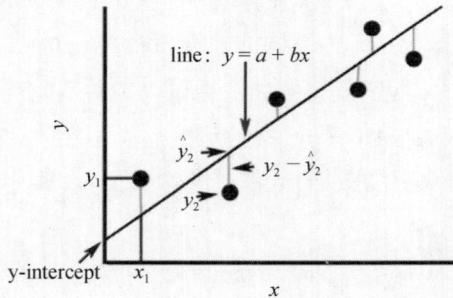

图 9-6　一元线性回归

那么该如何衡量实际值与预测值的接近程度呢？在数学上，可以通过实际值与预测值的差值的平方和 SSE（又称残差平方和）来进行衡量，公式如下。

$$SSE = \sum (y_i - \hat{y}_i)^2 \tag{9-5}$$

在机器学习领域，残差平方和又称为回归模型的损失函数。显然我们希望残差平方和越小越好，这样实际值和预测值就越接近。

如何求得回归系数和截距的参数估计值，使得残差平方和最小呢？数学上可以使用最小二乘法求解，对上述公式进行求导，然后令其导数为 0，求出系数的解。上述公式进行

求导，当导数为 0 时，残差平方和最小。

1. 最小二乘法

对于多元线性回归 $y = X\beta + \varepsilon$，最小二乘法就是寻找 $\beta_0, \beta_1, \cdots, \beta_p$，使误差平方和达到最小/极小值，需要最小化的函数表示为

$$Q\left(\hat{\beta}_0, \hat{\beta}_1, \cdots, \hat{\beta}_p\right) = \min \sum_{i=1}^{m} \left(y_i - \beta_0 - \beta_1 x_{i1} - \beta_2 x_{i2} - \cdots - \beta_p x_{ip}\right)^2 \tag{9-6}$$

$\hat{\beta}_0, \hat{\beta}_1, \cdots, \hat{\beta}_p$ 为回归参数的估计值。如使用矩阵表示，上式可以表示为

$$Q\left(\hat{\beta}_0, \hat{\beta}_1, \cdots, \hat{\beta}_p\right) = \min (y - X\beta)^{\mathrm{T}} (y - X\beta) \tag{9-7}$$

根据微分求极值原理，对方程求导并令导数等于 0，可得到微分方程组。求方程组，可得到参数 β 的解，用矩阵形式表示为

$$\hat{\beta} = \left(X^{\mathrm{T}} X\right)^{-1} X^{\mathrm{T}} y \tag{9-8}$$

特别地，一元线性回归 $y = \alpha + \beta x$ 的系数 α 和 β 的估计值可以表示为

$$\begin{cases} b = \dfrac{\sum\limits_{i=1}^{n}(x_i - \overline{x})(y_i - \overline{y})}{\sum\limits_{i=1}^{n}(x_i - \overline{x})^2} \\ a = \overline{y} - b\overline{x} \end{cases} \tag{9-9}$$

其中，$\overline{x}$ 是 $x_1, x_2, \ldots, x_n$ 的平均值，而 $\overline{y}$ 是 $y_1, y_2, \ldots, y_n$ 的平均值。

2. 回归方程的显著性检验

建立回归方程后，回归效果如何？因变量与自变量是否确实存在线性关系呢？这是需要进行回归方程显著性检验的，检验这个回归方程本身是否有效，即是否达到统计意义。如果经检验发现它不显著，那么这个方程就可以直接放弃。

什么叫回归方程有统计意义呢？我们知道，建立回归方程的目的是寻找 y 随 x 变化的规律，如果回归方程所有的系数值都为 0，那么不管 x 如何变化，y 都不随 x 的变化做线性变化，那么这时求得的线性回归方程就没有意义，称回归方程不显著，如果至少有一个回归系数不为 0，那么当 x 变化时，y 随 x 的变化做线性变化，这时求得的回归方程就有意义，称回归方程是显著的。

因变量 y 的均值可以表示为

$$\overline{y} = \frac{1}{n} \sum_{i=1}^{n} y_i \tag{9-10}$$

所有观测值 y_i 与 n 次观测值的平均值 $\overline{y}$ 的差称为离差，而全部 n 次观测值的离差平方和称为总的离差平方和，公式可以表示为。

$$\mathrm{SSTO} = \sum_{i=1}^{n} \left(y_i - \overline{y}\right)^2 \tag{9-11}$$

该式子可以分解为

$$\text{SSTO} = \sum_{i=1}^{n}\left(y_i - \overline{y}\right)^2$$

$$= \sum_{i=1}^{n}\left[\left(y_i - \hat{y}_i\right) + \left(\hat{y}_i - \overline{y}\right)\right]^2$$

$$= \sum_{i=1}^{n}\left(y_i - \hat{y}_i\right)^2 + \sum_{i=1}^{n}\left(\hat{y}_i - \overline{y}\right)^2$$

其中 $\text{SSR} = \sum_{i=1}^{n}\left(\hat{y}_i - \overline{y}\right)^2$ 称为回归平方和，是回归预测值 $\hat{y}_i$ 与均值 $\overline{y}$ 之差的平方和，它反映了自变量 x_1，x_2，…，x_p 的变化所引起的波动，其自由度为 p。$\text{SSE} = \sum_{i=1}^{n}\left(y_i - \hat{y}_i\right)^2$ 称为残差平方和，是实测值与预测值之差的平方和，它是由试验误差及其他因素引起的，其自由度 $= n - p - 1$。

如果观测值给定，则总的离差平方和 SSTO 是确定的，即 SSR 与 SSE 的和是确定的，因此若 SSR 大则 SSE 小，反之，若 SSR 小则 SSE 大，所以 SSR 和 SSE 可用来衡量回归效果，且 SSR 越大则线性回归效果越显著，当 SSE=0 时，回归超平面过所有观测点。反之，SSE 越大，则线性回归的效果越不显著。

要检验 y 与 x_1, x_2, …, x_p 是否存在线性关系，就是要检验假设：

$$H_0: \beta_1 = \beta_2 = \cdots = \beta_p = 0 \tag{9-12}$$

当假设 H_0 成立时，y 与 x_1, x_2, …, x_p 无线性关系，否则就认为线性关系显著，此时方程是有效的。检验假设 H_0 应用统计量：

$$F = \frac{\text{SSR}/p}{\text{SSE}/(n-p-1)} \tag{9-13}$$

这是两个方差之比，它服从自由度为 p 及 $n - p - 1$ 的 F 分布，用此统计量 F 可检验回归的总体效果。对于给定的置信度 a，如果根据统计量计算的 F 值有 $F > F_a\left(p, n-p-1\right)$，则拒绝假设 H_0，即不能认为全部 β_i 为 0，回归效果是显著的，反之，则认为回归效果不显著。利用 F 检验对回归方程进行显著性检验的方法称为方差分析，如果将上面对回归效果的讨论归纳于一个方差分析表中，如表 9-3 所示。

表 9-3　方差分析表

来源	平方和	自由度	方差	F 值
回归	$\text{SSR} = \sum_{i=1}^{n}\left(\hat{y}_i - \overline{y}\right)^2$	p	MSR=SSR/p	
残差	$\text{SSE} = \sum_{i=1}^{n}\left(y_i - \hat{y}_i\right)^2$	$n - p - 1$	MSE=SSE/$(n-p-1)$	$F = \dfrac{\text{SSR}/p}{\text{SSE}/(n-p-1)}$
总计	$\text{SSTO} = \sum_{i=1}^{n}\left(y_i - \overline{y}\right)^2$	$n - 1$		

3. 回归系数的显著性检验

前面讨论了回归方程中全部自变量的总体回归效果，但总体回归效果显著并不说明每个自变量对于因变量 y 都是重要的，即可能存在自变量 x_i 对 y 并不起作用，那这样的自变量我们希望从回归方程中剔除，这样可以建立更简单的回归方程。显然，某个自变量如果对 y 的作用不显著，则它的系数 β_i 就应该取值为 0。因此检验每个自变量 x_i 是否显著，就要检验假设：

$$H_0: \ \beta_i = 0, i = 1, 2, \cdots, p \tag{9-14}$$

要检验 β_i，我们首先需要知道 β_i 的估计值 $\hat{\beta}_i$ 的标准差。在 H_0 假设下，可应用 t 检验：

$$t_i = \frac{\hat{\beta}_i}{\mathrm{SE}\left(\hat{\beta}_i\right)} \tag{9-15}$$

它服从自由度为 $n-p$ 的 t 分布，用此统计量 t 可检验回归系数的显著性。对于给定的置信度 a，如果根据统计量计算的 t 值有 $t > t_a(n-p)$，则拒绝假设 H_0，即认为 β_i 与 0 有显著差异，这说明 x_i 对 y 有重要作用，不应剔除，反之，则接受 H_0，即认为 $\beta_i = 0$ 成立，这说明 x_i 对 y 不起作用，可以考虑剔除。

4. 拟合优度

拟合优度（goodness of fit）是指回归直线对各观测值的接近程度。为检验构建的回归模型的拟合效果，我们引入无量纲指标，它是回归平方和 SSR 和总的离差平方和 SSTO 的比值，称为决定系数（R-square），用来检验回归模型的拟合优度，其公式表示为

$$R^2 = \frac{\mathrm{SSR}}{\mathrm{SSTO}} = \frac{\sum_{i=1}^{n}(\hat{y}_i - \overline{y})^2}{\sum_{i=1}^{n}(y_i - \overline{y})^2} \tag{9-16}$$

该指标反映了回归方程中全部自变量的方差贡献，即在总回归平方和中所占的比例。该值越接近 1，表明方程的变量对 y 的解释能力越强，这个模型对数据拟合得也越好；该值越接近 0，表明模型拟合得越差。当 $R^2 > 0.4$ 时，认为拟合效果好。

互动练习 3

1. 对两个变量的散点图拟合最好的回归线，必须满足一个基本的条件是（　　　）。

A. $\sum(y_i - \hat{y}_i)^2$　最小　　　　　B. $\sum(y_i - \hat{y}_i)^2$　最大

C. $\sum(y_i - \overline{y})^2$　最小　　　　　D. $\sum(y_i - \overline{y})^2$　最大

2. 说明回归方程拟合优度的统计量是（　　　）。

A. 相关系数　　　B. 回归系数　　　C. 决定系数　　　D. 估计标准误差

3. 决定系数 R^2 值越大，则有关回归方程说法正确的是（　　　）。

A. 拟合程度越低　　　　　　　　B. 拟合程度越高

C. 拟合程度有可能高，也有可能低　D. 用回归方程进行预测越不准确

4. 已知回归平方和 SSR=4854，残差平方和 SSE=146，则判定系数 R^2 为（　　　）。

A. 97.08%　　　B. 2.92%　　　C. 3.01%　　　D. 33.25%

5. X =(72 50 81 74 94 84 63 77 78 90 86 59 83 65 33 88 81)和 Y =(84 63 77 78 90 75 49 79 77 52 74 90)分别为学生的期中和期末考试成绩。

（1）对数据作图。X 和 Y 看上去具有线性联系吗？

（2）使用最小平方法，求由学生的期中成绩预测学生的期末成绩的方程式。

（3）预测期中成绩为 86 分的学生的期末成绩。

（四）回归模型评估

对于监督学习训练得到的模型，到底如何说明一个模型预测的好坏呢？不同模型预测的结果如何比较？一般可以使用评估指标来进行模型评价和比较。

假设目标变量的真实值为 y_i，预测值为 f_i，下面几个指标常用来评估回归模型的优劣。

1. MSE（mean square error，均方误差）

计算每一个样本的预测值与真实值的差的平方，然后求和并再取平均值。该指标计算的是拟合数据和原始数据对应样本点误差的平方和的均值，其值越小说明拟合效果越好。其计算公式为

$$\text{MSE} = \frac{1}{n} \sum_{i=1}^{n} (y_i - f_i)^2 \tag{9-17}$$

在同样的数据集情况下，MSE 越小，误差越小，模型效果越好。

2. RMSE（root mean square error，均方根误差）

在 MSE 的基础上开平方根，其值越小说明拟合效果越好。其计算公式为

$$\text{RMSE} = \sqrt{\frac{1}{n} \sum_{i=1}^{n} (y_i - f_i)^2} \tag{9-18}$$

3. MAE（mean absolute error，平均绝对误差）

计算每一个样本的预测值和真实值的差的绝对值，然后求和并再取平均值。用于评估预测结果和真实数据集的接近程度，其值越小说明拟合效果越好。其计算公式为

$$\text{MAE} = \frac{1}{n} \sum_{i=1}^{n} |y_i - f_i| \tag{9-19}$$

4. MAPE（mean absolute percentage error，平均绝对百分比误差）

范围为 $[0, +\infty)$，MAPE 为 0 则表示完美模型，MAPE 大于 100 % 则表示劣质模型。可以看到，MAPE 就是比 MAE 多了个分母。注意：当真实值有数据等于 0 时，存在分母 0 除问题，该公式不可用。其计算公式为

$$\text{MAPE} = \frac{1}{n} \sum_{i=1}^{n} |\frac{y_i - f_i}{y_i}| \times 100\% \tag{9-20}$$

MAPE 是一个相对值，它的好处在于提供了一个便于比较的基准值，即 0 值，当预测值和真实值完全相同时，MAPE 的值最小为 0，因此 MAPE 的结果越接近 0 越好。然而，MAPE 有一个比较明显的缺点，即当真实值很小的时候，很小的误差可能导致 MAPE 的计算结果很大。

互动练习 4

目标变量的真实值=[100, 98, 92, 95, 94]，预测值=[95, 92, 90, 89, 93]，分别计算 MSE、RMSE、MAE 和 MAPE 的值。

三、任务准备与实施

（一）任务准备

本任务的数据集共包含 26 个变量，205 个样本点。数据集中变量的详细描述如表 9-4 所示，表格中的"汽车价格"列为目标变量，剩下的字段为特征变量，变量涵盖了汽车的各个指标，比如车长、车宽、车重、引擎位置和马力等。

表 9-4 汽车价格数据集字段说明

变量名	变量说明	取值范围
car_ID	离散型变量，汽车编码	
保险风险等级	连续型变量，值为+3 表示汽车有风险，−3 表示它可能相当安全	−3～3
车名	离散型变量，汽车名称含有汽车品牌	
燃油类型	离散型变量，共有 2 个类别	diesel-柴油，gas-汽油
吸气方式	离散型变量，共有 2 个类别	std-标准增压，turbo-涡轮增压
车门数量	离散型变量，共有 2 个类别	two-两门，four-四门
车身类型	离散型变量，共有 5 个类别	hatchback-两厢车，wagon-旅行轿车，sedan-三厢车，hardtop-硬顶车，convertible-敞篷车
驱动轮类型	离散型变量，共有 3 个类别	4wd-四轮驱动，fwd-前轮驱动，rwd-后轮驱动
引擎位置	离散型变量，共有 2 个类别	front-前置发动机，rear-后置发动机
轴距	连续型变量，汽车前轴中心到后轴中心的距离	86～121
车长	连续型变量，车厢的长度	141～209
车宽	连续型变量，车厢的宽度	60～73
车高	连续型变量，车厢的高度	47～60
车重	连续型变量，没有乘客或行李时汽车的重量	1488～4066
引擎类型	离散型变量，共有 7 个类别	dohc, dohcv, l, ohc, ohcf, ohcv, rotor
气缸数量	离散型变量，共有 7 个类别	two, three, four, five, six, eight, twelve
引擎大小	连续型变量，引擎大小	61～326
燃油系统	离散型变量，共有 8 个类别	1bbl, 2bbl, 4bbl, idi, mfi, mpfi, spdi, spfi
缸径	连续型变量，汽缸本体上用来让活塞做运动的圆筒空间的直径	2.54～3.94
冲程	连续型变量，活塞在汽缸本体内运动时的起点与终点的距离	2.07～4.17

变量名	变量说明	取值范围
压缩比	连续型变量，活塞由下止点运动到上止点时，气缸气体被压缩的程度	7～23
马力	连续型变量，发动机的瞬间爆发力	48～288
峰值转速	连续型变量，车辆峰值转速	4150～6600
城市英里每加仑	连续型变量，每 100 千米城市油耗	13～49
高速英里每加仑	连续型变量，每 100 千米高速油耗	16～54
汽车价格	连续型变量，汽车销售价格	5118～45400

（二）任务流程

本任务分析流程的构建由相关性探索、数据预处理、数据分割、模型构建、模型评估和模型应用 6 部分组成，如图 9-7 所示。

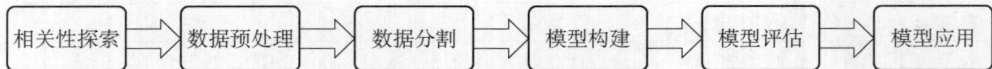

图 9-7　汽车价格预测的分析流程

（1）相关性探索：使用自助报告，探索各自变量与汽车价格的关系。

（2）数据预处理：将数据进行简单处理，派生出新的变量，将离散型变量转换为数值型变量等。

（3）数据分割：将数据分割成训练集和测试集两部分。

（4）模型构建：基于训练集，使用"线性回归"节点构建汽车价格预测模型。

（5）模型评估：基于测试集评估回归模型的效果。

（6）模型应用：将汽车价格预测应用于新数据集，预测新汽车的价格，作为汽车价格定价的参考。

（三）任务实施

步骤 1：相关性探索

变量相关性分析主要用来分析哪些变量与汽车定价关系密切。根据各变量的数据类型可以分为如下两类。

● 离散型变量与汽车价格的关系：可以使用直方图或者箱形图（也称盒须图）直观展示。

● 连续型变量与汽车价格的关系：可以使用散点图进行直观展示。

1. 离散型变量

要分析离散型变量与汽车价格的关系，简单直观的一种方式可以采用箱形图展示汽车价格与离散型变量之间的关系，在自助报告中，选择"汽车价格数据集"，将"更多"列表框中的"盒须图"拖入画图区，设置图形参数，如图 9-8 所示。绘制所有离散型变量与汽车价格的箱形图，如图 9-9 所示。

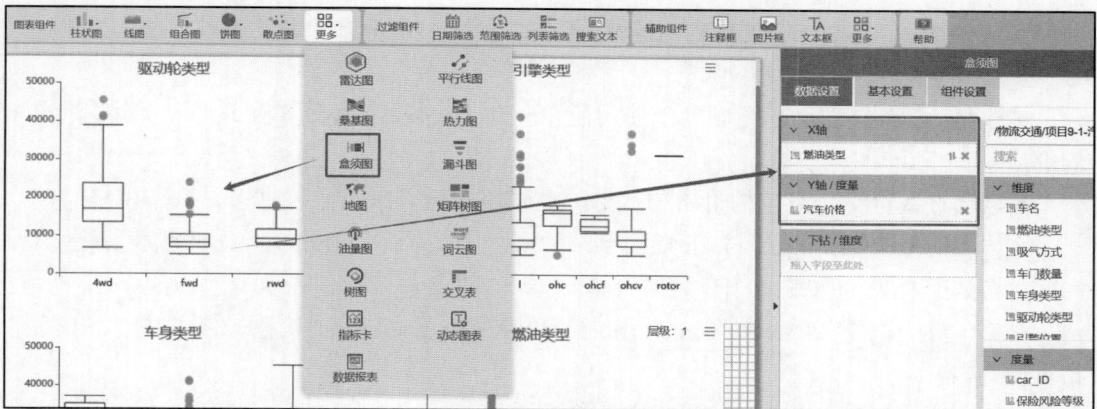

图 9-8　箱形图参数设置

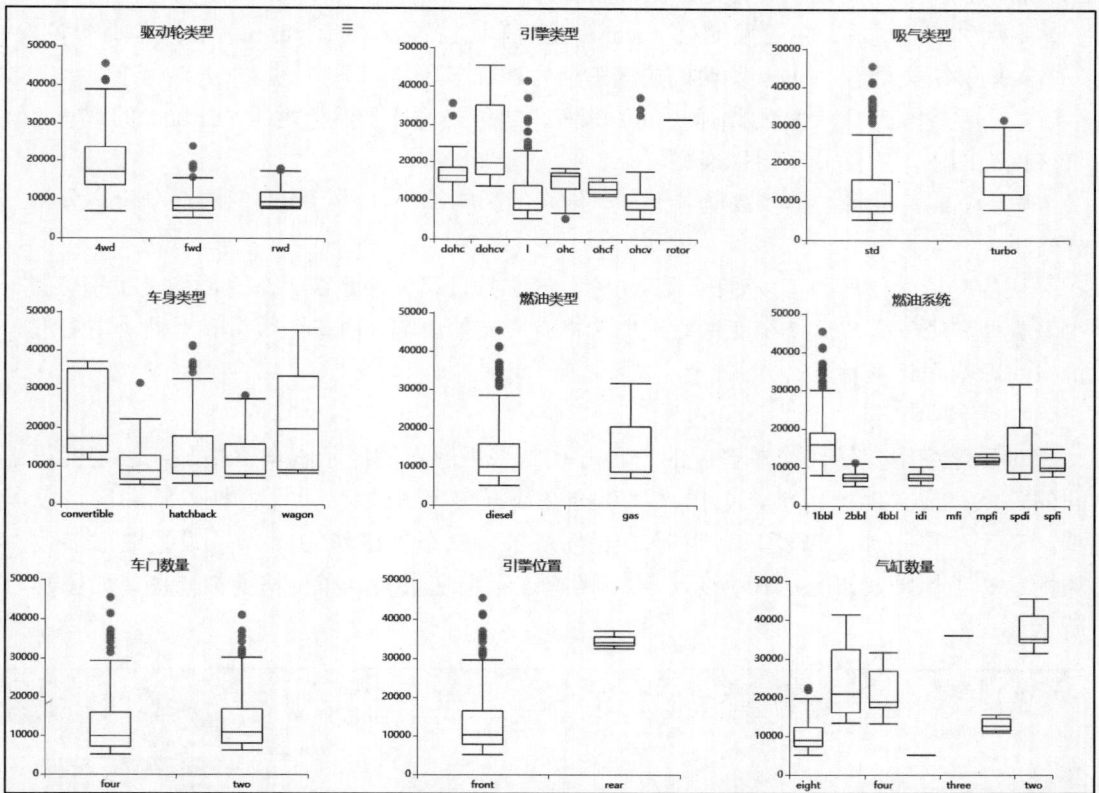

图 9-9　离散型变量与汽车价格的箱形图

　　箱形图可以展示多组数据分布特征，通过比较各组数据的中位数位置来查看变量与汽车价格关系的密切程度。若离散型变量不同属性值对应的汽车价格的箱形位置差不多，即各组中的汽车价格分布非常相似，则表示该离散型变量对价格的影响不大。若离散型变量不同属性值对应的汽车价格的箱形位置差异很大，即各组中的汽车价格分布有很大差别，则表示该离散型变量对汽车价格有较强的影响，与汽车定价有密切关系。

从图 9-9 中可以看到如下结论。

● 从驱动轮看，高级车更倾向于使用后轮驱动（rwd），前驱汽车平均价格<四驱汽车平均价格<后驱汽车平均价格。

● 从气缸数量看，汽车的价格与气缸的数量成正比，气缸数量越多，汽车价格越高。

● 从燃油系统看，mpfi 与 idi 燃油系统的汽车为高价车，1bbl 和 2bbl 燃油系统的汽车为低价车，其他燃油系统的汽车为中价车。

● 从车身类型看，敞篷车（convertible）和硬顶车（hardtop）价格较高，其他车身类型相对便宜。

● 从燃油类型看，以柴油（diesel）为燃料的汽车平均价格略高于以汽油（gas）为燃料的汽车，但价格偏高的汽车都是以汽油为燃料。

● 从引擎位置看，后置发动机（rear）的汽车比前置发动机（front）的汽车贵得多。

● 从引擎类型看，ohcv 发动机的汽车全为高价车。

● 从吸气方式看，标准增压（std）的汽车定价普遍低于涡轮增压（turbo）的汽车，但价格偏高的汽车大部分采用标准增压。

● 从车门数量看，车门数量对于汽车价格的影响较小，两门和四门的汽车价格分布差异较小。

从各变量的箱形图可以看出，驱动轮、气缸数量、燃油系统、车身类型、引擎位置、引擎类型和吸气方式这 7 个变量对汽车价格有一定的影响，而车门数量和燃油类型对汽车价格的影响则相当有限。

2. 连续型变量

对于连续型变量，简单直观的一种方式是采用散点图展示汽车价格与连续型变量之间的关系。在自助报告中，选择"汽车价格数据集"，将"散点图"拖入画图区，以车重、高速英里每加仑以及车高为例，作为 X 轴，汽车价格作为 Y 轴，设置图形参数，如标题和坐标轴，如图 9-10 所示。绘制所有连续型变量与汽车价格的散点图，如图 9-11 所示。

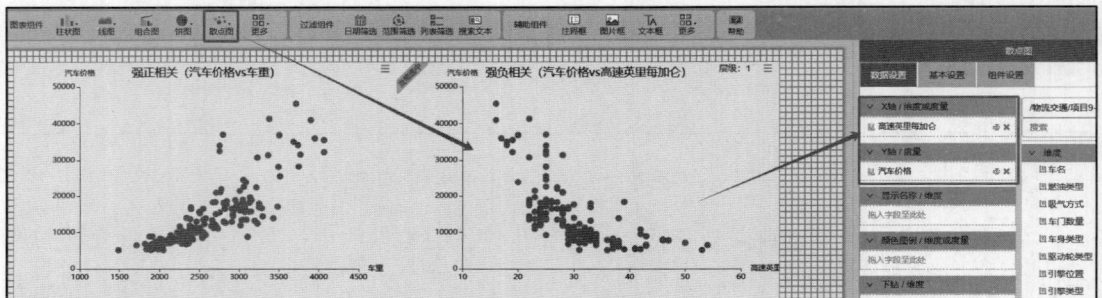

图 9-10　散点图参考设置

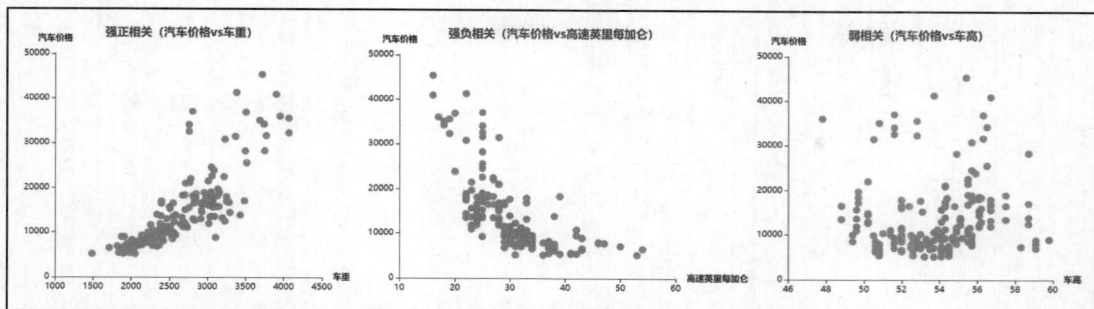

图 9-11　汽车价格与连续型变量的散点图分布

若连续型变量与汽车价格基本在一条直线附近，则表示该变量与汽车价格呈现很强的线性相关，该变量与汽车价格有密切关系。若连续型变量与汽车价格的散点未呈现明显的线性趋势，则表示该变量与汽车价格的相关性比较弱，该变量对汽车价格的影响比较弱。

从图 9-10 可以看出，汽车价格与车重呈现一条直线，随着车重的增加，汽车价格也增加，汽车价格与车重是正相关关系；另外，汽车价格随着高速英里每加仑（油耗）的增加而减少，也就是汽车油耗越高，价格越便宜，这是一种负相关关系；而汽车价格与车高并未呈现出明显的趋势，二者的相关性比较弱。其他连续型变量与汽车价格的关系也可以这样分析。

然后分析轴距、车长、车宽、引擎大小、缸径、冲程、压缩比、马力、峰值转速和城市英里每加仑这 10 个连续型变量与汽车价格关系密切。

步骤 2：数据预处理

经过步骤 1 的分析，了解了各汽车指标变量与汽车价格的关系，筛选出了与汽车价格关系密切的自变量。接下来，可以使用线性回归将各汽车指标变量与汽车价格之间的关系定量表示出来，并在测试集上使用评估指标来评估预测性能。

在大数据应用平台的工作流功能模块中，先使用"列派生"和"数据编码"组件对筛选后的数据进行数据预处理，接着使用"数据分割"节点将数据分割为训练集和测试集，然后使用"线性回归"组件在训练集上构建回归模型，最后，使用"回归评估"节点在测试集上评估算法的性能，汽车价格预测模型构建和评估的分析流程如图 9-12 所示。

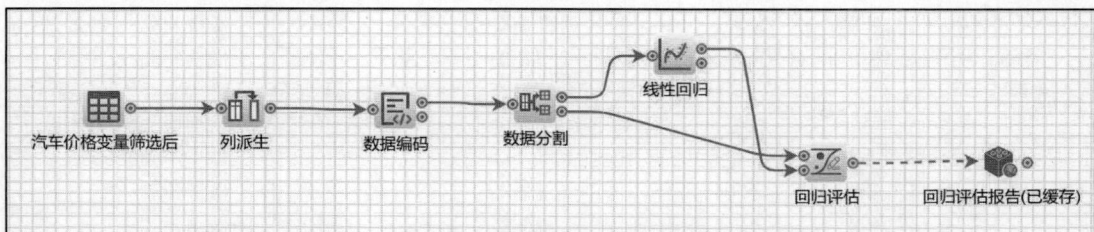

图 9-12　汽车价格预测模型构建与评估分析工作流

1. 派生新列

使用"列派生"节点将相关性较大的两个变量合为一个变量来表示，新变量的表达式为：车辆大小=车长×车宽，平均英里每加仑=（城市英里每加仑+高速英里每加仑）/2，如图 9-13 所示，然后使用"车辆大小"和"平均英里每加仑"代替原始变量。

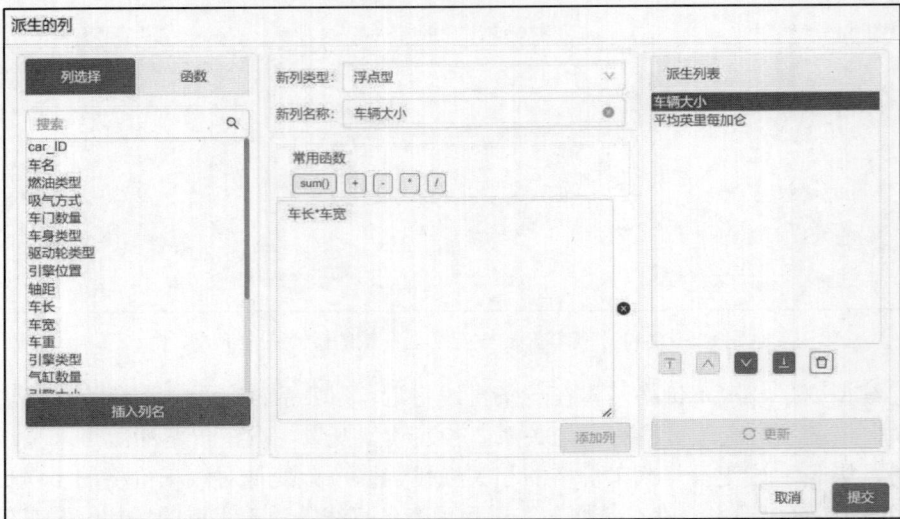

图 9-13　"列派生"节点的参数表达式设置界面

2. 属性编码

将"数据编码"节点与数据表相连接，该节点实现了用 One-Hot 编码和哑变量编码两种方法将离散型变量数值化。本任务使用哑变量方法进行属性编码，该节点的参数设置如下。

● 需要编码的列：选择需要编码的列。这里选择吸气方式、车身类型、驱动轮、引擎位置、引擎类型、气缸数量和燃油系统 7 个变量。

● 使用引用类别：是否需要选取 1 个类别作为参照，"是"表示哑变量编码，"否"表示 One-Hot 编码。这里使用哑变量进行编码。

"数据编码"节点有两个输出端口：一个为表格，存放编码后的数据集，用于后续的模型构建；另一个为模型，存放编码的规则，用于对新数据集中离散型变量进行编码。执行模型输出端口，将模型保存在用户空间，以便在模型应用阶段使用。

步骤 3：数据分割

在进行模型构建和评估前，通过"数据分割"节点，将数据集划分为训练集和测试集。本案例的 205 组数据并不算多，因此设定"测试集百分比"为 20，即按 8∶2 的比例来划分训练集和测试集，抽样方法选择"线性"，如图 9-14 所示。数据分割后，训练集共 164 条数据，用于进行模型训练；测试集共 41 条数据，用于检验模型性能的优劣。

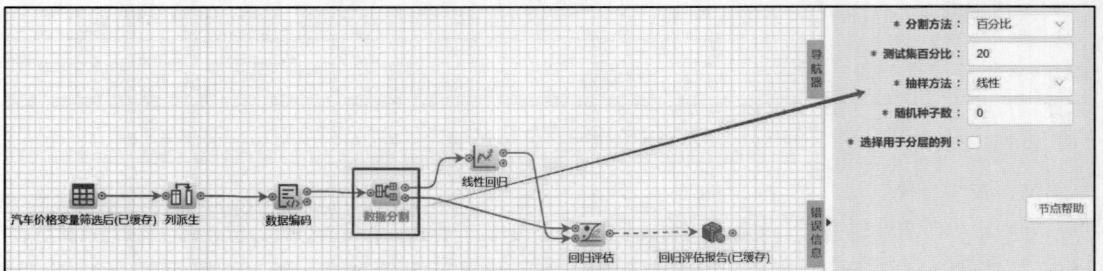

图 9-14　"数据分割"节点的参数设置

步骤 4：模型构建

在训练集上，采用"线性回归"算法建立模型。连接"数据分割"节点的训练集输出端口和"线性回归"节点，并对"线性回归"节点进行参数设置，其中自变量选择除"汽车价格"列之外的所有列，因变量选择"汽车价格"，参数"类型"选择"多元线性回归"，如图 9-15 所示。 构建缓存，右击"文本查看器"，就可以查看线性回归的模型报告，包括模型概要、方差分析和系数估计。

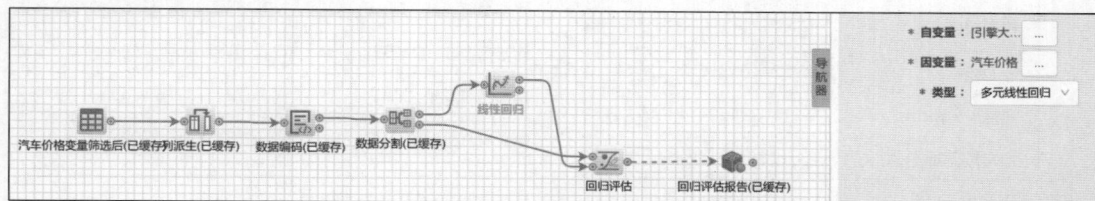

图 9-15 "线性回归"节点的参数设置

步骤 5：模型评估

模型评估可以从模型的有效性和预测能力（泛化能力）两个方面来评估。

1. 模型有效性检验

模型的有效性从线性回归的模型报告来判断。

1）方程显著性检验

在参数估计求得回归方程的各系数值后，还需要进行方程显著性检验，检验这个回归方程的有效性，即检验回归方程所有的系数值是否为 0。一般情况下，我们可以使用方差分析来进行统计检验。如图 9-16 所示，模型的 P 值小于 0.05，说明回归系数不全等于 0，线性回归模型是有效的，可以用来进行预测客户价值汽车价格。

来源	自由度	平方和	均方差	F值	P值
回归	33	10,676,506,606.999731	323,530,503.2424161	54.1981798268	0
残差	130	776,021,732.7571443	5,969,397.944285725		
合计	163	11,452,528,339.75669			

图 9-16 汽车价格回归模型的方差分析

2）拟合优度

在线性回归分析中，一般用 R-square 和调整 R-square 来度量模型的拟合程度，其取值范围为 0~1，值越接近 1，说明模型的拟合程度越高。本任务的 R-square 和调整 R-square 分别为 0.93 和 0.91，如图 9-17 所示，说明模型的线性拟合程度较高。

2. 模型预测性能评估

R-square 和方差检验是检验在训练集上构建的回归模型的拟合优度和有效性，对于回归模型的预测性能的评估，则需要在测试集上进行。使用"回归评估"节点，连接"数据分割"节点的测试集输出端口和"回归评估"节点的表格输入端口，同时连接"线性回归"节点的模型输出端口和"回归评估"节点的模型输入端口，右击"回归评估"节点，构建缓存，通过"文本查看器"可以查看评估结果，评估结果包括 MAE、RMSE、RAE、RRSE 等评估指标，如图 9-18 所示。

模型概要

类型	多元线性回归
幂	1
样本数目	164
R-Square	0.9322401386
调整R-Square	0.9150395584
均方根误差（RMSE）	2,443.2351389675

图 9-17　线性回归模型概要

回归评估报告

评价试验次数 1

平均绝对误差（MAE）	131.13823356709563 +- 0.0
均方根误差（RMSE）	177.36735525262344 +- 0.0
相对绝对误差（RAE）	56.367272312995865 +- 0.0
相对平方根误差（RRSE）	66.45531365524909 +- 0.0

图 9-18　线性回归评估结果

步骤 6：模型应用

使用"应用"节点基于训练好的回归模型对新汽车的价格进行预测，用于指导新汽车的定价。由于在模型构建阶段使用了属性编码，因此，在预测阶段也需要对新数据集进行属性编码。将模型构建阶段保存的"数据编码模型"和"新数据"节点分别与"转换应用"节点相连接，执行"转换应用"节点可以得到新数据的编码结果，之后该数据可以与"应用"节点相连接，预测的分析工作流如图 9-19 所示。

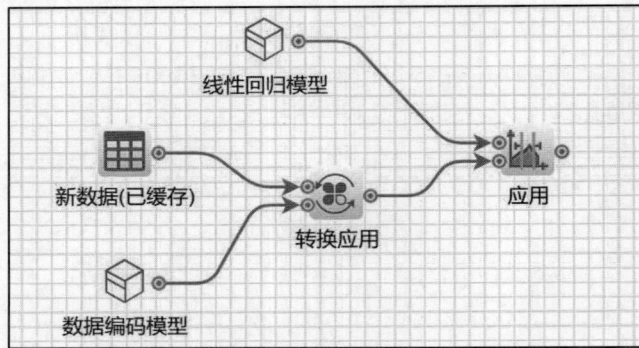

图 9-19　线性回归模型应用于新数据集

执行"应用"节点，该节点会在原始数据的基础上增加新的一列，该列为目标变量的预测值，如图 9-20 所示。

本任务先分析了汽车各指标变量与汽车价格的密切关系，了解了汽车价格随自变量的确切变化情况，同时筛选出对汽车价格影响比较大的特征变量。基于筛选出的特征变量，采用回归算法构建汽车价格与指标变量之间的定量关系，依据构建好的回归模型，指导汽车设计，以达到期望的价格水平。

汽车价格的预测方式能够应用在很多其他的商业场景中，比如预测商品销售量、门店的客流量等。只要所要预测的变量是连续型的，就可以运用相同的分析思路进行分析。

表格浏览器:应用

车名	统_spdi	马力	城市英里每加仑	高速英里每加仑	汽车价格	车辆体积	平均英里每加仑	Predicted_Class
audi 4000		140	17	20	23875	13758.78	18.5	22205.411698751082
bmw x1		121	21	28	20970	11456.64	24.5	22040.85926965431
dodge coronet custom		102	24	30	8558	10035.74	27	9338.71364731391
dodge dart custom		88	24	30	8921	11279.16	27	9595.246580411356
dodge coronet custom (sw)		145	19	24	12964	11483.16	21.5	13584.855237451993
honda civic 1300		86	27	33	9095	10921	30	9774.646899521762
isuzu D-Max		70	38	43	8916.5	9915.24	40.5	6285.091014235644
isuzu D-Max		90	24	29	11048	11253.52	26.5	10014.425500436217
jaguar xj		176	15	19	32250	13892.16	17	31014.603900685874
jaguar xf		176	15	19	35550	13892.16	17	31014.603900685874
mazda rx-4		68	31	38	6695	10708.56	34.5	6917.744840833676
mazda glc 4		135	16	23	15645	11103.3	19.5	17209.018129034972
mazda rx-4		84	26	32	10245	11823.7	29	11045.744980605963

每页 1000条 ∨　共41条数据　K < 当前第1页 共1页 > ﹥｜到 1 跳转

关闭

图 9-20　线性回归模型预测结果

四、技能训练

（一）工作准备

- 阅读项目目标任务和要求。
- 理解相关技术的使用方法。
- 登录大数据应用平台。

（二）项目实操

- 实操引导 1：打开"大数据应用平台",输入用户账号和密码,在自助报告中新建报告,选择"汽车价格数据集",如何用"盒须图"和"散点图"探索各离散型变量和连续型变量与汽车价格的相关关系?相关性分析的结论如下：

- 实操引导 2：如何用"列派生"节点定义两个新的变量"车辆大小"和"平均英里每加仑"?新变量的表达式和含义分别如下：

如何用"数据编码"节点将离散型变量转换为连续型变量?编码后的数据集特点如下：

- 实操引导 3：如何用"数据分割"节点进行数据分割?训练集和测试集的作用分别如下：

● 实操引导 4：如何用"线性回归"和"回归评估"节点进行汽车价格预测模型的构建和评估？价格预测模型的有效性检验如下：

_____

价格预测模型的预测性能评估的结果如下：

_____

● 实操引导 5：如何用"应用"节点将构建好的汽车价格预测模型应用于新数据集？各新汽车价格的预测值如下：

_____

_____

五、同步测验

（一）拓展思考

简述回归模型性能评估的方法。

（二）同步项目训练

客户价值预测是指预测客户在未来一段时间内能带来多少利润，其利润可能来自信用卡的年费、取现手续费、分期手续费、境外交易手续费、信用卡贷款等。分析出客户价值后，在进行营销、电话接听、催收、产品咨询等各项业务时，可以展开有差异化的业务服务。现有样本数据 128 组，数据集中变量的详细描述如表 9-5 所示，表格中的"客户价值"列为目标变量（因变量），剩下的字段为特征变量（自变量）。

表 9-5　客户价值数据表

变量名称	变量说明
客户价值	在 1 年里能给银行带来的收益
历史贷款金额	在 1 年里的贷款金额
贷款次数	在 1 年里的贷款次数
月收入	客户的薪资
学历	客户的学历水平，2 代表高中学历及以下，3 代表本科学历，4 代表硕士学历及以上
性别	0 代表女，1 代表男

请根据这些历史数据完成以下项目研究。
（1）相关性探索：使用自助报告，探索各自变量与客户价值的关系。
（2）数据分割：将数据分割成两部分：训练集和测试集。
（3）模型构建：基于训练集，使用"线性回归"节点构建客户价值预测模型。
（4）模型评估：基于测试集评估回归模型的效果。
（5）模型应用：基于回归模型和新数据集，使用"应用"节点，预测还未评估的客户价值。

项目十　购物篮分析

超市是百姓日常消费中最常接触的零售业态之一。自20世纪90年代起，凭借品类全、价格低、一站式购齐等优势，超市企业迅速发展，颇受消费者欢迎。逛超市成为人们日常生活的重要组成部分，既能购物选品，又能放松休闲。目前，我国超市业态形成了"大型超市+超市+社区超市"的格局。

近年来，随着城乡居民消费升级步伐加快，人们对品质化商品和服务的需求更大，超市产业链上下游新业态、新技术、新模式竞相涌现，持续为百姓品质生活添彩。

仓储式会员超市走俏。与普通商超相比，仓储式超市在扩大购物空间、降低价格、推出自营商品、提升服务质量等方面发力，并采用会员制模式，进一步增强消费者黏性。

新型零售超市兴起。依托大数据、信息化、移动互联等数字化技术及高效的物流体系，打造线上线下一体化的新零售业态，将科技融入餐饮、物流、零售领域。即时配送到家、线上支付、随时购……互联网带来了一系列服务创新，助力一刻钟便民生活圈建设。

精品进口商品超市流行。从欧洲名酒到南亚椰汁，从南美车厘子到北美龙虾……覆盖众多品类的优质、高档进口商品琳琅满目，让人们在家门口就能"购全球"，尽享"开放大门越开越大"的发展成果。

新需求催生新业态，新模式带来新发展。随着越来越多的消费者愿意为高质量商品与购物体验买单，可以预见，未来超市的业态将会更加丰富。无论业态如何嬗变，超市都要始终把商品和服务做好，打造品质好物和韧性灵活的供应链，以优质服务赢得回头客。相信以超市为代表的实体店，通过充分发挥其消费群体基础与线下购物体验的固有优势，接续探索多元化的创新业态，加速线上线下融合，定能实现更大发展，更好地满足人民对美好生活的要求。

本章节的任务是购物篮分析，利用关联规则分析出超市商品与商品之间的联系。综观近代及以前的科学，自古希腊亚里士多德、阿基米德，到文艺复兴时期的达·芬奇、布鲁诺，再到牛顿等历史中发出璀璨光芒的名人们，无论在科学还是哲学上，都取得了举世瞩目的成就。这从一定程度上反映了科学与哲学间存在联系。实际上，哲学建立在各门具体科学的基础之上。从另一个角度上说，科学的发展促进着社会的进步。例如，中世纪末期的日心说教人用新的眼光去看世界，同时影响了人们的思想与信仰。唯物辩证法强调了联系和发展的普遍性，对于事物联系的普遍性，其具有3层含义：其一，事物具有内部的结构性；其二，任何事物不能孤立存在，都同其他事物处于一定的相互联系之中；其三，世界本身便是一个相互联系的整体。既然事物具有联系性，那么事物之间必然存在着某种关系或者规律，能够使其在某种观点上达到统一。正因为这样的观点，很多科学家都在力图寻找自然背后的规律。事实证明，寻找规律的确是人类认识世界的一个很重要的途径，通过一些规律，科学家们找到了其背后的科学道理，并受其指导，对该规律所涉及的内容有了更多的认识，从而有效地促进了科技的飞速发展。

基于唯物辩证观及认识论，我们可以总结出认识事物的一些原则：我们需要根据事实的证据去认识世界，避免主观的臆断；注意事物之间的内在和外在联系，避免孤立地看待问题；用动态的眼光看待事物，注意事物个体的发展变化；在事物的现象与本质中，优先抓住事物的本质。这也是科学发展过程中任何新发现所必须符合的规律。

马克思主义唯物辩证观及认识论为我们提供了认识世界的方法论，这个方法论不止适用于科学，也适用于社会，甚至是整个世界。

本章节教学内容是让学生利用关联规则分析出超市商品之间的联系，着重培养学生通过唯物辩证观及认识论去认识世界，避免主观臆断；注重事物之间的联系，用动态的眼光看待事物；注重事物个体发展变化，透过现象看本质，发现科学规律，利用马克思主义哲学对科学发展作出指导与贡献。

物流大数据分析与挖掘	项目十　购物篮分析 任务　购物篮分析 任务工单页	学生： 班级： 日期：

任务　购物篮分析

一、任务描述

超市通常以快速消费品的销售为主，具有和百货、电子商务等不同的特征，比如消费者在购买决策和购买过程上就有其自身的特点。快速消费品大都是日常用品，在采购时常出现即兴的情形，可能由于某些因素引发冲动购物。并且在购买时，可能对周围其他人的建议不敏感，更多取决于个人偏好，同时商品的外观、包装、广告、促销、价格、销售点等均对销售起着重要作用。

在国内的快速消费品市场，商品品种的差异性不大，价格竞争的空间也很小。如何对商品进行合理布局、如何设计受欢迎的促销方案就成了超市竞争客户的一个关键点，而布局、广告和促销的设计必须贴近消费者，这就要求超市分析消费者购物的个人偏好，并且找到共性。本任务根据顾客的购买数据挖掘隐藏的关联关系，以帮助超市运营人员优化营销方案和提升客户满意度。

（一）任务要求

根据某日顾客商品购买数据进行分析挖掘，具体任务包括如下方面。
- 使用关联规则进行关联分析。
- 对分群结果进行解释。

（二）学习目标

知识目标	能熟悉关联规则的基本概念 能了解 Apriori 算法 能了解关联规则节点的使用 能对分析结果进行解读
技能目标	能使用预处理节点进行数据整理 能运用关联规则节点进行关联分析 能对分析结果进行解释
素质目标	能培养学生数据理解、分析数据的能力
思政目标	通过唯物辩证观及认识论去认识世界，避免主观臆断 注重事物之间的联系，用动态的眼光看待事物 注重事物个体发展变化，透过现象看本质，发现科学规律 利用马克思主义哲学对科学发展作出指导与贡献

（三）实施路径

购物篮分析实施路径如图 10-1 所示。

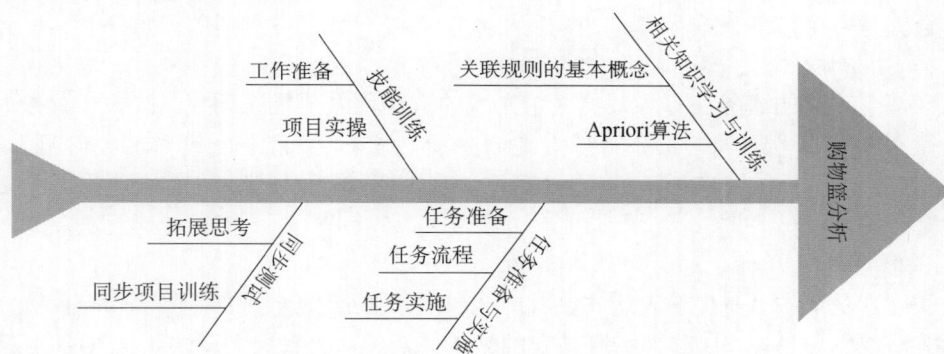

图 10-1　购物篮分析实施路径

二、相关知识学习与训练

（一）关联规则的基本概念

关联规则用来反映一个事物与其他事物之间的相互依存性和关联性，是数据挖掘的一项重要技术，用于从大量数据中挖掘出有价值的数据项之间的关系。关联规则挖掘源于购物篮分析，沃尔玛"啤酒和尿布"的案例就是通过分析顾客所购买的商品之间的关联性，发现这一有价值的规律。产生这一现象的原因如下：美国的太太们常叮嘱她们的丈夫下班后为小孩买尿布，而丈夫们在买尿布后又随手带回了他们喜欢的啤酒。按常规思维，尿布与啤酒风马牛不相及，若不是借助数据挖掘技术对大量交易数据进行挖掘分析，沃尔玛是不可能发现数据内存在的规律的。

关联规则可以应用于各种场景。在商业销售上，关联规则可用于交叉销售，以得到更大的收入；在保险业务方面，如果出现了不常见的索赔要求组合，则可能为欺诈行为，需要进一步调查；在医疗方面，可找出可能的治疗组合；在银行方面，对顾客进行分析，可以推荐感兴趣的服务等。这些都属于关联规则挖掘问题，关联规则挖掘的目的是在一个数据集中找出各项之间的关系，从大量的数据中挖掘出有价值的描述数据项之间相互联系的有关知识。

关联规则挖掘用来发现数据集中项集之间有趣的关联联系。如果两项或多项之间存在关联，那么就可以根据其中一项推荐相关联的另一项。下面是几个与关联规则相关的基本概念。

1. 项与项集

数据库中不可分割的最小信息单位（记录）称为项（或项目），用符号 i 表示，项的集合称为项集。设集合 $I=\{i1,i2,\cdots,ik\}$ 为项集，I 中项的个数为 k，则集合 I 称为 k-项集。例如，集合{啤酒，尿布，奶粉}是一个 3-项集，而奶粉就是一个项。

2. 事务

每一个事务都是一个项集。设 $I=\{i1,i2,\cdots,ik\}$ 是由数据库中所有项构成的全集，则每一个事务 ti 对应的项集都是 I 的子集。事务数据库 $T=\{t1,t2,\cdots,tn\}$ 是由一系列具有唯一标识的事务组成的集合。例如，如果把超市中的所有商品看成 I，则每个顾客的购物小票中的商品集合就是一个事务，众多顾客的购物小票就构成一个事务数据库。

3. 项集的频数

包含某个项集的事务在事务数据库中出现的次数称为项集的频数。例如，事务数据库中有且仅有 3 个事务 t1={啤酒，奶粉}、t2={啤酒，尿布，奶粉，面包}、t3={啤酒，尿布，奶粉}，都包含项集 I1={啤酒，奶粉}，则称项集 I1 的频数为 3，项集的频数代表支持度计数。

4. 关联规则

关联规则是形如 A→B 的表达式，其中 A、B 分别是项集 I 的真子集，并且 A∩B=Ø，A 称为前提或先导条件，B 称为关联规则的结果或后续，关联规则反映了 A 中的项目出现时，B 中的项目也跟着出现的规律。这里的 A 和 B 不是指单一的商品，而是指项集，例如，{A,B}→{C}的含义就是一个用户如果购买了商品 A 和商品 B，则也会购买商品 C。

5. 支持度

关联规则的支持度（Support）是事务集中同时包含项 A 和 B 的事务数与事务集中总事务数的比值。它反映了 A 和 B 中所包含的项在事务集中同时出现的概率，其计算公式为

$$\mathrm{Support}(A \Rightarrow B) = P(A \cup B) = \frac{f(A \cup B)}{|D|} \times 100\% \tag{10-1}$$

支持度反映关联规则的有效性，表示关联规则在事务数据库中的重要程度或出现的概率，支持度越高，其关联程度越高。

6. 置信度

关联规则的置信度（Confidence）是事务集中同时包含 A 和 B 的事务数与包含 A 的事务数的比值。反映了包含 A 的事务中出现 B 的条件概率 $P(B|A)$，其计算公式为

$$\text{Confidence}(A \Rightarrow B) = P(B|A) = \frac{f(A \cup B)}{f(A)} \times 100\% \qquad (10\text{-}2)$$

置信度反映关联规则的确定性，表示关联规则的可信程度，置信度越高，其推断的可信度越高。

7. 最小支持度与最小置信度

通常支持度与置信度必须大于或等于人为设置的阈值，这样才表明项与项之间存在关联。支持度的阈值称为最小支持度（min_support），它反映了关联规则的最低重要程度；置信度的阈值称为最小置信度（min_confidence），它反映了关联规则必须满足的最低可靠性。

8. 频繁项集

如果某个项集的支持度大于等于最小支持度，则称该项集为频繁项集（frequent item sets），求频繁项集是求强关联规则的第一步。频繁项集是经常出现在一起的物品的集合，它暗示了某些事物之间总是结伴或成对出现。

9. 强关联规则

如果某条关联规则 A ⇒ B 的支持度大于等于最小支持度，置信度大于等于最小置信度，则称关联规则 A ⇒ B 为强关联规则，否则称为弱关联规则。只有强关联规则才有实际意义，因此通常所说的关联规则都是指强关联规则。

互动练习 1

1.【单选】某超市研究销售记录数据后发现，买啤酒的人很大概率也会购买尿布，这种属于数据挖掘的哪类问题？（　　　）

A. 关联规则发现　　　　　　　　B. 聚类

C. 分类　　　　　　　　　　　　D. 自然语言处理

2.【单选】下列说法中错误的是（　　　）。

A. 项是数据库中不可分割的最小信息单位

B. 支持度表示关联规则在事务数据库中的重要程度，支持度越高，关联程度越高

C. 置信度表示关联规则的可信程度，置信度越高，推断的可信度越高

D. 当关联规则的支持度不大于最小支持度，置信度不大于最小置信度，则称关联规则为弱关联规则

3.【单选】根据表 10-1，计算规则{火腿肠}→{青岛啤酒}的支持度和置信度为（　　　）。

A. 0.6　0.75　　　B. 0.8　0.75　　　C. 0.5　0.6　　　D 0.75　0.6

表 10-1　商品订单表

订单号	商品
1	方便面，卤蛋
2	卤蛋，火腿肠，青岛啤酒，甜菜
3	方便面，火腿肠，青岛啤酒，橙汁
4	卤蛋，方便面，火腿肠，青岛啤酒
5	卤蛋，方便面，火腿肠，橙汁

4.【多选】表 10-2 所示是一个购物篮，假定支持度阈值为 40%，其中（　　）是频繁项集。

表 10-2　购物篮表

TID	项
1	a,b,c
2	a,b,c,d
3	b,c,e
4	a,c,d,e
5	d,e

A. a,b,c　　　　　B.a,d　　　　　C.c,d　　　　　D.d,e

（二）Apriori 算法

关联规则挖掘可分解为两步来解决：第一步是找出事务数据库中所有大于等于用户指定的最小支持度的数据项集，即频繁项集；第二步是利用频繁项集生成所需要的关联规则，方法是根据用户设定的最小置信度进行取舍，从而得到强关联规则。识别或发现所有频繁项集是关联规则发现算法的核心。

1994 年，Agrawal 等人提出了著名的 Apriori 算法，该算法成为关联规则挖掘的经典算法。Apriori 算法的基本思想是通过对事务数据库的多次扫描来计算项集的支持度，发现所有的频繁项集，从而生成关联规则。Apriori 算法对数据集第一次扫描后会得到频繁 1-项集的集合 L1，第 k（$k>1$）次扫描时首先利用第 $k-1$ 次扫描的结果 Lk-1 产生候选 k-项集的集合 Ck，然后在扫描的过程中确定 Ck 中元素的支持度，最后在每次扫描结束时计算频繁 k-项集的集合 Lk，当候选 k-项集的集合 Ck 为空时算法结束。

1. Apriori 算法的基本原理
（1）如果某个项集是频繁的，那么它的所有子集也是频繁的。

假设集合 {A,B} 是频繁项集，即 A、B 同时出现在一条记录的次数大于等于最小支持度 min_support，则它的子集 {A} 和 {B} 出现的次数必定大于等于 min_support，即它的子集都是频繁项集。

（2）如果某个项集是非频繁的，那么它的所有超集也是非频繁的。

假设一个集合 {A} 不是频繁项集，即 A 出现的次数小于 min_support，则它的任何超集如 {A,B} 出现的次数必定小于 min_support，因此其超集必定也不是频繁项集。

2. Apriori 的算法实现
Apriori 算法是使用逐层搜索的迭代方法来获得频繁项集，其核心步骤如下。
（1）扫描数据库 D，计算各个单项集的支持度，去掉不满足最小支持度的项集，得到频繁 1-项集的集合。
（2）连接：通过将 $k-1$ 维频繁项集 Lk-1 中的每个项集与自身执行连接，产生 k 维候选项集的集合 Ck。
（3）剪枝：由于 Ck 的子集中有的是非频繁的，利用 Apriori 性质，频繁项集的所有非空子集均是频繁的，不满足条件项集的将其删除，缩小 Ck 的范围。

（4）针对剪枝后的 Ck，计算各个候选项集的支持度，去掉不满足最小支持度的项集，得到频繁项集 Lk。

（5）令 $k=k+1$，重复步骤（2）～步骤（4），直至无法挖掘更高阶的频繁项集。

（6）生成规则：在挖掘出所有的频繁项集后，进一步生成输入数据之间的关联规则。首先基于频繁项集生成一个包含所有可能的规则表，再逐条校验规则表中的每一条规则，筛选出置信度大于阈值的关联规则。

下面我们再用一组数据来更具体地说明 Apriori 算法挖掘频繁项集的过程。假设原始数据库数据如表 10-3 所示。

表 10-3　原始数据表

TID	项集　C1
T100	I1,I2,I5
T200	I2,I4
T300	I2,I3
T400	I1,I2,I4
T500	I1,I3
T600	I2,I3
T700	I1,I3
T800	I1,I2,I3,I5
T900	I1,I2,I3

（1）扫描数据库，计算每个 1-项集的支持度，得到候选 1-项集 C1，假设最小支持度为 2，我们筛选出满足最小支持度计数的候选项集，得到频繁 1-项集，记为 L1，如表 10-4 所示。

表 10-4　L1 支持度计数表

项集 L1	支持度
{I1}	6
{I2}	7
{I3}	6
{I4}	2
{I5}	2

（2）L2=L1×L1，对每个项集进行计数，算法使用 L1∞L1，即把 L1 中的 4 个 1-项集两两组合，得到 6 个候选 2-项集，再在候选 2-项集中去掉不满足最小支持度的项集，得到频繁 2-项集，记为 L2，如表 10-5 所示。

表 10-5　L2 支持度计数表

项集 L2	支持度
{I1,I2}	4
{I1,I3}	4
{I1,I4}	1

续表

项集 L2	支持度
{I1,I5}	2
{I2,I3}	4
{I2,I4}	2
{I2,I5}	2
{I3,I4}	0
{I3,I5}	1
{I4,I5}	0

（3）将不满足最小支持度计数 2 的项集筛掉，如表 10-6 所示。

表 10-6　L2 支持度筛选表

项集 L2	支持度计数
{I1,I2}	4
{I1,I3}	4
{I1,I5}	2
{I2,I3}	4
{I2,I4}	2
{I2,I5}	2

（4）L3=L2×L2，对每个项集进行计数，如表 10-7 所示。

表 10-7　L3 支持度计数表

项集 L3	支持度计数
{I1,I2,I3}	2
{I1,I2,I5}	
{I2,I3,I4}	1
{I1,I3,I5}	2
{I2,I3,I5}	1
{I2,I4,I5}	0

（5）将不满足最小支持度计数 2 的项集过滤掉，如表 10-8 所示。

表 10-8　L3 支持度筛选表

项集 L3	支持度计数
{I1,I2,I3}	2
{I1,I2,I5}	2

按照上述规则生成 L4，再对项集进行计数和过滤后，发现 L4 为空，到此算法结束。

互动练习 2

1.【多选】Apriori 算法的计算复杂度受（　　　）影响。

A. 支持度阈值　　　　　B. 项数（维度）　　　　C. 事务数　　　　D. 事务平均宽度

2.【多选】下列关于 Apriori 算法的说法中不正确的是（　　　）。

A. 如果某个项集是频繁的，那么它的所有子集也是频繁的

B. 如果某个项集是非频繁的，那么它的所有超集也是非频繁的

C. Apriori 算法使用逐层搜索的迭代方法来获得频繁项集

D. Apriori 算法是通过对事务数据库的多次扫描来计算项集的支持度，发现所有的频繁项集，从而生成关联规则

3. 表 10-9 所示是一个事务数据库 D，假设最小支持度为 50%，最小置信度为 70%，使用 Apriori 求该事务数据库中的频繁关联规则。

表 10–9　事务数据库 D

TID	项集 C1
T100	面包，牛奶，啤酒，尿布
T200	面包，牛奶，啤酒
T300	啤酒，尿布
T400	面包，牛奶，花生

三、任务准备与实施

（一）任务准备

从超市结账记录数据库中，我们拿到了某天的会员购买记录数据，共计 2800 条，其中包含了会员 ID、商品、数量、单价和小计 5 个属性，数据集中变量的详细描述如表 10-10 所示。我们的目的是根据这些数据分析商品之间的潜在联系，调整商品布局，提升购买价值。

表 10–10　客户商品购买数据集字段说明表

变量名	详细说明
会员 ID	会员 ID
商品	包括牛奶、甜品、啤酒等
数量	大于零数值
单价	大于零数值
小计	数量×单价

（二）任务流程

本任务分析流程的构建由数据准备、关联分析和结果解释 3 部分组成，如图 10-2 所示。

图 10-2　商品关联分析流程

● 数据准备：选择分析数据集，对存在问题的数据集进行数据处理。

● 关联分析：使用关联规则节点对数据进行关联分析。

● 结果解释：对分析结果进行解释，并与业务相结合，制订相应的服务策略。

（三）任务实施

在大数据应用平台的工作流功能模块中，使用分析组件构建商品购买关联分析工作流，分析顾客的购买习惯，得到商品之间的潜在联系。分析流程如图 10-3 所示。

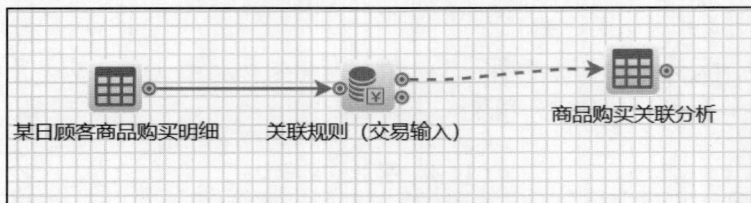

图 10-3　商品购买关联分析流程

步骤 1：数据准备

将使用的"某日顾客商品购买明细"数据表拖曳到编辑面板上，通过数据探索分析，发现数据不存在缺失值等问题，因此可以直接使用。数据预览如图 10-4 所示。

会员ID	商品	数量	单价	小计
10150	蔬菜水果	1	17.35	17.35
10150	饮料	1	6.5	6.5
10236	冻肉	1	15.68	15.68
10236	啤酒	1	3.99	3.99
10360	冻肉	1	15.68	15.68
10360	罐装蔬菜	1	12	12
10360	啤酒	1	3.99	3.99
10360	鱼	3	15.5	46.5
10451	冻肉	1	15.68	15.68
10451	罐装蔬菜	1	12	12

表格浏览器:某日顾客商品购买明细

每页 1000条 共2800条数据 K < 当前第1页 共3页 > >| 到 1 跳转

关闭

图 10-4　某日顾客商品购买明细

步骤 2：关联规则

采用关联规则对客户数据进行关联分析。在平台上，将"关联规则（交易输入）"节点与"某日顾客商品购买明细"数据表相连接，并对该节点的参数进行设置，如图 10-5 所示。

（1）事务 ID：从输入表中选择用来表示事务 ID 的列，这里选择会员 ID。

（2）事务项：从输入表中选择表示交易内容的列。这里选择商品

（3）最小支持度：设置最小支持度的值。这里设定为 0.1

（4）最小置信度：设置最小置信度的值。这里设定为 0.8

（5）最小规则长度：一个规则的最小元素个数（一条规则诸如 A→B 的长度是 2，(A,B)→C 的长度是 3）。这里使用默认值 2。

（6）最大规则长度：一个规则的最大元素个数。这里使用默认值 5。

（7）最大结果集长度：结果集中可以包含的元素的最大个数，即生成的关联规则表格内 Consequent 列内元素的个数。这里使用默认值 1。

（8）内存最优化：通常该节点为了加速运算，会一次性将所有数据载入内存。如果该选项未选中，则可以在处理大数据量时避免"out of memory"（内存溢出）问题。

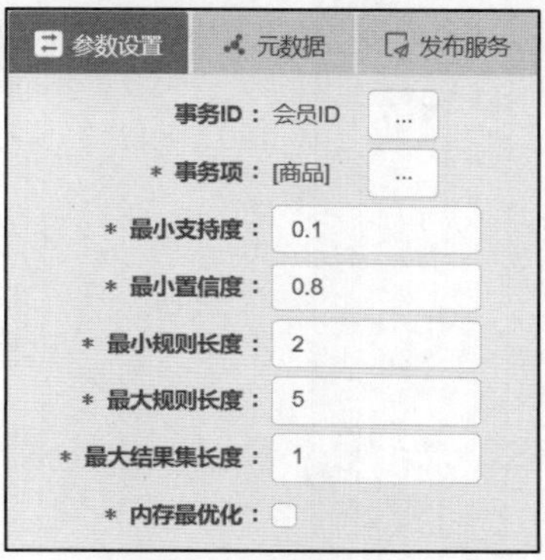

图 10-5 "关联规则（交易输入）"节点的参数配置

执行"关联规则（交易输入）"节点，可以得到关联规则的结果。右击"关联规则（交易输入）"节点，选择"执行"命令；或右击"关联规则（交易输入）"节点的输出端口，选择"执行端口"命令，都可以生成关联规则结果集，如图 10-6 所示。

Antecedent	Consequent	Support	Confidence	LiftValue
"甜食"	"葡萄酒"	0.15335463258785942	0.5217391304347826	1.7129826695044086
"葡萄酒"	"甜食"	0.15335463258785942	0.5034965034965035	1.7129826695044088
"啤酒"	"冻肉"	0.1810436634717785	0.5802047781569966	1.8040141943358272
"冻肉"	"啤酒"	0.1810436634717785	0.5629139072847682	1.804014194335827
"啤酒"	"罐装蔬菜"	0.17784877529286475	0.5699658703071673	1.7663298753083503
"罐装蔬菜"	"啤酒"	0.17784877529286475	0.5511551155115512	1.7663298753083498
"冻肉"	"罐装蔬菜"	0.18423855165069222	0.5728476821192053	1.7752606386466463
"罐装蔬菜"	"冻肉"	0.18423855165069222	0.570957095709571	1.7752606386466463
"啤酒" "冻肉"	"罐装蔬菜"	0.1554845580404686	0.8588235294117647	2.6615026208503205
"啤酒" "罐装蔬菜"	"冻肉"	0.1554845580404686	0.874251497005988	2.7182852837371616
"冻肉" "罐装蔬菜"	"啤酒"	0.1554845580404686	0.8439306358381503	2.704610467754345

图 10-6 关联规则结果集

步骤 3：结果解释

完成商品购买关联分析后，为超市运营者给出如下建议。

（1）优化商品布局：通过商品关联分析的结果，能够分析出有些商品很容易被同时购买，在超市进行商品编排时，可以把这些商品摆放得更靠近一些，或者放在同一通道内。当顾客购买某一商品时，方便购买其他关联商品，也可能促使顾客产生购物冲动来同时购买其他商品。比如把冻肉与罐装蔬菜摆放在一起，甜食跟葡萄酒摆放在一起。

（2）设计促销方案：依据商品关联分析的结果，设计促销方案会更能吸引顾客。比如对于关联性强的商品可以设计捆绑促销，如同时购买冻肉和罐装蔬菜这两种商品，可以优惠 5%；或者购买啤酒和罐装蔬菜后，可以优惠 10% 的价格购买冻肉。

（3）快速商品推荐：点算完顾客购买的商品后，通过关联分析模型，可以推测顾客还可能购买的商品，此时可以向顾客进行推荐。

四、技能训练

（一）工作准备

- 阅读项目目标任务和要求。
- 理解相关技术的使用方法。
- 登录大数据应用平台。

（二）项目实操

● 实操引导 1：打开"大数据应用平台"，输入用户账号和密码，单击工作流菜单，将"某日客户商品购买明细"数据表拖入工程面板，如何用"分组"节点探索各商品的销售数量？结论如下：

_____

● 实操引导 2：如何用"关联规则（交易输入）"节点进行关联分析，得到商品购买关联分析结果？分析结论如下：

_____

_____

五、同步测验

（一）拓展思考

简述 Apriori 算法的基本原理。

（二）同步项目训练

辨证论治又称为辨证施治，是中医认识疾病和治疗疾病的基本原则，也是中医学对疾病的一种特殊的研究和处理方法。某中医医院希望利用收集的中医辩证信息，分析不同病症之间的关联关系，进一步认识疾病，正确选择不同的治疗原则。

- 目标 1：分析不同病症之间的关联关系。
- 目标 2：分析解释关联分析结果。

附　录

《物流大数据分析与挖掘》课程思政元素表

序号	项目模块	任务模块	思政目标	关联的专业知识或教学案例
1	Excel 数据获取与数据处理	数据获取	社会责任家国情怀	介绍大数据在物流场景下的应用，以及未来的发展前景，增强学生的专业认知，提升学生的行业责任感，引导学生树立远大理想。同时，通过了解我国国情，以及大数据行业的发展现状、优势和不足，厚植新时代中国青年家国情怀，引出课程学习的重要社会意义
		数据表编辑与美化		
		数据排序和筛选		
		数据分类汇总和透视表		
2	Excel 数据分析与可视化	商品整体销售分析	实事求是开拓创新	通过物流行业的可视化数据，展示我国在过去几十年间经济发展和人民生活水平的巨大提升，培养学生的民族自豪感和制度自信心；以中国防疫可视化系统为重点案例，展示我国在应对全球性危机时的开拓创新精神
		区域销售情况分析		
		商品库存分析		
		用户行为分析		
3	供应链商品经营数据分析	供应链商品经营数据分析	工匠精神创新意识	针对经营数据总结分析并形成报告汇报，变被动灌输为主动学习，在调查总结和汇报过程中培养学生的主动学习能力、归纳能力、书写与表达能力，激发学生的创新意识，从而强化学生对专业的热爱和信心，明确专业的学习要求和未来的职业规划。在数据分析的过程中，要有实时和精准的数据支撑，以促进更为正确且高效的决策，激发学生的学习热情，培养学生精益求精的工匠精神
4	Python 编程基础	Python 环境搭建及基础语法	科技伦理职业素养	语法规范指导编写出能符合编译器要求的程序源代码，只有合法合规的程序源代码才能够通过编译，是具备正确执行的前提。向老一辈科学家学习，培养学生具备一定的职业素养，严格遵循职业规范，恪守职业道德，致力于将所学的知识运用在造福人民、促进科技进步的正途上，切莫将所学技能当作违法犯罪的工具
		函数定义、模块导入与调用		
		列表、元组、字典与集合数据类型		
		文件与数据库操作		

序号	项目模块	任务模块	思政目标	关联的专业知识或教学案例
5	Python 数据分析	NumPy 多维数组操作处理	职业素养团结协作	从物流分析师的职业要求引申出向目标前进的道路并不是一帆风顺的，要不断学习，终生学习；要教导学生在面对道路上的曲折时不要气馁，只要向着目标坚持不懈地前进，终会成功。物流数据分析师在团队中的分工更多体现辅助的功能，只有不同的分工，各尽其职，团队的能力才是大于个人能力之和的存在
		Matplotlib 的数据可视化		
		Pandas 的数据分析与处理		
6	智能数据分析和可视化	数据分析流程	高尚品德安全意识	讲述数据泄露概况时，强调数据安全的重要性，培养学生的安全意识。在授课过程中，潜移默化地加强学生网络道德的培养。要从根本上杜绝网络乱象，也要依靠道德的力量，靠自身的信念和修养。技术都是中性的，只有人们的思想道德水平提高了，才能保证互联网为人类带来更多的福祉
		数据可视化		
7	新零售智能销售数据分析	产品精准营销	工匠精神团结协作	对新产品进行精准营销时，采取不同的模型会达到不同的效果，可以在决策树剪枝等操作后优化算法以得到更精准的结果。因此在此次学习过程中，我们需要学会不断优化自己的职业技能，为公司决策提供可靠的依据，并且还要树立坚定的职业理想信念与脚踏实地的工匠精神
		基于 K-均值的客户分群		
8	物流运输路线规划	物流运输路线规划	爱国主义家国情怀	一个好的物流运输路线规划不仅可以大大降低运输时间，还可以降低运输成本。我国快递行业的发展与民族的崛起息息相关，运输路线的优化则是人类科技发展的结果。通过本章节的训练，培养学生爱国爱党的崇高精神，致力于用自己的专业知识造福社会与人类

续表

序号	项目模块	任务模块	思政目标	关联的专业知识或教学案例
9	价格预测	汽车价格预测	民族自信 创新意识	随着我国国力的不断壮大和经济的高速发展，我国国产汽车也在迅速崛起，目前已经开始向国际市场逐步进军，并且在新能源汽车领域成为全球领军国家。通过本章的学习，不仅锻炼学生在数据分析方面的实际应用能力，更注重培养学生的科技自信和民族自信，培养学生的爱国主义情怀，激发学生的学习热情和创新意识
10	购物篮分析	购物篮分析	唯物辩证 联系意识	利用关联规则分析出超市商品之间的联系，着重培养学生通过唯物辩证观及认识论去认识世界，避免主观臆断，注重事物之间的联系，用动态的眼光看待事物，注重事物个体发展变化，透过现象看本质，发现科学规律，利用马克思主义哲学对科学发展做出指导与贡献

参考文献

[1]郑婷婷，王爱晶. 大数据背景下现代物流企业管理策略优化研究[J]. 中国储运，2022（4）：104-105

[2]张超. 释放数据的力量[M]. 北京：中国人民大学出版社，2020.

[3]韩建彬. 大数据分析与数理统计的比较[J]. 信息与电脑（理论版），2018（5）：134-137.

[4]维克托·迈尔-舍恩伯格，肯尼思·库克耶. 大数据时代[M]. 盛杨燕，周涛，译. 杭州：浙江人民出版社，2013.

[5]皮连生. 教育心理学[M]. 上海：上海教育出版社，2004.

[6]杨秀璋，武帅，夏换，等. 大数据时代数据挖掘与分析课程教学改革探究[J]. 计算机时代，2021（9）：107-111.

[7]刘晓娟，李歆然，孙镘莉，等. iSchool 联盟成员的可视化相关课程设置调查研究[J]. 图书情报工作，2022，66（2）：57-65.

[8]陈为，沈泽潜，淘煜波. 数据可视化[M]. 北京：电子工业出版社，2013.

[9]Tom M. Mitchell. Machine Learning[J]. NEW YORK：McGrawHill Higher Education，1997.

[10]Ashok Savasere，Edward Omiecinski，Shamkant Navathe. An Efficient Algorithm for Mining Association Rules in Large Databases[J]. Proceedings of 1995 International Conference on Very Data Large Bases.

[11]Zurich Switzerland：VLDB Press Large Data Bases Zurich Switzerland[J]. VLDB Press.，1995：432-443.

[12]Information Visualization Courses for Students with A Computer Science Background. Kerren Andreas[J]. IEEE Computer Graphics and Applications，2013，124-134.

[13]J Ginsberg，M H Mohebbi，R S Patel，et al. Detecting Influenza Epidemics Using Search Engine Query Data [J]. Nature，2009，457（7232）：1012-1014.

[14]刘金勇. 高校计算机实验课程的教学改革与实践[J]. 科技创新导报，2015（21）：160-161.